국책사업 갈등관리법론

김재광 저

박영사

머 리 말

오늘날 4대강정비사업과 제주해군기지 건설 등 국책사업을 둘러싸고 우리 사회는 극심한 갈등에 빠져 있다. 이러한 갈등은 국가적으로 필요한 국책사업일수록 그 시행에 있어 고도의 법적 정당성을 갖추어야 한다는 준엄한 사실을 일깨워준다.

이 책은 국책사업이 가지는 법적 의미를 분석하면서 국책사업이 법치주의, 법치행정원칙의 틀 안에서 이루어질 수 있도록 방향성을 제시하는 데 가장 큰 목적을 두고 있다. 국책사업은 말 그대로 국가가 국운(國運)을 걸고 시행하는 사업이기 때문에 국책사업의 실패는 국가경영에 커다란 부담으로 작용할 수밖에 없다. 그렇기 때문에 국책사업의 계획, 추진 그리고 완공까지 엄밀한 법치주의, 법치행정원칙의 규율을 받아야 하는 것이다. 가장 경계하고 감시해야 할 것은 선심성 국책사업과 무모한 국책사업이다. 이제는 과거의 잘못된 폐단과 습성을 단호히 배격하고 절연(絕緣)하여야 한다. 법치주의, 법치행정원칙에 입각한 국책사업을 통한 국가경영만이 대한민국의 위대한 미래와 국민의 행복을 약속해 줄 수 있다.

법치주의, 법치행정원칙에 입각한 국책사업을 통한 국가경영을 위해서 이 책은 제1장 국책사업의 법적 의의, 제2장 국책사업갈등의 유형, 원인과 특징, 제3장 국책사업과 행정계획, 제4장 국책사업과 인·허가 의제제도, 제5장 국책사업과 다단계 행정절차, 제6장 국책사업과 환경영향평가, 제7장 국책사업과 주민참여, 제8장 국책사업과 절차참여권의 사법적 보호, 제9장 국책사업과 환경정보공개, 제10장 국책사업 갈등사례: 4대강정비사업, 제11장 국책사업갈등 관리의 법적 개선방안 등으로 구성되어 있다. 여기서 "4대강정비사업"을 국책사업 갈등사례로 포함시킨 것은 "4대강정비사업"이 시작부터 시설이 완공된 지금까지 내내 갈등의 중심에 서 있었고 앞으로도 "4대강정비사업"이 전반적인 문제가 있다는 감사원 감사결과를 둘러싼 진위공방(眞僞攻防)에 따른 갈등이 지속될 가능성이 크기 때문이다. 결코 간과해서는 안 될 것은 국책사업에 대한 검증은 엄정하고 객관적인 잣대로 이루어져야 한다는 사실이다.

그 동안 국책사업과 관련한 주요 법령들의 개정이 있었다. 2011년 7월 25일 「원자력법」이 「원자력진흥법」, 「원자력안전법」, 「원자력안전위원회의 설치 및 운영에 관한 법률」로 3분법화되어(2011. 7. 25 제정) 10월 26일부터 시행되고 있다. 그리고 「환경영향평가법」이 2011년 7월 21일 전부개정되어 2012년 7월 22일부터 시행되고 있다. 중요한 것은 종래의 환경영향평가가 전략환경영향평가, 환경영향평가, 소규모환경영향평가로 나뉘게 되었다는 점과 사전환경성검토제도가 폐지되고 그를 대체하여 전략환경영향평가제도가 도입된 점이다. 그 밖에도 국책사업 관련 법령들의 크고 작은 개정이 있었다. 그러한 제정내용 및 개정내용을 모두 반영하였다. 또한 국책사업과 관련한 판례들도 최대한 반영하고자 노력하였다. 그리고 국책사업과 관련한 행정법적 주요 쟁점들 – 국책사업과 행정계획, 국책사업과 인 · 허가 의제제도, 국책사업과 다단계 행정절차, 국책사업과 환경영향평가, 국책사업과 주민참여, 국책사업과 환경정보공개, 국책사업의 갈등관리방안 등 – 을 종합적이고 체계적으로 정리하고자 하였다.

그럼에도 불구하고 천학비재(淺學菲才)한 탓으로 이 책의 부족함은 적지 아니하다. 다만 앞으로 성실하게 보완하고 발전시켜 나갈 것을 약속드리는 바이다. 이 책을 사랑해 주시는 독자들께 늘 깊은 감사를 드리며 아울러 엄중한 가르침을 바란다.

이 책을 집필하면서 감사를 표해야 할 분들이 있다. 먼저 지도교수이신 경희대학교 법학전문대학원 원장이신 박균성 교수님(前 한국공법학회 회장, 現 입법이론실무학회 회장)의 학은을 잊을 수 없다. 더욱이 은사님께서는 이 책의 집필과 발간에 많은 도움을 주셨다. 부족한 이 책이 은사님의 고명(高名)에 누가 되지 않기를 오로지 바랄 뿐이다. 그리고 이 책의 구상과 집필에 많은 영감을 주신 서강대학교 법학전문대학원의 정하중 교수님(現 한국행정법학회 회장)과 경희대학교 법학전문대학원의 오준근 교수님(前 국민권익위원회 부위원장)께도 깊은 감사를 드린다. 또한 '제6장 국책사업과 환경영향평가'를 비롯하여 여러 모로 많은 조언을 해 준 환경법 전문가인 강원대학교 법학전문대학원의 함태성 교수와 한국법제연구원의 나채준 박사에게도 감사를 드린다. 또한 저자의 학문의 길과 인생살이에 언제나 따뜻한 격려와 성원을 아끼지 않으시는 서울대학교 법학전문대학원의 이원우 교수님과 외우(畏友)인 성균관대학교 법학전문대학원의 김민호 교수께 감사를 드린다.

그리고 돌아가셨지만 늘 저자의 힘이 되어주시는 아버님(金龍東. 1934~2004)과 아버님께서 심고 가꾸신 향나무와 함께 고향집을 지키고 계시는 어머님, 학문에 정진할 수 있도록 변함없이 내조를 해주는 사랑하는 아내(김미라)와 학교 수업과 학원 강의에 바쁜 중에도 늘 웃음과 여유를 잃지 않는 믿음직한 아들 민준을 비롯한 가족들에게도 특별한 사랑과 고마움을 전하고 싶다.

마지막으로 출간을 허락해 주신 박영사의 안종만 회장님과 안상준 상무님, 그리고 본서의 출간을 위해 많은 노력을 해 주신 전략기획팀의 조성호 부장님과 노현 부장님께 깊이 감사를 드린다. 여러 모로 부족한 이 책이 좋은 책이 될 수 있도록 꼼꼼한 내용 검토와 함께 교정, 편집에 힘써 주신 편집부의 김선민 부장님께 머리 숙여 감사를 드린다. 그리고 교정은 물론 멋진 표지디자인을 위해 애써 주신 이승현 선생님께도 깊이 감사를 드린다.

2013년 7월

서울 중계동 불암산방(佛岩山房)에서

저자 씀

차　　례

제1장 국책사업의 법적 의의 1

제1절 국책사업과 국책사업갈등의 개념 ······ 1

제2절 국책사업의 법적 의의 ······ 3

Ⅰ. 국책사업의 헌법적 의의 ······ 3

1. 국민의 기본권 보장 ······ 3

2. 국가기간시설의 설치 ······ 6

3. 규범조화적 해석의 필요 ······ 6

Ⅱ. 국책사업의 행정법적 의의 ······ 7

제2장 국책사업갈등의 유형, 원인과 특징 11

제1절 국책사업갈등의 유형 ······ 11

Ⅰ. 서　언 ······ 11

Ⅱ. 님비사례: 방사성폐기물 관리시설 ······ 12

1. 서　언 ······ 12

2. 통합 방사성폐기물 관리시설의 추진사례 ······ 14

3. 중·저준위 방사성폐기물 관리시설의 분리추진사례 ······ 16

4. 고준위 방사성폐기물 관리시설의 추진사례 ······ 19

Ⅲ. 핌피사례: 동남권 신공항 ······ 30

1. 동남권 신공항의 의의 ······ 30

2. 동남권 신공항의 추진과 갈등 ······ 31

3. 동남권 신공항의 재추진의 신뢰프로세스 ······ 32

Ⅳ. 환경갈등사례: 4대강정비사업 ········· 34
1. 4대강정비사업의 의의 ········· 34
2. 4대강정비사업의 갈등의 주요 쟁점 ········· 35
3. 4대강정비사업의 본질 ········· 35
제 2 절 국책사업갈등의 원인 ········· 36
Ⅰ. 서 언 ········· 36
Ⅱ. 사실적 측면에서의 갈등원인 ········· 37
1. 국책사업의 경제효과에 따른 이해의 갈등 ········· 37
2. 국책사업에 대한 가치인식의 차이에 따른 갈등 ········· 38
3. 정책수립 과정의 불투명성과 일방성에 따른 갈등 ········· 39
Ⅲ. 법적 측면에서의 갈등원인 ········· 40
1. 국책사업조직법적 문제 ········· 40
2. 다단계 행정절차와 관련한 문제 ········· 42
3. 환경영향 및 갈등영향 평가 문제 ········· 43
4. 정보공개와 주민참여 문제 ········· 44
제 3 절 국책사업갈등의 특징 ········· 47
Ⅰ. 이해관계인의 집중적 참여부재로 인한 정책결정 후의 갈등 심화 ········· 47
Ⅱ. 합리적 협상토론의 부재와 토론기술의 부족 ········· 47
Ⅲ. 제3자 개입으로 인한 갈등 심화 ········· 49
Ⅳ. 갈등이슈와 갈등당사자의 복잡성 ········· 50
Ⅴ. 국책사업에 대한 정보부족으로 인한 갈등대상의 불명확 ········· 50
Ⅵ. 갈등의 시간적 및 지리적 한계의 불명확 ········· 52

제 3 장 국책사업과 행정계획 53
제 1 절 국책사업과 행정계획의 의의 ········· 53
제 2 절 계획의 철학 ········· 54
제 3 절 법개념으로서의 계획 ········· 55

제 4 절 행정계획과 법치행정의 원리와의 관계 ······ 56
제 5 절 국책사업과 행정계획 일반이론 ······ 58
Ⅰ. 행정계획의 의의 ······ 58
1. 행정계획의 개념 ······ 58
2. 행정계획의 개념적 징표(요소) ······ 58
Ⅱ. 국책사업과 관련한 행정계획 ······ 59
1. 계획의 구속성 유무에 따른 구분 ······ 59
2. 계획대상의 종합성 · 개별성에 따른 분류 ······ 61
Ⅲ. 국책사업 설치계획의 행정계획상의 위치 ······ 63
1. 국책사업 설치계획과 종합계획과의 연관성 ······ 63
2. 국책사업 설치계획의 특성 ······ 64
제 6 절 국책사업의 계획재량과 통제 ······ 66
Ⅰ. 국책사업의 계획재량 ······ 66
Ⅱ. 국책사업계획과 관련된 행정청의 계획재량의 통제 ······ 67
1. 계획재량에 대한 절차적 통제 ······ 67
2. 계획재량에 대한 실체법적 통제 ······ 69
제 7 절 국책사업과 계획확정절차 ······ 74
Ⅰ. 계획확정절차의 의의 ······ 74
Ⅱ. 계획확정절차의 적용범위 ······ 76
1. 적용범위 ······ 76
2. 문 제 점 ······ 77
Ⅲ. 계획확정을 위한 청문절차 ······ 78
1. 청문절차의 의의 ······ 78
2. 청문절차의 내용 ······ 78
Ⅳ. 계획확정결정의 효력 ······ 82
1. 의 의 ······ 82
2. 계획확정결정과 형성효 ······ 83
3. 계획확정결정과 사업계획의 승인기능 ······ 84
4. 계획확정결정과 배제효 ······ 84

5. 계획확정결정과 실효(失效)제도 ··· 85
Ⅴ. 계획확정결정과 집중효 ··· 85
1. 집중효제도의 의의 ··· 85
2. 집중효제도의 역사 ··· 86
3. 집중효제도의 특징 ··· 86
4. 집중효제도의 기능 ··· 87
5. 집중효의 범위와 정도 ··· 87
제 8 절 행정계획과 전략환경영향평가 ··· 94
Ⅰ. 의 의 ··· 94
1. 전략환경영향평가의 개념 ··· 94
2. 사전환경성검토제도와의 구별 ··· 94
Ⅱ. 전략환경영향평가제도의 일반적 고찰 ··· 95
1. 전략환경영향평가의 개념적 특징 ··· 95
2. 전략환경영향평가의 국제적 동향 ··· 96
3. 우리나라의 전략환경영향평가에 대한 논의배경 ··· 97
Ⅲ. 전략환경영향평가제도의 주요내용 ··· 97
1. 전략환경영향평가의 대상 ··· 97
2. 전략환경영향평가서의 협의 ··· 100
3. 전략환경영향평가 협의 절차의 하자와 승인처분의 효력 ··· 102

제 4 장 국책사업과 인·허가 의제제도 105
제 1 절 인·허가 의제제도의 연혁 ··· 105
제 2 절 중요 국책사업의 인·허가 의제제도의 현황 ··· 107
Ⅰ. 원자력발전소 ··· 107
Ⅱ. 제주해군기지 ··· 108
Ⅲ. 공 항 ··· 109
Ⅳ. 4대강정비사업 ··· 112
제 3 절 인·허가 의제제도의 주요내용 ··· 114

Ⅰ. 인·허가 의제제도의 의의 114
1. 인·허가 의제제도의 개념 114
2. 인·허가 의제와 집중효의 구별 115
Ⅱ. 인·허가 의제의 근거 및 대상 117
Ⅲ. 인·허가등의 신청 117
Ⅳ. 인·허가 절차 118
1. 관련 인·허가 기관의 협의 118
2. 절차의 집중 121
Ⅴ. 인·허가의 결정 123
1. 인·허가 결정기관 123
2. 인·허가 요건의 판단방식 123
Ⅵ. 인·허가의 효력 124
Ⅶ. 인·허가 의제제도에서의 민원인 또는 제3자의 불복 124
Ⅷ. 선승인 후협의제도 125
1. 의 의 125
2. 법적 근거 125
3. 법적 성질 및 법적 효과 126
Ⅸ. 소 결 126
제4절 행정갈등 해결에 부적합한 인·허가 절차 127
제5절 현행 인·허가 의제제도의 문제점 127
Ⅰ. 인·허가 의제제도의 도입원칙의 부재에 따른 무분별한 확산 문제 127
Ⅱ. 인·허가 의제의 불투명성문제 128
Ⅲ. 인·허가 의제제도의 활용문제 128
Ⅳ. 의제되는 인·허가 업무를 관장하는 행정청과의 협의문제 129
1. 협의문제 129
2. 협의형태 129
3. 협의기간문제 130
4. 구비서류의 일괄제출에 따른 문제 131

Ⅴ. 선승인 후협의제도의 문제 ······ 131

제5장 국책사업과 다단계 행정절차 133

제1절 다단계 행정절차의 의의 ······ 133
Ⅰ. 다단계 행정절차의 개념 ······ 133
1. 최협의의 다단계 행정절차 ······ 134
2. 협의의 다단계 행정절차 ······ 135
3. 광의의 다단계 행정절차 ······ 136
Ⅱ. 다단계 행정절차와의 구별개념 ······ 137
1. 단계적 행정결정과의 구별 ······ 137
2. 다단계 행정행위와의 구별 ······ 138
제2절 다단계 행정절차론의 성립과 발전 ······ 141
Ⅰ. 다단계 행정절차론의 성립 ······ 141
Ⅱ. 다단계 행정절차론의 발전－이론적 지평의 확대 ······ 143
1. 주요 학자 ······ 143
2. 전문계획과 다단계 행정절차의 구성 ······ 144
3. 정치·경제적 상황과 다단계 행정절차 ······ 146
Ⅲ. 다단계 행정절차에서의 부분허가 ······ 147
1. 부분허가의 의의 ······ 147
2. 부분허가의 기능 ······ 148
Ⅳ. 다단계 행정절차와 배제효 ······ 150
1. 배제효의 의의 ······ 150
2. 배제효의 유형 ······ 151
제3절 다단계 행정절차의 기능 ······ 153
Ⅰ. 행정과정의 전면적인 개관가능성의 제고 ······ 153
Ⅱ. 최신 과학기술의 수용에 따른 안전성의 제고 ······ 154
Ⅲ. 이해관계인의 조기 권리보호기능 ······ 154
Ⅳ. 사업자의 투자보호기능 ······ 155

Ⅴ. 법원의 재판부담 경감 ··· 157

제6장 국책사업과 환경영향평가 159

제1절 환경영향평가제도의 의의와 기능 ··· 159

Ⅰ. 환경영향평가제도의 의의 ··· 159

Ⅱ. 환경영향평가제도의 기능 ··· 160

제2절 환경영향평가의 주요내용 ··· 161

Ⅰ. 환경영향평가의 기본원칙과 환경보전목표 ··· 161

1. 환경영향평가의 기본원칙 ··· 161
2. 환경영향평가시 고려사항 ··· 162

Ⅱ. 환경영향평가의 대상지역과 분야 및 평가항목 ··· 162

1. 환경영향평가의 대상지역 ··· 162
2. 환경영향평가의 분야 및 평가항목 ··· 162

Ⅲ. 환경영향평가의 대상과 제외사업 ··· 163

1. 환경영향평가의 대상계획 ··· 163
2. 환경영향평가의 대상제외사업 ··· 163

Ⅳ. 의견수렴 ··· 164

1. 평가 항목·범위 등의 결정 ··· 164
2. 주민 등의 의견수렴 ··· 165
3. 환경영향평가 대상사업의 변경에 따른 주민 등의 의견 재수렴 ··· 167

Ⅴ. 환경영향평가서의 협의, 재협의, 변경협의 ··· 167

1. 환경영향평가서의 작성 및 협의 요청 ··· 167
2. 환경영향평가서의 검토 ··· 167
3. 협의 내용의 통보기간 ··· 168
4. 협의 내용의 반영 ··· 168
5. 조정 요청 ··· 169
6. 재 협 의 ··· 169

7. 변경협의 ··· 170
8. 사전공사의 금지 ··· 170
Ⅵ. 협의 내용의 이행 및 관리 ··· 171
1. 협의 내용의 이행 ··· 171
2. 사후환경영향조사 ··· 171
3. 재 평 가 ··· 171
Ⅶ. 시 · 도의 조례에 따른 환경영향평가 ··· 172
Ⅷ. 환경영향평가업자의 준수사항 ··· 172
Ⅸ. 환경영향평가의 평가항목 ··· 173
제 3 절 환경영향평가의 법적 통제 ··· 174
Ⅰ. 행정청에 의한 법적 통제: 환경부장관의 협의권 ··· 174
1. 협의의 법적 성격 ··· 175
2. 협의 내용의 인 · 허가에의 반영 강제 ··· 175
3. 협의 내용의 이행 강제 ··· 176
Ⅱ. 법원에 의한 통제 ··· 176
1. 원고적격 ··· 176
2. 환경영향평가에 대한 법원의 심사 ··· 178
제 4 절 환경영향평가의 법적 문제 ··· 179
Ⅰ. 국책사업의 중요문제로서의 환경영향평가 ··· 179
Ⅱ. 환경영향평가서 등과 관련한 문제 ··· 181

제 7 장 국책사업과 주민참여 183

제 1 절 국책사업과 주민참여의 의의 ··· 183
제 2 절 국책사업에 있어서의 주민참여 ··· 185
Ⅰ. 「행정절차법」상 주민참여 ··· 186
1. 「행정절차법」과 국책사업관계법의 관계 ··· 186
2. 「행정절차법」의 적용범위와 국책사업 설치행정 ··· 186
3. 「행정절차법」과 의견청취제도 ··· 187

4. 「행정절차법」을 통한 국책사업행정에의 주민의 참여 ………… 187
Ⅱ. 국책사업관계법상의 주민참여 ………… 190
1. 의 의 ………… 190
2. 현행 국책사업법상의 주민참여 현황 ………… 191
Ⅲ. 「주민투표법」상 주민참여 ………… 196
1. 주민투표의 의의 ………… 196
2. 정보의 제공 ………… 197
3. 투표권자 ………… 197
4. 주민투표의 대상과 대상제외 ………… 198
5. 국가정책에 대한 주민투표 ………… 198
6. 주민투표의 실시요건 ………… 199
7. 주민투표결과의 확정 ………… 199
8. 주민투표의 효력 ………… 199
제 3 절 주민참여의 법적 문제 ………… 200

제 8 장 국책사업과 절차참여권의 사법적 보호 203
제 1 절 절차참여권의 사법적 보호의 필요성 ………… 203
제 2 절 절차참여권에 대한 독일연방헌법재판소의 태도 ………… 205
제 3 절 국책사업설치절차상의 결정에 대한 구제 ………… 207
Ⅰ. 행정절차상의 결정에 대한 소송의 인정 여부 ………… 207
1. 명문규정이 있는 경우 ………… 207
2. 명문규정이 없는 경우 ………… 211
Ⅱ. 소 결 ………… 211

제 9 장 국책사업과 환경정보공개 213
제 1 절 서 언 ………… 213
제 2 절 유럽의 환경정보공개법의 제정 ………… 217

Ⅰ. 유럽연합 ······ 217
1. 입법경과 ······ 217
2. 주요내용 ······ 217
3. 소 결 ······ 219
Ⅱ. 영 국 ······ 219
1. 입법경과 ······ 219
2. 주요내용 ······ 220
3. 소 결 ······ 223
Ⅲ. 독 일 ······ 223
1. 입법경과 ······ 223
2. 주요내용 ······ 224
3. 소 결 ······ 230
제 3 절 우리나라의 환경정보공개법제 ······ 231

제10장 국책사업 갈등사례: 4대강정비사업 233

제 1 절 4대강정비사업의 의의 ······ 233
제 2 절 4대강정비사업을 둘러싼 갈등 ······ 234
제 3 절 4대강정비사업의 법적 문제 ······ 236
Ⅰ. 의 의 ······ 236
Ⅱ. 예비타당성조사절차 ······ 237
1. 예비타당성조사제도의 의의 ······ 237
2. 대규모사업에 대한 예비타당성조사 실시사업과 제외사업 ······ 237
3. 선정절차 ······ 239
4. 대규모 개발사업예산의 단계별 편성 ······ 239
5. 검 토 ······ 239
Ⅲ. 행정계획절차 ······ 241
1. 하천공사시행계획절차 ······ 241
2. 하천기본계획절차 ······ 245

3. 유역종합치수계획절차 246
4. 수자원장기종합계획절차 247
5. 수문조사시설설치계획절차 247
6. 검 토 248
Ⅳ. 인·허가절차 250
1. 하천관리청의 허가와 사전협의 250
2. 하천공사실시계획의 작성과 인가 및 고시 250
3. 준공인가 250
4. 검 토 251
Ⅴ. 환경영향평가절차 251
1. 환경영향평가의 의의 251
2. 4대강정비사업의 환경영향평가대상 252
3. 4대강정비사업의 평가서제출시기 및 협의요청시기 252
4. 사업계획의 승인과 환경부장관의 협의내용의 반영 252
5. 검 토 253
Ⅵ. 주민참여절차 257
1. 주민참여절차의 의의 257
2. 「하천법」상 주민참여 257
3. 「환경영향평가법」상 주민참여 258
4. 검 토 258
제 4 절 소 결 259

제11장 국책사업갈등관리의 법적 개선방안 261
제 1 절 서 언 261
제 2 절 이해관계인의 집중적 참여시스템의 도입을 통한 갈등관리방안 261
Ⅰ. 「행정절차법」상 이해관계인의 절차참여권 261
Ⅱ. 주민참여 264

Ⅲ. 의견수렴대상의 범위의 협소와 대표성 ………………………… 265
Ⅳ. 현행법상 행정계획절차의 검토 ………………………………… 266
1. 철저한 행정계획사업성의 미비 ………………………………… 266
2. 이해조절의 장으로서의 심의회의 운영 ……………………… 267
Ⅴ. 계획확정절차 도입을 통한 이해관계인의 집중적 참여시스템의 확보 ……………………………………………………………… 267
1. 도입필요성 ……………………………………………………… 267
2. 도입시 계획확정절차의 입법방향 …………………………… 269
3. 계획확정절차의 내용 ………………………………………… 271
4. 계획허가절차의 인정 여부 …………………………………… 279
제 3 절 절차간소화법제의 개선을 통한 갈등관리방안 ……………… 280
Ⅰ. 인 · 허가 의제제도의 도입원칙의 정립 ……………………… 280
Ⅱ. 인 · 허가 의제에 있어 투명성의 제고 ………………………… 281
1. 인 · 허가 의제 고지제도 도입 ………………………………… 281
2. 인 · 허가 의제시 인 · 허가요건의 명시 ………………………… 281
Ⅲ. 민원인의 편의 도모 ……………………………………………… 281
1. 부분 인 · 허가 의제제도 도입 ………………………………… 281
2. 사전결정제도의 도입 ………………………………………… 282
3. 구비서류의 사업진행단계별 제출 …………………………… 282
4. 민원인에게 처분기준 설정청구권 및 처분기준설명권 부여 등 ……………………………………………………………… 282
5. 주된 인 · 허가 단계에 이해관계 있는 민원인의 참가 ………… 282
Ⅳ. 인 · 허가의 신속성 강화 ………………………………………… 282
Ⅴ. 인 · 허가 기준의 완화 …………………………………………… 283
Ⅵ. 인 · 허가 사무에 대한 업무처리방식의 개선 ………………… 283
Ⅶ. 단순 허가절차에의 인 · 허가 의제의 자제 …………………… 283
Ⅷ. 이해관계인의 참가보장 ………………………………………… 284
제 4 절 환경보호 및 환경정보관리시스템의 정비를 통한 갈등관리방안 ………………………………………………………… 286

Ⅰ. 환경부의 반성을 통한 갈등관리 ··· 286
Ⅱ. 갈등조절수단으로서의 환경영향평가의 실질화를 통한 갈등관리 ··· 286
1. 일반환경영향평가의 검토 ··· 286
2. 방사선환경영향평가의 검토 ··· 288
3. 갈등영향분석의 의무화 ··· 289
Ⅲ. 적극적 정보공개와 「환경정보공개법」의 제정을 통한 갈등관리 ··· 290
1. 「정보공개법」상 정보공개 ··· 290
2. 국책사업 관련 정보의 공개와 홍보 ··· 291
3. 「환경정보공개법」의 제정 검토 ··· 292
제5절 갈등관리의 멘토: 사회적 합의기구의 설치를 통한 갈등관리방안 ··· 294
Ⅰ. 사회적 공론화의 기본적 형식 ··· 294
Ⅱ. 사회적 합의기구 설치와 관련한 입법 동향 ··· 295
제6절 주변지역지원의 실질화를 통한 갈등관리방안 ··· 297
제7절 직접민주주의를 활용한 갈등관리방안 ··· 298
Ⅰ. 국민투표를 활용한 갈등관리 ··· 298
Ⅱ. 주민투표를 활용한 갈등관리 ··· 300
Ⅲ. 온라인을 활용한 갈등관리 ··· 302
1. 의 의 ··· 302
2. 온라인 공청회 ··· 302
3. 전자투표 ··· 303
제8절 소 결 ··· 304

참고문헌 ··· 307
판례색인 ··· 319
사항색인 ··· 320

제 1 장

국책사업의 법적 의의

제1절 국책사업과 국책사업갈등의 개념

현행법에는 국책사업(national project)에 대한 법적 정의는 없다. 다만 「국책사업국민토론위원회의 설립 및 운영에 관한 법률안」에는 '국책사업'이란 국가, 지방자치단체 또는 「공공기관의 운영에 관한 법률」 제4조에 따른 공공기관이 공공의 이익을 위하여 수립하는 정책 또는 이를 시행하기 위한 계획을 말한다고 정의하고 있다(제3조 제1호). 그리고 '국책사업갈등'이란 국책사업이나 이와 관련된 사업의 계획을 수립 또는 시행하는 과정에서 발생하는 이해관계의 충돌을 말한다고 정의하고 있다(제2호). 한편 「국가공론위원회법안」에는 '공공정책'이란 국가, 지방자치단체, 공공기관이 국익의 목적으로 추진하는 국책사업을 말한다고 정의하고 있다(제2조 제1호). 그리고 '공공갈등'이란 공공정책을 수립하거나 추진하는 과정에서 발생하는 국가, 지방자치단체, 공공기관과 국민 간의 이해관계 충돌을 말한다고 정의하고 있다(제2호).

본서에서는 원자력발전소 · 공항 · 4대강정비사업 등과 같은 대형국책사업을 그 연구대상으로 하므로, 국책사업의 개념을 다음과 같이 정의하고자 한다.

국책사업이란 국가, 지방자치단체 또는 공공기관이 공익을 위하여 수립하는 정책 또는 이를 시행하기 위한 계획으로서 국가·사회적으로 중요하며 환경적으로 국민생활에 중대한 영향을 미치는 대형사업을 말하며 국책사업갈등이란 국책사업에 따른 이해관계의 충돌을 말한다.

참고로 국책사업과 관련한 용어로는 다중영향시설과 환경관련 거대건설사업을 들 수 있다. 즉 다중영향시설을 "원자력발전소 및 방사성폐기물관리시설과 위험시설, 폐기물처리시설(소각장 및 매립장 포함)과 같은 환경오염시설, 도로·철도·공항 등과 같은 사회간접시설의 예를 들면서, 다수의 국민에게 영향을 미치는 시설로서 사회간접자본시설과 같이 다수의 국민에게 유익을 끼치거나, 위험시설 또는 혐오시설과 같이 다수 국민의 이해관계에 직접적인 영향을 미치는 시설"이라고 정의하거나,[1] 환경관련 거대건설사업을 "공항, 원자력발전소, 고속도로, 해상도시 그리고 대규모 오물처리장 등 그 규모에 있어서 거대사업임은 물론, 주변의 일정 지역에의 지역공간개발에 대한 파급효과와 심대한 환경영향을 미치는 단위사업목적물 건설사업"으로 정의하는 경우[2]가 그러하다.

독일의 경우에도 대규모시설의 설치에 관한 표준절차로서 계획확정절차를 규정하면서도 그 적용대상이 되는 시설의 범위를 미리 정하지 아니하고, 개별법이 정하는 바에 따라 「연방행정절차법」상의 계획확정절차규정이 적용되도록 하여, 위 절차의 대상이 되는 시설 여부를 입법자의 판단에 맡겨 놓고 있다. 독일법상 개별법령에서 계획확정절차를 거칠 것을 스스로 선언하고 있는 경우로는 철도의 설치절차, 고속국도 및 국도의 설치절차, 하천·운하 등 수로의 설치절차, 공항의 설치절차, 자기부상열차를 위한 궤도의 설치절차 등과 같은 사회간접자본의 설치절차와 폐기물처리시설설치절차 등과 같은 위험시설 또는 혐오시설의 설치절차 등으로 크게 구분된다.

그리고 일본의 행정수속법연구회에 따른 「행정수속법요강안」이 토지이용규제책정절차와 공공사업실시계획확정절차에 관해 규정하면서 그에 해당하는 것으로서 철도, 궤도, 공항, 도로, 하천, 항만시설, 운하, 발전소 등을 예상하고

1 오준근, 「다중영향시설 설치계획의 확정절차에 관한 법제정비방안」(한국법제연구원, 1997), 13~14쪽.

2 김해룡, "환경영향이 심대한 거대국가건설계획의 결정절차－독일과 한국의 공항건설계획을 중심으로", 「한국공법학회 제12회 월례발표회 발표논문」(1990. 11), 32쪽.

있는 점이나, 학자들이 예로 드는 도로·철도·공항과 같은 교통시설, 원자력 발전소·댐과 같은 에너지시설 등을 같은 맥락으로 볼 수 있다.[3]

제2절 국책사업의 법적 의의

Ⅰ. 국책사업의 헌법적 의의

국책사업에 관한 법체계의 정점에는 「헌법」이 자리하고 있다. 국책사업이 가지는 헌법적 의의는 다양한 관점에서 찾을 수 있다. 무엇보다도 국책사업은 국민의 기본적 인권의 보장이라는 국가목적과 국가기간시설의 설치라는 국가목적, 이 두 가지 헌법상 가치가 교차하는 영역이라는 사실이다.

1. 국민의 기본권 보장

현행 「헌법」은 국책사업에 관한 명문규정을 두지 않고 이를 입법자의 '입법형성의 자유'에 위임하고 있다.[4] 비록 명문규정은 두고 있지 않지만, 생명권(제37조 제1항), 인간의 존엄권(제10조), 환경권(제35조), 그리고 국가의 재해예방 및 위험으로부터의 보호의무(제34조 제6항), 국가에 국토와 자원의 균형있는 개발과 이용을 위하여 필요한 계획을 수립할 권한과 의무 부여(제120조 제2항), 국토의 이용·개발과 보전(제122조) 등을 입법기준으로 제시하고 있다. 이를 침해하는 국책사업은 헌법상 인정되기 어려울 것이다.[5] 따라서 이러한 헌법규정들은 국책사업에 관한 입법의 합헌성 판단기준으로 기능한다.

첫째, 인간은 누구나 절대적인 '생명권'을 보유하고 있으며 국가로부터의 침해에 대하여 그 배제를 요구할 수 있고, 사인(私人)에 의한 침해의 경우에는 국가에 대하여 그 보호를 청구할 수 있다.

---

3 芝池義一, "大規模プロジェクトと計劃法", 「公法研究」(日本公法學會) 第53號, 174頁.

4 이종영, "원자력발전소의 안전성과 잔여위험가능성", 「과학기술법연구」 제2집(한남대 과학기술법연구소, 1996. 12), 179쪽.

5 예를 들면, 방사성폐기물관리시설은 현세대의 문제만이 아니라 바로 후세대의 안전과도 관련이 있는 문제이므로 현세대의 이해관계만을 고려해서는 안 될 것이다.

둘째, 인간의 존엄성과 인간다운 생활의 실현을 위하여 건강하고 쾌적한 환경에서 생활하기 위한 공해배제청구권과 생활환경조성청구권을 보유하고 있으며, 국가는 재해를 예방하고 위험으로부터 국민을 보호하기 위한 노력을 하여야 한다. 인간은 환경과 유기적으로 관계하면서 생활한다. 그러나 후기산업사회(post-industrial society)[6]로 접어들면서 이러한 사실을 망각한 채 과학과 기술의 발전에 따른 경제성장에 관심을 두면서 엄청난 환경파괴를 야기하였다. 이로 인하여 지구의 생태적 자정능력(生態的 自淨能力)은 약화되었고 인간의 생명을 안전하게 유지한다는 것도 자신할 수 없게 되었다. 따라서 공해와 환경파괴로부터 생명과 신체의 안전을 도모하고 나아가 환경보전을 통해 인간다운 생활을 향유할 수 있는 제도적 장치의 마련이 시급히 요청되고 있다. 그런 점에서 원자력발전소, 방사성폐기물 관리시설, 폐기물 처리시설 및 공항 등과 같이 환경과 밀접한 함수관계에 있는 국책사업추진의 필요성 또는 효율성만을 강조하여 강제하려고 하는 입법태도는 국민의 생명, 신체의 안전 그리고 환경보전 및 재해예방 의무를 목적으로 하고 있는 현대국가의 헌법관(憲法觀)과 배치될 수 있다.[7] 물론 「헌법」이 보호하고 있는 생명과 신체의 안전 등에 관한 기본권은 모든 재해나 위험을 완벽하게 제거하는 것을 전제로 하는 것은 아니다. 왜냐하면 문명화된 사회에서 위험(risiko, risk)은 상존하고 있으며 모든 위험을 제거한다는 것은 불가능한 일이기 때문이다. 따라서 위험을 최소화할 수 있는 청구권만이 보장받을 수 있을 뿐이다.

셋째, 국책사업의 추진과 관련한 기술적인 문제와 환경적 문제들에 대해서는 충분한 검토가 이루어져야 하고 추진지역 주민들과의 충분한 협의가 반드시 이루어져야 한다. 이러한 과정이 결여된 채 국책사업 추진을 강행하는 경우에는 방사성폐기물 관리시설, 원자력발전소, 4대강정비사업 및 제주해군기지의 추진과정에서 보듯 주민과의 대립과 갈등이 심각한 상태로 비화한다는 것은 선행사례를 통해서 충분히 알 수 있다. 따라서 주민참여(citizen participation)는

6 산업사회 이후의 사회를 가리키는 말로, 정보사회(information society)를 뜻한다. 벨(D. Bell)이 만든 신조어인 post-industrial society가 후기산업사회로 번역되고 있으나, 산업사회 이후를 가리킨다는 의미에서 탈산업사회로 번역하는 것이 타당하다는 지적도 있다. NAVER 지식백과(http://terms.naver.com) 참조.

7 이종영, 앞의 글, 171쪽.

헌법상의 요청인 것이다. 주민참여는 지역사회의 주민이 지역사회의 일반적 문제와 관련된 결정에 대하여 주권을 행사하는 과정으로 이해되기 때문에, 이를 통하여 공동체정신을 소생시키고, 주민의 자유를 신장시키며 지방자치단체의 의사결정이 합리적으로 이루어질 수 있도록 통제할 수 있게 되는 것이다. 주권자로서의 국민이 국가의 존립과 안전에 관한 정책결정에 참여하는 것과 같이 주민들도 지역의 존립과 안전에 관한 정책결정에 참여하여야 한다. 이것은 민주주의의 불가결한 요소로서의 지방자치를 실현하는 것이며 국민주권을 실현하고 기본권을 실현하기 위한 조건이다. 국책사업의 민주적 추진을 위하여 주민참여의 확대는 더욱 요청되고 있다. 오늘날 대표민주제에 대한 보완으로서 직접민주제의 강화가 세계적인 추세가 되고 있다. 국책사업에 대한 주민참여는 직접민주제의 한 내용을 이룬다.

국민은 생명·신체·건강 및 생활의 터전이 되는 환경에 대한 위협에 대하여 무관심할 수 없다. 모든 국민은 자신의 생명과 신체에 대한 정보에 접근할 수 있어야 하며, 자신의 생명과 신체를 보호하기 위하여 의견을 제시할 수 있는 기회를 부여받아야 한다. 국책사업은 주민의 건강 또는 재산에 큰 영향을 미치므로 주민은 국책사업에 대하여 알기를 원하며 국책사업의 추진에 참여하기를 원하는 것은 인지상정(人之常情)이라 할 수 있다. 적법한 주민참여 없이 국책사업이 추진되는 경우 정책결정의 민주성이 보장되기는 불가능하고 설령 시행된다고 하더라도 계속적인 운영이 불가능하다. 따라서 주민의 불신을 해소하고 신뢰를 확보하기 위한 주민참여가 요청되며, 이를 위하여 국책사업에 대한 정보가 정확하고 솔직하게 공개되어야 하며, 이를 바탕으로 주민참여가 실질적으로 이루어져야 한다.

넷째, 그 동안 국책사업에 대한 주민의 불신 중 가장 큰 이유는 국책사업에 대한 정보가 정확하게 공개되지 않고 국책사업의 추진이 은밀하게 행하여진다는 점과 국책사업의 설치로 인하여 환경적으로나 경제적으로 불이익을 받는다는 데 있었다. 「공공기관의 정보공개에 관한 법률」(이하 "정보공개법"이라 한다)의 제정을 계기로 주민에게 국책사업에 대한 실질적인 정보를 제공하고 이익을 반영할 수 있는 길을 열어 줌으로써 주민의 국책사업에 대한 불신을 해소할 수 있게 된 것은 그나마 다행한 일이 아닐 수 없다. 더 나아가 유럽과 같이 「환경정보공개법」의 제정을 통해 환경정보의 공개를 더욱 실질화할 필요가 있다.

2. 국가기간시설의 설치

국가기간시설(國家基幹施設)의 설치는 국민의 기본적 인권의 보장 못지않은 중요한 국가목적이다. 국가임무가 국가경쟁력을 통한 국민복리 증진을 위한 복리국가로 변화함에 따라 국가경쟁력 및 국민생활과 직접 연관을 맺는 국책사업의 중요성은 점점 커지고 있다.

국가기간시설의 설치는 국가적으로 매우 중요한 사안이다. 첫째, 에너지자원이 절대적으로 부족한 우리나라의 현실을 직시하면 원자력발전소의 설치는 국가의 전력공급 확보를 위하여 필수불가결하다. 최근 전력부족문제가 국가적 현안으로 떠오르고 있다. 또한 33년째 갈등을 빚고 있는 가로림만조력발전소도 2012년 4월 환경부가 반려한 내용을 모두 보완한 환경영향평가서를 환경부에 다시 제출함으로써 최종승인을 기다리고 있다. 가로림만조력발전측은 발전소를 가동하면 소양강댐 수력발전의 20배가 넘는 18만 가구가 사용할 수 있다고 주장한다. 둘째, 중·저준위방사성폐기물 관리시설은 경주에 운영 중에 있지만 고준위 방사성폐기물 관리시설의 설치가 현안 과제로 대두되고 있다. 셋째, 교통시설인 공항, 철도 및 도로 등은 국가경제를 흐르게 하는 동맥(動脈)으로서 중요한 의의를 가진다. 교통시설을 적절한 시기에 설치하고 유지하며 관리하는 것은 국가의 중요한 임무이다. 그런 측면에서 동남권 신공항의 설치가 갖는 법적 함의가 적지 아니하다. 넷째, 제주해군기지도 군사전략적인 측면에서 조속히 설치가 완료되어야 한다. 중국과 일본이 제해권을 장악하기 위해 해양군사력을 증강하고 있는 법현실을 감안하면 더욱 그러하다. 국가안보전략적인 측면에서 군사시설의 설치는 특수성이 고려될 필요가 있다. 국책사업을 국가가 원하는 시기에 적절히 추진할 수 있기 위해서는 시설의 설치가 신속하고 효율적으로 이루어질 수 있도록 법제와 예산이 뒷받침되어야 한다.

3. 규범조화적 해석의 필요

국책사업은 그 시설이 주는 영향력의 질과 정도에 따라 이해관계 있는 국민의 범위와 반응도 달라진다. 원자력발전소, 고준위 방사성폐기물 관리시설의 추진 등과 같이 위험시설의 설치를 둘러싸고는 NIMBY(Not In My Backyard)현상이라 일컬어지는 집단적인 반대민원이 발생한다. 그 반면에 공항의 설치와 같이 지자체나 지역주민의 경제적, 재산적 가치를 증진시키는 시설의 설치를 둘러싸고는 PIMFY(Please In My Frontyard)현상이라 일컬어지는 유치 갈등이 발생하기도 한다(예: 동남권 신공항 유치사례).

국책사업을 둘러싸고 국가가 그 추진을 통해 추구하는 이익(국익 또는 공익)과 이해관계있는 주민이 가지는 이익은 항상 일치되는 것은 아니다. 오히려 주민들이 비선호하는 시설일수록 국가적 차원에서는 그 필요성이 절실해지는 경우가 대부분이기도 하다.

단지 국책사업이 불가피하다는 이유로 지역주민의 일방적인 희생만을 강요할 수는 없다. 행정청과 사업자, 국책사업으로 인하여 이익을 받는 주민과 피해를 입는 주민 모두의 이해관계를 적절하고 정당하게 조절하는 행정절차가 중요하다. 행정절차로서의 국책사업절차는 대립되는 이해의 특성으로 인하여 계획적인 절차를 거칠 것이 요구된다.

결론적으로 국책사업을 둘러싼 헌법상의 기본권의 보장과 국가기간시설의 설치라는 두 헌법적 가치는 규범조화의 원칙에 따라 해결되어야 한다. 이는 상반되는 헌법적 가치를 최대한으로 조화시켜 동화적인 효력을 나타낼 수 있도록 해석해야 함을 의미한다.[8]

Ⅱ. 국책사업의 행정법적 의의

독일 연방행정법원장을 지낸 베르너(F. Werner)의 "헌법구체화법으로서의 행정법(Verwaltungsrecht als konkretisiertes Verfassungsrecht)"이라는 말은 헌법에 대한 행정법의 종속성을 잘 표현하고 있다.[9] 따라서 국책사업과 관련한 헌법상의 다양한 가치의 실현을 행정법이 담당해야 한다.

실정법은 국가기간시설 설치의 효율성을 위하여 인·허가 의제를 동반한 신

8 허 영, 「한국헌법론」(박영사, 2010), 73쪽.
9 김성수, 「일반행정법」(법문사, 2004), 6쪽.

속한 허가절차를 규정하는 한편, 그 위험성을 저감·방지하기 위해 각종 규제(형량명령, 환경영향평가, 다단계 행정절차, 주민참여, 환경정보공개 등)를 포함하고 있다.

오늘날 행정계획, 인·허가 의제제도, 다단계 행정절차, 환경영향평가, 주민참여, 환경정보공개 등이 국책사업의 절차법리로서 집중적으로 논의되고 있다.

중요한 것은 이들 각각의 제도 또는 절차는 다른 제도나 절차와의 관련성 속에서 파악하여야 하며 이는 마치 수많은 악기들로 구성된 협주곡과 비교될 수 있다. 이들 각각의 절차는 국책사업에 있어서 특별히 중요하고 포기할 수 없는 한 부분을 차지하고 있다.[10]

첫째, 국책사업의 특성을 고려해 볼 때, 국책사업은 행정계획사업이어야 한다. 그리하여 실정법에서도 대체로 행정계획사업으로 규정하고 있으며 행정계획절차를 통해 추진하도록 하고 있다(엄밀한 의미에서는 철저하다고 보기는 어렵다). 실정법상 행정계획결정에 인·허가 의제를 부여하여 절차촉진을 도모하고 있는 것은 국책사업으로 추진되는 시설이 국가적으로 중요하기 때문에 신속한 설치를 가능하게 하기 위해서이다.

둘째, 국책사업으로 이루어지는 대부분의 시설들의 설치절차는 단순한 처분절차와 같은 방식으로 이루어지지 않고 다단계 행정절차를 거치도록 되어 있다. 특히 원자력발전소와 같은 위험시설의 설치에는 시설의 안전성이 확보되어야 하기 때문에 다단계 행정절차의 형식을 밟아야 할 필연성이 있는 것이다.

셋째, 국책사업의 설치는 환경에 많은 영향을 미친다. 시설설치에 따른 환경영향에 대한 우려로 인해 원자력 관련시설(원자력발전소 및 방사성폐기물 관리시설), 공항, 4대강정비사업, 제주해군기지 등의 추진은 주민과 환경단체로부터의 일정한 반대에 직면해 왔으며 조력발전소 등도 반대에 직면해 있다. 따라서 환경영향평가가 국책사업의 추진에서 차지하는 비중이 매우 크다고 할 수 있다.

넷째, 주민참가는 국책사업을 위한 행정결정과정상 이해조정, 해당 결정내용의 합리성, 타당성의 확정과 민주화를 도모하기 위한 절차법리이다. 원자력발전소, 방사성폐기물 관리시설, 공항 등 국책사업 추진으로 설치되는 시설은

10 허 영 편역, 「법치국가의 기초이론－Peter Lerche 논문선집」(박영사, 1996), 343쪽 참조.

지방자치단체의 특정지역에 설치되기 때문에 지역주민의 이해와 직접적으로 관계된다. 주민의 적정한 참여는 민주성의 확보와 함께 시설 추진을 원활하게 하는 역할을 아울러 수행하게 된다. 그 동안의 사례를 보면, 주민투표나 사법적 결정에 따라 마무리된 행정적 절차임에도 불구하고 국책사업의 최종결과에 대한 사회적 합의수준은 그리 높지 않게 나타났다. 특히 주된 갈등원인으로 투명하게 공개되고, 공정한 토론과 비판이 이루어지는 절차와 과정이 미흡하다는 의견이 높게 나타났다. 따라서 국책사업추진에서 갈등을 예방하고 사회적 합의를 얻기 위한 조건으로는 다양한 이해관계 당사자들이 정책과정에서 배제되지 않고 진정한 담론을 형성하는 '참여의 제도화'라는 사실을 알 수 있다. 관여도가 높은 집단, 다양한 가치관을 가진 집단, 나아가 소외집단에게도 정보를 공개하고, 진지하고 성실한 담론에 참여하도록 배려하는 자세가 요구되는 것으로 나타났다. 이러한 연구결과는 먼저 실천적인 의미에서 정부가 지역주민과의 소통과 담론을 통하여 민주적 정당성과 절차적 합리성을 제고하지 않고서는 사회적 합의를 기대하기 어렵다는 점을 시사하는 것이다.[11]

다섯째, 주민참여가 실질화되기 위해서는 국책사업에 대한 정보공개 및 적극적인 정보제공이 구체적으로 이루어져야 한다. 정확하고도 신속한 정보공개 및 정보제공은 주민참여의 선결조건이다. 특히 국책사업의 경우에는 환경정보에 대한 정보제공이 적극적으로 이루어져야 한다. 왜냐하면 대부분의 국책사업의 추진에 대한 반대가 환경문제에 집중되기 때문이다. 우리나라에서는 개별법상 환경정보공개가 부분적으로 이루어지고 있으나, 유럽연합에서는 「환경정보공개법」의 제정을 통해 환경정보의 공개를 실질화 · 구체화하고 있다.

본서에서는 이러한 국책사업 추진에 있어 갈등관리를 위해 행정법적으로 중요한 쟁점－국책사업과 행정계획, 국책사업과 인 · 허가 의제제도, 국책사업과 다단계 행정절차, 국책사업과 환경영향평가, 국책사업과 주민참여, 국책사업과 환경정보공개 등에 집중하여 논의하고자 한다.

---

11 양기용 · 김창수, "정책갈등의 구조와 사회적 합의의 조건: 국책사업을 둘러싼 갈등에 대한 지역주민의 인식을 중심으로", 「한국행정논집」 제21권 제3호(2009. 9) 참조.

제 2 장

국책사업갈등의 유형, 원인과 특징

제1절 국책사업갈등의 유형

Ⅰ. 서 언

국책사업갈등의 유형은 크게 님비갈등, 핌피갈등, 환경갈등 등으로 나눌 수 있다. 먼저 님비갈등에 대해 살펴보자. 님비(NIMBY)라는 말은 'Not in My Back Yard'라는 영어 구절의 각 단어 머리글자를 따서 만든 신조어이다. 주민과 지방자치단체가 자신들이 살고 있는 지역에 핵폐기물처리장, 하수종말처리장, 쓰레기매립장, 화장장, 범죄자 수용소, 정신병원 등 위험시설이나 혐오시설이 유치되는 것을 반대하는 지역이기주의의 한 양상이다. 즉 이들 위험시설이나 혐오시설의 필요성을 인정하면서도 나 아닌 남의 뒷마당에 설치되기만을 바라는 자기중심적인 공공주의 결핍증상으로, 이러한 현상은 지방자치제가 실시되면서 더욱 두드러지게 나타나고 있다. 그러한 대표적인 국책사업으로는 원자력발전소, 방사성폐기물 관리시설 등을 들 수 있다.

다음으로 핌피갈등에 대해 살펴보자. 핌피(PIMFY)는 'Please In My Front

Yard'의 약어이다. 자신이 사는 지역에 혐오시설이나 위험시설 등이 들어서는 것을 무조건 반대하는 님비증후군에 대응하는 개념이다. 수익성이 있는 사업을 내 지방에 유치하겠다는 것으로 일종의 지역이기주의 현상을 말한다. 그러한 대표적인 국책사업으로는 동남권 신공항, 과학벨트 등을 들 수 있다.

마지막으로 환경갈등은 개발과 보존을 둘러싼 환경상의 갈등을 말한다. 대부분의 국책사업은 환경갈등을 수반한다. 대표적으로 동강댐, 4대강정비사업, 새만금간척사업, 경인운하 등을 들 수 있다.

〈최근 20년간 주요 국책사업 관련 갈등 사례〉

갈등유형	사　례	해결방식
님비갈등	제주해군기지, 부안 방폐장	자율적·비공식적인 주민투표 → 공권력 동원 및 대집행
	원자력발전소, 중 · 저준위방사성폐기물 관리시설	공식적 주민투표
핌피갈등	동남권 신공항, 과학벨트	중재(arbitration) → 정치적 논쟁
환경갈등 (개발 vs 보존)	동강댐, 4대강, 새만금간척사업, 경인운하	민관위원회, 공동조사단 구성을 통한 조정·중재 → 소송

※ 1992년부터 2012년까지 주요 국책사업 조정결과를 정리한 것임.
※ 출처: 은재호, 국가공론위원회 설립방안, 2012. 7을 수정보완한 것임.

Ⅱ. 님비사례: 방사성폐기물 관리시설

1. 서　　언

방사성폐기물 관리시설의 추진은 처음에는 고준위 방사성폐기물과 중 · 저준위방사성폐기물의 구분이 없었다. 즉 통합 방사성폐기물 관리시설을 추진한 것이다. 그런데 9차례의 추진이 무산되면서 정부는 2004년 말 고준위 방사성폐기물 관리시설과 중 · 저준위 방사성폐기물 관리시설을 분리하여 추진하였다.

즉 2005년 3월 31일 「중 · 저준위 방사성폐기물 처분시설의 유치지역지원에 관한 특별법」이 공포되었고, 6월 16일 부지선정을 공고했다. 8월 31일 경주, 군산, 영덕, 포항 4곳이 유치를 신청했고, 11월 2일 주민투표가 실시되었다. 다음날인 11월 3일 투표율 70.8%, 찬성률 89.5%로 경북 경주시가 유치지역으로 선정되었다.[1]

문제는 고준위 방사성폐기물 관리시설의 설치이다. 정부는 2013년 8월 전문가와 시민사회 대표, 원전지역 대표 등이 참여하는 공론화위원회를 구성하고, 위원회가 2014년에 제출하는 보고서를 바탕으로 '방사성 폐기물 기본계획'을 수립하기로 했다. 이를 토대로 2015년 이후 구성될 용지선정위원회가 처리장 용지를 선정하면 시설 건립에 본격 착수할 계획이다.

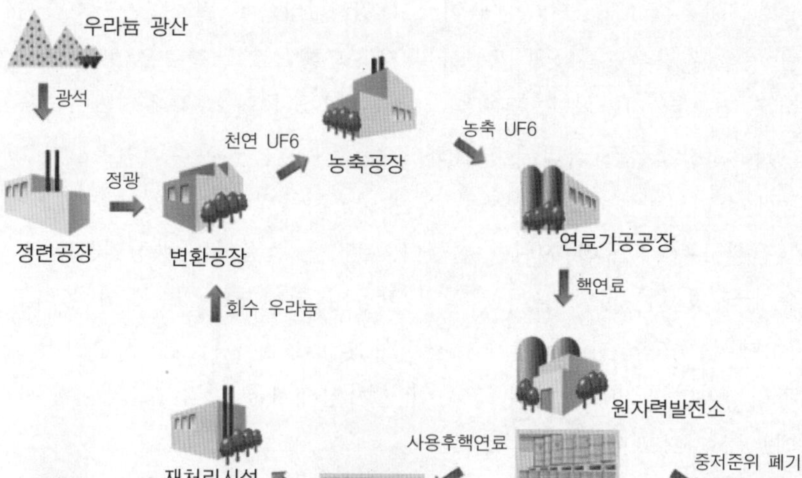

〈일반적인 핵연료주기〉

1 머니투데이, "24일 첫 가동 경주 방폐장, '험난했던 역사'", 2010년 12월 24일자 기사 참조.

원전을 가동하는 전 세계 31개 나라 가운데 미국, 프랑스, 일본 등 22곳은 사용후핵연료 중간저장시설을 운영하고 있다. 우리나라에서는 현재 4곳의 원자력발전소에서 23기의 발전기가 전기를 생산하고 나온 사용후핵연료를 발전소 구내 수조에 임시로 보관하고 있다.[2] 사용후핵연료란 원자력발전소 원자로에서 발생된 핵연료 폐기물을 말한다. 사용후핵연료는 외형상으로는 사용전연료인 핵연료와 조금도 다를 바가 없지만, 발전소의 원자로 속에서 핵분열 반응 중 생긴 핵분열 생성물 때문에 높은 방사능을 가지고 있다. 또 핵분열 반응은 끝났어도 계속 열을 발생하기 때문에 취급할 때나 저장할 때 사람이 직접 접촉할 수는 없고 방사선을 막아주는 차폐구조물 밖에서 다루어야 한다.

고리 5호기는 2016년까지, 월성, 영광, 울진 원전도 2021년까지 포화될 것으로 예측된다.[3] 즉 2013년 6월 말 기준으로 4개 원자력발전소 구내에 쌓여있는 사용후핵연료는 1만 2,000톤에 이르고 있다. 더욱이 원자력발전소를 34기까지 늘릴 경우 원전수명기간에 발생하는 사용후핵연료 누적량은 모두 4만 8,000톤에 이를 것으로 전망된다. 문제는 이같은 엄청난 양의 사용후핵연료를 보관할 수 있는 저장시설을 어디에 건립하느냐는 것이다. 사용후핵연료보다 방사능 수치 등에서 비교할 수 없을 정도로 적은 중·저준위 방사성폐기물 관리시설을 경주에 건설하는 데 무려 19년이 걸렸다. 부지를 선정하는 과정에서 과거 부안사태 등에서 경험한 바와 같이 사회적 갈등이 첨예화할 가능성이 높다.[4]

이하에서는 통합 방사성폐기물 관리시설의 추진사례, 중·저준위 방사성폐기물 관리시설의 분리추진사례, 고준위 방사성폐기물 관리시설의 추진사례 등을 차례로 살펴보고자 한다.

2. 통합 방사성폐기물 관리시설의 추진사례

방사성폐기물 관리시설의 추진은 처음에는 고준위 방사성폐기물과 중·저준위 방사성폐기물의 구분이 없었다. 즉 통합 방사성폐기물 관리시설을 추진하였다.

2 이투뉴스 2012. 12. 26일자, "뒤늦은 사용후핵연료 공론화" 기사 참조.
3 노컷뉴스 2012. 11. 21일자, "'시한폭탄', '사용후핵연료' 처리장 선정 잘될까?" 기사 참조.
4 이투뉴스 2012. 12. 26일자, "뒤늦은 사용후핵연료 공론화" 기사 참조.

방사성폐기물 관리시설의 건설을 위한 작업은 1980년대 중반으로 거슬러 올라간다. 방사성폐기물 관리시설의 건설을 처음 추진했던 1986~1989년 문헌조사를 통해 경북 울진, 영덕, 영일 등 3개 후보지가 선정되었다. 그러나 주민들의 반대로 지질조사가 중단되면서 백지화되었다.

2차 추진시기인 1990~1991년에는 충남 안면도 고남지역을 비공개로 조사했으나, 역시 주민반대로 없던 일이 되었다.

3차로 추진했던 1991~1993년에는 후보지 도출을 위한 용역을 실시했고, 전남 고성, 장흥 등 6개 후보지가 도출되었다. 역시 극심한 주민 반대로 실패로 돌아갔다.

4차 추진시기인 1993~1994년에는 경북 울진 등 3개 유치신청지역에 지원사업을 제시했으나, 주민들의 반대로 무산되었다.

5차 시기였던 1994~1995년에는 인천 옹진군 굴업도가 부지로 지정고시되었다. 그러나 활성단층이 발견되어 지정고시가 해제되었다. 1997년 1월에 방사성폐기물 관리시설 추진주체가 과학기술부 원자력연구소에서 산업자원부 한국전력공사로 변경되었다.

6차 추진은 2000~2001년에 이루어졌다. 전국 46개 임해지역 지자체 대상으로 유치에 나섰으나, 신청한 지자체가 없었다.

7차 추진시기인 2002~2003년에는 울진, 영덕, 고창, 영광 등 후보지가 도출되었으나, 참여정부 들어 자율유치방식으로 전환되었다.

8차 추진시기인 2003년에는 유치공모를 통해 전북 부안이 단독 공모에 참여했으나 거센 주민 반대로 무산되었다.

9차 추진시기인 2004년에는 주민투표제를 도입했으나[5] 지자체의 신청은 없었다.

위에서 살펴본 바와 같이 9차례의 추진이 무산되면서 정부는 2004년 말

5 그리하여 안전성 제고 측면에서 원자력위원회의 의결을 거쳐 사용 후 연료를 분리하여 중·저준위 방사성폐기물 관리시설만을 건설하기로 하였다. 부지선정절차의 투명성과 민주성 제고 측면에서 민간전문가로 구성된 부지선정위원회가 부지선정절차를 관장하게 하였다. 동 위원회는 2005년 3월 구성 이후 전체회의 및 소위원회 회의 등 60여 회의 회의를 통해 부지선정 기준 및 절차 수립, 부지적합성 평가 등을 수행하였으며, 부지선정 전반에 대한 실질적인 심의기구의 역할을 담당하였다. 또한 주민투표를 도입함으로써 주민의 뜻에 따른 민주적인 방식으로 추진하였다.

고준위 방사성폐기물 관리시설과 중 · 저준위 방사성폐기물 관리시설을 분리하여 추진하게 된다.

3. 중 · 저준위 방사성폐기물 관리시설의 분리추진사례

(1) 중 · 저준위 방사성폐기물 관리시설의 의의

「원자력안전법」은 방사성폐기물을 "방사성물질[6] 또는 그에 따라 오염된 물질로서 폐기의 대상이 되는 물질(사용후핵연료를 포함한다)"로 정의하고 있다(법 제2조 제18호). 참고로 방사능이란 자연상태 또는 인공으로 만들어진 불안정한 원소가 방사선을 배출하면서 안정된 상태의 원소로 변화되는 특성을 말하고, 방사선이란 방사능을 갖고 있는 물질로부터 나오는 일종의 광선과 같은 것을 말한다.[7]

「원자력안전법 시행령」 제2조 제1호에서는 방사성폐기물을 고준위 방사성폐기물과 중 · 저준위 폐기물로 분류하고 있다. 중 · 저준위 방사성폐기물은 고준위 방사성폐기물 외의 방사성폐기물을 말한다. 즉 원자력발전소의 작업자가 사용했던 작업복, 휴지, 장갑, 폐부품 등을 말한다.

(2) 중 · 저준위 방사성폐기물 관리시설의 설치

2005년 3월 31일 공포된 「중 · 저준위 방사성폐기물 처분시설의 유치지역 지원에 관한 특별법」에 따라 중 · 저준위 방사성폐기물 관리시설의 설치가 추진되었다.

경주시가 주민투표를 통해 후보부지로 선정된 이후 정부는 「전원개발촉진법」에 따라 환경부 등 10개 관계부처 협의절차 및 전원개발사업추진위원회의 심의 · 의결을 거쳐 2006년 1월 2일 경주시 양북면 봉길리 일대 2,098,419㎡(약 64만 평) 부지를 방사성폐기물 처분장 건설을 위한 전원개발사업 예정구역으로 지정 · 고시하였다.[8]

---

6 「원자력안전법」상 방사성물질이란 '핵연료물질 · 사용후핵연료 · 방사성동위원소 및 원자핵분열생성물'을 말한다(제2조 제5호).

7 방사능으로부터 나오는 방사선의 피폭량 측정에는 렘(Rem)과 렘의 1 / 1,000인 밀리렘(mrem)이 주로 사용된다. 예를 들면, 텔레비전은 연간 1밀리렘, 담배는 800밀리렘의 방사선을 방출한다. 그리고 흉부에 X선 1회 촬영시 100밀리렘이고 그리고 인간은 자연상태에서 연간 100밀리렘 정도의 방사선에 노출되고 있다. 만일 인간이 2년간 담배를 피울 때 피폭되는 방사선량(1,600밀리렘)은 위투시검사를 1번(1,500밀리렘)하는 것과 맞먹는 방사선량이 된다.

8 국내 부지는 대략 60만 평 정도인 데 비해, 일본 본토 최북단에 위치하고 있는 아오모리현

이에 따라 2006년 초부터 환경영향평가, 방사선환경영향평가, 부지특성조사, 기본설계 등 방사성폐기물 관리시설 건설을 위한 각종 조사와 설계에 본격적으로 착수하였으며, 이러한 조사와 설계를 거쳐 2007년 하반기에는 방사성폐기물 관리시설 기반공사에 착공하였다. 방사성폐기물의 처분방식은 지자체, 지역주민들이 많은 관심을 가지고 있는 사항으로 지역주민들의 의사를 충분히 수렴하여 공개적이고 투명하게 결정하기로 함에 따라 사업자인 한국수력원자력㈜(이하 "한수원"이라 한다)은 경주시 · 의회대표 3인, 경주시 추천 시민단체 대표 3인, 민간전문가 10인 등 총 16인으로 구성된 '처분방식선정위원회'를 구성하여 2006년 4월 4일 1차 회의를 가진 바 있으며, 안전성, 경제성, 친환경성 등을 충분히 검토하여 1단계 10만 드럼은 동굴처분방식을, 나머지 70만 드럼은 추후 결정하기로 하였다.

방사성폐기물 관리시설 1단계 건설공사가 완공되었는데, 지상시설에는 인수저장건물, 폐기물건물, 지원건물 등 9개 동, 지하시설에는 건설동굴, 운영동굴, 사일로 6기 등 처분동굴 등이 들어선다.[9]

2010년 12월 24일 경주 중 · 저준위 방사성폐기물 관리시설인 '월성원자력환경관리센터'[10]에 방사성폐기물을 첫 반입, 본격 운영을 시작했다. 한수원 울

로카쇼촌의 부지는 740만㎡(약 220만 평)에 달하는 엄청난 규모를 자랑하고 있다. 로카쇼에서는 원전연료를 만드는 우라늄 농축시설과 폐기물 관리시설이 운영되고 재처리공장은 1993년부터 건설 중에 있으며 2016년 준공예정이다. 로카쇼촌은 단순한 방사성폐기물 관리시설이라기보다는 원자력발전의 의지를 담은 거대한 산업시설이라고 할 수 있다(한국일보, 2000. 12. 4, 17쪽).

9 머니투데이, "24일 첫 가동 경주 방폐장, '험난했던 역사'", 2010년 12월 24일자 기사 참조.

10 경주시 양북면 봉길리에 위치한 이 센터는 총 사업비 1조 5,228억 원이 투입되는데 1단계 공사가 2011년 12월에 완료예정이었으나 최근 연장되었다. 시설 면적은 214만㎡, 설계는 한국전력기술, 시공은 대우건설 삼성물산 컨소시엄이 맡았다. 주요 시설은 지상에는 인수저장건물, 폐기물건물, 지원건물 등 9개 동이 있고, 지하에는 건설동굴, 운영동굴, 처분동굴(사일로 6기) 등이 있다. 저장고는 지하 80~130m까지 굴착해 높이 50m, 지름 23.6m의 콘크리트 처분고를 만들고 그 속에 방사성폐기물을 보관한다. 이 시설에는 크게 건설동굴과 운영동굴, 수직구 등이 지어진다. 이 중 총연장 1,950m에 달하는 건설동굴은 현재 61.6%, 총연장 1,415m의 운영동굴은 95.6%의 진행을 보이고 있다. 207m짜리 수직구는 이미 완성되었다. 인 · 허가가 난 방폐장 내 지하처분시설은 총 200ℓ 짜리 80만 드럼 규모로 건설된다. 이 중 1단계 공사가 10만 드럼에 해당한다. 1단계 공사만 끝나도 현재 각 원전의 임시 저장시설에 보관된 방폐물을 저장하기에는 충분하다. 현재 4개 원전 임시저장고에 적재되어 있는 방폐물이 8만 9,000드럼 정도이기 때문이다. 에너지경제, "경주 방폐장에 첫 폐기물 반입－울진원전 1,000드럼 해상운송 후 정식 인수", 2010년 12월 30일자 기사 참조.

진 원전의 방폐물 임시저장고가 포화되어 12월 23일 울진 원전에서 인수한 중·저준위 방사성폐기물 1,000드럼을 전용선박으로 이송해 반입한 것이다. 이로써 30년의 원자력발전 역사를 가진 우리나라가 사상 처음으로 방사성폐기물 관리시설 운영을 시작한 것이다. 경주가 방사성폐기물 관리시설 유치지역으로 선정된 지 5년 만이다. 즉 1978년 고리 원전이 처음 가동된 이래 32년, 1984년 방사성폐기물 관리에 대한 첫 논의가 이루어진 지 26년, 2005년 중·저준위방사성폐기물 관리시설을 경주에 짓기로 결정하고 5년 만이다.

방사성폐기물은 경주의 방사성폐기물 관리시설의 지상건물인 인수저장시설 내에 2012년 연말까지 보관되고 지하 처분고가 완공된 후 옮겨져 최종적으로 처분하게 된다. 인수저장시설은 방사성폐기물 인수 및 보관을 위해 지어진 안전건물로 견고한 철근 콘크리트구조에 방사선 누출을 차단하기 위한 최첨단 안전설비를 갖추고 있다.

인수저장시설 내의 방사선은 흉부X선 단층촬영검사시(연간 6.9밀리시버트)보다도 낮은 연간 6밀리시버트 이하로 관리되며 외부에는 환경방사선감시기 6대가 설치되어 방사선량을 지역주민들이 실시간으로 확인할 수 있다.

이 시설 운영으로 「중·저준위 방사성폐기물 처분시설의 유치지역지원에 관한 특별법」 제8조에 따라 지급되는 특별지원금 3,000억원 가운데 나머지 1,500억원이 경주시 특별회계로 이체되어 지역주민을 위한 사업을 벌일 수 있게 되었다. 또 공단은 한수원으로부터 방사성폐기물 반입 수수료를 드럼당 63만 7,500원을 받게 된다. 반입수수료의 75%는 경주시에 귀속되어 지역지원사업을 시행하게 되며 25%는 방폐사업자인 공단이 직접 지역발전사업에 쓴다.[11]

경주 방사성폐기물 관리시설에 방사성폐기물을 유입하는 과정에서 환경·사회시민단체의 반대에 부딪혀 적지 않은 진통을 겪었다. 방사성폐기물 관리시설에 대한 안전성에 대한 우려 때문이다. 또한 방사성폐기물 관리시설이 유입된 인수저장시설은 방사성폐기물을 분류하고 검사하는 장소로 장기간 폐기물을 안전하게 저장할 수 없는 시설이라는 것이 시민단체의 주장이다. 특히 이들은 경주 방사성폐기물 관리시설 지역은 5등급 이하의 약한 암반이라는 방사성

11 에너지경제, "경주 방폐장에 첫 폐기물 반입－울진원전 1,000드럼 해상운송 후 정식 인수", 2010년 12월 30일자 기사 참조.

폐기물 관리시설 발주처 내부 문서가 공개되면서 지하처분고의 안전성을 담보할 수 없다는 입장을 보였다.[12]

4. 고준위 방사성폐기물 관리시설의 추진사례

(1) 고준위 방사성폐기물의 의의

고준위 방사성폐기물(High Lebel Radioactive Waste: HLW)이란 방사성폐기물 중 그 방사능농도 및 열발생률이 원자력안전위원회가 정하는 값 이상인 방사성폐기물을 말한다. 핵재처리 시설이 없는 우리나라는 흔히 사용후핵연료와 고준위 방사성폐기물을 같은 용어로 사용하는데, 이는 사용후핵연료 이외에는 고준위 방사성폐기물이 없기 때문이다.

고준위 방사성폐기물은 반감기(半減期)[13]가 매우 길고 높은 방사능을 가진 것으로 인간의 생활권으로부터 격리될 필요가 있고, 그 처분방법이 검토되고 있다. 방사성물질저장소가 항상 손상없이 유지될 것이라고는 아무도 장담할 수 없기 때문에 추가적인 주의가 필요하다.

방사성물질은 무능화처리(Immobilization)를 하여 지하수가 저장소에 스며들더라도 먹이사슬(Food-Chain)이 방사선에 오염되지 않도록 해야 한다. 가장 널리 사용되는 방법 중의 하나가 유리고화(琉璃固化, Virtification)[14]하는 것이다.

---

12 디지털타임스, “[사설] 경주 방폐장, 안전성 확보가 관건이다”, 2010년 12월 27일자 기사 참조.

13 보통 사람들은 방사성폐기물의 반감기가 아주 길다는 말만 들어도 불안감을 느끼게 된다. 그런데 반감기란 본래 방사선의 위험성을 직접적으로 알려 주는 것하고는 아무 상관이 없다. 반감기란 단순히 방사성동위원소가 절반의 방사선을 내놓으면서 새로운 물질이 되는데, 이때 방사선을 내놓는 세기가 반으로 약화되는 데 걸리는 시간을 말한다. 즉 처음에 어떤 물질에서 방사선이 1초당 100개가 나왔다면 그 물질에서 방사선이 1초 동안에 50개가 나올 때까지 걸리는 시간을 말한다.

14 프랑스·영국·미국 등 선진국에서는 이미 사용후핵연료를 재처리할 때 생기는 고준위 방사성폐기물을 유리 속에 안전하게 가두어 두는 유리고화기술을 개발하여 상용화하고 있다. 유리고화기술은 고준위 액체폐기물에 유리화제를 넣고 가열하여 유리화하는 방법을 말한다. 방사성폐기물을 유리고화하면 우선 폐기물의 부피가 혁신적으로 감소되고 또 유리고화된 폐기물은 기계적·화학적 또는 방사선조사에 대해 매우 안정한 성질을 가지기 때문에 환경영향을 극소화시킨다는 특성이 있다. 이처럼 좋은 기술을 이용해서 방사성폐기물을 유리고화하자면 상당한 비용이 소요되기 때문에 지금까지는 주로 고준위 방사성폐기물 처리에만 유리고화방법이 적용되어 왔다. 하지만 최근 들어 중·저준위 방사성폐기물 처분에 막대한 경비가 소요되고 또 환경에 대한 국민들의 관심이 고조되기 시작하자, 폐기물의 부피를 혁신적으로 줄이고 환경영향이 적은 유리고화기술을 중·저준위 방사성폐기물의 처리에 적용시키기 위한 기술개발이 시작되었다.

〈우리나라의 사용후핵연료 저장용량과 저장량〉

(2012년 12월 현재)

구분(호기수)		저장용량(톤)	저장량(톤)
경수로(A)	고리(6)	2,690	2,030
	영광(6)	3,320	2,075
	울진(6)	2,327	1,724
	신월성(1)	219	-
	소 계	8,556	5,829
중수로(B)	월성(4)	9,443	6,878
합계(A+B)		17,999	12,707

이 유리블록은 화학적으로 비활성체이며 방사선 확산을 막아 주는 첫 장벽이 된다.

(2) 외국의 고준위 방사성폐기물 관리대책

1) 서 언

원자력발전소를 운영하고 있다면 꼭 필요한 시설이지만, 기술력 확보와 지역 이기주의 등 여러 가지 이유 때문에 전세계적으로 고준위 방사성폐기물 영구처분시설을 건설한 나라는 아직까지 한 곳도 없다.

현재 전세계에서 원자력발전소를 운영하는 나라는 31개국에 달한다. 이중 22개국은 사용후핵연료 중간저장시설을 운영하고 있다. 이 시설은 연료를 재처리 또는 최종처분하기 전까지 별도 기간(40~80년) 동안 관리하는 역할을 맡는다. 이 22개국 중 미국과 캐나다, 스웨덴, 핀란드, 독일, 스페인, 루마니아, 슬로바키아 등 8개 나라는 '최종처분' 방식을, 프랑스와 일본, 러시아, 인도, 중국, 영국 등 6개 나라는 '재처리' 방식을 취했다. 그리고 우크라이나, 벨기에, 체코, 스위스, 헝가리, 아르헨티나, 불가리아, 아르메니아 등 8개 나라는 관망 상태로 아직 결정을 내리지 못했다. 반면 우리나라를 비롯해 대만, 파키스탄, 브라질, 남아프리카공화국, 멕시코, 네덜란드, 이란, 슬로베니아 등 9개 나라는 임시저장만 하고 있다. 최종처분 방식을 택한 나라 중 캐나다, 스웨덴, 핀란드 등은

주민들의 의견수렴에 모범을 보인 곳으로 꼽힌다.[15]

여기에서는 먼저 최종처분방식을 채택한 사례로 스웨덴, 핀란드, 미국, 캐나다 등을 살펴보고, 다음으로 재처리방식을 채택한 사례로 프랑스, 일본, 영국 등을 살펴보고자 한다. 우리나라는 재처리방식이 불가능하기 때문에 최종처분방식이 불가피하다.

2) 최종처분방식을 채택한 사례

가. 스 웨 덴

스웨덴은 폐기물처리문제에 대한 기술적 해결책을 강구함에 있어서 대부분의 다른 나라에 비해 훨씬 앞서 왔다. 방사성폐기물 처리에 대한 책임은 1차적으로 전력회사들에게 있는데, 4개 전력회사들의 자회사형태로 설립된 SKB가 '후행 핵연료주기'에 대한 개발·운영을 책임지고 있다. 국립사용후핵연료청(SKN), 원자력검사국(SKI) 및 국립방사성방호협회(SSI)가 이 회사의 업무를 감독하고 있으며 모든 사항은 환경에너지부에 보고된다.

스웨덴의 원자력발전소는 모두 해안에 위치하고 있기 때문에 저장소와 처분장까지의 수송은 특수 제작된 2,000톤급 선박인 시긴(Sigyn)[16]을 이용하고 있다. 이 선박은 원자력발전소와 중앙저장소와 처분장 사이를 연간 20여 차례 운항하며 또한 재처리를 위해 프랑스 셀브르 부근 라하그에 연간 6회 정도 운항한다.[17]

Central Interim Storage for Spent Fuel(CLAB)은 사용후핵연료 중간저장시설로서 스웨덴 동남부 오스카샴(Oskarshamm)에 위치하고 있다. 사용후핵연료는 먼저 원자로부지 내에 임시 저장되었다가 4~5년간 냉각 후 선박을 통해 CLAB로 옮겨진다. 1986년 4월 준공된 CLAB는 지하 30m에 위치한 약 120m 길이의 동굴 속에 4개의 대형 저장수조로 되어 있다. 이 시설은 궁극적으로 스웨덴 전역의 12개 발전소 운영기간 동안 발생하는 사용후핵연료를 물속에 중간저장할 수 있는 용량을 가지고 있다. 이를 최종저장시설로 건설한 것은 아니지만 수십 년간 사용후핵연료를 안전하게 저장할 수 있으며 지하에 위치하고

15 머니투데이, "사용후핵연료 처리방안 마련에 성공한 나라들은", 2013. 7. 4일자 기사 참조.
16 '시긴'이라는 이름은 신들의 노여움을 산 남편 록키를 독사의 독으로부터 보호했다는 북유럽 신화에 나오는 여걸 이름을 본뜬 것이다.
17 프랑스와 영국은 다른 나라들에 상용핵 재처리 역무를 제공하고 있다.

있기 때문에 환경적인 장해가 극히 적으며 겉으로 드러나는 건물모양은 전형적인 중간 크기의 경공업용 건물이나 사무용 건물의 형태를 띠고 있다.[18]

오스카샴에는 고준위 방사성폐기물의 중간저장시설뿐 아니라 지하 450미터에 건설된 '에스포 암반 연구소'가 있다. 고준위 방사성폐기물은 지하 3백~1천미터에 처분된다. 1995년 문을 연 에스포 연구소는 사용후핵연료를 영구적으로, 그리고 안전하게 보관할 방법을 연구하는 곳이다. 암반의 특성이 어떨 때 방사성물질을 가장 잘 방어할 것인지, 보관용기를 수직 또는 수평, 어느 방향으로 묻는 것이 가장 효율적일지, 지하수가 흐를 때는 얼마나 방사성 물질이 녹아나갈 것인지 등등 처분 방식에 대한 조건을 다양하게 만든 실험들이 이뤄지고 있다.

스웨덴이 세계에서 유일하게 해저동굴처분방식을 택하고 있는 것은 전 국토에 걸쳐 암반이 잘 발달되어 있는데다 세계적 수준의 암반굴착기술을 갖추고 있기 때문인 것으로 평가된다.

나. 핀 란 드

핀란드는 4기의 원전이 현지 전력 사용량의 30%를 생산하고 있다. 핀란드는 전국 대상 조사를 통해 1999년 올킬루토를 최종처분장 예정지로 선정했으며 2001년 의회 승인을 거쳐 최종처분 부지로 확정했다. 처분장 건설과 운영을 전담할 회사도 만들었다.

다. 미 국

방사성폐기물처리 관련 법률로는 「저준위방사성폐기물정책법」(Low Level Radioactive Waste Policy Act)과 「방사성폐기물정책법」(Nuclear Waste Policy Act: NWPA)을 들 수 있다. 「저준위방사성폐기물정책법」은 주정부에 저준위방사성폐기물관리의 책임을 부여하였고, 「방사성폐기물정책법」은 연방정부에 고준위방사성폐기물관리의 책임을 부여함으로써 '분업의 원칙'을 내세웠다.[19] 지난 35년간의 원자력발전소의 가동에 따라 저준위방사성폐기물은 말할 것도 없이 상당히 많은 양의 사용후핵연료를 포함한 고준위 방사성폐기물이 발생하였다.

1982년에 제정된 「방사성폐기물정책법」은 에너지부가 1개 이상의 부지를

18 T. 프라이스(박정택 역), 「원자력의 정치경제학」, 287쪽.
19 최연홍, "핵폐기물처리시설 입지선정과정의 갈등과 해결: 미국의 경우와 한국에의 시사점" (한국행정연구원, 1994), 14~16쪽.

선정하여 사용후핵연료 및 고준위 방사성폐기물을 영구처분하도록 규정하였다. 그러나 1987년에 법을 개정하여 네바다주 라스베가스에서 북서쪽으로 약 160 ㎞ 떨어진 Yucca Mountain을 유일한 후보 부지로 선정하여 평가하는 것으로 바꾸었다. 2002년에는 대통령이 Yucca Mountain을 미국의 고준위 방사성폐기물 영구처분부지로 추천하였고, 의회는 이를 승인했다.

1987년의 「NWP수정법」은 영구처분장 운영시기를 1998년 1월 31일로 못박았다. 그러나 처분장 건설은 법에 규정된 기한보다 10년도 더 지연되었고, 이에 따라 사용후핵연료 및 고준위폐기물은 민간전력회사가 운영하는 75개 원전부지 및 에너지부가 운영하는 5개 원자력부지에 그대로 남아있다.

에너지부는 지금까지 20년 이상에 걸쳐 부지특성조사, 처분장설계, 엔지니어링, 안전성시험 등을 위해 140억 달러 이상의 엄청난 자금을 투자했다. 그러한 노력의 결과 2008년 6월에 에너지부는 NRC에 Yucca Mountain 처분장 건설 인·허가를 신청하는 결실을 볼 수 있었다. 그리고 원자력규제위원회(NRC)는 2008년 9월에 에너지부의 인·허가신청을 접수했다고 공식발표했다. 법률규정에 따라 NRC는 에너지부로부터 인·허가신청서를 접수한 날부터 3년 이내에 검토를 끝내야 한다.

그러나 2009년 버락 오바마가 대통령에 당선되면서 미국의 사용후핵연료 관리정책은 변화의 조짐을 보이기 시작했다. 오바마행정부는 30년 가까이 추진해 온 Yucca Mountain 프로젝트를 중단하는 대신 각계각층의 전문가 15인으로 구성된 블루리본 위원회(Blue Ribbon Commission on America's Nuclear Future)의 운영을 통해 실행가능한 모든 사용후핵연료 관리 옵션의 검토에 들어갔다.[20] 위원회의 활동 목적 및 범위는 다음과 같다. ① 기존 핵연료주기기술 및 R&D 프로그램의 평가, 평가기준에는 비용, 안전성, 자원의 활용성 및 지속가능성 등이 포함되어야 하고, 또한 핵비확산 및 테러에 대한 대응성이 포함되어야 한다.

20 2009년 2월에 에너지부는 2010 회계년도 예산신청을 하면서 유카마운틴 프로젝트 예산을 거의 요구하지 않음으로써 사실상 유카마운틴 프로젝트가 종결되었음을 공식적으로 나타냈다. 당시 에너지부가 요구한 유카마운틴 프로젝트 관련 예산은 1억 9,680만 달러였다. 이 액수는 프로젝트를 현상유지하면서 인·허가신청에 따른 최소한의 소요비용을 감당할 수 있는 정도에 불과한 것이다. World Nuclear News, "Yucca Mountain 'terminated'", 2009. 5. 8; 2010년 3월에 에너지부는 유카마운틴 건설 인·허가신청 철회서를 NRC에 제출했다. 김형준, "미국 유카마운틴 프로젝트와 블루리본위원회 활동", 「원자력산업」(2010. 7. 8), 59쪽.

② 사용후핵연료에 대한 최종관리방안이 결정되어 실행될 때까지 안전하게 저장관리하는 옵션, ③ 심지층 처분방식을 포함한 사용후핵연료 및 고준위폐기물의 영구처분 옵션, ④ 현재의 핵연료주기 기술 및 미래에 실행가능한 핵연료주기기술 등을 모두 고려하여 향후 사용후핵연료 및 방사성폐기물 관리와 관련된 법적 및 상업적 문제의 대응을 위한 옵션, ⑤ 사용후핵연료 및 고준위폐기물의 관리 및 처분을 위한 유연성있는 의사결정프로세스에 대한 옵션, ⑥ 사용후핵연료 및 고준위폐기물의 관리방안에 대한 의사결정과정에 있어서 보다 공개적이고 투명하며 광범위한 참여가 가능한 의사결정방안에 대한 옵션, ⑦ 1982년의 「방사성폐기물정책법」(NWPA)을 포함하여 기존 관련법의 개정필요성 및 새로운 법령의 제정필요성, ⑧ 그 밖에 에너지부장관이 필요하다고 판단되는 사항 등이다. 위원회의 존속기간은 24개월로 한다. 다만 「연방자문위원회법」(FACA)에 근거하여 사전에 본 지침을 개정할 경우 존속기간을 변경할 수 있다.[21]

고준위폐기물 관리 대안을 발굴하기 위하여 미국연방회계감사원(Government Accountability Office:GAO)은 에너지부의 관료, 미국과학아카데미(NAS), 방사성폐기물기술검토위원회(NWTRB), 그리고 원자력에너지기구(NEI)의 전문가들을 대상으로 인터뷰를 추진했다. 그 결과 전국의 2개 지역에 중앙집중저장방식으로 100년 이상 관리하는 방안과 폐기물이 발생한 시설의 부지에서 분산저장방식으로 100년 이상 관리하는 방안이 도출되었다. GAO는 Yucca Mountain 처분장을 건설하는 안과 그 대안인 중앙집중저장 및 부지 내 분산저장의 장단점을 직접적으로 비교하지는 않았다. 그 이유는 각각의 대안이 갖고 있는 고유의 특성이 존재하고 있고, 또한 정량화하기 어려운 평가요인들이 존재하고 있기 때문이다.[22]

그러나 1987년 「NWP수정법」은 여전히 에너지부로 하여금 Yucca Mountain에 지층처분장을 건설하도록 규정하고 있으며, 법규정에 따라 에너지부가 Yucca Mountain 프로젝트를 계속 추진한다 해도 역시 그에 따른 여러 가지 문제점이 도사리고 있다. 그 중 가장 심각한 문제점 중의 하나는 환경보호청

21 김형준, 앞의 글, 66~67쪽.
22 김형준, 앞의 글, 55쪽.

(EPA)이 요구하는 향후 10만년 동안의 방사선 안전성에 대한 입증을 포함하여 NRC의 인·허가 요건을 어떻게 만족시키는지에 대한 문제이다.[23]

미국 에너지부가 원자력발전소에서 나오는 폐기물 처리를 위한 장기 로드맵을 공개했다. 에너지부는 2013년 발표한 '고준위 방사성물질과 사용후핵연료의 관리 전략'이라는 보고서를 통해 2048년부터 사용후핵연료와 방사성폐기물을 심저층에 매립해 영구처분(직접처분)하는 내용을 골자로 하는 장기 대책을 내놨다. 이로써 사용후핵연료를 상업적으로 재처리하지 않고 영구처분해온 미국의 기존 정책은 여전히 유지된다.

에너지부가 공개한 새로운 방사성폐기물 정책은 사용후 연료봉과 방사성폐기물을 임시 보관한 뒤 중간처리시설을 거쳐 궁극적으로 영구처분하는 3단계 방식이다. 보고서는 2021년까지 14개 폐쇄 원전 부지에 방사성폐기물과 사용후 연료봉을 임시 보관하는 시설을 짓고, 2025년부터는 대규모 중간처리시설로 옮긴 뒤 2048년까지 영구처분시설을 완료해 최종적으로 매립하는 방식을 제안했다. 에너지부는 또 핵폐기물 처분시설 부지를 선정할 때 주민들의 동의를 거치도록 했다. 이 같은 내용은 행정부와 의회의 검토를 거쳐 최종 확정된다.

프랑스와 일본 등은 사용후핵연료 재처리를 통해 플루토늄을 추출하고 이를 다시 연료로 사용하는 관리방식을 채택하고 있지만 미국은 재활용 핵연료의 경제성과 핵확산에 대한 우려 등을 이유로 영구처분방식을 택하고 있다. 미국은 재처리기술을 보유하고도 재처리를 하지 않는 유일한 국가이다. 우리나라는 영구처분시설이 아닌 중간처리시설의 설치를 추진하고 있다.

라. 캐 나 다

중수로형 원전 18기를 가동중인 캐나다는 2002년「사용후핵연료법」을 제정하고 공론화를 위한 방사성폐기물관리 전담기관을 설립했다. 이후 2002년부터 2005년까지 117억원을 들여 3단계로 공론화를 추진, 관리방안을 정부에 제출했다.

약 30년간 사용후핵연료 소내 저장→중간저장시설 부지선정 및 건설→처분장 부지선정 및 처분시설 건설→심지층 최종처분과정을 거친다는 것이

23 예를 들어, NRC는 에너지부에 자연방벽 및 인공방벽이 시간의 경과에 따라 상호 어떻게 반응하며, 또한 만일 다중방벽의 일부가 제대로 작동하지 않을 경우에도 NRC가 요구하는 안전성 요건을 충분히 만족시킬 수 있는지를 입증하도록 요구하고 있다.

골자이다. 2007년 캐나다정부가 이를 채택, 현재 사업을 추진중이다.

3) 재처리방식을 채택한 사례

가. 프 랑 스

프랑스는 57기의 원전과 사용후핵연료 재처리시설, 우라늄 농축시설, 핵연료 변환 및 제조시설 등을 보유하고 있는 원자력선진국이며 방사성폐기물 관리 분야에 있어서도 원자력선진국이라는 이름에 걸맞게 세계의 선두를 달리고 있다. 프랑스에서 방사성폐기물 처리에 대한 책임은 프랑스방사성폐기물관리청(ANDRA)[24]이 맡고 있는데, ANDRA는 1979년 원자력청(CEA) 산하기관으로 설립되었으나, 1991년에 국가기관으로 독립하였다.

장반감기 고준위 방사성폐기물 심지하저장소 건설을 계획하고 있지만 국민들의 거센 반대로 그 계획이 연기되었다. 전국 4개 후보지역에 대한 사전 탐사를 실시할 계획이었지만 1990년 1월 20일 앙거스(Angers)에서 15,000명의 군중 시위가 있은 후 당시 미셸 로카드(Michel Rocard) 수상은 모든 당사자들이 서로 대화를 통하여 사회적·기술적인 영향을 이해토록 하기 위해 이 탐사작업을 유보토록 조치했다.[25] 그 뒤에도 고준위폐기물 처분을 위한 방안은 수립되어 있지 않고 있으며 1991년 12월에 발효된 법령에 따라 고준위폐기물을 처분하기 위한 몇 가지 가능한 방안을 연구 중에 있다. 15개년 연구개발프로그램 수행 후에 프랑스 의회는 최종 결정을 내릴 예정으로 있으며 이 프로그램의 가장 중요한 단계는 3곳의 지하저장고의 위치 선정인데, 한 곳은 향후 영구처분장으로 활용될 예정이라고 한다.

나. 일 본

일본은 주로 프랑스와 영국에 위탁, 재처리를 해오다 자국 내에서 직접 재처리하기 위해 로카쇼무라란 지역에 재처리 시설을 건설중이다. 오는 10월부터 가동될 예정이다. 재처리과정에서 발생하는 고준위 방사성폐기물 처분장은 2030년 운영 개시를 목표로 부지 공모를 진행중이다. 일본은 이와 함께 2005년 무쓰시에 중간저장시설 부지를 건설하였다.

---

24 ANDRA는 방사성폐기물 관리시설의 부지선정에서부터 설계·건설·운영에 이르기까지 모든 과정을 책임지고 있을 뿐만 아니라 관련 연구개발도 수행하고 있는 프랑스의 방사성폐기물 관리전문기관이다.

25 T. 프라이스(박정택 역),「원자력의 정치경제학」, 285쪽.

다. 영 국

대표적인 '사용후핵연료 재처리' 국가로 꼽히는 영국은 원전 19기를 운영하고 있다. 영국은 사용후핵연료는 셀라필드 재처리시설에서 재처리하고, 이 과정에서 발생한 최종 고준위 방사성폐기물은 50년간 저장 후 심지층에서 처분할 계획이다.

영국은 지난 1997년 셀라필드 지역을 방사성폐기물 처분장 부지로 선정하려던 것이 수포로 돌아간 뒤 방사성폐기물관리위원회를 설립했다. 이후 2003년부터 3년간 130여억원을 들여 공론화를 수행, 지층처분시설 건설시까지 중간저장 추진을 권고하는 정책을 도출했다. 이에 영국 정부와 의회는 수용의사를 밝혔고, 정부는 지난 2008년 '방사성폐기물 안전관리-지층처분 수행을 위한 프레임' 보고서를 내는 등 후속작업을 진행 중이다

(3) 고준위 방사성폐기물 관리시설의 추진을 위한 공론화

1) 공론화의 의의

공론화란 다수의 의견보다는 공적인 의견이라는 뜻이 보다 강하게 내포되어 있는 것으로, 특정 사회적 이슈를 시민합의체 구성물인 정책으로 생산하기 위한 민주적 논쟁과 이해관계 조정과정으로 이해되고 있다.

「방사성폐기물 관리법」은 사용후핵연료 관리 등 사회적 갈등이 예상되는 사항에 대하여 이해관계인 · 일반시민 또는 전문가 등으로부터 광범위한 의견수렴 절차를 공론화라고 부르고 있다(법 제6조의2 제1항).

정부는 2013년 8월에 공론화위원회를 구성하고, 위원회가 2014년에 제출하는 보고서를 바탕으로 '방사성 폐기물 기본계획'을 수립하기로 했다. 이를 토대로 2015년 이후 구성될 용지선정위원회가 처리장 용지를 선정하면 폐기장 건립에 본격 착수할 계획이다.

2) 공론화의 기본적 형식

공론화의 기본적 형식으로서는 대표적으로 공론조사,[26] 합의회의,[27] 시민배

---

26 공론조사(deliberative poll)는 공공여론에 대한 심층적 조사방법을 말하며 선정된 표본집단에 다양한 정보를 제공하고 심도 있는 토론을 할 수 있는 여건을 만들어 냄으로써 이들로 하여금 충분히 고민하고 판단한 후 제시한 의견을 수렴한다는 점이 일반적인 여론조사와 차이점이라고 할 수 있다.

27 합의회의(consensus conference)는 과학에 대한 일반 시민 참여형태로서 사회문화적 요소를

심원제,[28] 시나리오 워크숍,[29] 포커스그룹,[30] 라운드테이블,[31] 시민자문회의,[32] 플래닝 셀[33] 등이 제시되고 있다.

「방사성폐기물 관리법」에서 규정하고 있는 공론화위원회도 합의회의의 일종으로 볼 수 있다. 법에서는 사용후핵연료 관리 등 사회적 갈등이 예상되는 사항에 대하여 이해관계인 · 일반시민 또는 전문가 등으로부터 광범위한 의견을 수렴하는 것을 공론화위원회의 기본적인 임무로 설정한 것으로 보인다.

공론화위원회에게 독립성, 즉 권한과 책임을 동시에 부여해 주어야 한다. 그렇게 해야 공론화 추진과정에서 이해관계인 · 일반시민 또는 전문가로부터 광범위한 의견수렴이 가능하게 될 것이다. 그리고 운영에 있어서의 공정성과 투명성 그리고 참여성을 최대한 보장하여야 할 것이다. 위원회의 위원은 사용후핵연료 관리 및 사회소통에 관한 학식과 경험이 있는 사람 중에서 산업통상자원부장관이 위촉하도록 규정하고 있다. 위원회 운영에 있어서의 공정성과 투명성 그리고 참여성을 최대한 보장하는 것이 관건이라는 점을 감안하면 법상의 위원위촉 조건의 활용도 이러한 맥락에서 이루어져야 할 것이다. 사회갈등 전문가, 원자력 전문가와 함께 원자력법 전문가의 참여도 필요적으로 이루어져야 한다. 왜냐하면 공론화문제는 기본적으로 법적인 문제이기 때문이다.

함유하고 있는 과학기술 이슈에 대해 공개토론을 통해 일반 시민과 전문가가 질의, 응답할 수 있는 장을 마련하는 것을 말한다. 이해관계가 복잡하고 갈등적 요소를 지니고 있는 과학기술 이슈에 대해 매우 유용하다.

28 시민배심원(citizen juries)제도는 이해관계자가 아닌 일반 시민의 의견을 공공정책에 반영하고 사회적으로 중요한 이슈에 대해 공론을 형성하는 것을 목표로 하는 것을 말한다.

29 시나리오 워크숍(scenario workshop)은 특정 이슈를 중심으로 미래에 발생 가능한 시나리오를 사회문화적, 과학기술적, 정치외교적 차원 등 각각의 분야에서 기술하고 이에 관한 해결방안을 제시하는 것을 의미한다.

30 포커스그룹(focus group)은 보다 심층적인 여론을 확인하기 위하여 특정 이슈에 대해 소그룹 형태로 진행되는 토론을 말한다.

31 라운드테이블(Round Table)은 특정 이슈에 대해 이해관계자, 전문가, 공공기관이 원탁에 함께 모여 토론을 통해 합의를 도출하는 방법을 말한다.

32 시민자문회의(citizen's advisory committee)는 지역적 이슈에 관하여 논의하기 위해 이해관계자와 일반 시민이 정기적으로 개최하는 토론모임을 말한다.

33 플래닝 셀(planning cell)이란 약 25명의 일반시민이 주어진 이슈에 대해 토론과 논쟁을 통한 숙의과정을 통해 해결안을 제시하는 방법을 말한다.

3) 외국의 공론화 사례

가. 재처리방식을 채택한 경우

① 영 국

영국은 방사성폐기물관리위원회(CoRWM: Committee on Radioactive Waste Management, 2003. 11)를 두고 있다. 독립기구인 방사성폐기물관리위원회는 인간과 환경을 보호하면서 영국 내 방사성폐기물을 장기적으로 안전하게 관리할 수 있는 정책 또는 정책 선택지들을 사회적 공론화 절차를 거쳐 마련하는 책임을 지고 있다. 방사성폐기물관리위원회는 12인으로 구성되어 있다. 방사성폐기물량조사그룹과 이해관계자와 시민참여그룹인 두 개의 실행그룹으로 구분하고 있다. 이해관계자와 시민참여그룹을 통해 일반 시민이 의사결정 과정의 초기 단계에서부터 직접적인 참여를 가능하게 한 점이 특징이라 할 수 있다.

② 일 본

일본은 원자력정책 및 시설과 관련한 이해관계자의 참여는 원자력위원회와 원자력안전위원회, 자원에너지청 종합자원·에너지조사회의 원자력안전·보안부회(심의회) 등에서 주로 원탁회의, 세미나, 간담회, 외부전문가들의 견학평가보고서 등을 통해 이루어지며 모든 회의 자료는 공개를 원칙으로 한다. 일본의 경우는 영국이나 스웨덴과는 달리 지역주민의 자발적 참여보다는 정보공개와 지원에 초점이 맞추어져 있다.

③ 프 랑 스

프랑스의 경우 방사성폐기물 관리시설 부지선정의 실제적 업무는 방사성폐기물관리국(ANDRA)에서 수행한다. 1991년 12월 제정된 법률에 의해 창설된 ANDRA는 공공기관으로 하여금 독립성을 갖고 방사성폐기물 관리업체를 관리, 산업부, 환경부의 감독을 받고 있다. 프랑스는 원자력산업과 방사성폐기물 관리를 정부가 책임지고 있으며 이에 대한 국민 의견을 수렴하도록 법제화하고 있다. 특히 프랑스 의회는 1991년 「방사성폐기물법」 제정 이후 시행과 관련한 감독 역할을 수행해 왔으며 여론 수렴을 거쳐 마련된 2006년 개정안에 대한 처리는 물론 공론화에도 협조하고 있다.

나. 최종처분방식을 채택한 경우

① 캐 나 다

캐나다는 2002년 11월 「사용후핵연료장기관리법(NFWA: Nuclear Fuel Waste Act)」을 제정하고 이 법에 따라 사용후핵연료 처분 및 관리전담기구인 NWMO를 설립하였다. NWMO가 추진하는 4단계의 연구계획은 1단계에서 공론화를 통해 사용후핵연료 관리 연구개발 프로그램에 대한 기대수준과 그 목표에 대해 의견을 수렴한다.

② 벨 기 에

벨기에는 가동 중인 방사성폐기물 관리기관으로 하여금 연방정부가 참여 프로그램 운영에 관한 권한을 위임함으로써 자연스럽게 사회적 공론화의 네트워크 주체를 결정하였다.

③ 핀 란 드

핀란드는 사용후핵연료 처분절차를 바탕으로 그 사회적 공론화의 특성은 책임성, 현실성, 적극성, 효율성으로 요약되고 있다. 지역주민과 일반시민에 대한 현실적 참여를 유도하고 이를 적절히 활용하였다.

Ⅲ. 핌피사례: 동남권 신공항

1. 동남권 신공항의 의의

영남지역에 새로운 공항이 필요하다는 주장은 2000년대 초부터 부산을 시작으로 이 지역의 지방자치단체를 중심으로 제기되었다. 2001년 3월 인천국제공항 개항과 동시에 김포공항의 국제선 기능이 인천공항으로 이전하자 영남권 주민들이 겪는 시간·경제적 손실과 불편은 더해졌고 이때부터 신공항 건설의 필요성은 더욱 확산되었다. 김포국제공항 기능이 인천으로 이전함에 따라 당시 부산, 경남, 대구·경북, 울산지역 국제선 이용객들이 추가로 지불하는 교통비용, 시간가치비용 등은 연간 1천 447억원에 달하는 것으로 분석되었다. 이 같은 경제적 비용의 추가부담과 함께 2002년 4월 경남 김해 돗대산에서 발생한 중국 민항기 추락사고로 김해공항의 안전성 문제가 도마 위에 오르면서 새로운 공항의 필요성은 부산·경남권을 중심으로 더욱 탄력을 받았다.

2005년 이전에 논의된 신공항의 필요성은 인천공항 이용에 따른 영남권 고객의 불편함과 김해공항 안전성에 초점이 맞춰졌지만 이후에는 폭발적으로 늘어나는 김해공항의 항공수요를 어떻게 해결하느냐가 논의의 중심으로 바뀌면서 신공항의 필요성은 더욱 강조되었다. 2000년대 초 영남권 주민들이 인천공항을 경유하면서 드는 비용은 연간 1천 447억원에 불과했지만 국제선 항공수요가 폭발적으로 늘어나는 2005년 이후에는 연간 6천억원으로 늘어났다.

당시 부산시는 늘어나는 국제선 항공 수요를 감당하기 위해서는 안전성이 담보되면서 24시간 운영이 가능한 공항건설이 시급하다고 보고 정부에 새로운 국제공항의 건설을 끊임없이 제기했다. 당시 김해공항 이용승객이 연평균 7%씩 증가해 이 추세대로라면 2020년을 전후해 포화상태에 놓일 것으로 예측되었다. 부산시는 새로운 공항 건설에는 10~15년 정도의 시간이 필요한 점을 감안, 당장 착공해도 늦다는 논리로 정부를 압박했다. 부산은 신공항 건설에 정부가 귀를 기울이지 않자 신공항의 필요성을 제기하고 있던 경남과 울산, 대구 등 영남권 자치단체와 합세해 신공항 필요성을 제기했다.

2. 동남권 신공항의 추진과 갈등

2005년 신공항 건설 논의가 본격적으로 시작될 때만 해도 부산과 경남·울산, 대구·경북 등 영남권 4개 지자체는 한배를 탔다. 신공항 유치의 필요성을 정부에 압박하기 위한 수단으로 공동전선을 구축했기 때문이다. 당시만 해도 정부는 인천공항 중심의 '원 에어포트' 활성화에 중심을 두고 있었다. 2006년 6월 부산상의에서 '열린 동남권 신공항 건설 심포지엄'에서 각 지역 패널들은 부산과 경남, 경북, 울산, 대구지역 등 동남권 5개 지역이 모두 참여하는 컨소시엄을 구성, 구체적인 건설계획안을 만들자고 제안하기도 했다. 이후 5개 지자체 단체장 이름으로 대정부 공동건의문을 내고 정치권과 정부 등을 상대로 신공항 건설 설득작업을 함께 했다.

그러나 이런 기류는 입지선정을 놓고 갈라지기 시작했다. 부산시는 2008년 12월 자칭 '동남권 제2허브공항'의 후보지로 '가덕도 남쪽 해안'을 최종 선정, 국토연구원에 추천했다. 경남, 경북과 대구는 밀양, 창원 대산, 거제, 울진 등을 동남권 제2허브공항의 후보지로 추천했다. 2009년 9월로 예정된 국토연구원의 입지선정 결과를 앞두고 부산은 '가덕도', 대구 · 울산 · 경남 · 경북은 '밀양'을 놓고 치열한 입지 유치전을 벌였다. 서명운동, 대규모 유치집회, 상대의 논리를 반박하는 토론회가 잇따랐다. 양측의 양보와 대안없는 유치전은 영남권을 분열시켰고 이 때부터 신공항 입지선정은 경제적 논리보다는 정치적 논리로 변질되기 시작했다. 이 때문에 2009년 9월 발표하기로 한 정부의 국토연구원 용역결과 발표는 3차례 연기되기도 했다. 결국 2011년 3월 정부는 가덕도, 밀양 모두 신공항 건설의 타당성이 없는 것으로 결론을 내리고 이 사업을 백지화했다. 백지화의 배경에는 신공항 입지선정이 정치문제로 번진 상황에서 정부가 어느 한 쪽의 손을 들어주기에는 부담이 너무 컸기 때문이라는 분석이 나오기도 했다.[34]

새 정부 출범과 함께 뜨거운 감자였던 '동남권 신공항'이 또다시 수면 위로 부상했다. 2011년 3월 이명박 정부는 부산 · 경남 · 대구 · 경북 · 울산 등 영남권 5개 지자체의 갈등과 대립만 초래한 채 신공항 백지화를 선언했다. 진퇴양난의 처지에 처했던 이명박 정부는 신공항의 꼬인 실타래를 풀 해법으로 백지화란 최악의 수를 선택했던 것이다.

3. 동남권 신공항의 재추진의 신뢰프로세스

지난 제18대 대통령 선거 과정에서 자의든 타의든 신공항을 재추진하겠다는 뜻을 박근혜 대통령이 확고하게 밝혔기 때문에 새 정부는 신공항 문제에 대한 '신뢰프로세스'를 찾아내야 할 책무가 생겼다.

따라서 박근혜 정부는 곧 한계에 부딪힐 인천국제공항을 보완할 제2관문공항, 동남권 또는 남부권 신공항, 포화상태에 다다른 김해국제공항을 대체할 신공항 등 어떤 명분으로 포장하든 신공항의 필요성은 이미 검증된 만큼 새 정부는 5개 시 · 도 모두를 만족하게 하거나 설득할 수 있는 솔로몬의 해법을 찾는 데 주력할 것으로 보인다.

부산은 가덕도를 바다위 신공항으로, 경남은 밀양시 하남읍과 창원시 대산면을, 대구 · 경북은 영천시 금호읍을 각각 신공항 후보지로 추천하고 있다. 갈

34 연합뉴스 2013. 1. 17일자, "〈신공항 갈등〉 ① 왜 싸우나…그 '뿌리'는?" 기사 참조.

등의 축인 5개 시·도가 신공항을 바라보는 시각이 다른 만큼 각기 내세우는 해결방안도 모두 다를 수밖에 없다. 다행히 신공항을 둘러싼 지자체의 셈법이나 전략이 2년 전 백지화 당시보다는 많이 달라졌다. 시간이 지나면서 갈등의 축인 5개 시·도의 신공항을 바라보는 시각도 조금씩 변화하고 있다. 물론 지방자치단체 간 입장 차이는 여전하지만 객관적이고 공정한 평가를 전제로 한 정부 결정에 따르겠다는 데 모두 동의한다는 뜻을 표명하고 있다.[35]

문제는 이러한 지역 간 갈등이 신공항의 발목을 잡는다는 데 있다. 신공항이 지역갈등 끝에 정치적 흥행거리로 변질되면서 무산되었던 경험을 하고서도 다시 잘못을 반복해서는 안 된다. 신공항은 정치논리의 산물이 아니라 국가 균형발전과 경쟁력을 확보하기 위해 필수적인 국책사업이다. 폭발적으로 늘어나는 김해공항의 국제선 수요, 장차 동북아 제2허브공항으로서 위상 등을 감안한다면 신공항은 한시라도 늦출 수 없다. 신공항을 둘러싼 지역갈등을 막기 위해서는 조기 입지결정 및 건설에 대한 로드맵부터 마련해야 한다. 신공항 건설은 국가의 100년 대계를 결정하는 중차대한 국책사업이다. 이 때문에 영남권뿐만 아니라 전 국민적 관심이 집중되고 있는 국책사업이기도 하다. 이러한 중대한 일이 정치적 타협이나 지역 이기주의적 핌피의 대상이 되어서는 안 될 것이다. 국가이익이 최우선적으로 고려되어야 할 사업이다. 이 때문에 신공항 건설의 첫 단추를 꿰는 일이라 할 수 있는 입지 결정부터 객관적이고 공정하게 이뤄져야 하는 것은 재론의 여지가 없다.[36]

박근혜 정부는 신공항 입지선정을 위한 기초작업에 들어가야 할 것이다. 무엇보다 공정하고 투명한 입지선정 기준이 마련되어야 하고, 그 기준은 경제적 잣대에 맞춰져야 마땅하다. 아울러 지역 간에 신공항 유치를 둘러싼 과도한 신경전이나 세 불리기 등 소모적 대결은 자제해야 한다.[37]

최근 국토교통부가 동남권 신공항 건설과 관련, 수요조사 기간 중 입지타당성 조사에 필요한 모든 절차를 마치는 방식으로 수요조사 직후 공백기간 없이 곧바로 타당성조사에 들어가기로 하는 등 사실상 수요·입지조사를 병행해

---

35 연합뉴스 2013. 1. 17일자, "〈신공항 갈등〉 ③ 꼬인 실타래 풀 해법은(끝)" 기사 참조.
36 경북일보 2013. 1. 19일자, "신공항 입지 선정 국제적 전문기관에 맡겨야" 기사 참조.
37 국제신문 2013. 1. 15일자, "[사설] 신공항 입지 조기 결정으로 지역갈등 막아야" 기사 참조.

진행하기로 했다. 이를 위해 국토교통부는 내년 예산에 타당성조사 비용을 반영키로 했다. 국토교통부가 이렇게 하는 이유는 수요조사와 입지타당성 조사를 처음부터 동시에 병행할 경우 수요조사가 타당성조사에 묻힐 수 있는데다 절차상 문제를 들어 다른 지역에서 문제삼을 수 있다고 판단했기 때문이다.[38]

Ⅳ. 환경갈등사례: 4대강정비사업

1. 4대강정비사업의 의의

4대강정비사업은 2008년 하반기부터 이명박 정부가 중점적으로 추진한 국책사업이다.[39] 이 사업의 핵심은 한강, 낙동강, 금강, 영산강 등 4대강에 노후 제방 보강과 하천 생태계 복원, 중소 규모 댐 및 홍수 조절지 건설, 하천 주변 자전거길 조성, 친환경 보(洑) 설치 등을 추진한다는 것이다. 사업 전반에 걸쳐 예산 22조원이 투입된다는 점과 공사 추진으로 인해 자연환경이 파괴된다는 점 때문에 환경단체와 종교단체들의 비판도 지속적으로 제기되었으며 정치권에서도 여전히 논란의 중심에 있다.

그 동안 4대강정비사업을 취소해 달라는 취지로 4대강국민소송단이 제기한 한강·낙동강·금강·영산강 등 수계별 1심, 2심 취소소송은 모두 정부 승소로 종결되었다. 즉 "국가재정법·하천법·환경영향평가법·문화재보호법 등의 관련법령을 위반하였다는 원고들의 주장은 이유가 없고", "홍수예방·용수확보·수질개선·생태계 영향 등의 내용적 위법성 판단부분에 있어서도 원고들이 제기한 주장에 이유가 없다"는 것으로 압축할 수 있다.[40] 다만 낙동강사업과 관련한 부산고등법원 판결에서는 예비타당성조사절차의 흠결을 위법이라고 판시하였으나 공공복리에 반하는 사태를 방지하기 위해 사업을 취소할 수 없다며 사정판결을 내렸다. 반대로 광주고등법원 재판부는 "국가가 예비타당성조사를 하지 않았더라도 이는 원칙적으로 예산편성 자체의 절차상 하자일 뿐,

38 부산일보 2013. 6. 12일자, "국토부, 신공항 수요·입지타당성 조사 사실상 병행키로" 기사 참조.

39 4대강정비사업에 대해서는 졸고, "4대강사업설치절차의 법적 문제", 「공법연구」 제39집 제3호(한국공법학회, 2011. 2) 참조.

40 예를 들면, 대전지방법원 2009구합4557 판결 및 전주지방법원 200구합2785 판결 참조.

이 같은 하자가 이 사건 처분에 승계된다거나 영향을 미쳐 위법하게 되는 것은 아니다"고 판시하면서 "설사 예산편성의 절차상 하자 때문에 그 예산상의 재원으로 집행 예정이던 이 사건 처분마저 위법하게 된다는 원고들의 주장은 받아들인다 하더라도 보의 설치와 준설 등에 대해 예비타당성 조사를 거치지 않은 것이 국가재정법을 위반한다고 볼 수 없다"고 판시하였다.

2. 4대강정비사업의 갈등의 주요 쟁점

그 동안 4대강정비사업을 둘러싼 주요 논란으로는 대운하사업 논란 · 경기부양 효과 · 일자리 창출 논란 · 과다예산 지출논란 · 광역상수도 설비필요성 논란 · 문화재 지표조사 논란 · 타 예산 삭감 논란 · 재해방지효과 논란 · 수질악화 논란 · 환경오염 논란 · 유기농 점용허가취소 논란 · 4대강사업 효과 감사에 대한 논란 등이었다.

최근 4대강정비사업에 대한 감사원 감사결과를 살펴보면, 16개 보(洑) 가운데 11군데에 잘못된 설계기준 적용으로 인해 대형 보 대신 소형 보가 설치되었다고 한다. 이는 안전성이 생명인 보의 내구성을 약화시키는 요인이 되었다는 지적이다. 또 15개 보에서는 세굴현상을 막기 위한 바닥 보호공이 유실되거나 침하되었다. 4대강 사업의 결과로 수질이 개선되었다는 환경부의 종전 주장도 감사원에 의해 정면으로 부정되었다. 흐름이 막혀 보 안에 장시간 갇혀있게 되는 4대강의 물에 일반 하천과 동일한 수질관리지표인 '생화학적 산소요구량(BOD)'을 적용해 사실관계를 호도한 셈이라는 것이다.[41]

3. 4대강정비사업의 본질

4대강정비사업은 완성되었지만 아직도 많은 갈등이 벌어지고 있다. 4대강정비사업은 원칙적으로 행정절차를 통해 해결되어야 하는 사안이다. 그럼에도 불구하고 현행법령상 4대강정비사업을 행정절차에 온전히 담아내어 해결할 수 있는 법령체계가 미비되어 있다.

행정절차를 통해 4대강정비사업이 공론화되고 구체적으로 논의되지 못한

---

41 연합뉴스 2013. 1. 18일자, "〈연합시론〉 '부실판정' 4대강 사업, 대책 서둘러야" 기사 참조.

것은 법령체계의 미비 못지 않게 정부 차원에서 4대강정비사업의 필요성이라는 정책목표에 몰입한 나머지 이 사업이 심각한 사회갈등을 야기할 수 있는 전형적인 국책사업이라는 것을 도외시한 데에 기인한 것으로 본다.

4대강정비사업은 국가사회적으로 중요한 의미가 있으며, 사업규모에 있어서 대규모이고, 환경적으로 국민(주민)생활에 중대한 영향을 미치는 국책사업이기 때문에 행정절차에의 이해관계인의 집중적 참여와 그에 따른 결정 그리고 집중적인 효력 부여라고 하는 제도적 설계가 선결되어야 하는 것이다.

따라서 정부가 4대강정비사업을 처음부터 사회갈등이 심각하게 야기될 수 있는 국책사업으로 인식하고 접근하였더라면, 4대강정비사업에서 가장 쟁점이 되었던 예비타당성조사절차의 결여, 부실한 환경영향평가의 실시와 이해관계인의 참여의 내용이 본질적으로 달라졌을 것으로 본다. 비록 법원이 1심과 2심 판결에서 「국가재정법」, 「하천법」, 「환경영향평가법」, 「문화재보호법」 등의 관련법령을 절차적으로 위반한 것은 아니라고 판시하였지만(예외적으로 부산고법은 「국가재정법」상 예비타당성조사절차의 위법성 인정), 법원의 판단이 그다지 구체적이지 아니하다는 점은 향후 중대한 문제점으로 부각되리라는 점을 저자가 일찍이 논문에서 경고한 바 있다.[42] 물론 국민의 절차적 권리를 크게 침해하지 않는 경미한 절차의 하자는 독립된 취소사유가 되지 않는다고 보더라도, 행정기관의 절차경시사고를 절차중시행정으로 유도하기 위해서는 절차적 하자에 대해서도 보다 엄격한 태도를 취하는 것이 옳다.[43]

제 2 절 국책사업갈등의 원인

Ⅰ. 서 언

국책사업갈등의 원인은 사실적 측면과 법적 측면에서 살펴 볼 필요가 있다. 먼저 사실적 측면에서의 갈등원인은 첫째, 국책사업의 경제효과에 따른 이

42 졸고, 앞의 글 참조.
43 박균성, 「행정법강의(제10판)」, 436쪽 참조.

해의 갈등이다. 둘째, 국책사업에 대한 가치인식의 차이에 따른 갈등이다. 셋째, 정책수립 과정의 불투명성과 일방성에 따른 갈등 등을 들 수 있다.

다음으로 법적 측면에서의 주된 갈등원인은 다음과 같다. 첫째, 국책사업 조직법적 문제이다. 둘째, 다단계 행정절차와 관련한 문제이다. 셋째, 환경영향 및 갈등영향 평가 문제이다. 넷째, 정보공개와 주민참여 문제이다.

Ⅱ. 사실적 측면에서의 갈등원인

1. 국책사업의 경제효과에 따른 이해의 갈등

「행정절차법」은 이해관계인에 대하여 직접적인 개념규정을 하고 있지 않으며 이해관계인에 대한 행정절차에의 참여권을 직접 규정하고 있지도 아니하고 '당사자등'의 개념 안에 포함시키고 있을 뿐이다.

국책사업을 둘러싼 갈등의 가장 근본적인 원인은 사업에 따른 내·외부 경제효과에 대한 이해관계인 간의 불균형으로 인한 이해충돌이다. 특히 4대강정비사업과 같은 국책사업은 사업에 관련된 환경이나 사회변화는 다시 복원하거나 회복될 수 없는 변화를 초래하여 지속적인 영향을 주고, 지역적 한정성과 고착성으로 일부 이해관계인에게 현저한 희생이 수반되기 때문에 이해관계인 간에 쉽사리 협상과 양보를 못하고 갈등은 치열할 수밖에 없다. 그러나 최근의 갈등경향을 보면 직접 재산적 이해관계인보다 외부효과에 영향을 받는 주변 당사자의 반발이 더욱 거세지고 있다. 이는 앞으로 국책사업을 둘러싼 갈등관리를 위한 이해관계인의 선별과 조정협상이 더욱 복잡하고 어려워질 수 있음을 보여주고 있다.[44]

따라서 현행 「행정절차법」이나 국책사업 관련 법령에서 이해관계인의 참여를 실질적으로 규정하지 않은 것은 이해관계의 불균형을 해소할 수 없는 근본적인 문제를 노정하고 있는 셈이다. 이해관계의 균형을 회복하기 위해서는 현행 「행정절차법」이나 국책사업 관련 법령의 개정이 필요하다.

---

44 박형서, "국책사업 사회갈등의 원인과 특징", 「국토연구」 제283호(국토연구원, 2005. 5), 7~8쪽.

2. 국책사업에 대한 가치인식의 차이에 따른 갈등

가치란 주관 및 자기의 욕구, 감정이나 의지의 욕구를 충족시키는 것을 말한다. 우리의 일상생활에서 필요와 욕구를 충족시킬 수 있는 것은 모두 가치이다. 그런 의미에서 상품(商品)은 모두 가치이다. 그러나 이런 경제적 가치 외에 육체적인 쾌적·건강도 가치있는 것이며, 나아가 인간의 정신적 활동에 만족을 주는 가치가 있다. 즉 논리적 가치와 도덕적 가치, 미적 가치, 종교적 가치로 생각할 수 있다. 물론 가치란 인간을 떠나 실재하는 것이 아니다. 가치를 감득(感得)하는 인간의 존재가 있어야 비로소 존재한다. 또한 가치가 생기기 위하여는 대상에 관계하는 자기의 일정한 태도, 즉 평가작용이 예상되며 그러한 평가작용의 주체인 자기성격에 따라 가치 자체에도 개인적·사회적·자연적·이상적이라는 구별이 생긴다.

철학이 추구하는 논리적·도덕적·미적·종교적 가치 자체는 각 사람의 주관을 넘어 객관적으로 타당하다. 이런 보편타당성을 가진 가치의 객관성을 H. 리케르트는 '타당성(Gültigkeit)'이라 하고 가치철학을 수립하였다. M. 셸러는 실질적 가치윤리학을 전개하여 쾌적가치보다는 생명가치가, 생명가치보다는 정신가치가 높으며 그 중에서 종교적 가치를 최고로 한다는 가치 서열(序列)을 주장하였다. 또 칸트는 각 사람의 인간성은 무엇으로도 바꿀 수 없는 내적이며 절대적인 가치를 갖는다고 하여 이 가치를 '존엄(尊嚴)'이라 하고, 도덕적 가치를 최고의 가치로 보았다. 이런 보편타당성을 가진 가치의 해명을 중심문제로 삼는 것을 가치론이라 한다.[45]

최근에는 직접 이해당사자의 재산적 이해갈등에서 환경적인 또는 사회적인 가치인식의 차이에 따른 사회전체의 가치갈등으로 중심이 옮겨가고 있다. 즉 환경에 대한 인식이 바뀌면서 환경가치 차이에 대한 개발권과 환경보전권 간의 입장 차이가 주요한 갈등이슈로 대두되고 있다.[46]

국책사업은 대규모 공공 서비스를 공급하는 데 있어 국가가 주도적으로 재원을 조달하여 시행하는 사업으로서, 개념상 징표로는 첫째, 사업규모에 있

45 두산백과(http://www.doopedia.co.kr) 참조.
46 박형서, 앞의 글, 8쪽.

어서 대규모이고, 둘째, 환경적으로 중대한 영향을 미치며, 셋째, 국가·사회적으로 중요한 의미가 있으며, 넷째, 사회적 갈등을 초래할 가능성이 큰 공공시설이라는 점 등을 들 수 있다. 여기서 개념상 전제된 것은 "시설의 규모보다는 그 시설의 사회적·정치적·환경적 영향의 중요성"에 중점이 주어져 있다는 점이다. 그렇기 때문에 국책사업은 가치와 이념이 개입될 수밖에 없고 그러한 이념갈등, 가치갈등이 극단적으로 노출되는 모습을 보이고 있다. 무엇보다도 우려되는 점은 국책사업이 이념갈등, 가치갈등의 대상이 되면서 국가·사회 전체적으로 갈등이 확산되는 점과 정치·사회적 논쟁과 함께 법적 논쟁이 동시화하면서 갈등의 끝이 잘 보이지 않는다는 점이다.

따라서 국책사업에 있어서 이념갈등, 가치갈등을 최소화하는 것이 갈등을 사전에 예방하는 지름길이라고 할 수 있다. 국책사업 관련 법적 절차의 철두철미한 준수와 절차와 결정에 있어서의 엄밀한 객관성과 공정성을 담보하지 않으면 안 된다. 국책사업 관련 실체법 및 절차법의 정비가 절실히 요청되는 것도 이러한 측면을 감안하고 있기 때문이다.

3. 정책수립 과정의 불투명성과 일방성에 따른 갈등

최근 갈등의 원인으로 사업결정이 경제적 효율성 및 사회적 합의와 관계없이 정치적 상황논리로 일부 관료와 전문가에 의하여 정책이 수립되고 결정되는 사례가 많이 지적되고 있다. 즉 정책수립과정의 불투명성과 일방성의 문제이다. 이 경우는 정치적 상황이 변화하면 정책의 정당성과 타당성이 문제가 되어 이해관계자는 결정된 정책의 변화를 시도하게 되고 여기에서 갈등이 발생하게 되는 경우가 많다. 그동안 표류했던 대부분의 국책사업은 과거 정책결정과정에서 시민사회 참여를 통한 여론수렴이 부실하고, 경제적 타당성 검토에 대한 사회적 합의가 부족한 상황에서 사업을 추진하면서 문제를 자초한 면이 있다.[47] 그러한 대표적인 사례로는 새만금간척사업, 경인운하사업, 4대강정비사업[48] 등을 들 수 있다.

특히 4대강정비사업은 「국가재정법 시행령」 개정을 통해 예비타당성조사대

47 박형서, 앞의 글, 9쪽.
48 4대강정비사업의 법적 문제점에 대해서는 졸고, 앞의 글, 343~372쪽 참조.

상에서 제외시킴으로써 갈등이 확대된 측면이 있다. 예비타당성조사제도는 총 사업비가 500억원이 넘는 국가사업이나 국가의 예산이 300억원 이상 필요한 사업에 대해 미리 사업의 타당성을 면밀히 검토함으로써 대형 신규사업의 신중한 착수 및 재정투자의 효율성을 제고하려는 목적에서 도입된 제도이다. 이 제도는 국가재정의 방만한 운영을 사전에 억제·방지하는 데 유효한 제도로 「국가재정법」을 구성하는 주요 제도라는 평가를 받고 있다.[49] 즉 불필요한 사업추진을 억제하는 데 상당한 성과가 있는 것으로 평가받고 있다.[50]

방만하고 비효율적인 국책사업을 효과적으로 제어하기 위하여 정치적 이해관계와 행정기관의 자의적(恣意的) 판단으로 예비타당성조사제도가 형해화되지 않도록 예비타당성조사 면제대상사업의 범위를 명확하고 구체적으로 규정할 필요성은 다언을 요하지 않는다. 따라서 「국가재정법」상 예비타당성조사 면제대상사업의 범위는 개정동기가 상당히 자의적이고 법적 통제를 벗어나기 위한 것으로 형식적 합법성을 충족시켰을 뿐이다.

결국 4대강정비사업은 정책수립 과정의 불투명성과 일방성에 따른 갈등이 발생한 전형적인 사례라고 할 수 있다.

Ⅲ. 법적 측면에서의 갈등원인

1. 국책사업조직법적 문제

(1) 갈등관리체계의 미흡

그 동안 국책사업을 둘러싼 수많은 갈등이 발생하였지만 정부 차원의 종합적인 대응이 미비하였다. 이른바 갈등관리 컨트롤타워의 부재이다. 물론 각 분야별 분쟁조정위원회와 갈등관리심의위원회가 정부부처 산하에 설치되어 있으나 독립성이 미약하고 사후해결기제여서 갈등예방기능이 취약하다.

---

49 이원영·박태현, "대의민주주의 원리로 본 '4대강사업'의 문제점", 「국토계획」 제44권 제7호 (대한국토·도시계획학회지, 2009. 12), 36쪽.

50 심상달, "국가재정의 효율화를 위한 공공투자관리제도 개선 방안", 「국가재정 건전성 어떻게 확보할 것인가?－예비타당성조사 제도 개선을 중심으로」 발제문 참조.

(2) 중립적 갈등조정기구의 부재

노무현 정부 때 지속발전위원회는 '갈등관리지원센터', 이명박 정부 때 사회통합위원회는 '국가공론화위원회'라는 중립적인 갈등조정기구 구성을 검토했으나 불발되었다. 현 정부의 대통령직 인수위원회 당시 국민대통합특위도 공론화위원회 설립을 건의한 바가 있다. 정부가 갈등의 이해관계인이 되는 경우가 많기 때문에 정부 주도가 아닌 독립적인 기구를 구성해 갈등을 조정하자는 것이 이 기구의 취지다.

2012년 새누리당 김동완 의원은 사회통합위원회가 제안한 내용을 받아 국가공론위원회 법안을 발의했다. 국회, 대통령, 대법원장, 지방협의체가 추천한 자와 갈등 관리 전문가 및 시민단체 등으로 위원회를 구성해 독립성을 확보하고 총사업비가 5000억원 이상이 들어가는 국책사업은 의무적으로 공공토론을 진행하자는 것이다. 프랑스 국가공공토론위원회(CNDP: Commission National du Débat Public)의 사례를 참조했다. CNDP의 경우 공공토론을 통해 당초 대규모 국책사업안의 70% 이상이 수정 또는 취소되었다. 2002년 샤를 드골 공항의 고속철도 건설계획은 토론을 통해 수정되어 건설안과 사업비가 3분의 1로 축소되기도 했다. 비행장 건설 및 확장사업, 수력발전댐 및 저수지 건설, 전력선 및 가스수송관 설치, 원자력발전소 및 운하 건설 등 국가 주요 사업들이 CNDP의 공공토론을 거쳐 가는 대상이다.

위 법안에 대해서는 5000억원 이상 들어가는 국책사업에 대해 모두 공공토론을 거칠 경우 토론문화가 발달하지 않은 우리 사회에서는 오히려 모든 국책사업의 갈등화를 유발할 수 있다는 우려도 있다.[51]

그러나 4대강정비사업과 같이 많은 예산이 투입되는 국책사업과 정부가 관여된 대형 갈등의 경우 조정할 수 있는 중립적인 기구가 필요하다. 즉 4대강정비사업과 같이 대통령이 공약사항 이행을 명분으로 강력하게 추진하는 국책사업의 경우 정부의 자발적인 갈등예방 활동을 기대하기 어렵고 정부가 갈등의 당사자가 되기 때문에 찬반 진영 간의 극심한 논란으로 국론분열과 사회적 혼란이 불가피하기 때문이다.

51 동정민, "[갈등 대한민국, 해법을 찾아라]〈중〉 '불화 탈출' 4가지 제언", 「동아일보」 2013. 6. 18일자 기사 참조.

2. 다단계 행정절차와 관련한 문제

국책사업의 행정절차는 다단계 행정절차(계획절차, 허가절차 및 환경영향평가절차)로 이루어져 있다. 국책사업의 성질상 단일한 절차로 이루어지는 것은 불가능하기 때문이다. 왜냐하면 국책사업은 엄청난 비용이 투입되고 국가적으로 매우 중요한 사업이기 때문에 고도의 계획성, 환경적 타당성, 민주적 정당성이 요청되기 때문이다.

문제되는 것은 철저한 행정계획성의 미비와 이해관계인의 집중적 참여가 보장되지 않는 단순한 실시계획 승인에 집중적 효력인 인·허가 의제를 부여한다는 점이다. 국책사업의 절차촉진수단인 인·허가 의제제도의 본질적인 기능을 부인하는 것이 아니라 인·허가 의제의 선결조건의 미비가 문제되는 것이다.

(1) 행정계획성 미비

국책사업의 추진은 지방자치단체와 인근주민에게 종합적인 영향을 미치는 사업이기 때문에 신중한 계획하에서 추진될 필요가 있다. 그러나 현행법은 철저한 계획사업으로 규정하지 않고 있다. 그리하여 국책사업의 추진과 관련한 지방자치단체와 주민들의 의견을 체계적이고 실질적으로 수용하기에는 한계가 있다.

현행법은 국책사업의 추진에 있어서 행정청의 행정결정을 통제하기 위해 심의회제도를 통해 절차적 통제를 도모하고 있으나, 현행 심의회방식은 위원 인선을 행정기관이 임의로 하게 하는 등 구성상의 문제가 있을 뿐 아니라, 이 방식은 관계국민의 이해관계조절적 기능을 수행하기에는 적당하지 않다. 따라서 이 방식을 통하여 이해관계인의 권익보호나 계획내용의 민주적 통제를 기하기는 어렵다.

(2) 인·허가 의제제도의 문제

인·허가 의제제도는 오늘날 절차간소화를 통한 절차촉진이라는 시대적 도전에 적절한 법적 응전으로 평가받고 있다. 인·허가 의제제도와 관련한 문제점도 제기되고 있다.[52]

문제점으로는 인·허가 의제의 남용문제, 단순 인·허가에의 인·허가 의

52 대표적으로 김남진, 국책사업과 집중효·구속효·배제효–참여와 능률이 조화되어야 한다–(법정고시 1996. 7), 26쪽.

제인정의 문제, 주무행정청과 의제되는 인·허가 행정청 간 협의의 법적 성질 문제, 구비서류감축에 따른 문제, 법상 보장된 주민참여 및 지방자치권 침해문제 등을 들 수 있다.[53]

3. 환경영향 및 갈등영향 평가 문제

(1) 환경영향평가의 문제

국책사업은 성격상 환경에 중대한 영향을 미친다. 4대강정비사업은 사업이 종료된 뒤에도 환경문제에 대한 시비로 몸살을 앓고 있다.

국책사업의 환경문제의 특징은 다음과 같다. 첫째, 상호관련성이 강하게 나타난다.[54] 둘째, 시차성을 갖는다. 셋째, 탄력성과 비가역성을 갖는다. 넷째, 광역성을 특징으로 한다. 다섯째, 다양한 이해관계의 조정이 필요한 경우가 많다. 여섯째, 환경문제의 해결을 위한 국가의 역할이 증대하고 있다.[55]

문제는 환경영향평가가 환경에 미치는 영향을 정확하게 평가할 수 있는 정보가 부족하고, 자연과 관련된 환경변수의 속성상 그 예측이 곤란하다는 점이다. 그렇기 때문에 국책사업의 경우에는 다른 시설보다는 환경영향평가를 구체적이고 실질적으로 할 필요성이 있는 것이다. 물론 국책사업의 추진에 환경문제만을 전면적으로 부각시킬 수는 없지만 환경파괴나 환경오염이 초래하는 부작용을 생각하면 매우 신중한 접근이 요청된다.

(2) 갈등영향분석의 문제

갈등은 일단 발생하면 변수가 많아지고 심리적 불만까지 겹쳐 해결하기가 쉽지 않다. 행정절차나 투자가 이미 이뤄진 상태에서는 되돌리기도 어렵다. 정부의 국책사업 진행 초기 단계부터 갈등에 대비해야 하는 이유이다. 각 부처가 국책사업 초기에 갈등영향분석을 활성화하는 것이 가장 중요한 예방책이다. 정

---

53 선정원, "인허가의제와 심사촉진", 「공법연구」 제38집 제2호(한국공법학회, 2009. 12), 106~108쪽 참조.

54 유럽연합의 「통합환경관리지침」은 지금까지 환경보호 관련법규가 개별적 환경매체－대기·물·토양·폐기물 등－를 분리하여 규정하였던 것과는 달리 좀더 고차원적인 환경보호를 위해 모든 환경매체에 대해 통합적으로 규율하고 있다(송동수, "환경법제의 통합과제", 「공법연구」 제37집 제1-1호(한국공법학회, 2008. 10), 256~257쪽). 이는 환경문제에 대한 패러다임의 전환을 보여주고 있는 것으로 볼 수 있다.

55 박균성·함태성, 「환경법」(박영사, 2008), 3~4쪽 참조.

책이 사회에 미치는 갈등 요인을 예측하고, 대책을 강구하는 분석 과정을 통해 갈등에 대비할 수 있다.

「공공기관의 갈등 예방과 해결에 관한 규정」은 국민생활에 중대하고 광범위한 영향을 주거나 국민의 이해 상충으로 인하여 과도한 사회적 비용이 발생할 우려가 있다고 판단되는 경우에는 해당 공공정책을 결정하기 전에 갈등영향분석을 실시할 수 있도록 규정하고 있다(규정 제10조 제1항). 그러나 감사원 조사 결과 2011년 당시 지식경제부 등 2개 부처는 갈등영향분석을 한 건도 실시하지 않았고 국토해양부 등 5개 부처는 1건씩만 실시했다.[56]

따라서 대형 국책사업이나 갈등이 예상되는 사업은 사전에 갈등영향분석을 의무적으로 실시하고 그 밖의 사업에 대해서도 전향적인 영향분석을 실시하여야 한다.

4. 정보공개와 주민참여 문제

(1) 정보공개문제

경제정의실천시민연합(경실련)은 2010년 턴키(Turn-Key · 설계시공 일괄입찰) 방식으로 진행된 13개 공구에 대해 각 지방국토관리청과 한국수자원공사를 상대로 정보공개 청구를 했다가 거부당하자 소송을 냈다. 예산이 변경된 사업구간에 대해 예산 산출기준과 근거를 공개하라는 요구였다. 해당 기관들은 국토해양부와 책임을 미룬 끝에 "해당 정보는 정보공개법상 비공개 사유에 해당한다"며 자료를 공개하지 않았다.[57]

대법원 3부는 경실련이 서울지방국토관리청과 수자원공사를 상대로 낸 정보공개 거부처분 취소소송에서 원고 승소 판결한 원심을 확정했다. 또한 대법원 1부도 경실련이 부산지방국토관리청을 상대로 낸 같은 소송에서 최종 원고 승소 판결했다. 대법원은 "해당 자료가 비공개 정보에 해당하지 않고 국민의 알 권리 충족, 사업 추진의 객관성과 투명성 확보를 위해 공개하는 것이 정보공개법의 취지에 부합한다고 본 원심은 정당하다"고 밝혔다. 2013년 2월 대법원은 경실련

56 동정민, "[갈등 대한민국, 해법을 찾아라]〈중〉 '불화 탈출' 4가지 제언", 「동아일보」 2013. 6. 18일자 기사 참조.

57 중앙일보 2013. 3. 16일자, "대법 '4대 강 사업 원가정보 공개하라'" 기사 참조.

이 익산지방국토관리청을 상대로 낸 소송에서도 원고 승소 판결한 바 있다.

위의 사례와 같이 국책사업의 정보공개청구는 필연적인 것이 되었다. 행정청이 비공개결정을 한 경우에는 법정투쟁으로 이어지고 있기 때문에 공개해서는 안 될 정보가 아니면 적극적으로 정보공개청구에 응할 필요가 있다. 단지 책임추궁을 피하기 위해 「정보공개법」을 악용하는 것은 허용될 수 없다. 따라서 최근의 대법원 판결은 국책사업의 결정과 추진의 투명성을 강력히 요청한다고 볼 수 있다.

주지하다시피 원자력사업자가 원자력발전소의 사고·고장을 은폐하는 사례가 비일비재하여 국민들의 불신을 받고 있다. 이런 법현실을 개선하기 위하여 현재 사업자인 한수원에 맡겨져 있는 원자력발전소 사고·고장 공개를 정부가 직접 맡아야 한다. 원자력안전위원회에 의무적으로 보고해야 하는 조항도 대폭 늘려야 한다. 사소한 사고·고장은 물론 조사 결과까지 즉시 공개해 국민들의 불안감을 해소하고 운영의 투명성을 보장하여야 한다. 그리하여 원자력안전위원회는 「원자력이용시설의 사고·고장 발생시 보고·공개 규정 일부 개정안」을 입법예고했다. 현행법은 원전 운용시 발생한 사고·고장과 조치 등을 한수원이 판단해 홈페이지 등을 통해 공개하도록 규정하고 있다. 하지만 최근 원전 부품 납품 비리 등으로 인해 정보공개에 대한 사회적 요구가 커진 데다 정부가 이를 직접 관리하는 것이 바람직하다는 의견이 많았기 때문이다. 개정안은 한수원이 원자력안전위원회에 보고하는 사항 중 선별적으로 언론에 공개하던 것을 보고사항 모두를 홈페이지와 언론에 함께 공개하도록 했다. 원자력안전위원회가 직접 조사한 결과도 언론과 홈페이지에 공개하고, 공개 시점 역시 사고·고장 발생 다음 날로 못 박았다. 기존에 원자력안전위원회 보고대상이 아니었던 발전용 및 연구용 원자로의 비상노심 냉각, 보조급수, 격납용기 살수계통 등도 의무보고 항목으로 추가되었다. 사업자의 자의적인 판단을 최소화해 안전에 대한 신뢰도를 높이겠다는 것이다. 한수원은 사고·고장이 발생하면 모든 내용을 구두로 4시간 이내에 원자력안전위원회에 보고하고, 이후 지시를 받아 서면으로 상세보고 및 후속 조치를 해야 한다.[58]

58 서울신문 2013. 6. 6일자, "사소한 원전 사고·고장도 전부 공개한다" 기사 참조.

따라서 위의 두 사례에서 보았듯이 국책사업의 경우에는 객관적으로 보아 비공개대상이 아닌 경우에는 정보공개청구에 적극적으로 응해야 하고, 적극적으로 국민들에게 정보제공을 하는 것이 「정보공개법」의 취지에 부합하는 것이다. 엄밀한 비공개대상 정보가 아닌 정보의 원칙적 공개와 적극적 제공은 국책사업의 기본원칙이 되어야 할 것이다.

(2) 주민참여문제

「환경영향평가법」상 국책사업의 설치에 있어서 주민참여가 규정되어 있지만 환경영향평가대상지역 안의 주민으로 한정하고 있어 지역주민의 범위가 지나치게 협소하다는 지적이 있다. 또한 참여주민도 기존의 지역유지나 관변단체원들이 주로 대상이 되어 그 지역 전체 주민들보다 특수계층이나 특정분야만을 대표할 가능성이 많으며 참가자들은 자기계층의 이익들만 주장하려고 하기 때문에 주민참가의 성과가 저하되고 결정된 사항에 대해서도 일반주민들의 협조를 받지 못하고 있고, 대책위원회, 운영위원회, 주민협의회, 지역주민지원협의회 등 여러 단체가 혼재하여 참여주체들의 정통성문제도 제기될 수 있다.

일례로 원자력관련시설의 의견수렴은 원자력발전소 및 방사성폐기물 관리시설의 건설허가나 부지사전승인시에 제출되는 방사선환경영향평가서의 작성전에 행하여진다. 의견수렴의 주관자는 발전용 원자로 및 방사성폐기물 관리시설의 설치자이다. 이해관계인인 사업자를 의견수렴주관자로 하는 것은 인근주민으로 하여금 의견수렴절차의 공정성에 의심을 가지도록 하는 부작용을 가져올 것이므로 타당하지 않다. 「환경영향평가법」도 공청회의 주관자를 사업자로, 주재자에 대해서는 규정이 없으나 「행정절차법」 제39조가 공청회의 주재자는 대통령령이 정하는 자격을 가진 중에서 행정청이 지명 또는 위촉하는 자로 한다는 규정을 두고 있다. 다만 공청회의 주관자가 사업자인 것은 공정성에 의심을 드리우게 될 소지가 있어 문제이다.

제 3 절 국책사업갈등의 특징

Ⅰ. 이해관계인의 집중적 참여부재로 인한 정책결정 후의 갈등 심화

일반적으로 국책사업 정책추진단계는 ① 정책형성단계, ② 정책선택관계, ③ 정책추진단계, ④ 정책종결단계 등으로 구분한다.

그 동안의 국책사업 사례를 보면 ① 정책형성단계에서는 크게 갈등관계가 발생하지 않았다. 이 단계에서는 대부분 정책이슈 자체를 의도적으로 외부에 공개하지 않았거나, 정책형성단계를 정책입안자의 전유물로 여겨 왔기 때문이다.

그러나 이런 행태 때문에 ② 정책선택관계, ③ 정책추진단계에서 갈등이 많이 발생하였다. 결국 정책형성과정과 선택과정에서 충분한 토의나 사회적 합의없이 정책이 추진되었다는 증거라고 볼 수 있다. 이처럼 정책이 결정되어 사업추진이 이루어지는 단계에서 갈등으로 인한 사업중단, 변경 등은 국가적으로 막대한 비용을 지불하게 되며 갈등의 부정적 영향이 극대화되는 경향이 있다. 그리하여 이미 착공하여 건설 중인 사업이 갈등에 휘말려 계속 추진할 수도, 중단할 수도 없는 상황에 빠져버리는 경우도 발생하였다.[59]

그러한 대표적인 사례로는 경부고속철도, 새만금간척사업, 방사성폐기물 관리시설, 인천공항, 월드컵경기장 건설 등을 들 수 있고, 최근에는 극심한 갈등을 빚고 있는 제주해군기지 등을 들 수 있다.

Ⅱ. 합리적 협상토론의 부재와 토론기술의 부족

정책입안자와 이해당사자 간에 합리적인 협상토론으로 정책의 타당성을 점검하고 대안을 탐색한 후 정책이나 사업이 결정되어야 함에도 불구하고 시민동원이나 큰 목소리에 의하여 이들을 대변하는 정책으로 결정되는 경우가 있다.[60]

59 박형서, 앞의 글, 10쪽.
60 박형서, 앞의 글, 11쪽.

합리적 협상토론의 사례를 한 가지 소개하고자 한다. 2002년 12월 당시 프랑스에서는 샤를 드골 국제공항에 고속철도를 건설한다는 계획이 전해지자 주민들과 환경단체들이 강하게 반발하고 나섰다. 문화재 훼손, 소음피해, 환경문제 등을 염려한 이들의 강한 반발로 합의점을 찾지 못한 채 시간만 계속 흘렀다. 이 때 큰 역할을 한 것이 국가공공토론위원회(CNDP)다. CNDP는 고속철도 건설 계획 발표 한 달 후부터 개입을 결정하고 총 23번의 공공토론회를 진행했다. 이 과정에서 첨예한 감정싸움 대신 다양한 대안이 쏟아져 나왔다. 결국 완전히 새로 노선을 짓는 대신 기존 철로를 활용하는 등 계획을 수정해 당초 예산의 1/3 수준에서 철도를 건설하는 것으로 합의를 봤다. 실제로 CNDP의 공공토론을 통해 당초 대규모 국책사업안의 70% 이상이 수정되거나 취소되었다. CNDP의 개입이 효과를 발휘할 수 있는 것은 프랑스 사회에 제도적으로 '사회적 신뢰'와 '합의의 조직적 기반'이 마련되어 있기 때문으로 분석하고 있다. 자국민의 삶의 질 증가와 자국 기업의 경쟁력 강화를 위해 서로 다른 이해관계를 지닌 사회계급 간 조정이 필수적이었고, 과거로부터 이 사회적 합의에 기초해 경제발전을 추진해 왔기에 자연스럽게 사회 속에 이 가치들이 형성되어 있다는 것이다.

반면 우리 사회에는 이 가치들이 제대로 형성되어 있지 않다. 제주해군기지사업을 예로 들면, 문제는 찬반 어느 입장에서도 공통적으로 정부에 대한 불신이 깔려있고, 또 중도적 입장에서 정부와 합의를 할 수 있는 제도적 장치가 없었다.

이를 위해서는 ① 사회협약 모델을 이끌 기획자·지도그룹을 양성하는 학습 프로그램의 도입, ② 사회협약위원회 참여자들의 대표성에 대한 신뢰, ③ 사회협약의 당사자로 행정부와 의회의 회의 참가가 필요하다는 의견이 제시되고 있다.[61]

61 제주의 소리 2012. 12. 30일자, "제주 공공갈등 해소, 프랑스에서 배워라" 기사 참조.

Ⅲ. 제3자 개입으로 인한 갈등 심화

최근의 국책사업 추진과 관련한 갈등 양상을 보면 시민사회단체 등 제3자 개입으로 갈등이 확산되는 특징이 있다. 시민단체란 정부의 기관이 아닌 순수 민간단체를 말한다. 비정부기구(NGO)라 불리기도 한다. 하지만 국가 권력을 견제하고 시민의 권익을 옹호한다는 의미를 명료히 하기 위해 최근에는 시민사회단체(CSO)로 부른다. 영리를 목적으로 활동하지 않는 비영리단체로, 환경운동이나 인권보호운동, 부패방지운동을 위해 적극적으로 활동하는 단체를 말한다. 특수한 이익 실현을 목적으로 결성된 한의사회나 의사회, 약사회 같은 이익단체와는 구별된다. 시민단체는 다수의 시민을 위해 활동하는 단체이며 시민들이 자발적으로 참여해서 활동하는 단체이다.[62] 국책사업과 관련된 갈등에서 비판적 기능의 다양한 시민사회단체 출현과 정책참여 욕구증가 등으로 갈등의 빈도가 늘어날 뿐만 아니라 그 양상도 이해갈등으로부터 환경, 문화 등 가치갈등으로 변화하면서 갈등의 해소가 더욱 어려워지고, 지루하게 지속되는 경향이 있다. 문제는 갈등조정자로서의 제3자가 아닌 갈등당사자로서 제3자 개입이 늘어나 갈등구조가 복잡하게 되고 갈등의 정도가 심화되는 경향이 있다는 점이다.[63]

시민사회단체 등 제3자 개입으로 갈등이 확산된 사례로는 최근의 4대강정비사업과 제주해군기지 건설을 들 수 있고, 과거에는 ‘천성산 터널공사’, ‘부안방폐장’, ‘동강댐’, ‘한탄강댐 건설사업’ 등이 들어지고 있다.[64]

그렇다고 하여 국책사업 추진과 관련하여 시민사회단체의 참여가 부정적으로만 평가되는 것은 바람직하지 못하다. 다만 국책사업의 공익적 기능에 대한 평가에 있어서 균형있는 태도가 요청된다.

62 NAVER 지식백과(http://terms.naver.com) 참조.
63 박형서, 앞의 글, 12쪽.
64 Daily NK 2012. 3. 13일자, “국책사업 상습 반대단체 인사 명단 공개한다” 기사 참조.

Ⅳ. 갈등이슈와 갈등당사자의 복잡성

국책사업과 관련된 갈등은 이념과 가치, 환경, 지역이라는 요소가 결합하여 갈등이슈가 복잡한 양상을 띠는 것이 일반적이다. 집단적 이해와 사회구성원 간의 가치판단도 다양하여 갈등당사자의 구조도 복잡하다. 특히 원자력발전소 등 국책사업의 입지는 제한된 또는 유일한 지역적 환경요소라는 특징 때문에 일단 시설이 입지하게 되면 돌이킬 수 없는 지속적 영향을 주게 되므로 이해관계자의 관심은 매우 클 수밖에 없다.[65]

4대강정비사업의 경우 주요 논란들－대운하사업 논란, 경기부양 효과, 일자리 창출 논란, 과다 예산 지출논란, 광역상수도 설비필요성 논란, 문화재 지표조사 논란, 다른 예산삭감 논란, 재해방지효과 논란, 수질악화 논란, 환경오염 논란, 유기농 점용허가취소 논란 등－을 보면 매우 다양한 갈등이슈가 제기되었음을 알 수 있다.[66]

Ⅴ. 국책사업에 대한 정보부족으로 인한 갈등대상의 불명확

국책사업관련 갈등의 중요한 요인은 비용편익의 평가가 어렵고, 발생되는 이슈를 정확하게 규명하기가 어렵다는 문제점이 있다. 갈등당사자는 문제가 되는 이슈에 대해 정확한 정보가 없거나 의사소통이 불충분할 경우 문제의 이슈를 매우 심각하게 받아들이는 경향이 있으며 갈등을 심화시키는 영향이 있다. 또한 환경영향이나 시설의 외부효과에 대한 이해관계자를 선별하는 문제도 매우 힘들다. 만약 이해관계에 있으면서 어떤 협상에서 소외된다면 갈등해소에 합의가 이루어지더라도 이들에 의해 새로운 갈등이 발생할 수 있기 때문에 모든 이해관계자를 선별하고 그들을 협상에 참여시키는 것이 갈등관리와 해소에 필수적이다.[67]

이해관계인이 국책사업에 실효적으로 참여하기 위해서는 국책사업 관련

65 박형서, 앞의 글, 12쪽.
66 위키백과(http://ko.wikipedia.org) 참조.
67 박형서, 앞의 글, 13쪽.

정보에 대한 접근이 필요한데, 국책사업에 대한 정보공개는 국책사업의 주체가 보유하는 다양한 정보에 대한 이해관계인의 자유로운 접근을 인정하여 이른바 헌법상의 알 권리를 보장함으로써 '열린 정부(open government)'에 의한 행정의 공정화·민주화를 실현하려는 데 그 기본이념이 있다.

기술적으로는 가능하나 사회적으로는 불가능할 수도 있는 국책사업과 관련해서는 모든 이해관계를 적정히 조정하는 것이 한층 더 곤란해지고 있으며,[68] 지속적으로 갈등이 끊이질 않는 것은 이 문제가 구조적인 결함을 안고 있는 것에 기인한다.

이러한 상호불신에 기인하여 발생하는 분쟁을 합리적이고 이성적으로 해결하기 위한 수단으로는 정보공개제도 및 적극적 정보제공제도가 있다(특히 환경정보의 공개 및 제공).[69]

왜냐하면 주민들이 국책사업에 반대하는 것은 국책사업의 필요성을 이해하지 않은 데 있는 것이 아니라, 정부방침의 일관성 결여, 충분한 정보공개 및 제공이 없이 일방적으로 결정되고 추진되는 계획에 대한 불안과 불만에 있다고 할 수 있기 때문이다.

그리하여 오늘날 헌법상 알권리의 보장을 위하여 국가적 차원에서는 「공공기관의 정보공개에 관한 법률」, 지방자치단체 차원에서 「정보공개조례」[70]가

68 대표적인 사례로 방사성폐기물 관리시설 부지 선정사례를 들 수 있다. 방사성폐기물 관리시설 부지 선정을 둘러싼 지역주민과 중앙정부 간의 갈등을 들어 보자. 지난 1986년에 정부는 방사성폐기물 관리시설 후보지로 경북의 울진, 영덕, 영일 등 3개 지역을 선정했으나, 주민들의 강력한 반대에 부딪혀 타당성 조사조차 하지 못하였다. 그러다가 1990년도에는 안면도를 방사성폐기물 관리시설 부지로 삼기로 했으나, 이 역시 주민들의 격렬한 시위에 밀려 계획은 백지화되고 말았다. 그 후 다시 서해의 굴업도를 후보지로 삼았으나 지질학적 이유 등으로 불가하게 되어 방사성폐기물 관리시설 건설계획이 원점으로 되돌아간 뒤, 2005년에 와서야 주민투표를 통해 경주에 부지를 확정하였다.

69 B. Schwartz, 「Administrative law」(Little, Brown and Company, 1991), p. 109 참조. 현대사회에서 정보공개제도는 '선진사회의 증거'라는 평가를 받기도 한다(井出嘉憲, "情報公開法制のあり方を考える", 「法律時報」 第71巻 第6號, 4頁).

70 청주시에 의한 정보공개조례 제정사건에서 대법원은 "지방자치법 제15조에 따르면 지방자치단체는 법령의 범위 안에서 그 사무에 관하여 조례를 제정할 수 있되, 주민의 권리제한 또는 의무의 부과에 관한 사항이나 벌칙을 정할 때에는 법률의 위임이 있어야 한다고 규정하고 있으므로 지방자치단체는 그 내용이 주민의 권리의 제한 또는 의무의 부과에 관한 사항이거나 벌칙에 관한 사항이 아닌 한 법률의 위임이 없더라도 조례를 제정할 수 있다 할 것인데(대판 1970. 2. 10, 69다2121 참조), 이 사건 정보공개조례안은 앞에서 본 바와 같이 행정에 대한 주민의 '알 권리'의 실현을 그 근본내용으로 하면서도 이로 인한 개인의 권익침해

제정되어 행정문서의 공개를 청구할 수 있게 되었으며, 국책사업과 관련한 정보를 이해관계인이 활용하여 국책사업의 실체, 처리행정의 실태를 파악할 수 있는 길이 트이게 된 것은 다행한 일이라 아니할 수 없다.

그러나 현행 정보공개제도로는 국책사업과 관련해서는 한계가 나타나고 있다.「환경정보공개법」의 제정 등 적극적인 대처가 필요하다.

참고로 원자력발전소와 관련하여 많은 시민들이 원자력발전소에 거부감을 느끼는 이유는 주로 안전성 때문이다. 원전산업 그 자체에 대해선 오히려 공감하는 사람들이 적지 않다. 특히 고유가가 국가경제와 서민가계를 압박하는 작금의 상황을 보면 장기적으로 원자력의 불가피성을 인정할 수밖에 없다. 문제는 0.1%의 재앙 가능성이다. 국내 원자력발전소들은 99.9%의 안전성을 강조한다. 반면에 다수의 원자력발전소 주변 주민들과 시민·환경단체는 0.1%의 재앙 가능성을 우려하는 입장이다. 0.1% 우려를 불식시킬 수 있는 방법은 원자력발전소 내부의 사정을 투명하게 공개하는 것이다.「정보공개법」이 허용하는 범위 내에서라도 긍정적으로 원전정보는 공개되어야 하고 한수원도 국민들의 불안감을 해소하는 차원에서 적극적인 정보제공이 이루어지도록 하는 것이 바람직하다.[71]

Ⅵ. 갈등의 시간적 및 지리적 한계의 불명확

또한 국책사업과 관련한 갈등이슈는 시간적인 범위와 지리적인 한계가 불명확한 특징이 있다. 특히 환경적 이슈는 갈등이 일어난 지역에서 보다 넓게 영향이 확산될 수 있어 지리적 범위가 매우 모호한 측면이 있기 때문이다.[72] 그리고 시간적으로도 단기간에 끝나는 것이 아니라 장기간에 걸쳐 갈등이 이루어지고 있어 대응에도 어려움이 적지 않다. 이러한 특성은 국책사업의 갈등관리가 매우 어렵다는 것을 명확히 말해 주는 것이라 할 수 있다.

가능성을 배제하고 있으므로 이를 들어 주민의 권리를 제한하거나 의무를 부과하는 조례라고는 단정할 수 없고 따라서 그 제정에 있어서 반드시 법률의 개별적 위임이 따로 필요한 것은 아니라 할 것이다"(대판 1992. 6. 23, 92추17).

71 울산제일일보 2011. 5. 12일자, "원전 정보공개 반드시 필요하다" 기사 참조.

72 박형서, 앞의 글, 13쪽.

제 3 장

국책사업과 행정계획

제1절 국책사업과 행정계획의 의의

국책사업은 국가사회적으로 중요한 의미가 있으며, 사업규모상 대규모이고, 환경상 국민생활에 중대한 영향을 미치며, 일정한 경우에는 극심한 사회적 갈등을 초래하는 특성을 가지고 있다. 이러한 성격을 감안해 볼 때, 국책사업은 행정계획을 통해 실시될 필요가 있다.

행정계획은 우리 행정 전반에 걸쳐 폭넓게 이루어지고 있으며 형식, 법적 근거, 영향력 등에 있어 매우 복잡하고 다양하다. 국책사업과 관련되는 행정계획의 특징을 검토하는 것이 장차 이 계획의 유형화 및 일반 모델의 설정에 있어서 불가피한 전제조건이 되는 것은 바로 이러한 이유 때문이다.[1]

1 오준근, 「행정절차법」, 15쪽.

제 2 절 계획의 철학

계획은 시대의 필연적 산물이자 현대의 특징이다. 계획과 인간의 관계에 관한 기본적인 견해는 그것을 적극적으로 보는 견해와 소극적으로 보는 견해로 나뉜다.

K. 야스퍼스는 "계획화(計劃化)는 어느 목적으로 행할 것인가를 준비하는 것"[2]이라고 한다. 계획은 인간의 생존에 있어서 고유한 것이기는 하나 전체 계획화를 위한 "전제로 되는 전체지(全體知)라는 것은 존재하지 않는다." 다만 한정적인 계획이 가능하고, 그 한계는 다음과 같은 조건으로부터 밝혀져야 한다. 즉 ① 우리들은 결코 전체라는 것을 알 수 있는 것은 아니고 언제나 전체 가운데에 있다. ② 어떤 행위시에도 예상못한 결과가 주어질 수 있다. ③ 계획이 수립되는 것은 기계적인 것, 합리적인 것의 영역에서만 가능하고, 생명의 영역에 있어서는 불가능하다.

K. 포퍼는 플라톤 이래의 이상주의(理想主義, utopian engineering)가 전체사회의 이상상(理想像)을 발견할 수 있도록 하였는데, 그것은 필연적으로 권위주의로 귀결되었으며, "우리들은 사회 전체를 합리적으로 계획하여야 한다는 야심적인 요구에 응하여 얻어진 지식을 지닌 것은 아니다"라고 말하면서,[3] 이른바 단편적 사회공학(piecemeal social engineering)을 제시하였다.

F.A. 하이에크가 계획화를 사회주의와 같은 것으로 보아, 독재로 이끌 위험성을 강조한 것은 잘 알려져 있다. 하이에크는 다음과 같이 말하였다. "계획화가 인기를 넓히는 것은 모든 사람이 공통의 문제를 가능한 한 합리적으로 취급하고자 한다는 점, 그렇기 때문에 우리들이 가능하다는 선견지명을 활용하기를 바라는 것에 기인한다. 그런 의미에서 완전한 운명론자가 아닌 모든 사람은 계획론자이고, 모든 정치활동은 계획행위이다. 그래서 계획화에 선한 것과 악한 것, 현명하고 선견지명이 있는 것, 우열에 있어 근시적인 것과의 상위(相違)

2 Karl Jaspers(重田英世 譯), 「歷史の起源と目標」(理想社, 1964), 320頁.

3 K. Popper, "The Open Society and its Enemies vol. 1", Routledge & Kegan Paul, fifth edition, 1966, pp. 161~162.

가 있는 것에 지나지 않는다. 계획화된 사회를 열망하는 사람들이 현재, 이 말을 쓴 것은 그러한 의미가 아니다. … 계획론자가 요구하는 것은 이른바 계획활동을 단일계획, 즉 사회의 모든 자원이 일정한 방향으로 특정목적에 투입되는 것은 어떻게 '의식적으로 지도'해야 한다는 것을 규정한 단일계획에 따라서 중앙기관이 지도한다는 것이다."[4]

일본의 竹內啓 교수는 "인간존재 바로 그것이 이른바 모순에 가득 차 있고, 인생 전체를 합리적으로 계획한다는 것은 본래 불가능한 일이고, 그것은 인간성의 본질과 모순되는 것으로서 인간성을 왜곡시키는 것"이라고 하였다.[5]

한편 계획을 적극적으로 평가하는 학자도 많다. K. 만하임은 계획을 적극적으로 평가하면서, "민주주의와 계획은 양립 가능하다. 기술진보에 사회통제방법의 발견이 뒤따르지 않으면 불균형이 생기지만, 그로부터 생기는 문제해결을 위해 계획이 필요하다"고 말한다.[6]

제 3 절 법개념으로서의 계획

입법자 또는 그 자체가 계획이라고 표현되는 모든 것이 통상적으로 계획이라고 할 수 있다. 이로 인하여 계획이란 표현과 유사성이 있으나 보통의 계획과는 아주 상이한 국가행위의 집단이 형성된다. 국가의 기획은 단지 우리 시대만의 현상이 아니라 과거에도 있었다. 그러나 국가기획은 현시대에 크게 증가되었다.

기획의 범위와 밀도는 전적으로 국가의 활동 정도에 달려 있다. 19세기 위험방지의 질서국가라고 알려진 '자유법치국가'에서는 계획이 자연적으로 뒤로 물러날 수밖에 없었다. 국가는 창조적으로 발전되지 못하고 거의 공공의 안전과 질서의 침해에 대응하였다. 위험방지 외에 급부행위와 사회형성의 임무를 가진 현시대의 '사회법치국가'에서는 계획이 국가행위의 중요한 도구가

4 F.A. Hayek(一谷藤一郎＝一谷映理子 譯), 「隷従の道」(東京創元社), 47頁.
5 竹內啓, 「計劃の思想」(岩波哲學講座 5, 1971年), 266頁.
6 Karl Mannheim(福武直 譯), 「變革期にぉげる人間과と社會」(みすず書房, 1962年), 83~84頁.

되었다.[7]

계획(Plan)과 기획(Plannung)은 구별되어야 하며 계획을 수립하는 행위가 기획이며, 계획은 이러한 기획의 산물이라고 보는 것이 타당하다.[8]

오늘날 행정실무에서 매우 중요한 역할을 하고 있는 행정계획은 행정법학에 있어서 점점 큰 관심을 갖고 논의의 대상이 되고 있다. 오늘날 광범위한 분야에서 수많은 계획이 수립되고 있으며, 계획과 관련되지 않은 행정은 거의 존재하지 않는다고 하여도 과언이 아니다. 행정계획은 과거의 국가에도 존재하고 있었지만 오늘날에 있어 행정목적의 달성을 위한 중요한 수단으로 등장하였다. 그 원인으로는 국가기능의 변화, 자원의 부족과 배분, 과학기술의 발전, 행정기관 상호간의 협조·조정의 필요성 등을 들 수 있다.[9]

제 4 절 행정계획과 법치행정의 원리와의 관계

행정계획의 확정 또는 그 실시로 이해관계인(利害關係人)의 법적 지위에 변동을 주는 경우에는 법률에 근거를 요한다. 오늘날은 이해관계인의 법적 지위에 직접적인 영향이 없는 행정계획에 관하여도 법령에 근거를 두는 것이 보통이다.

그것은 계획책정기관 및 실시기관의 책임소재를 명확히 하고, 이해관계인 사이의 이해의 조정을 도모함과 아울러 개별적인 행정의 실시가 계획에 맞추어 행하여지는 것을 담보할 필요가 있기 때문이다. 이와 같이 행정계획은 법률에 근거하여 책정되는 경우가 대부분이다. 그러나 그 경우에도 행정계획의 내용에 대한 규율에 있어서는 ① 전문기술적 지식을 요하며, ② 계획은 사회정세의 변화에 따라 변경되어야 하는 탄력성을 가져야 하고, ③ 계획내용을 법률에서 구체적으로 정할 수 없다고 하는 입법기술상의 난점 때문에 법률이 계획내용을 정하는 일은 오히려 드물고, 계획내용에 대한 규율은 정책권한을 가진 행정기관의 재량에 맡겨진 경우가 많다. 이것이 바로 계획재량의 문제인바, 이는

---

7 Hartmut Maurer(박수혁 역), 「독일행정법」(사법발전재단, 2010), 338쪽.

8 정하중, 「행정법개론(제7판)」(법문사, 2013), 318쪽.

9 정하중, 「행정법개론(제7판)」, 317~318쪽.

행정계획의 내용에 대한 입법적 통제가 어렵다는 것을 의미한다.[10]

이와 같이 행정계획에 대한 입법적 통제가 어려울 뿐만 아니라, 행정계획이 일단 책정되면, 그것이 설령 법적 구속력이 없는 것이라도, 현실적으로는 장래목표에의 도달을 위한 선택된 가치로 평가됨으로써, 법률 이상으로 국가의 정책을 지배하게 되어, 계획의 단계적 실시에 소요되는 입법이나 예산을 추진하는 기준 또는 지침으로까지 작용하게 된다.

그리하여 문제는 행정계획의 발전에 따라 행정부가 수립하는 계획이 실질적으로는 행정의 기본적인 정책방향을 결정하고, 국회의 법률은 행정목적 달성의 과정에서 본다면 오직 기술적 기능만을 수행하는 경우가 있게 되어, 국회를 통하여 행정에 국민의 의사를 반영하고 이를 통제하려는 법치행정의 원리가 형해화되고, 민주행정주의 대신에 기술관료주의가 자리를 차지하게 될 우려가 있다는 점이다.

그래서 일본의 手島 교수는 행정계획의 일반적 도입은 ① 상대주의에 입각한 민주주의를 기술우위의 절대주의로, ② 국민대표에 의한 의회정치·책임정치를 기술관료에 의한 관료정치·무책임정치로, ③ 법의 지배를 계획의 지배로, ④ 자유주의의 기능의 약화를, ⑤ 분권체제를 집권체제로 변화시켜 현대국가를 행정국가로 이끌게 되어 국가와 사회의 체제와 구조를 근본적으로 변화시킬 수 있다고 한다.[11]

이와 같은 행정계획의 발전으로 인한 법치행정의 원리의 형해화를 방지하기 위한 처방이 금후의 과제라 할 것인바, 주민이 참여하는 행정계획책정상의 절차적 보장은 행정계획책정에 대한 국민통제제도를 도입하는 것으로서, 그러한 처방의 하나가 될 수 있을 것이다.[12]

---

10 박윤흔, 「최신행정법강의(상)(29판)」(박영사, 2004), 272~273쪽; 대판 1985. 7. 23, 83누727.
11 手島, 「행정국가의 법리」, 18쪽 이하, 172쪽 참조.
12 박윤흔, 「최신행정법강의(상)(29판)」, 273쪽.

제 5 절 국책사업과 행정계획 일반이론

Ⅰ. 행정계획의 의의

1. 행정계획의 개념

행정계획은 현대행정의 여러 분야에 걸쳐 그 목적·내용·기능 등이 다양하게 존재하는 행위형식으로서 이들에 관한 통일적 정의를 내리기는 쉽지 않다.[13]

그러나 행정계획이란 "행정주체 또는 그 기관이 일정한 행정활동을 행함에 있어서 일정한 목표를 설정하고 그 목표를 달성하기 위하여 필요한 수단을 선정하고 그러한 수단들을 조정하고 종합화한 것"으로 정의할 수 있다.[14]

행정계획은 다른 행위형식과는 달리 여러 성질의 행위형식을 포함하고 있다. 행정계획 중에는 법령의 형식을 취하는 것도 있고, 행정행위의 성질을 갖는 것도 있으며, 행정 내부에서만 효력을 발생하는 내부지침적 성격의 것도 있다. 경우에 따라서는 하나의 행정계획 중에도 이질적인 행위형식이 공존하기도 한다.

2. 행정계획의 개념적 징표(요소)

행정계획의 개념적 징표로 목표설정과 행정수단의 조정·종합화를 드는 견해[15]와 행정주체의 계획, 목표의 설정, 행정수단의 종합 및 조정, 장래시점에서 일정한 질서의 실현, 구상 또는 활동기준의 설정을 드는 견해가 있다.[16] 내용적으로는 큰 차이가 없으므로, 여기에서는 후자에 따라 서술하고자 한다.

(1) 행정주체의 계획

행정계획은 행정주체의 구상 또는 활동기준의 설정이다. 행정계획은 행정주체의 행위이기 때문에 행정주체가 아닌 사기업 등이 행정계획과 비슷한 행위를 하는 경우에도 행정계획은 아니다.

---

13 박윤흔, 「최신행정법강의(상)(29판)」, 271쪽.

14 박균성, 「행정법강의(제10판)」, 177쪽; 대판 1996. 11. 29, 96누8567.

15 박윤흔, 「최신행정법강의(상)(29판)」, 271쪽.

16 정하중, 「행정법개론(제7판)」, 318~319쪽 참조.

(2) 목표의 설정

행정계획은 장래의 일정한 시점에 있어서의 목표의 설정이다. 적어도 계획이라고 할 수 있기 위하여는 일정한 목표를 담고 있어야 한다. 따라서 비록 계획 또는 정책 등 유사한 명칭을 띠고 있다고 하더라도 특정한 내용의 목표를 담고 있지 않으면 계획이라고 할 수 없다.

(3) 행정수단의 종합 및 조정

행정계획은 설정된 목표를 달성하기 위하여 행정수단을 종합하고 조정하는 행정작용이다. 즉 국토개발, 도시개발 및 산업진흥과 같은 이른바 개발행정이나 조성행정 등은 내용적으로는 여러 분야의 행정과 상호 밀접한 관련 속에서 이루어지기 때문에 이들 다양한 분야의 행정수단을 종합·조정할 필요가 있다. 그런 측면에서 행정계획은 일정한 목표하에 모든 행정기관들을 상호 입체적·유기적으로 연관시키면서 공익상의 갈등을 조정하고 종합화하는 작용이다.

(4) 장래시점에서 일정한 질서의 실현

행정계획은 장래 일정한 시점에 있어서 일정한 질서를 실현시키려는 작용이다. 즉 미래지향적인 행정작용이다.

(5) 구상 또는 활동기준의 설정

행정계획은 앞으로 일정한 목표를 실현하기 위한 구상 또는 활동기준의 설정이다.

Ⅱ. 국책사업과 관련한 행정계획

1. 계획의 구속성 유무에 따른 구분

행정계획은 그 구속성의 여부에 따라 대개 구속적 행정계획과 비구속적 행정계획으로 구분한다. 보다 더 세밀히 구분하면, 전혀 구속력이 없는 행정계획인 단순정보제공적 계획, 일반인과 행정청을 간접적으로 구속하는 유도적 계획 그리고 구속적 계획으로 구분할 수도 있다.[17]

---

17 오준근·김명연, 「지방자치와 계획관계법체계의 정비에 관한 연구」(한국법제연구원, 1996), 42쪽.

(1) 단순정보제공적 계획

단순정보제공적 계획이란 장차 이루어질 행정의 임무수행을 보다 효율적으로 행하기 위하여 행정청들이 개별적인 사업을 위하여 구속성이 없는 계획을 수립하는 경우이다.

계획담당자는 일정한 사업에 관한 자신의 미래를 향한 청사진을 형식에 구애받지 않고 구속력없는 계획의 형태로 제시할 수 있다. 이 계획의 확정을 위하여 법은 아무런 확정절차도, 법적 형식도 예상하고 있지 않으며, 계획은 오직 행정청 내부에서 지침 정도의 효력이 부여될 수 있을 뿐, 행정청이나 국민에 대해 아무런 구속력도 발휘하지 않는다.

(2) 유도적 계획

유도적 계획이란 법에 근거하여 일정한 법적 형식을 갖추어 발표되지만 일반인과 행정청을 직접 구속하지 않고, 그들을 일정한 방향으로 유도하는 작용을 하는 계획을 말한다. 예를 들면, 여러 전문계획법상의 기본계획이 이에 해당한다.

따라서 이러한 계획은 개개의 국민에 대하여 법구속적인 효력을 미치지는 않으나, 사익 및 공적 계획담당자의 이익 간에 비교형량의 기준이 된다는 의미에서 효력을 미치며, 이런 의미에서 전혀 구속력이 없는 단순정보제공적 계획과 구분된다.

(3) 구속적 계획

구속적 계획이란 국민이나 행정기관에 대하여 구속력을 갖는 행정계획을 말한다. 구속적 행정계획은 대내적으로 행정청에 대하여 구속적인 것도 있고, 대외적으로 국민에 대하여 구속적인 것도 있다. 좁은 의미에서는 후자만을 구속적 행정계획이라 한다.[18]

예를 들면, 상수원보호구역의 지정, 자연공원의 지정 등을 들 수 있다. 지역·지구·구역[19]의 지정으로 인하여 해당 지역·지구 또는 구역과 관계된 모든 사람은 그

18 박균성, 「행정법강의(제10판)」, 178쪽.

19 "용도지역"이란 토지의 이용 및 건축물의 용도, 건폐율(「건축법」 제55조의 건폐율을 말한다. 이하 같다), 용적률(「건축법」 제56조의 용적률을 말한다. 이하 같다), 높이 등을 제한함으로써 토지를 경제적·효율적으로 이용하고 공공복리의 증진을 도모하기 위하여 서로 중복되

지역 등의 지정에 관하여 법정된 취지에 직접적인 구속을 받게 된다. 그리고 도로, 다목적댐, 원자력발전소와 같은 국책사업의 전문적 사업의 확정에 관계된 계획도 이에 해당한다.

이러한 계획들은 각 전문계획법의 규정에 따라 계획담당자가 법규명령 또는 행정행위의 형식으로 수립하며, 행정청과 일반국민 모두에 대하여 구속적 효력을 미친다. 이들 구속적 계획의 확정에는 많은 법률관계가 종합적으로 규율되고 저울질되어야 하며, 행정청과 국민 간의 중요한 법률관계가 종합적으로 규율되고 형성되어야 할 것이 요구된다.[20]

2. 계획대상의 종합성 · 개별성에 따른 분류

행정계획 중 국토공간에 영향을 미치는 행정계획은 대상지역을 총체적 대상으로 하는가, 아니면 대상지역의 일부만을 특정한 국가적 사업의 대상으로 하는가에 따라 종합계획(Gesamtplanung)과 전문계획(Fachplanung)으로 구분된다.

(1) 종합계획

계획대상이 종합적인 분야인 계획을 종합계획이라 한다. 즉 일정한 계획지역을 대상으로 하고, 대상지역에 대하여 총체적이며 종합적인 이용규율을 수립하는 계획을 말한다.

종합계획은 다시 그 지역이 포섭하는 범위에 따라 전국 · 도와 같이 일정한 기초지방자치단체의 범위를 초월하는 광범위한 지역을 대상으로 하는지 또는 기초지방자치단체의 단위지역에 국한하여 이를 대상으로 하는지에 따라 초지역적 종합계획과 지역적 종합계획으로 나뉜다.

먼저 초지역적 종합계획은 다시 국가 전체를 그 대상영역으로 하는 전국

지 아니하게 도시 · 군관리계획으로 결정하는 지역을 말한다(「국토의 계획 및 이용에 관한 법률」 제2조 제15호). "용도지구"란 토지의 이용 및 건축물의 용도 · 건폐율 · 용적률 · 높이 등에 대한 용도지역의 제한을 강화하거나 완화하여 적용함으로써 용도지역의 기능을 증진시키고 미관 · 경관 · 안전 등을 도모하기 위하여 도시 · 군관리계획으로 결정하는 지역을 말한다(제16호). "용도구역"이란 토지의 이용 및 건축물의 용도 · 건폐율 · 용적률 · 높이 등에 대한 용도지역 및 용도지구의 제한을 강화하거나 완화하여 따로 정함으로써 시가지의 무질서한 확산방지, 계획적이고 단계적인 토지이용의 도모, 토지이용의 종합적 조정 · 관리 등을 위하여 도시 · 군관리계획으로 결정하는 지역을 말한다(제17호).

20 오준근 · 김명연, 「지방자치와 계획관계법체계의 정비에 관한 연구」, 45쪽.

계획과 수개의 기초지방자치단체를 포괄하는 일정한 권역을 그 대상영역으로 하는 권역계획[21]으로 구분된다.

다음으로 초지역적 종합계획과 구분되는 개념으로 일정한 지방자치단체의 영역을 대상으로 하는 지역적 종합계획으로는 도시 · 군기본계획,[22] 도시설계 등을 그 대표적인 예로 들 수 있다.

(2) 전문계획

계획대상이 개별적인 분야, 즉 특정한 사업(Projekt)을 대상으로 하는 계획을 부문별계획 또는 전문계획이라 한다. 다시 말해서 도로, 항만 등과 같은 특정한 사업에 관계된 계획작용 및 그 산물을 의미한다.

이와 같은 계획들은 계획을 담당하는 중앙전문부서, 시 · 도, 시 · 군의 해당 전문분과에서 수립되므로 주관하는 차원에 따라 전국 차원, 광역자치단체 차원 및 기초자치단체 차원의 전문계획으로 구분할 수 있다.

또한 전문계획들은 그 법형식과 법적 영향력의 강도에 따라 ① 형식에 구애받지 않고 구속력 없는(nicht-förmliche-unverbindliche) 전문계획, ② 형식을 갖춘 비교형량에 영향을 주는(förmliche-abwägungsrelevante) 전문계획, ③ 형식을 갖춘 구속적 효력을 가지는(förmliche-rechtsverbindliche) 전문계획으로 나뉜다.

아울러 전문계획들은 그 내용이 포괄하는 분야에 따라 ① 토지구획정리사업계획과 같은 지역개발 및 개발사업 관련 전문계획, ② 공업배치기본계획과 같은 산업입지 및 산업지원 관련 전문계획, ③ 학교시설사업시행계획과 같은 교육 · 체육 · 복지 등 시설설치 · 관리 관련 전문계획, ④ 관광진흥계획과 같은 관광 및 공원개발 관련 전문계획, ⑤ 원자력진흥종합계획과 같은 원자력 및 방사성폐기물관리 관련 전문계획, ⑥ 폐기물처리기본계획과 같은 환경보전 관련 전문계획, ⑦ 도로계획과 같은 사회간접자본의 건설 · 관리 관련 전문계획 등을

21 현행 법령상 초지역적 종합계획으로서 특정한 권역을 대상으로 하는 계획으로는 수도권정비계획법에 따른 수도권정비계획 등을 들 수 있다.

22 "도시 · 군계획"이란 특별시 · 광역시 · 특별자치시 · 특별자치도 · 시 또는 군(광역시의 관할 구역에 있는 군은 제외한다. 이하 같다)의 관할 구역에 대하여 수립하는 공간구조와 발전방향에 대한 계획으로서 도시 · 군기본계획과 도시 · 군관리계획으로 구분한다. "도시 · 군기본계획"이란 특별시 · 광역시 · 특별자치시 · 특별자치도 · 시 또는 군의 관할 구역에 대하여 기본적인 공간구조와 장기발전방향을 제시하는 종합계획으로서 도시 · 군관리계획 수립의 지침이 되는 계획을 말한다.

들 수 있다.[23]

Ⅲ. 국책사업 설치계획의 행정계획상의 위치

1. 국책사업 설치계획과 종합계획과의 연관성

국책사업은 일정한 지역적 공간에 설치되는 특정한 시설을 의미한다. 그렇다고 해서 국책사업의 설치계획과 국토 전체의 공간 또는 일정한 도시공간에 대한 계획과의 연관성이 부인될 수 없다.

전국 차원의 종합계획은 사전적으로 국책사업의 입지를 개괄적으로 정하는 기능을 갖게 되기 때문에 중요한 의미가 있다.

(1) 전국 차원의 종합계획과의 연관성

국책사업과 직접적으로 연관을 맺고 있는 전국 차원의 종합계획으로는 「국토기본법」에 따르는 국토종합계획, 「지역균형개발 및 지방중소기업 육성에 관한 법률」에 따른 지역개발계획, 「자연환경보전법」에 따른 자연환경보전기본계획 등을 들 수 있다.

국토종합계획에는 국책사업에 관한 사항이 포함되고 있으므로 국책사업의 설치계획은 국토종합계획을 출발점으로 하여야 하고, 그 내용과 모순되는 계획이 되어서는 안 된다.

또한 지역개발계획 중 광역개발계획이 수립된 지역 내에서 국책사업계획을 수립할 경우 광역개발계획과 일치하도록 하여야 할 것이며, 그 내용이 상치(相馳)될 경우에는 광역계획의 변경결정이 선행되어야 한다.

그리고 국책사업계획은 가능한 한 자연환경보전기본계획과 조화되도록 수립되어야 하는데, 특히 녹지보전지역, 자연생태계보전지역, 특정야생동식물보전지역, 해양생태계보전지역 등의 자연생태계보전지역을 지정하여 관리하는 경우 이 보전지역의 지정은 관계 행정기관 및 국민에 대하여 직접적인 구속력을 미치기 때문에 이러한 지역 내에 국책사업을 시행하는 것은 원칙적으로 금지되므로 이러한 지역에 국책사업을 시행하고자 할 경우에는 지역지정의 해제

23 오준근, 「행정절차법」, 257쪽.

또는 변경절차가 요구되므로 양 계획은 직접적인 연관성을 맺고 있다.

(2) 권역 차원의 초지역적 종합계획과의 연관성

권역 차원의 초지역적 종합계획 중 국책사업과 직접적인 연관을 가지는 계획으로서 「수도권정비계획법」에 따른 수도권정비계획을 들 수 있다. 국책사업이 수도권 안에 시행되어야 할 경우에는 그 시행을 위한 계획은 수도권정비계획과 조화를 이루어야 하며, 수도권정비계획의 내용과 상치되는 계획이 수립되어야 할 경우에는 수도권정비계획의 개정이 이루어져야 할 것이다.

(3) 지역적 종합계획과의 연관성

국책사업은 필연적으로 지방자치단체의 영역 내에 설치되므로 지방자치단체가 수립하는 지역적 종합계획은 사전적으로 국책사업의 입지를 개괄적으로 정하는 기능을 갖기 때문에 국책사업의 설치와는 매우 밀접한 관련을 맺고 있다.

그 중에서도 국책사업과 직접적으로 연관을 맺고 있는 것으로는 도시·군기본계획을 들 수 있다. 도시·군계획의 내용에는 국책사업의 설치를 위한 부지 및 그 시설의 설치를 위한 사업계획 모두가 포함된다. 국책사업을 위해서는 국책사업의 부지가 도시·군계획상의 지역·지구의 구분과 일치하여야 하며, 국책사업의 사업계획이 도시·군계획사업의 일환으로 인정되어야 하므로 국책사업의 시행계획과 지방자치단체의 도시·군계획이 부합되지 아니할 경우에는 도시·군계획의 변경절차를 필요로 한다. 만약 도시·군계획이 적절하게 변경되지 않는다면 도시·군계획과 모순되는 국책사업은 인정될 수 없을 것이다.[24]

2. 국책사업 설치계획의 특성

국책사업계획은 구속적 계획이며 종합계획이 아닌 전문계획(Fachplanung)으로서의 특징을 가진다. 전문계획이란 도로, 항만, 공항, 원자력발전소 부지 확정과 같은 특정한 사업에 관계된 계획 작용 및 이들 작용의 산물을 의미한다.

국책사업을 위한 각종 전문계획은 각각의 시설에 대한 근거법률에 따라 수립된다.

우리나라에서는 각각의 국책사업에 관하여 별도의 근거법률을 두고 각각

---

24 오준근, 「다중영향시설 설치계획의 확정절차에 관한 법제정비방안」, 16~26쪽 참조.

의 법률에서 그 설치계획 수립절차를 규정하고 있다. 이들 국책사업과 관련된 전문계획은 이들 계획이 국토계획과의 연관성하에서 수립되어야 하는 것과는 별도로 계획과정 자체 내에도 계획이 다층적이라는 특징을 가지고 있다. 즉 국책사업을 위한 계획이 한 번에 이루어지는 것이 아니다. 대개는 시설의 필요성 및 장기전망에 대한 기본계획, 기본계획에 따른 연도별 또는 부문별 실시계획, 개별적 시설의 입지를 위한 부지 선정계획, 개별적 시설의 건설계획, 건설된 시설의 운영계획 등이 순차적으로 수립된다.

기본계획과 연도별 또는 부문별 실시계획은 행정청 내부에서 일반적인 계획의 수립절차를 밟는다. 이들 계획은 대체로 행정 내부의 방침을 설정하는 것이므로 행정청 상호간의 협조, 일반국민의 의견수렴 등의 과정을 밟는다 하더라도, 수립된 계획은 행정청과 국민 모두에게 구속적 효력을 미치지는 아니한다.

이들 계획의 법적 성격은 대체로 행정규칙과 유사한 성격을 띠는 것이 보통이다. 행정청 내부에서 행정공무원이 지침으로 삼아서 장래의 사업방향을 설정하여야 한다는 점에서는 행정공무원에 대한 어느 정도의 영향력이 있다. 일반국민의 경우에도 이와 같은 기본계획 등이 수립되어 있는 경우에는 이를 기초로 하여 미래를 예측할 수 있다. 그러나 아직 구체적인 처분의 형태로 나타나지 아니하므로 이에 구속이 될 실체적인 행정적 조치는 이루어지지 않는다.

개별적 시설의 입지를 위한 부지 선정계획, 개별적 시설의 건설계획 및 건설된 시설의 운영계획은 위와 같은 일반적 계획의 수립절차와는 전혀 다른 방법으로 수립된다. 이들 계획에 따라 법구속적으로 국책사업을 위한 부지가 확정되며, 건설허가 및 운영허가가 부여되기 때문이다.

국책사업과 직접 또는 간접으로 관련되는 전문계획으로서는 다음과 같은 계획을 들 수 있다.[25] 첫째, 원자력발전소의 설치와 관련되는 전문계획으로는 「원자력 진흥법」에 따른 원자력진흥종합계획을 들 수 있다. 둘째, 환경보전 또는 환경오염방지를 위한 시설설치와 관련되는 전문계획으로는 「폐기물처리시설 설치촉진 및 주변지역지원 등에 관한 법률」에 따른 폐기물처리시설설치계

25 오준근, 「다중영향시설 설치계획의 확정절차에 관한 법제정비방안」, 26~27쪽 참조.

획, 「폐기물관리법」에 따른 폐기물 처리 기본계획 등을 들 수 있다. 셋째, 사회간접자본의 건설·관리 관련 전문계획으로는 「도로법」에 따른 도로노선지정 등 도로계획, 「고속국도법」에 따른 고속국도 노선인정 등 고속국도계획, 「항공법」에 따른 공항개발기본계획, 「수도권신공항건설 촉진법」에 따른 신공항건설기본계획, 「항만법」에 따른 항만기본계획 등이 있다. 넷째, 하천, 상·하수도 및 수자원관리 관련 전문계획으로는 「하천법」에 따른 하천기본계획, 「댐건설 및 주변지역자원 등에 관한 법률」에 따른 댐건설기본계획, 「하수도법」에 따른 하수도정비기본계획 등이 있다. 다섯째, 에너지의 공급 관련 전문계획으로는 「도시가스사업법」에 따른 시설공사계획을 들 수 있다.

제 6 절 국책사업의 계획재량과 통제

I. 국책사업의 계획재량

계획의 근거법률의 특징적 구조는 질서행정 수권법규에 나타나는 조건 프로그램의 경우보다 훨씬 다양한 결정가능성을 담당행정청에 부여한다. 공적 계획담당자는 재정적인 가능성, 주어진 자료와 그 변경가능성을 토대로 개별적인 제반 여건에 따라 하부목표와 구체적인 비용의 투여계획 등 실천방안을 정해 나가게 된다. 이런 의미에서 담당행정청은 독자적으로 프로그램을 설정해 나간다.

따라서 행정청은 계획작용에 있어 법적으로 확정되지 않는 상당한 형성영역을 보유하고 있다. 독일의 문헌과 판례는 이를 계획상의 형성의 자유(planerische Gestaltungsfreiheit) 또는 계획재량(Planungsermessen)이라 일컬어 왔다.

국책사업과 관련한 행정계획은 법률에 근거하여 책정된다. 그러나 그 경우에도 행정계획의 내용에 대한 규율에 있어서는 ① 전문기술적 지식을 요하며, ② 계획은 사회정세의 변화에 따라 변경되어야 하는 탄력성을 가져야 하고, ③ 또한 계획내용을 법률에서 구체적으로 정할 수 없다고 하는 입법기술상의 난점 때문에 법률이 계획내용을 정하는 일은 오히려 드물고 계획내용에 대한 규율은 정책권한을 가진 행정기관의 재량에 맡겨진 경우가 많다.

다시 말해서 국책사업과 관련한 행정계획에 있어서는 그 관련 상황의 복잡성(다수의 관련 상황·상충적 이해관계 등)에 따르는 다양한 결정가능성 및 그 미래전망적 성격으로 인하여 그에 대한 법적 규율은 상대적으로 제한될 수밖에 없다.

그에 따라 법률은 원칙적으로 계획이 추구하여야 할 목적과 그에 따라 촉진 또는 보호되어야 할 이익만을 규정하는 데 그치고 있다. 즉 계획법규는 행정계획의 요건·효과에 관해서는 규정하지 않고 공백규정(空白規定)으로 두고 있는 것이 보통이다.[26]

국책사업을 위한 행정계획에 있어서는 행정행위에서는 볼 수 없는 광범위하고 정책형성적인 특수한 계획재량이 계획주체에게 인정되고 있으며, 관계인도 아주 넓은 것이 보통이므로 법치행정원칙의 형해화를 방지하고 복잡한 이해관계 및 공익과의 조정을 도모하기 위해서는 계획내용에 대한 실체법에 따른 제약이 요청된다 할 것이나, 계획의 성격상 실체법적 제약은 추상적인 방향성이나 판단요소를 제시하여 행정재량 행사의 지침을 제시하는 데 그칠 수밖에 없으므로 계획재량권을 적정하게 행사하게 하여 행정행위에 있어서보다는 정밀한 계획확정절차의 마련과 그 민주화가 요청된다.[27]

Ⅱ. 국책사업계획과 관련된 행정청의 계획재량의 통제

1. 계획재량에 대한 절차적 통제

(1) 심의회 또는 위원회의 심의: 계획재량권에 대한 통제장치

각 계획법률에 계획심의회를 설치하고 국토교통부장관이 해당 계획을 결정하기 전에 해당 위원회의 심의 또는 결정을 거치도록 의무화함으로써 국토교통부장관의 결정권한에 대한 일정한 통제를 가하고 있다.

계획심의회는 각 계획 관계법률의 규정에 따라 각 계획에 이해관계를 가지는 관계부처의 장관 또는 차관, 특별시장, 특별자치시장, 광역시장, 도지사, 특별자치도지사, 경제인, 학자, 전문가들로 구성된다. 해당 심의회에서는 각종

---

26 김동희, 「행정법 I (제15판)」(박영사, 2009), 187쪽.
27 박윤흔·정형근, 「최신행정법강의(상)(개정30판)」(박영사, 2009), 252쪽.

경우에 따라 대립되는 이해관계가 제시되며 토론되고 조정된다. 국토교통부장관은 심의회의 심의 또는 의결의 결과를 고려 또는 준수하여야 한다. 따라서 이와 같은 계획심의위원회 장치가 계획관할권의 집중을 완화하는 계획재량권에 대한 제한장치로서 작용한다.

심의회제도의 의의는 행정민주성의 확보·행정중립성의 확보 및 전문적 지식의 도입에 있다. 심의회의 종류에 따라 다르지만 국책사업과 관련한 행정계획분야에서 심의회제도의 가장 큰 역할은 행정계획에 대한 전문적 지식의 도입에 있다.

이해의 조절과 이해관계인의 의견의 반영이 심의회의 기능이 되는 경우가 있는데, 이를 실질화하기 위해서는 이익을 대변할 수 있는 자를 심의회의 구성원으로 참여시켜야 할 것이다.

(2) 관계기관 간의 협의 및 조정: 행정계획의 전체적 통일성 확보

국책사업과 관련한 행정계획의 대부분은 다른 행정기관과 이해관계를 맺게 된다. 이 경우에는 행정계획을 수립함에 있어서 관계 행정기관과 협의하도록 하거나 상급행정청의 승인이나 조정을 거치도록 하거나 심의회의 심의를 거치도록 하고 있다. 또한 중앙행정기관이 책정하는 국책사업의 행정계획에 대하여 지방자치단체가 이해관계를 가지는 경우에는 지방자치단체의 의견을 듣도록 하고 있다. 이는 행정계획의 전체적 통일성을 확보하기 위해서이다.

예를 들면, 「환경영향평가법」은 승인기관의 장 등이 사업승인 전에 환경영향평가서에 대해 환경부장관과 협의하도록 규정하고 있다(제27조).

그러나 현실적으로 실질적인 협의가 되지 않음으로써 시설설치과정에서 갈등을 증폭시키고 있다. 다시 말하면 환경부가 환경보전이라는 본연의 역할을 다하지 못하고 사업부처에 끌려 다니거나 부적절하게 타협함으로써 협의절차가 '합리화절차'로 변질되고 있다는 비판이 적지 아니하다.

2. 계획재량에 대한 실체법적 통제

위와 같은 절차법적 규정들 외에도 계획법률 및 관계법률, 상위계획조항 등에 확정되어 있는 내용적 규정들은 계획담당자를 구속한다. 이와 같은 제반 규정의 범위 내에서 비로소 계획담당자는 재량권을 가질 수 있다. 그러나 재량권이 자의(恣意, Willkür)를 의미하는 것은 아니다.

계획담당자의 재량권 행사의 실체적 내용은 헌법상 또는 일반 법률상의 법원칙에 따른 제한을 받는다. 더 나아가 계획담당자는 계획의 수립 및 변경에 따라 수반되는 무수한 이해관계의 조정에 있어서 정당한 비교형량을 하여야 한다.

즉 계획상 형성의 자유의 내용적 한계는 각종 계획법률, 상위계획규정의 내용으로부터 주어지는 외적 한계와 헌법적·법률적 법원칙 및 계획상의 실질적인 이해관계의 조정에 있어서 정당한 형량을 요구하는 형량원칙의 요청으로부터 주어지는 내적 한계의 두 가지로 크게 구분될 수 있다.[28]

(1) 계획재량의 외적 한계

계획상 형성의 자유의 내용적 한계로서 각 계획에 대하여 계획법률의 규정에 따라 주어져 있는 제반 목표가 중요한 역할을 한다.

1) 헌　법

「헌법」 제120조 제2항은 국가에 국토와 자원의 균형있는 개발과 이용을 위하여 필요한 계획을 수립할 권한과 의무를 부여하고 있다. 이 헌법조항은 국토관계계획이 국토와 자원의 균형있는 개발과 이용이라는 목표에 합당하여야 하며 또 이 목표를 실현하기 위하여 필요한 계획이어야 함을 명백히 하고 있다. 즉 모든 국토계획은 이와 같은 헌법적 목표와 필요성의 원칙에 상응하는 것이 되지 않으면 안 된다.

2) 계획법률

더 나아가서 각종 계획들은 그 관계법률이 정한 목표를 실현하기 위한 것이어야 한다.

---

28 오준근·김명연, 「지방자치와 계획관계법체계의 정비에 관한 연구」, 51쪽.

예를 들면, 도시 · 군계획은 도시의 건전한 발전을 도모하고 공공의 안녕질서와 공공복리의 증진에 기여하여야 함을 목적으로 하는바, 이와 같은 목적의 실현에 기여하지 못하는 도시 · 군계획은 존재할 이유가 없다.

각종 계획은 「헌법」과 계획법률이 정한 목표의 실현에 필요한 것이어야 한다. 계획담당자는 법이 정한 목표의 실현에 필요하다고 인정되는 경우 바로 계획을 수립할 의무를 갖는다. 그러나 도시의 불건전한 발전이 우려됨에도 불구하고 특정한 토지에 특혜를 부여할 목적으로 계획이 수립되는 경우에는 그 필요성이 부인되며 따라서 위법한 계획이 된다.

더 나아가 계획상 형성자유의 외적 한계는 상위계획에 확정된 내용에 따라 주어진다.

예를 들면, 도시 · 군계획의 담당자는 초지역적 종합계획 및 일정한 구속적 전문계획의 우위성에 따라 자신의 계획이 인근 지방자치단체의 도시 · 군계획과 모순될 경우에는 인근 지방자치단체와 협의하여야 하고, 자신의 계획의 수립 및 변경에 있어서 인근 지방자치단체의 기존의 계획을 고려하고, 가능한 한 모순 · 대립을 피하도록 하여야 하며, 이것이 불가피한 경우에는 적극적으로 이를 해결하여야 한다는 제한을 받는다.

이와 같은 계획상 형성자유의 내용적 제한은 독일의 문헌 및 판례에 배려의 원칙(Gebot der Rücksichtsnahme), 분쟁해결의 원칙(Gebot der Konflichtbewältigung)이라는 법원칙으로 정착되었다.[29]

계획담당자가 위와 같은 내용적 규정에 위반하여 수립 또는 변경된 계획은 위법하다. 계획법의 내용, 상위계획의 확정사항을 위반한 계획은 계획재량 또는 계획상 형성의 자유가 전혀 문제되지 않는다. 이와 같은 한계는 계획재량이 주어지기에 앞서 계획담당자를 구속하는 법적 한계, 즉 계획재량의 외적 한계에 해당되기 때문이다.

(2) 계획재량의 내적 한계

형량명령(Abwägungsgebot) 또는 '정당한 형량의 원리'란 행정계획을 수립함

---

29 오준근 · 김명연, 「지방자치와 계획관계법체계의 정비에 관한 연구」, 52쪽.

에 있어서 관련된 이익을 정당하게 형량하여야 한다는 원칙을 말한다.

형량명령은 계획재량의 통제를 위하여 형성된 이론이다. 다수설은 형량명령을 행정계획에 특유한 독자적인 이론으로 보지만, 형량명령은 기본적으로 비례원칙의 행정계획에의 적용례라고 보는 것이 타당하다. 따라서 형량명령이론이 적용되는 경우에는 비례의 원칙이 적용될 필요가 없다.

형량명령은 다음과 같은 내용을 갖는다. ① 행정계획결정에 있어서는 관련된 이익의 형량을 하여야 한다. 이를 위하여 계획청은 행정계획과 관련이 있는 이익을 조사하여야 한다. ② 계획청은 이익형량에 관련된 이익을 모두 포함시켜야 한다. 공익과 사익이 모두 포함되어야 한다. 이익형량은 공익 상호 간, 공익과 사익 상호 간 및 사익 상호간에 행하여진다. 법령에 따라 정해진 고려사항을 법정고려사항(法定考慮事項)이라 한다. 법령에서 고려하도록 규정한 이익은 형량명령에 포함되어야 하지만 법령에 규정되지 않은 이익도 행정계획과 관련이 있으면 모두 고려되어야 한다. ③ 관련된 공익 및 사익의 가치를 제대로 파악하여야 한다. ④ 관련되는 이익의 조정은 개개 이익의 객관적 가치에 비례하여 행하여져야 한다. 달리 말하면 개개의 이익이 과소평가되거나 과대평가되어서는 안 된다. 또한 목표를 달성할 수 있는 여러 방안 중에서 공익과 사익에 대한 침해를 최소화할 수 있는 방안을 선택하여야 한다.[30]

그러나 법원은 행정청이 스스로의 책임으로 결정하는 영역에 있어서는 포괄적 통제가 제한된다. 왜냐하면 계획결정은 상당한 정도의 평가, 비교형량, 예측 등을 그 속에 포함하는 것이며, 법 이외의 정책적·평가적 요소를 가지기 때문에 이들은 본래적으로 가치, 신용, 재정 등 법률 외의 사물에 내재하는 법칙에 따라 이해의 경시·선택 등은 계획주체의 형성의 자유에 의존하지 않으면 안 되기 때문이다.

그리고 이러한 영역이야말로 법원의 통제가 미치지 않는 자율적 형성영역이라고 한다. 이러한 영역은 법률에 따라 인정되거나 또는 권력분립원리로부터 생겨나는 자기의 올바른 판단·결정을 행하는 자기책임적 형성영역이며 여기에서는 법 이외의 결정이 문제가 되는 영역이기 때문에 그 결정이 최종적으로

30 박균성, 「행정법강의(제10판)」, 183쪽.

법원에 의해 행하여질 것을 요구할 수 없다.

따라서 이러한 영역을 인정한다는 것이 헌법상 포괄적 권리보호의 원칙에 반하는 것이 아니며, 법적으로 결정되는 부분에 대해서만 사법심사에 맡기더라도 시민의 권리보호는 충분히 고려될 수 있다.

그러므로 계획결정에 관하여 일반적인 평가원칙을 정비하고 발전시킨다는 것은 법원의 재심사와 관련하여 광범위한 통제기준을 설정하는 것이 되어, 도리어 행정의 자율적인 형성의 여지를 좁혀 버릴 위험성이 있기 때문에 사법심사는 하자의 명백성에 한정하여 인정하는 것도 하나의 방법일 수 있을 것이다.[31]

형량명령은 독일의「연방건설법전」등을 비롯한 많은 실정법에 규정되어 있는 원리이다.「연방건설법전」제1조 제6항은 건설기본계획의 수립자는 계획재량권을 행사함에 있어서는 공익 상호 간, 사익 상호 간 및 공익과 사익 상호 간의 정당한 형량을 하여야 한다고 규정하고 있으며, 그 외에도 다수의 실정법이 이러한 형량원리를 정하고 있다.

그러나 형량원리는 법률에 명문의 규정이 없어도 법치국가원리에 따라 모든 계획에 적용되는 것으로 인정되고 있다.[32]

이러한 형량명령에 따르면, 다음의 경우에는 형량상의 하자가 있는 것이 되어 해당 행정계획은 위법한 것으로 본다. ① 형량이 전혀 없었던 경우, ② 형량에 있어 반드시 고려되어야 할 특정이익이 전혀 고려되지 않은 경우,[33] ③ 형량에 있어 관련 사익의 의미·내용 등을 오판한 경우, ④ 공익 상호 간 또는 공익과 사익 사이의 비교형량에 있어 특정이익이 과도하게 평가된 경우 등이 그것이다.[34]

판례 관계 법령에는 추상적인 행정목표와 절차만이 규정되어 있을 뿐 행정계획의 내용에 관하여는 별다른 규정을 두고 있지 아니하므로 행정주체는 구체적인

31 서원우,「전환기의 행정법이론」(박영사, 1998), 515~516쪽 참조.
32 박윤흔·정형근,「최신행정법강의(상)(개정30판)」, 264쪽.
33 다만 고려하여야 할 이익을 빠뜨린 형량의 흠결의 경우에는 결과에 영향을 미치지 않을 정도의 가치가 적은 이익이 형량에서 고려되지 않은 경우에는 행정계획은 위법하다고 볼 수 없다. 박균성,「행정법강의(제10판), 183쪽.
34 김동희,「행정법 I (제15판)」, 187쪽.

행정계획을 입안·결정함에 있어서 비교적 광범위한 형성의 자유를 가지는 것이지만, 행정주체가 가지는 이와 같은 형성의 자유는 무제한적인 것이 아니라 그 행정계획에 관련되는 자들의 이익을 공익과 사익 사이에서는 물론이고 공익 상호간과 사익 상호간에도 정당하게 비교교량하여야 한다는 제한이 있으므로, 행정주체가 행정계획을 입안·결정함에 있어서 이익형량을 전혀 행하지 아니하거나 이익형량의 고려 대상에 마땅히 포함시켜야 할 사항을 누락한 경우 또는 이익형량을 하였으나 정당성과 객관성이 결여된 경우에는 그 행정계획결정은 형량에 하자가 있어 위법하게 된다(대판 2007. 4. 12, 2005두1893〈도시계획시설결정취소; 원지동 추모공원 사건〉).[35]

위와 같은 형량하자의 판단에 있어서 법원은 어느 정도로 심사를 행하는가. 원칙상 계획청이 형량명령을 이행함에 있어서 명백한 잘못을 저지른 경우에 한해서 형량의 하자가 있는 것으로 보아야 한다. 법원이 행정청의 판단에 대하여 전면적인 심사를 행할 수 있다면 계획재량을 인정할 취지가 상실되게 된다.

우리 판례[36]도 행정계획에 있어서는 행정청에 광범위한 재량권을 내용으로 하는 형성의 자유가 인정되는 것으로 보고 있고, 이러한 형성의 자유에 대한 통제의 법리로서 형량명령 또는 정당한 형량의 원리와 같은 불문법원리가 존재하는 것으로 보고 있다.

판례 대법원은 개발제한구역지정처분을 건설부장관이 법령의 범위 내에서 도시의 무질서한 확산방지 등을 목적으로 도시정책상의 전문적·기술적 판단에 기초하여 행하는 일종의 행정계획으로 그 입안·결정에 관하여 광범위한 형성의 자유를 가지는 계획재량처분으로 보고 있다(대판 1997. 6. 24, 96누1313).

---

35 판례는 형량의 하자를 ① 이익형량을 전혀 행하지 아니한 경우(형량의 부존재), ② 이익형량의 고려 대상에 마땅히 포함시켜야 할 사항을 누락한 경우(형량의 누락), ③ 이익형량을 하였으나 정당성과 객관성이 결여된 경우(형량의 불비례)로 나누고 있다. 다만, 형량의 하자별로 위법의 판단기준을 달리 하여 개별화하지 못하고 있는 점은 미진한 점이다. 즉 형량의 부존재는 당연히 위법사유가 된다고 본 것은 타당하다. 형량의 누락의 경우에는 중요한 이익고려사항의 누락만을 위법사유로 보는 것이 타당한데, 판례가 이 점을 분명히 하지 않은 점은 아쉬운 점이다. 형량의 불비례의 경우에 판례는 "정당성과 객관성이 결여된 경우"에 위법사유가 된다고 하고 있는데, 정당성과 객관성이 심히(상당하게) 결여된 경우에 한하여 형량의 하자로 위법사유가 된다고 보아야 한다.

36 대판 1997. 9. 26, 96누10096.

제 7 절 국책사업과 계획확정절차

Ⅰ. 계획확정절차의 의의

행정계획의 다양성으로 인하여 모든 계획에 공통되는 계획확정절차를 마련하기는 불가능하다. 왜냐하면 행정계획은 내용적으로 국정의 전 분야에 걸쳐 수립되며, 그 법형식이 계획에 따라 법령 · 행정규칙 · 행정처분 · 행정지도 등 다양하고, 그 구속력이 구속적 계획인가 단순정보제공적 계획인가 등에 따라 아주 다르기 때문이다.

다만 행정계획 중 다수 국민의 이해관계에 중대한 영향을 미치는 일부 행정계획을 선정하여 이들 계획에 대하여 특별한 계획확정절차를 준수할 것을 「행정절차법」에 규정할 수 있으며, 그 예로 독일의 「연방행정절차법」의 경우를 들 수 있다.

청문을 위시한 사전절차를 개별법에 도입한 예는 세계의 거의 모든 나라에서 발견할 수 있으나 그 행정절차를 단일법전으로 입법화한 예는 매우 드문 편이다. 일반법으로서의 「행정절차법」을 가지고 있는 나라로서는 미국, 독일 등 여러 국가가 있으나, 그 중에서 계획확정절차에 관한 규정을 두고 있는 「행정절차법」으로서는 독일이 유일한 예이다.

독일에 있어서 계획확정절차는 1976년 「연방행정절차법」의 제정에 따라 처음으로 창설된 것이 아니라 멀리 1838년의 「프로이센 철도법」(Preussisches Gesetz über die Eisenbahnunternehmungen vom 3. 11. 1838)을 비롯하여 이미 각 법률에서 종래 개별적으로 정하여져 있던 계획확정절차를 그 후의 판례이론 등을 받아들여 집대성하고 통일화한 것에 지나지 않는다.[37]

우리의 1987년 「행정절차법안」상의 계획확정절차에 관한 규정이나, 예전의 일본 행정수속법연구회의 「행정수속법요강안」이 토지이용규제책정절차와 공공사업실시계획확정절차에 관해 규정하고 있었는데, 이들 역시 독일 「연방행정절

37 김철용, "계획확정절차의 도입문제", 「행정법연구」 제4호(행정법이론실무연구회, 1999), 2쪽.

차법」상의 관련 규정을 모델로 한 것이다.[38]

우리나라의 「행정절차법」은 미국 「행정절차법」의 예에 따라 계획확정절차는 개별법에 맡기기로 하고 이에 관한 규정을 두지 아니하되, 국민생활에 밀접한 영향을 주거나 다수국민의 이해가 상충되는 행정계획은 행정예고절차에 포함시켜 규율하고 있다.[39]

계획확정절차(Planfeststellungsverfahren) 개념은 독일 「연방행정절차법」에 특유한 개념으로서 "특정한 행정계획을 공적·사적 이해관계인의 참여를 통하여, 행정청의 허가 등 모든 행정처분을 집중하고, 민사상의 방해제거청구소송 등 모든 분쟁가능성을 배제하여 계획과 관계된 이해관계인의 다양한 법률관계를 구속적으로 확정짓는 결정을 내리는 절차"이다.[40] 공항·도로의 건설과 같은 국책사업의 설치에 있어서는 비용이나 시간이 많이 소요되므로 이를 합리적으로 해결하기 위한 종합적인 수단으로 평가되고 있다.

계획확정절차의 개념적 요소로는 ① 계획확정절차는 계획의 확정을 위한 절차라는 점, ② 계획상의 구체적 사업계획(Vorhaben)의 허용성 여부를 확정하는 절차라는 점, ③ 계획확정절차에서는 사업자와 계획에 관련된 관계인 사이의 모든 공법적 관계에 대하여 법형성적으로 규율되는 점, ④ 계획에 관한 다른 행정청의 결정, 특히 공법상의 인가·특허·승낙·동의 및 계획확정을 필요로 하지 아니하며 계획확정으로 대체되는 점, 즉 계획확정은 포괄적인 집중효와 형성효를 가지게 되는 점 등이다. 이런 점에서 계획확정절차는 다른 행정절차와 명확하게 구별되는 특징을 갖는다.

계획확정절차를 통하여 특정시설의 설치가 확정되는 동시에 이 계획을 둘러싼 사업주체와 모든 이해관계인들의 공법적인 법률관계가 창설적으로 규율된다. 또한 이와 관련되는 다른 모든 행정처분은 계획확정절차의 종료와 동시

38 김남진, 「행정법의 기본문제」(법문사, 1998), 323쪽.
39 박윤흔·정형근, 「최신행정법강의(상)(개정30판)」, 252쪽.
40 오준근, 「행정절차법」, 265쪽. 독일의 「연방행정절차법」이 계획확정절차를 인정하고 있는 이유로는 독일 「연방행정절차법」이 가지는 특성에서 유래한다. 독일의 「연방행정절차법」은 기본적으로 행정법통칙으로서의 실체적 규정을 중심으로 구성되어 있고, 절차적 규정으로서의 정식행정절차, 계획확정절차 등을 규정하는 형식을 취하고 있다. 즉 계획확정절차를 일반적 행정처분, 행정계약 등에 관한 행정절차인 정식행정절차와 구분되는 개념으로서 인정한 입법례에 속한다.

에 그 효력을 상실하는 특징을 지니고 있다.

계획확정절차의 근본적인 목적은 비교적 큰 공간을 점유하는 특정사업의 실시계획에 있어서 사업자의 이익과 이에 대립하는 다양한 공·사익의 조절과 형량을 통하여 그 사업의 허용성을 검토하고 최종적으로 법적 구속력이 있는 행정결정을 자연스럽게 이끌어 낸다는 데에 있다.[41]

국책사업과 관련하여 행정계획의 적정성을 보장하기 위해서는 행정계획의 확정에 전문지식의 도입장치를 마련하고 관계 기관과의 협의 및 이해관계인의 적정한 이익의 조절을 위한 절차의 마련이 필요하다.

계획확정절차에 있어서는 계획주체가 추구하는 공익상 요구와 해당 계획과 관련을 맺고 있는 이해관계인이나 지역주민의 법적 이익을 조정하여야 한다. 동시에 상위계획 그 밖의 계획과 충돌하지 않도록 해야 한다. 또한 다른 행정주체 또는 행정기관의 정책과도 조정을 통하여 다른 종류의 공익과의 관계도 고려하여야 하는 등 다면적이고 복잡한 과정이 최종적인 계획확정 전에 취해져야 한다. 이와 같은 종합조정을 가능하게 하는 것이 계획확정절차이며 그 절차는 비교적 단순한 행정행위의 절차보다는 복잡한 구조로 되어 있다.

계획확정절차는 사업자의 신청으로 시작된다. 그런 다음에 공시 및 계획 관계서류의 공람, 이해관계인의 이의신청, 관계 행정기관의 의견청취, 구두심리절차가 진행된다. 마지막으로 계획확정결정(또는 거부처분)이 있으면 종료된다.

Ⅱ. 계획확정절차의 적용범위

1. 적용범위

계획확정절차의 적용범위를 입법적으로 열거할 것인가 아니면 적용범위를 정하지 아니하고 각 개별법에서 계획확정절차의 적용 여부를 정하게 할 것인가 하는 문제가 중요하다.

독일 「연방행정절차법」은 이에 관해 직접적인 규정을 두지 않고 있다. 다만 행정행위의 성질을 가지는 행정계획을 전제로 하고 있는 점만을 간접적으

41 김성수, “행정절차법의 제정－해묵은 숙제와 새로운 도전”, 「법학연구」 제6권(연세대학교 법학연구소, 1996), 268쪽.

로 시사하고 있을 뿐이다.[42]

그러면 행정행위의 성질을 가지는 어떤 종류 및 범위의 행정계획이 「연방행정절차법」의 적용을 받는가 하는 점이 문제가 된다. 지역과 관련된 개별계획 중 법령에서 계획확정절차에 관하여 규정하고 있는 것이 그에 해당한다고 볼 수 있다.

따라서 이해관계인에게 행정행위로서의 효력을 발생하게 되는 지역과 관련되는 개별계획의 사업계획안(Vorhaben)을 확정하고자 하는 경우에 「연방행정절차법」의 규율을 받는 것으로 볼 수 있다. 독일의 법령에 계획확정절차를 거쳐야 하는 시설로는 방사성폐기물처리장, 철도, 도시 내의 전차궤도, 자기부상열차를 위한 궤도, 도로, 통신시설을 위한 선로, 운하, 공항, 폐기물처리시설, 토지구획정리사업 등이 규정되어 있다.[43]

2. 문 제 점

그런데 이러한 태도는 계획확정절차를 입법적으로 정하면서 그 대상을 함께 정하지 아니함으로써 투명성을 확보하지 못하고 있다. 개별 법령에서 적용여부를 정하도록 함으로써 계획확정절차의 대상이 되어야 하나 입법자가 그 적용을 기피하는 경우에 마땅한 통제방법이 없다는 것도 문제이다.

특히 우리나라가 계획확정절차를 도입하여 계획확정절차의 적용대상을 독일처럼 개별 법령에 맡길 경우 계획확정절차의 적용을 기피하는 문제점이 발생할 개연성이 크다.

그러므로 계획확정절차의 적용대상을 입법적으로 열거하되, 법령에 보충적으로 일정한 경우에 계획확정절차를 거치도록 할 필요가 있다.

---

42 독일 「연방행정절차법」 제9조(행정절차의 개념)가 그것으로, 그 규정을 보면 다음과 같다. "이 법에서 말하는 행정절차는 대외적으로 효력을 미치는 행정청의 활동으로서 행정행위의 요건심사, 준비 및 발동 또는 공법상의 계약체결을 위한 활동을 말한다. 이는 행정행위의 발동 및 공법상계약의 체결을 포함한다."

43 오준근, 「다중영향시설 설치계획의 확정절차에 관한 법제정비방안」, 96~97쪽 참조.

Ⅲ. 계획확정을 위한 청문절차

1. 청문절차의 의의

계획확정절차의 핵심은 청문절차이다. 청문절차는 관할행정청이 계획확정에 따라 발생이 예상되는 각종 효과 또는 영향력을 조사함에 있어 특히 이해관계인의 어떠한 이익과 연관되는가를 확인할 수 있도록 하며 이 과정에서 계획에 찬성하거나 반대되는 각종 관점을 형량하고 계획에 대한 일반적인 인식을 분석하는 기능을 갖는다.[44]

2. 청문절차의 내용

(1) 청문행정청

청문절차에서 청문행정청이 문제되는 것은 공정성 때문이다. 만일 청문행정청(Anhörungsbehörde)과 계획확정행정청(Planfeststellungsbehörde)이 동일하다면 사업의 실시에 치우칠 가능성이 크다.

그래서 양자의 분리가 요구된다. 이러한 요청을 수용한 것이 독일「연방행정절차법」 제73조이다. 동조는 청문절차가 계획확정행정청이 아닌 다른 행정청에 의하여 실시되는 것을 원칙으로 한다는 것을 예정하고 있다.

일상적으로 사업자와 접촉이 많고 사업의 실시에 치우칠 감독관청인 결정기관과는 다른 기관에 청문절차의 실시를 위임하여 절차의 공정과 원활한 실시를 담보할 것을 요구하는 취지로 이해할 수 있다.

그리고 계획확정절차가 실시되는 것을 규정하는 개별 법률은 대체로 청문절차를 계획확정행정청의 하부행정청이나 관련 행정청에 의하여 실시되는 것을 규정하고 있다.[45]

---

44 오준근,「다중영향시설 설치계획의 확정절차에 관한 법제정비방안」, 99쪽 참조.

45 우리나라 1987년 법안의 경우에 청문행정청은 계획확정 주관청이거나 동 관청이 지명하는 직원이 되도록 하였다. 계획확정으로 인해 '법률상 또는 사실상의 이해에 영향을 받을 자'인 이해관계인에 대해서는 직권으로 또는 신청에 의해 청문절차에 참가시킬 수 있었다(법안 제38조 제1항). 이 규정상 이해관계인의 범위는 독일의 청문참가적격의 경우와 동일하나 그 참가 여부를 재량규정으로 하고 있어, 이해관계인의 절차참가권이 인정되지 못하므로 청문절차의 사전적 권리구제절차로서의 의미를 퇴색시키는 결정적인 결함을 지니고 있다는 평가를

(2) 청문의 구체적 절차

1) 계획서류의 제출

청문절차는 사업자가 계획서류를 행정청에 제출하는 것으로 시작된다. 청문절차의 개최신청은 오직 계획담당자만이 할 수 있다. 계획서는 제출된 서류를 통하여 이해관계인의 범위를 확정할 수 있을 정도로 구체적이어야 한다.[46]

2) 관계 행정기관의 의견청취

청문행정청은 계획확정결정으로 그 권한에 속한 업무가 영향을 받게 될 모든 행정청의 의견을 청취하여야 한다.[47] 관련 행정기관은 계획으로 인하여 자신이 입게 될 공적 이해관계를 청문행정청에 표명하여야 한다.

이는 계획확정결정의 효력이 집중효(Konzentrationswirkung)를 갖는다는 점에서 절차법리상 의무적인 것이다.[48] 자신의 관할권이나 지방자치단체의 계획자치권 등과 같이 행정기관이 입게 되는 구체적인 불이익이 그것이다.[49]

받았다.

46 즉 계획에 직접 영향을 받는 토지, 그 인근 토지 등에 관하여 정확한 위치도와 지번 등이 표시되어 있어야 하며, 계획사업이 목표로 하는 시설 등의 건축적, 기술적, 환경적 측면 등 각종 측면이 상세히 언급되어 있어야 한다. 계획서는 행정청이 계획서의 검토만으로도 그 입장표명을 분명히 할 수 있을 정도로 명확하여야 한다. 더 나아가 계획서가 게시된 경우 이해관계인이 계획의 실현을 통하여 자신의 이익이 어느 정도 영향을 받을 수 있는가를 예견할 수 있어야 한다. 제출된 계획서가 이러한 요청을 충족시키지 못한 경우 청문행정청은 완전한 계획서를 제출하도록 계획담당자에게 요구할 수 있으며, 계획서가 불완전한 상태로 청문절차가 개시된 경우에는 계획서의 보완을 요구할 수 있어야 한다.

47 독일 「연방행정절차법」 제73조 제2항은 "완전한 계획이 도달한 후 1개월 이내에 청문행정청은 계획으로 인하여 그 업무영역이 저촉되는 행정청에 대하여 입장표명을 요청하여야 한다"고 규정하고 있다.

48 「허가절차촉진법」은 「연방행정절차법」 제73조 제2항을 개정("완전한 계획이 도달한 후 1개월 이내에 청문행정청은 계획으로 인하여 그 업무영역이 저촉되는 행정청에 대하여 입장표명을 요청하며, 계획이 영향을 미치는 지방자치단체에 계획을 제출하도록 지시한다")하여 청문행정청에 대하여 1개월 내에 관계 행정청과 협의를 시작할 것을 강제하였다. 청문행정청이 관계 행정청에 대한 입장표명을 반드시 계획서가 도달한 후 1개월 내에 요청하도록 함으로써 청문행정청이 임의로 절차를 지연하는 것을 입법적으로 방지하고자 한 것이다. 「허가절차촉진법」은 제73조에 (3a)항을 신설("제2항에 따른 행정청은 그 의견을 청문행정청이 3개월의 범위를 초과하지 아니하는 범위 내에서 설정한 기간 내에 제출하여야 한다. 의견진술기간의 경과 이후에 이루어진 의견진술은 고려하지 아니한다. 다만 제시된 공적 이익이 계획확정행정청에 이미 알려져 있거나 또는 알려져 있어야만 하는 경우 또는 결정의 적법성에 의미가 있는 경우에는 그러하지 아니하다")하여 이해관계 있는 행정청이 계획의 확정을 위하여 신속히 협조할 의무를 부여하였다.

49 그러나 행정기관이 아닌 일반국민이 입게 되는 구체적인 불이익을 행정기관의 입장으로 표현하여서는 아니 되며, 이러한 이익을 내세워 계획의 확정을 저지하고자 하여서는 아니 된다.

3) 계획서의 열람

계획서는 관계지방자치단체에 열람된다.[50] 지방자치단체가 게시의무를 이행하는 것은 이해관계있는 주민의 권리보호를 위한 첫 번째 단계에 해당되기 때문이다.

4) 이해관계자의 이의신청

열람기간의 종료 후 적당한 기간 내에 '계획으로 말미암아 이해를 가지게 되는 자'는 서면이나 조서로 청문행정청이나 지방자치단체에 해당 계획에 대한 이의(Einwendung)를 신청할 수 있어야 하고, 절차촉진을 위해서 이의신청기간이 경과한 후에는 특별한 사법상의 권리를 침해하지 아니하는 모든 이의신청은 배제되도록 하여야 한다. 당연히 이에 대해서는 게시되는 사실을 공표하거나 또는 이의신청기간을 공시함에 있어 명시적으로 지적되어야 할 것이다.[51]

이의신청을 할 수 있는 자는 개인, 법인, 지방자치단체를 불문하며 사업에 따른 '이해(Belange)'에 영향을 받는 자에 한한다. 이때 이익의 개념은 공법상

50 독일 「연방행정절차법」 제73조 제3항은 "제2항의 적용을 받는 지방자치단체는 계획을 접수한 후 3주 이내에 1개월의 기간을 정하여 열람할 수 있도록 게시하여야 한다"고 규정하고 있다. 한편 열람에 제공될 자료의 범위에 대해서는 견해가 갈린다. 열람 자료의 범위에 대한 논란은 특히 계획확정절차의 경우 그 계획확정대상물의 시설규모가 대규모인 사업은 관련 자료의 분량도 막대할 뿐만 아니라 그 내용도 복잡다기하므로 어느 범위의 자료가 열람에 제공되어야 할 것인가가 어려운 문제가 아닐 수 없다. 열람에 제공된 서류의 범위는 사후의 소송에서 다투어져서, 주민 등이 해당 사업에 의해 영향을 받아 자기의 이익을 보호하기 위해서 이의신청을 해야 하는지 여부를 판단하는 자료를 공개해야 한다는 것이 판례의 입장이다(BVerwG, Urt. v. 5. 12. 1986, BVerwGE 75, S. 224f.). 다만 기술적인 계획의 상세를 전부 열람에 제공할 필요는 없다. 즉 연방행정법원은 열람에 제공되어야 할 구체적 자료의 범위에 대한 해석으로서 "해당 계획으로 인해 그의 이익이 침해받을 수 있는 개연성이 존재하는지의 여부를 판단하여 이의제기를 준비할 정도의 자료로 족하며, 계획 전체의 합법성을 판단하는 데 필요한 정도까지의 자료가 열람에 제공될 것은 요구되지 않는다"고 보았다[BVerwG, Urt. v. 22. 3. 1985, BVerwGE 71, S. 150(152f.)].

51 「연방행정절차법」은 제75조 제6항에서 구두변론에 관하여 규정하면서 2주간의 기한을 경과한 이의신청에 대해서는 원칙적으로 심리대상이 되지 않고, 재량에 의해 고려되는 데 불과하다고 하였으나, 「허가절차촉진법」은 이 규정을 삭제함으로써 이의신청기간이 경과한 후에 제기된 이의신청에 대해서는 다음 단계에서 다루어질 수 없음을 분명히 하였다. 다만 「원자력법」에 따른 허가절차 등의 경우와 달리 기한 내에 이의신청을 하지 않은 자는 결정에 대한 사후의 출소자격까지 상실하는 것은 아니다[이른바, 형식적(절차적) 배제효(formalle Präklusion)]. BVerwG, Urt. v. 6. 8. 1982, BVerwGE 66, S. 99(101ff.). 다만 「원자력법」에 따른 허가절차에 있어서는 이른바 실체적 배제효가 인정되어 이의신청을 하지 않은 자는 소송도 제기할 수 없다.

또는 사법상의 권리뿐만 아니라 사실상의 이익까지 포함하는 것으로 보아야 할 것이다. 그러므로 이는 행정소송상의 원고적격의 범위보다 넓다.

이의제기의 요건이 되는 개인적 이익은 그 정도나 존재기간에 있어 상당성이 있어야 하는바, 이는 생활, 일 등 개인의 기본적인 생활관계에 기초하여 판단하면 될 것이다.[52]

5) 이의신청과 관계행정청의 의견진술

이의신청기간이 종료되면 청문행정청은 계획에 대하여 적시에 제기된 이의신청과 관계 행정청의 의견을 해당 계획의 담당자, 행정청, 참가인 및 이의신청을 제기한 자에게 진술하여야 한다.

6) 구두변론절차

구두변론에 있어서는 사업자, 관계 행정기관, 이의신청자, 그 밖의 관계자(예정지의 토지소유자 등)가 의견을 진술하는 것으로서, 구두변론은 일반적으로 공개되지는 않는다. 구두변론의 운영에 관한 특별규정은 없고, 관련된 이해를 일괄적으로 조정을 꾀하는 것이 계획확정절차의 본래적 취지이기 때문에, 모든 관계자가 한자리에 모여 모든 논점에 관해 논의하는 것이 바람직하다.[53]

그러나 국책사업에 있어서는 논점이 매우 다양하고 관계자의 수도 다수여서 이러한 방식은 현실적으로 불가능하다. 그래서 관계 행정기관과 이의신청자의 의견청취를 다른 기일에, 지역별로 실시하는 방식을 취할 수도 있다.[54]

---

52 요건은 사실상의 이해관계의 가능성을 주장하는 것으로 족하다는 매우 완화된 것으로 해석되어, 실무상으로는 개별심사가 곤란한 것도 있어 사실상 누구든지 이의신청을 하는 것이 어렵지 않게 되어 버렸다는 지적도 제기되고 있다. 일례로 뮌헨 제2공항의 계획에 대해서 개인 25,437명(이 중 토지소유자 67명), 게마인데 25개, 란트크레이스 4개라는 엄청난 수의 이의신청이 있었다고 한다. 다른 공항의 예로는 함부르크에서 15,000명이 이의신청을 하였다. 대량의 이의신청의 예는 유명한 뷜(Wyhl)원자력발전소의 예를 들 수 있다. 90,000건에 가까운 이의신청이 있었다고 한다(Henle, BayVBl. 1981, S. 5).

53 BVerwG, Urt. v. 5. 12. 1986, BayVBl. 1987, S. 568.

54 뮌헨 제2공항의 사례에서는 총 249일의 심리가 있었고, 그중에서 이의신청인에 대한 심리에 123일이 소요되었다고 한다. 이의신청인의 출석률은 비교적 높았고(50~60%), 최종적으로는 13,691명이 의견을 진술하였는데, 오후 2시부터 9시까지로 심리를 예정하면, 하루당 300명 정도를 한 셈이다. 이 기록은 8,000면을 넘는 방대한 양에 이른다(Henle, a.a.O., S. 6ff.). 그리고 의견청취는 이의신청기간이 경과한 3개월 이내에 종결되어야 한다. 이 규정은 「허가절차촉진법」에 따라 「행정절차법」에 삽입되었다. 이 규정의 도입으로 인해 청문행정청에 이의신청기간이 경과한 후 3개월 이내에 모든 의견청취절차를 종결하도록 강제하였다.

7) 청문의 종결과 청문조서의 제출

청문행정청은 해당 사안에 대하여 결정하기에 충분하다고 인정하는 경우에는 청문을 종결하고 청문조서를 작성하여 청문기록과 함께 계획확정행정청에 제출하여야 한다.

Ⅳ. 계획확정결정의 효력

1. 의 의

계획확정절차는 최종적으로는 계획확정결정에 따라 종료된다. 계획확정결정이 있게 되면 시설 전체의 계획이 확정된다. 그리고 청문절차에 있어서 제기된 이의의 채부(採否)가 결정된다. 계획확정결정에는 물론 이유가 부기되어야 할 것이다.[55]

계획확정결정은 제출된 계획서에 관하여 계획확정결정청에 의하여 계획확정절차, 특히 청문절차의 결과에 따라 내려지는 구속적 처분을 의미한다. 계획의 허용성 여부에 대한 구속적 결정이라는 점에서 행정행위로서의 성격을 가진다.

계획확정결정은 결정을 통하여 계획의 담당자와 다른 행정청 및 이해관계인들 간의 각종 공법적 법률관계와 사법적인 법률관계에 관하여 포괄적인 결정을 한다. 따라서 계획확정결정은 「연방행정절차법」에 따른 행정행위, 특히 일반적인 처분의 성격을 충족시킨다.[56]

계획확정결정은 사업자, 관계인, 이의신청인에게 송달되고 열람에 제공된

---

55 계획확정결정에 대한 이유의 범위에 관해서도 다투는 예가 적지 않다. 판례상 추상적으로 다음과 같이 표현하고 있다. 즉 결정에 이르기 위한 법적 또는 사실상의 주요한 근거가 표시되어야 하고 계획형성의 자유가 행사된 고려가 명시되어야 한다. 특히 제안된 대체안과의 비교검토가 표시되어야 하고, 이의에 관해서도 각하이유가 표시되지 않으면 안 된다[BVerwG, Urt. v. 5. 12. 1986, BVerwGE 75, S. 214(239); v. 27. 3. 1980, DVBl. 1980, S. 999ff.].

56 따라서 독일 「연방행정절차법」 제75조 제1항은 "계획확정으로서 다른 시설에 대한 불가피한 부수적인 처분의 허용성을 포함한 계획의 허용성이 계획으로 인하여 영향을 받는 모든 공익적 측면에서 확정된다. 계획확정 외에 다른 행정청의 결정, 특히 공법상의 인가·특허·허가·승인·동의 및 계획확정 등은 필요하지 아니하다. 계획확정으로서 계획담당자와 계획에 관련된 당사자 간의 모든 공법상의 관계는 권리설정적으로 규율된다"는 계획확정의 일반적 효과에 관하여 규정하고 있다.

다. 다수의 이의신청인에게 송달하는 것은 곤란하다. 그래서 가령 50건이 넘는 송달에 대해서는 공보 및 신문에 공시를 할 필요가 있다.[57]

물론 결정문은 그 전문을 공시하는 것은 불가능하여 그 요지만이 공시되어도 무방할 것이다. 이와 관련하여 공시 후 관계자 등은 결정의 교부를 청구할 수 있음은 당연하다.

계획확정결정에 따른 시설설치허가는 집중효, 형성효 등의 특별효력이 부여되지 않으면 굳이 복잡하고 번거로운 절차를 거칠 필요가 없다.[58]

집중효, 형성효 등 특별효력이 부여되는 이유는 계획확정결정의 대상시설물에 대하여 단순히 법규가 미리 정해 놓은 요건에의 해당 여부만을 판단하면 족한 것이 아니라, 해당 국책사업의 범지역적 영향과 관련하여 제반 이해관계, 즉 공익과 사익과의 비교형량하에서 이루어지는 결정이라는 점에서 계획작용으로서의 특수성이 부여되기 때문이다. 편의상 집중효에 대해서는 항을 바꾸어서 논의하고자 한다.

2. 계획확정결정과 형성효

계획확정결정은 계획의 담당자와 계획으로 인하여 그의 권리에 영향을 받는 이해관계인 간에 계획의 확정과 관련된 모든 공법적 법률관계를 형성하는 효과를 가진다. 이것을 형성효(Gestaltungswirkung)라 한다. 이 효과도 계획확정결정이 효력을 발생하는 즉시, 즉 계획확정결정이 공포되는 즉시 부여되는 것이며 계획의 불가쟁력이 확정된 후에야 비로소 부여되는 것은 아니다.[59]

---

57 다만 이러한 조치에 관해서 출소의 길을 보장한 독일 「기본법」 제19조 제4항에 위반된다는 주장으로는 Blümel, “Die öffentliche Bekanntmachtung von Verwaltungsakten”, VerwArch. 1982, S. 5ff. 참조. 뮌헨 제2공항의 계획확정결정에 있어서도 출소기간을 경과한 원고가 송달의 위헌을 다투었다. 그러나 뮌헨고등행정법원, 연방행정법원에서도 공시송달을 합헌이라고 보아 일심법원의 각하판결을 지지하였다(BayVGH, Urt. v. 23. 6. 1981, NVwZ 1982, S. 128ff.; BVerwG, Urt. v. 27. 5. 1983, BVerwGE 67, S. 206ff.).

58 우리의 1987년 「행정절차법안」상 행정계획의 확정절차는 계획주관 행정청이 계획을 확정함으로써 종결되는데, 행정계획의 확정결정의 효력 등에 대해서는 침묵하고 있다. 다만 현행 개별법상의 행정계획결정, 즉 실시계획승인에 대해서는 집중효를 부여하고 있다. 아무튼, 우리 법안상의 행정계획확정은 독일의 계획확정결정과는 법적 효과에 있어 커다란 차이가 있다.

59 오준근, 「다중영향시설 설치계획의 확정절차에 관한 법제정비방안」, 125쪽.

형성효에 의해 사업자에게는 결정에 따라 사업이 적법하게 실시될 수 있다는 것, 동시에 내려진 조치를 실시할 것 등이 확정된다. 또한 더 나아가 이 계획확정결정은 개인의 토지에 대한 수용절차 개시의 요건인 사업인정의 효력을 지님으로써 수용절차 개시의 사전결정으로서의 법률관계 형성의 효력을 갖는 것이다.[60]

3. 계획확정결정과 사업계획의 승인기능

계획확정결정은 계획의 허용성을 확정하는 것이다. 계획의 허용성은 계획으로 인하여 영향을 받는 모든 공익적 측면에서, 즉 공공복리 또는 사익의 보호에 관하여 규정하고 있는 모든 공법적 규정을 고려하여 확정된다.

계획확정결정은 이로써 계획사업의 허가 또는 승인기능을 갖는다. 이 효과는 계획확정결정이 효력을 발생하는 즉시, 즉 계획확정결정이 공포되는 즉시 부여되는 것이며, 계획의 불가쟁력이 확정된 후에야 비로소 부여되는 것은 아니다.[61]

4. 계획확정결정과 배제효

계획확정결정은 민사법상(예: 상린관계에 관한 규정 등) 또는 공법상 문제가 되는 모든 중지청구, 변경청구 또는 제거청구 등을 위한 소송 등을 배제하는 효과를 가진다.[62]

이 효과는 형성효나 집중효 등과 달리, 계획확정결정이 효력을 발생하는 즉시 및 계획확정결정이 공포되는 즉시 부여되는 것이 아니라, 계획의 불가쟁력이 확정된 후에야 비로소 부여되는 것이다.

그러나 계획확정결정은 토지의 수용 또는 사용권을 부여하는 효과까지 보유하는 것은 아니다.

그것은 계획확정결정은 타인의 토지를 수용 또는 사용할 수 있는 효과를 전혀 포함하지 아니한다. 계획확정결정은 계획사업의 확정만을 내용으로 하기

60 김해룡, "계획확정절차제도에 관한 소고", 「현대공법의 과제」(여산 한창규 박사 화갑기념논문집, 1993), 421쪽.

61 오준근, 「다중영향시설 설치계획의 확정절차에 관한 법제정비방안」, 124쪽.

62 독일의 「연방행정절차법」 제75조 제2항 제1문 참조.

때문이다. 계획사업이 타인의 토지의 수용 또는 사용을 요구하는 경우에는 계획확정결정과는 별도의 토지수용절차가 있어야 한다.

5. 계획확정결정과 실효(失效)제도

국책사업 설치에 관한 계획이 확정된 경우, 이 계획은 가능한 한 조속히 실행되어야 한다. 계획을 확정해 놓고 계획이 실행되지 아니하는 불안정한 상황은 가능한 한 빨리 배제되어야 하기 때문이다. 독일「연방행정절차법」제75조 제5항은 "계획의 실행이 확정된 결정이 불가쟁력이 생긴 후 5년 이내에 시작되지 아니한 경우에는 그 계획은 무효로 한다"고 규정하여 계획사업자에게 계획확정결정 이후 이 결정이 불가쟁력을 발생한 후에 적어도 5년 이내에 계획을 실행에 옮기도록 강제하고 있다.

이 5년의 기간은 불변기간으로서 연장이 불가능한 기간이므로 계획승인을 받은 사업자는 확정된 계획을 실현하고자 할 경우 이 기간을 반드시 준수하여야 한다.[63]

V. 계획확정결정과 집중효

1. 집중효제도의 의의

집중효(Konzentrationswirkung)란 행정계획이 승인·확정된 경우에 다른 법규에 규정되어 있는 일정한 승인 또는 허가 등을 받은 것으로 간주하는 효력을 말한다.

하나의 사업이 복수 법규의 규제대상이 되는 경우가 적지 아니하다. 이러한 현상은 사업자에게는 물론 더 나아가서는 민간의 경쟁력을 확보하는 데에도 부정적으로 작용하리라는 것은 의심의 여지가 없으며 무한경쟁시대에 절차경제의 관점에서 보더라도 여러 법률에 규정된 인·허가를 모두 받아야 하는 경우 이러한 인·허가를 모두 받는 데 소요되는 시간과 경비를 줄이기 위해서는 부득이 복잡한 인·허가 절차를 간소화하는 방안을 모색하지 않을 수 없다.

---

63 오준근,「다중영향시설 설치계획의 확정절차에 관한 법제정비방안」, 126쪽.

이러한 요청에 부응한 것이 집중효제도이다.

2. 집중효제도의 역사

독일에서 집중효제도의 역사는 철도건설허가에 집중효가 인정된 1838년의 「프로이센철도법」까지 거슬러 올라간다.[64] 그 후 집중효제도는 원거리도로, 공항, 시가전차, 폐기물처리시설, 방사성폐기물관리시설 등에 순차적으로 입법화되고, 1976년의 독일 「연방행정절차법」(제75조 제1항)에 수용되었다.[65]

3. 집중효제도의 특징

집중효제도는 계획확정결정(Planfeststellungsbeschluß)을 특징짓는 것으로, 계획확정절차의 핵심(Herzstück)[66]이라고 할 수 있다. 해당 사업이 계획확정결정을 얻은 경우에는 그 밖의 행정청에 의한 결정 특히 공법상의 인가 · 특허 · 허가 · 승인 · 동의 및 계획확정결정 등을 요하지 않는다(법 제75조 제1항 제1문 후단).

여기서 이들 인 · 허가 등은 계획확정결정과 개별적으로 연결되어 있는 것이 아니라 계획확정결정에 의하여 통합적으로 대체된다. 즉 하나의 정식절차를 통해 모든 관련 행정청과 이해관계인들의 참여하에 계획확정결정이 이루어지고 이러한 결정에 인정되는 효력으로 대체효(Substitutionswirkung oder Ersetzungswirkung)라고도 불리는데,[67] 관련 행정청과 이해관계인 등의 참여가 보장되고 여기서 내려진 결정에 집중효가 부여된다는 점에 특색이 있다.[68]

64 집중효의 기원에 대해서는 Ronellenfitsch, “Die Planfeststellung”, VerwArch. 1989, S. 92(97ff.). 「프로이센철도법」은 계획확정절차의 기원으로 알려져 있다.

65 山田 洋, 「大規模施設設置節次の法構造」, 118頁. 한편 舊 「영업법」 제16조 이하가 규정하는 영업허가에도 이미 19세기 말 집중효가 인정되어 있었다고 하며, 이것은 현행 「연방임밋시온방지법」 제13조로써 입법화된 것으로 보고 있다.

66 Ulrich Battis, “Das Planfeststellungsverfahren nach dem Verwaltunhsverfahrensgesetz”, Verw. 21(1988), S. 23(33). 집중효가 계획확정절차의 본질로 되어 집중효의 존재가 계획확정절차와 통상의 허가절차를 구별하는 표지가 되었다.

67 오준근, 「다중영향시설 설치계획의 확정절차에 관한 법제정비방안」, 76쪽 주) 51 및 124쪽 참조. Konzentrationswirkung을 換替效力으로 번역하는 분도 있다.

68 대체되는 다른 허가는 계획확정절차상 개별적으로 연결되어 있는 것이 아니라 계획확정결정에 의하여 통합적으로 대체되는 것이므로 결정내용 속에 구체적으로 언급되어 있을 필요가 없다. 이 효과도 계획확정결정이 효력을 발생하는 즉시, 즉 계획확정결정이 공포되는 즉시 부여되는 것이며, 계획의 불가쟁력이 확정된 후에야 비로소 부여되는 것은 아니다(오준근, 「행정절차법」, 272쪽). 이러한 집중효의 본질은 일반적으로 계획확정절차를 규정하고 있는

계획확정결정에 집중효라는 특별효력이 부여되는 이유는 계획확정결정의 대상시설물에 대하여 단순히 법규가 미리 정해 놓은 요건에의 해당 여부만을 판단하면 족한 것이 아니라, 해당 국책사업의 범지역적 영향과 관련하여 제반 이해관계, 즉 공익과 사익과의 비교형량하에서 이루어지는 결정이라는 점에서 계획 작용으로서의 특수성이 부여되기 때문이다.

이러한 오랜 전통에도 불구하고 독일에서도 집중효제도는 일부 실무가들에 의해 개별법의 해석문제로서 다루어졌을 뿐이며 크게 행정법학의 관심대상이 되지 않다가 1970년대에 이르러 행정절차의 합리화를 위한 결정적인 방안으로서 폭넓은 관심을 끌게 되었다.[69]

4. 집중효제도의 기능

집중효제도는 계획결정관청이 다른 행정기관이 행사할 권한까지 통합하여 행사하는 의미를 갖기 때문에 대규모사업을 시행함에 있어서 받아야 하는 수많은 허가나 승인들을 일일이 담당 행정기관에 신청하여 받아야 하는 번거로움을 없애 주므로 절차촉진이 가능하게 된다.

집중효제도는 관할(Zuständigkeit), 절차(Verfahren) 및 결정(Entscheidung)의 집중을 의미하고 사업계획에 관한 전체결정을 행하는 역할을 한다.[70] 집중효제도가 절차간소화(Verfahrensvereinfachung)와 절차촉진화(Verfahrensbeschleunigung)를 위한 희망의 견인차로 평가받고 있는 것도 이러한 이유에 기인한다.

5. 집중효의 범위와 정도

(1) 집중효의 범위

1) 의 의

집중효의 범위란 행정결정에 대한 집중효를 부여하기 위한 전제로서 집중

규범이 개별법규에 규정된 다른 행정기관들의 관할권을 계획확정관청에 집중시키는 근거로 보는 데 있다(김해룡, "계획확정절차제도에 관한 소고", 「현대공법의 과제」(여산 한창규교수 화갑기념논문집, 1993), 416쪽).

69 서원우, "국책사업계획확정절차의 집중효－독일에서의 논의를 중심으로－", 「이명구 교수 회갑기념논문집」(고시연구사, 1996), 275쪽.

70 Peter Axer, "Die Konzentrationswirkung der Plangenehmigung", DÖV 1995, S. 495.

의 대상이 되는 다른 행정청에 따른 인·허가, 즉 집중효의 채택에 의해 불필요하게 되는 다른 행정청의 인·허가의 범위를 의미한다.

2) 집중효의 대상이 되는 행정결정

집중효의 대상이 되는 다른 행정청의 결정에는 이른바 '허가' 등과 같은 외부적 효력을 가지는 행정행위의 성격을 가지는 것에 한하지 않고 행정기관 상호 간의 내부적인 '동의' 등도 포함된다.[71]

3) 집중효의 대상이 되는 다른 행정청의 권한

가. 동의권·거부권의 행사 여부

집중효에 의해 집중의 대상이 된 인·허가의 본래의 결정기관은 본래의 결정사항에 대해 동의권이나 거부권을 행사할 수 있는가?

독일「연방행정절차법」제73조 제2항에 따르면, 본래의 결정기관은 계획확정절차상 청문절차에서 의견을 진술할 기회를 유보하는 것뿐이고, 본래의 결정사항에 관한 동의권 및 거부권을 갖는 것은 아니다.

다만 독일의 경우에는 집중의 대상이 되는 다른 행정청은 청문절차[72]에서 진술할 기회를 가지게 되어 계획의 확정과 관련된 문제를 사전에 조율할 수 있는 제도적 장치가 마련되어 있다는 것을 유념할 필요가 있다.

한편 독일의「허가절차촉진법」은「연방행정절차법」제73조 제2항을 개정하여 청문행정청에 대하여 1개월 내에 관계 행정청과 협의를 시작할 것을 강제하였으며,[73] 제3a항을 신설하여 이해관계있는 행정청에 계획의 확정을 위하여

71 Ule/Laubinger, a.a.O., S. 28.

72 청문절차는 관할 행정청이 계획확정에 따라 발생함이 예상되는 각종 효과 또는 영향력을 조사함에 있어 특히 이해관계인의 어떠한 이익과 연관되는가를 확인할 수 있도록 한다. 청문절차는 이해관계인의 법적 이익이 침해되는 부분에 대한 청취절차로서 중요한 기능을 갖는다. 계획의 확정으로 인하여 자신의 권리에 근본적인 영향을 입게 되는 이해관계인의 권리를 청문절차를 통하여 최대한 배려함으로써 계획확정과 관련된 이익을 서로 간에 사전에 조절하도록 한다. 동법 제73조는 청문절차가 계획확정행정청이 아닌 다른 행정청에 의하여 실시됨을 원칙으로 함을 예정하고 있다. 계획확정절차가 실시됨을 규정하는 개별법률은 대체로 청문절차를 계획확정행정청의 하부행정청이나 관련 행정청에 의하여 실시됨을 규정하고 있다.

73 종래「연방행정절차법」제73조 제2항에서 "청문행정청은 계획으로 인하여 그 업무영역이 저촉되는 행정청에 대하여 입장표명을 요청하며, 계획이 영향을 미치는 지방자치단체에 계획을 제출하도록 지시한다"고 규정하고 있었다.「허가절차촉진법」은 제2항을 다음과 같이 재구성하였다. "완전한 계획이 도달한 후 1개월 이내에 청문행정청은 계획으로 인하여 그 업무영역이 저촉되는 행정청에 대하여 입장표명을 요청하며, 계획이 영향을 미치는 지방자치단체에

신속히 협조할 의무를 부여하였다.[74]

나. 의견표명과 참작 정도

관련 행정기관이 표명하는 의견을 청문행정청이 어느 정도로 참작하여야 하는가에 대하여 「행정절차법」이 아무런 규정을 두고 있지 아니하다.

관련 행정청의 의견에 큰 비중을 두고, 구속을 받아야 할 것인가, 단순한 정보제공 정도로 생각하고 의미를 두지 아니하여도 되는가는 관련 행정청의 관할권이 입는 침해의 중요성 또는 본질성의 정도, 그 의견의 내용 등에 따라 상당한 차이가 있을 것이므로 일률적으로 그 고려의 정도를 규정할 수도 없을 것이다.

관련 행정청의 의견에 대한 판단 및 반영은 청문행정청 및 계획확정행정청이 실체관계를 판단하면서 스스로의 고유책임에 따른 판단여지를 활용하도록 맡겨 둘 수밖에 없을 것이라 생각한다.[75]

4) 부대사업의 집중효 대상 여부

독일의 계획확정절차에 있어서는 사업 전체의 계획이 절차 및 결정의 대상이 된다. 해당 사업(예: 공항, 도로, 철도, 폐기물처리시설 등)의 범위에 대해서는 입법적으로 정하는 예도 눈에 많이 띈다.

독일 「연방행정절차법」상 계획확정절차에 의거하여 행정계획결정을 하는 경우 본래의 사업수행을 위해 필요한 관련 사업에 관한 것(부대사업)도 집중효의 대상에 포함된다.[76]

따라서 행정계획결정의 집중효의 범위를 결정하기 위해서는 본래의 해당 사업의 범위 그 자체보다도 부대사업의 범위를 명확히 하는 것이 중요하게 된다.

예를 들면, 독일의 「원거리도로법」에 따른 아우토반의 경우, '도로' 그 자체의 범

계획을 제출하도록 지시한다."

74 제73조 제3a항은 다음과 같다. "제2항에 따른 행정청은 그 의견을 청문행정청이 3개월의 범위를 초과하지 아니하는 범위 내에서 설정한 기간 내에 제출하여야 한다. 의견진술기간의 경과 이후에 이루어진 의견진술은 고려되지 아니한다. 다만 제시된 공적 이익이 계획확정행정청에 이미 알려져 있거나 또는 알려져 있어야만 하는 경우 또는 결정의 적법성에 의미가 있는 경우에는 그러하지 아니하다."

75 오준근, 「다중영향시설 설치계획의 확정절차에 관한 법제정비방안」, 102쪽.

76 Kopp, 「Verwaltungsverfahrensgesetz」, 5. Aufl.(1991), S. 1447ff.

위에 관해서는 동법 제1조 제4항에 규정이 있다. 그에 따르면, 도로 본체(노반(路盤), 터널, 중앙분리대, 방호벽, 방음벽, 배수시설 등), 도로상의 공간, 교통안전을 위한 부속물(신호, 표시 등), 도로관리를 위한 부속시설(작업장 등), 동법 제15조 제1항 소정의 부속설비(주유소, 주차장, 수리장, 휴식소, 도로의 출입구 등)가 '도로'에 포함된다.[77] 또한 동법 제17a조에 따라, 경찰시설, 구호시설, 헬리콥터 착륙지, 세관시설이 추가된다. 또한 「연방행정절차법」 제76조 제1항에 따라 사업의 부수조치가 계획수립절차의 대상이 되고 있다. 또한 이정표, 도로경계표와 도로표지, 도로의 방호울타리, 가로수 또는 가로등, 도로에 인접한 자동차 주차장 및 도로수선용 재료적치장과 이들 시설을 종합 관리하는 도로관리사업소, 도로에 관한 정보제공장치·기상관측장치 또는 긴급연락시설 등의 도로부속물도 포함된다.[78]

집중효의 대상에 포함되는 부대사업의 범위에 대해서는 상당히 미묘한 판단을 요하는 경우가 적지 않다. 좁게 해석하면 집중효의 실효성과 묘미가 상실되어 버리고, 반대로 넓게 해석하면 다른 행정청의 책임 영역에 대한 침범이 되어 버릴 우려가 있어 사업의 종류에 따른 신중한 배려가 필요하다.

(2) 집중효의 정도

1) 의 의

집중효의 정도란 집중효에 따라 해당 사업에서 본래는 필요했었던 다른 행정청에 의한 인·허가를 받은 것으로 되는데, 받은 것으로 보게 되는 인·허가 등의 요건규정이 해당 법률에 있어서 어떠한 역할을 행하는가(또는 행하지 아니하는가) 하는 문제를 의미한다.[79] 즉 주관행정청은 다른 행정행위의 근거가 되는 법령의 강행규정에 구속되는가의 여부가 중요하다.[80]

주관행정청은 해당 법상의 규정만을 고려하여 절차를 실시하면 되는 것인지, 그렇지 않으면 불필요하게(집중되는) 다른 법률의 규정까지도 준수하지 않으면 아니 되는 것인지와 결정에 즈음하여 계획결정기관은 사업이 해당 법률이 규정하는 요건을 갖추고 있는지에 관해서만 심사해서 결정하면 되는 것인지, 그렇지 않으면 사업이 다른 법률의 요건을 갖추고 있는가의 여부도 심사하

77 Kodal · Krämer, 「Straßenrecht」, 4. Aufl.(1985), S. 855ff.

78 서원우, 앞의 글, 227쪽.

79 이에 대해서는 서원우, 앞의 글, 280쪽 이하; 山田 洋, "計劃確定節次の集中效", 「行政法の諸問題」[雄川一郎先生獻呈論集(中), 1990]; 山田 洋, 前揭書, 125頁 이하 참조.

80 홍준형 · 김성수 · 김유환, 「행정절차법 제정연구」, 42쪽 주) 34 참조.

여 그것이 갖추어진 경우에만 결정을 내릴 수 있는 것인지에 대해 독일에서 학설과 판례상의 다툼이 있어 왔다.

2) 집중효의 정도에 관한 독일에서의 논의

집중효의 정도에 관해 독일에서는 관할집중설, 비제한적 실체집중설, 절차집중설, 제한적 실체집중설 등이 논의[81]되고 있으나, 이 중에서 학계의 유력설은 절차집중설과 제한적 실체집중설이라 할 수 있다.

가. 관할집중설

관할집중설은 집중효는 불필요하게 된 결정에 관한 관할권을 계획확정기관에 일원적으로 이관하는 것을 의미하는 데 지나지 않는다고 한다. 따라서 계획확정기관은 계획확정절차에 관한 규정만이 아니라 불필요하게 된 제 결정의 요건(열람, 다른 행정기관의 동의 등)까지지도 준수하여 절차를 실시하지 않으면 아니 되며, 불필요하게 된 제 규정의 실체법상의 요건이 모두 구비되어 있지 않을 것 같으면 계획확정결정을 내릴 수 없다고 주장한다. 이 견해는 학계에서 큰 호응을 얻지 못하고 있다. 왜냐하면 절차의 일원화라고 하는 계획확정절차의 입법목적이 전혀 무시되어 버리는 결과가 되기 때문이다.

나. 비제한적 실체집중설

비제한적 실체집중설은 계획확정기관은 불필요하게 된 제 결정의 요건에는 절차적인 것이든 실체적인 것이든 가리지 않고 일체 구속되지 아니한다고 보는 입장이다. 비교형량에 있어서도 계획법 독자적인 관점에서 실시하면 충분하다고 한다. 이 견해에 대해서는 계획확정결정에 있어서의 계획재량은 어디까지나 법률의 제한 안에서 인정되는 것이므로 계획확정절차에 그것이 흡수되었다고 해서 법률의 규정이 무시된다는 것은 법치국가원리에 반한다는 비판을 한다.

다. 절차집중설

절차집중설은 집중효는 관할만이 아니라 여러 결정의 절차를 계획확정절

81 이러한 분류는 Laubinger("Der Umfang der Konzentrationswirkung der Planfeststellung", VerwArch. 1986, S. 77ff.) 등이 분류하는 방식이다. 일부 학자들(예컨대 Hoppe/Schlarmann)은 관할집중설을 형식적 집중설로, 불필요하게 된 제 결정의 권한과는 다른 새로운 결정권한을 계획확정기관에 부여한다는 견지에서 절차집중설·제한적 실체집중설·비제한적 실체집중설을 실체적 집중(계획확정)설로 부르기도 한다[「Rechtsschutz bei der Planung von Straßen und andern Verkehrsanlagen」, 2. Aufl.(1981)].

차에다 일원화하는 것을 의미한다고 한다. 따라서 계획확정기관은 계획확정절차에 관한 규정에 따라서 절차를 실시하면 되는 것이지 불필요하게 된 제 결정의 절차적 요건에는 구속될 필요가 없다고 한다.

다만 계획확정결정에 있어서는 불필요하게 된 여러 결정의 실체법상의 요건에는 전면적으로 구속된다고 본다.[82]

이 견해는 불필요하게 된 여러 결정의 실체적 요건규정에 대해서는 엄밀한 구속을 주장하기 때문에 제한적 실체집중설에 대해 실체법규 규정의 구속을 상대화하는 이유가 약하며, 그 배경에는 계획확정기관에 지나치게 광범위한 계획재량의 여지를 인정함으로써 그에 대한 입법적 통제를 약화시킬 우려가 있다는 비판을 하고 있다.[83]

라. 제한적 실체집중설

제한적 실체집중설은 집중효는 절차의 집중을 의미할 뿐만 아니라 실체법에까지도 영향을 주는 것으로 파악한다. 즉 계획확정기관은 불필요하게 된 제 결정의 절차적 요건에 구속되지 않을 뿐만 아니라 그 실체법상의 요건에도 엄밀하게 구속되지는 아니하며, 다만 이들 요건은 계획확정결정의 전제가 되는 비교형량의 하나의 요소로서 고려할 수는 있다고 본다.[84]

이 견해는 불필요하게 된 여러 결정의 실체적 요건규정에 대해서 구속의

---

82 절차집중설을 지지하는 학자로는 Erichsen · Martens, 「Allgemeines Verwaltungsrecht」, 9. Aufl.(1992), S. 508; Uechtritz, 「Wasserrechtliches Planfeststellungsverfahren und Bauplanungsrecht」, NVwZ 1989, S. 316ff.; Laubinger, VerwArch. 1986, S. 88ff. 등이 있다.

83 Laubinger, "Der Umfang der Konzentrationswirkung der Planfeststellung", VerwArch. 1986, S. 89ff. 계획의 근거법과 불필요하게 되는 결정의 근거법이 입법기관이 같을 경우에는 각각 계획의 근거법의 요건규정을 강화함으로써 불필요하게 되는 결정의 근거법의 상대화를 보완하는 것도 가능하겠지만, 양자가 다른 경우에는(예컨대 연방법과 주법), 후자의 입법기관은 통제를 위한 수단을 잃어버리게 되므로 문제는 상당히 심각해진다. 그리고 이 견해에 따를 때에도 실체요건에 모순 · 저촉이 생긴 경우에는 그것을 비교형량이라고 부르지는 않을지언정, 그 조정을 도모할 필요성을 부정하지 아니한다. 즉 어떠한 대립되는 이해가 등장할 것이 예상되는 경우에는 법이 일의적인 실체요건을 규정하고 있는 것은 극히 드물며, 예외조치를 인정하는 등 결정기관에 판단의 여지를 남기고 있는 것이 통례이다. 절차집중설도 이러한 판단을 개별법의 테두리 안에서만 행할 것을 요구하고 있는 것은 아니며, 이들은 어디까지나 종합적인 비교형량 속에서 처리되는 것이라 할 수 있다.

84 제한적 실체집중설을 지지하는 학자로는 Kopp, Verwaltungsverfahrensgesetz, S. 1453f.; Knack, Verwaltungsverfahrensgesetz, 3. Aufl.(1989), S. 857f.; Obermeyer, Verwaltungsverfahrensgesetz, 2. Aufl.(1990); Stelkens · Bonks · Leonhardt, Verwaltungsverfahrensgesetz, 3. Aufl.(1990), S. 1259ff. 등이 있다.

상대화를 주장한다.

즉 계획재량을 계획과 불가분적인 것으로 생각하여 불필요하게 된 제 결정의 실체적 요건규정에 의하여 보호되어 있었던 여러 가지 이해를 포함하여 계획과 관련된 모든 이해가 계획확정절차의 장에서 비교형량되어야 한다는 것이다.

각 실체요건에 엄격한 구속력을 인정하여 그것이 보호하는 이해에 절대적인 우선권을 인정한다는 것은 그러한 이해들 간에 있어서조차 모순·저촉이 생길 가능성이 있다는 점에서 불합리하며 적정한 비교형량이 곤란해지며 나아가서는 사업의 실현까지도 어렵게 할 우려가 없지 않다. 따라서 각 실체요건의 구속력을 상대화하고 경우에 따라서는 그것으로부터 이탈하는 여지까지도 남겨 두는 것이 필요하다는 것이다. 그리고 이것이 계획의 근거법에 따라 수권되어 있는 이상은 법치국가원리 위반은 아닌 것이다.

그러나 이 견해에 입각하는 경우에도 실체요건의 구속력이 상대화하는 것은 어디까지나 그것에 우월하는 다른 이해가 존재하는 경우에 한정되는 것이며, 그것이 존재하지 아니함에도 불구하고 일의적으로 실체요건을 무시한다면 그것은 형량하자에 해당하게 된다.

마. 소 결

독일의 경우에 계획확정기관은 불필요하게 된 제 결정의 절차적 요건에 구속되지 않을 뿐만 아니라 그 실체법상의 요건에도 엄밀하게 구속되지는 아니하며, 다만 이들 요건은 계획확정결정의 전제가 되는 비교형량의 하나의 요소로서 고려할 수 있다고 보는 견해(제한적 실체집중설)가 유력하였으며 판례(연방행정법원의 일련의 판결)[85] [86] [87] 또한 이를 추종하는 경향도 있었으나, 현재의 다수설과 판례[88]는 절차집중설의 입장에 서 있다.[89]

절차집중설과 제한적 실체집중설의 차이는 불필요하게 된 제 결정의 실체

85 BVerwG Urt. v. 28. 6. 1968, DÖV 1969, S. 296ff. v. 14. 2. 1969, BVerwGE 31, S. 263, 271.

86 BVerwG Urt. v. 10. 2. 1978, BVerwGE 55, S. 220ff.

87 BVerwG Beschl. v. 23. 3. 1984, NVwZ 1984, S. 723.

88 Vgl. BerwGE 79. 242(244); 71. 163(164). 이전에 절차집중설에 섰던 판례로는 BVerwG Urt. v. 10. 2. 1978, BVerwGE 55, S. 220ff. 등이 있다.

89 김성수, 앞의 글, 267쪽 주 34) 참조.

적 요건규정에 있어서 전자가 엄밀한 구속을 주장하는 데 대해서 후자가 구속의 상대화를 주장하는 점에 있다.

제 8 절 행정계획과 전략환경영향평가

Ⅰ. 의 의

1. 전략환경영향평가의 개념

전략환경영향평가란 환경에 영향을 미치는 상위계획을 수립할 때에 환경보전계획과의 부합 여부 확인 및 대안의 설정·분석 등을 통하여 환경적 측면에서 해당 계획의 적정성 및 입지의 타당성 등을 검토하여 국토의 지속가능한 발전을 도모하는 것을 말한다(환경영향평가법 제2조 제1호).

전략환경영향평가제도는 환경영향평가제도와 더불어 대표적인 사전예방적 환경정책수단으로서 「환경영향평가법」, 「환경정책기본법」 또는 개별법을 근거로 시행되고 있다.

그 동안 환경영향평가제도는 대부분의 사업이 타당성조사와 병행하여 실시하지 않고 계획이 확정된 후 사업실시단계에서 주로 오염의 저감방안을 검토하고 있어 입지의 타당성 등 근본적인 친환경적인 개발의 유도에는 한계가 있는 것이 사실이다. 타당성조사 때 환경측면이 고려되지 않아 계획이 확정된 이후의 사업실시단계에서 환경영향평가시 사업의 지연, 취소 등으로 인한 사회문제와 경제적 손실을 초래한 사례(예: 동강댐, 사패산, 천성산 등)도 적지 않다.

2. 사전환경성검토제도와의 구별

전략환경영향평가와 구별해야 할 것이 법 개정 전의 제도인 사전환경성검토제도이다. 사전환경성검토제도는 환경에 영향을 미치는 행정계획의 수립이전 및 환경영향평가의 대상이 되는 사업이 아닌 사업 중 일정한 규모의 개발사업 승인 이전에 환경에 대한 영향을 평가하여 이들 행정계획의 수립이나 개발사업의 승인에 있어서 환경에 대한 배려를 하도록 하는 제도를 의미하였다. 사전환경성검토제도는 계획초기단계에서 환경에 영향을 미치는 영향을 고려토록 하는 사전예방적 정책수단으로서 전략환경평가제도의 한 유형이라 볼 수 있으나, 외국의 전략환경평가같은 수준의 사전예방적 기능을 제대로 발휘하지 못하였으며, 단지 해당 계획수립과정에서 거쳐야 하는 하나의 행정적인 절차 정도로 인식되어 왔다. 그리고 사전환경성검토제도는 지역주민 등의 실질적인 참여가 이루어지지 못한 상태에서 행정기관 간에 사업의 적정성, 입지의 타당성 등을 주로 검토함으로써, 외국의 전략환경평가처럼 거시적이면서 세부적인 검토가 이루어지지 못하고 있다는 지적이 있었다. 이러한 점들 때문에 사전환경성검토제도를 전략환경평가와 유사한 체계로 보완하거나 대체하자는 주장이 지속적으로 제기되어 왔고[90] 이번의 「환경영향평가법」 개정에서 전략환경영향평가제도를 도입하면서 사전환경성검토제도는 역사의 뒤안으로 퇴장하게 되었다.

Ⅱ. 전략환경영향평가제도의 일반적 고찰

1. 전략환경영향평가의 개념적 특징

오늘날은 의사결정(decision-making)의 보다 상위 단계인 정책(Policy), 계획(Plan), 프로그램(Program)의 3P 단계에서부터 환경영향을 고려하는 전략적 접근의 필요성이 요구되고 있는바, 이러한 3P가 환경에 미칠 수 있는 중요한 영향들을 사전에 평가하는 과정을 전략환경평가(Strategic Environmental Assessment: SEA)라 한다. 이러한 전략환경평가의 궁극적 목적은 환경을 보전하고 지속가능성을 증진시키는 데 조력하는 것이다. 물론 환경을 보전하고 지속가능성을 증진시키기 위한 방법은 다양하지만, 전략환경평가는 의사결정과정에서 환경적인 이슈들을 통합하는데 도움을 줌으로써 환경보전과 지속가능성의 증진이라는 목적 달성에 기여한다.

전략적 의사결정단계(3P)는 추상적인 정책단계에서부터 좀 더 구체적인 내용을 담게 되는 계획과 프로그램의 단계를 지나, 사업(Projekt)의 실시에 이르기까지의 의사결정과정을 통하여 언제, 어디서, 어떻게 사업과 여러 활동을 행하

90 함태성, 「사전환경성검토제도의 법적 과제」(한국법제연구원, 2004), 52쪽.

는가를 결정해 가는 과정을 의미한다.

정책, 계획, 프로그램은 추상적인 개념이고, 나라마다 또는 이용방법에 따라 그 범위가 다르므로 엄밀한 정의는 어렵지만, 전략환경평가에 관한 외국의 여러 제도와 문헌에서는 특히 정책, 계획, 프로그램의 차이에 대해서는 어느 정도 구별하는 것이 전제되고 있다.

전략환경평가는 사업단계의 환경영향평가의 원칙이 대부분이 적용된다. 양자는 정책과 계획 등의 성숙도를 높혀 가는 과정에 있어서 충분한 환경정보를 토대로 적절하게 환경보전상의 배려를 행하고, 그 결과를 해당 의사결정에 반영시키기 위한 절차라는 점에서 공통점을 갖는다.

2. 전략환경영향평가의 국제적 동향

전략환경평가에 대한 다른 나라의 동향을 살펴보면, 미국은 1969년에 제정된 「국가환경정책법」(NEPA)에서 세계 최초로 환경영향평가를 제도화하였는데, 여기에서는 정책, 계획, 프로그램을 포함한 모든 연방정부의 결정에 대하여 사전에 환경영향평가를 시행하도록 하고 있다. 사업의 실시단계에서의 환경영향평가 외에 자원개발이나 수자원개발 등의 프로그램에 대한 환경영향평가가 행해지고 있다.

그 외 선진국에서는 사업실시단계에서의 환경영향평가가 주류를 이루었던 시기 이후, 1990년 전후부터 전략환경평가의 도입이 급속하게 진행되고 있다.

예를 들면, 네덜란드는 1987년 사업계획과 병행하여 일부의 계획, 프로그램에 대한 환경영향평가를 도입하였고, 캐나다는 1990년 연방정부기관이 정책과 계획을 각의에서 제안한 경우에는 그 환경영향을 평가했던 문서를 첨부하는 것을 의무로 하고 있다. EU의 경우는 1996년에 제안되었던 「일정한 계획 및 프로그램의 환경에 미치는 영향의 평가에 관한 유럽의회 및 유럽이사회의 지령」이 2000년 3월 유럽이사회에서 채택되고, 2001년 6월 유럽의회의 심의를 거쳐 통과되었다. 그리고 EU 각국에서 전략환경평가의 법제화(지령의 국내법화)가 진행되어 2004년 7월에 시행되었다. 일본의 경우에는 중앙정부 차원에서는 유일하게 항만계획에 대해서 「환경영향평가법」에 따라 계획단계에서의 환경배려가 제도화되어 있지만 주민참여의 규정이 불충분하다. 일본의 전략환경평가는 환경영향평가제도의 도입에서와 마찬가지로 중앙정부보다 지방자치단체 차원에서의 제도 도입이 앞서 이루어지고 있다.

3. 우리나라의 전략환경영향평가에 대한 논의배경

우리나라의 경우 오래 전부터 세계적인 환경영향평가의 패러다임이 변화하고 있다는 점을 강조하면서 전략환경평가의 도입을 주장하는 견해가 있었다. 즉 국제적으로 1990년대 초반 이후부터는 사업단계에서의 환경영향평가의 한계성을 극복하기 위해 의사결정 초기단계인 정책, 계획, 프로그램 수준에서부터 환경영향평가가 실시되어야 하는 당위성이 부각되고 있다고 하면서, 이러한 세계적 흐름에 맞추어 우리도 전략환경평가를 도입해야 한다는 주장이 그것이다.[91]

구체적으로는 사전환경성검토제도와 환경영향평가제도의 문제점 및 한계와 관련하여 전략환경평가의 도입논의가 이루어졌다. 논의의 시작은 환경영향평가제도의 문제점에 대한 개선방안을 모색하는 과정에서 이루어졌다. 우리나라의 환경영향평가제도는 도입시의 의도와는 다르게 주로 사업단계에서 적용되고 있다는 점, 환경오염 저감에 주안점을 둔 제도로 변질되었다는 점에서 지속가능한 발전의 실현과 사전예방이라는 고유한 기능을 수행하지 못하고 있어 이에 대한 개선책이 요구되었고, 또한 환경영향평가제도를 사전환경성검토제도와 통합하여 운영하는 것이 바람직하다는 관점에서 이에 대한 대안으로 전략환경평가의 도입이 주장되었다.

Ⅲ. 전략환경영향평가제도의 주요내용

1. 전략환경영향평가의 대상

(1) 전략환경영향평가의 대상과 대상계획

「환경영향평가법」에서는 전략환경영향평가의 대상으로 대부분의 국책사업을 들고 있다. 즉 도시의 개발에 관한 계획, 산업입지 및 산업단지의 조성에 관한 계획, 에너지 개발에 관한 계획, 항만의 건설에 관한 계획, 도로의 건설에 관한 계획, 수자원의 개발에 관한 계획, 철도(도시철도를 포함한다)의 건설에 관한 계획, 공항의 건설에 관한 계획, 하천의 이용 및 개발에 관한 계획, 개간 및

91 한상욱, "전략적 환경평가의 미래와 현재", 「2003년 한국환경정책학회 학술대회 자료집」(2003. 2), 23쪽.

공유수면의 매립에 관한 계획, 관광단지의 개발에 관한 계획, 산지의 개발에 관한 계획, 특정 지역의 개발에 관한 계획, 체육시설의 설치에 관한 계획, 폐기물 처리시설의 설치에 관한 계획, 국방·군사 시설의 설치에 관한 계획, 토석·모래·자갈·광물 등의 채취에 관한 계획, 환경에 영향을 미치는 시설로서 대통령령으로 정하는 시설의 설치에 관한 계획 등이다(법 제9조 제1항).

그러나 ① 국방부장관이 군사상 고도의 기밀보호가 필요하거나 군사작전의 긴급한 수행을 위하여 필요하다고 인정하여 환경부장관과 협의한 계획과 ② 국가정보원장이 국가안보를 위하여 고도의 기밀보호가 필요하다고 인정하여 환경부장관과 협의한 계획에 대하여는 전략환경영향평가를 실시하지 아니할 수 있다(법 제10조).

(2) 전략환경영향평가 대상계획의 구분

전략환경영향평가 대상계획은 그 계획의 성격 등을 고려하여 정책계획과 개발기본계획으로 구분한다(법 제9조 제2항).

1) 정책계획

정책계획이란 국토의 전 지역이나 일부 지역을 대상으로 개발 및 보전 등에 관한 기본방향이나 지침 등을 일반적으로 제시하는 계획을 말한다.

2) 개발기본계획

개발기본계획이란 국토의 일부 지역을 대상으로 하는 계획으로서, 구체적인 개발구역의 지정에 관한 계획, 개별 법령에서 실시계획 등을 수립하기 전에 수립하도록 하는 계획으로서 실시계획 등의 기준이 되는 계획에 해당하는 계획을 말한다.

(3) 전략환경영향평가항목 및 범위의 결정

전략환경영향평가 대상계획을 수립하려는 행정기관의 장은 전략환경영향평가를 실시하기 전에 평가준비서를 작성하여 환경영향평가협의회의 심의를 거쳐 전략환경영향평가 대상지역, 토지이용구상안, 대안, 평가 항목·범위·방법 등을 결정하여야 한다(법 제11조 제1항). 행정기관 외의 자가 제안하여 수립되는 전략환경영향평가 대상계획의 경우에는 전략환경영향평가 대상계획을 제안하는 자가 평가준비서를 작성하여 전략환경영향평가 대상계획을 수립하는 행정기관의 장에게 전략환경영향평가항목등을 결정하여 줄 것을 요청하여야 한다(제2항). 요청을 받은 행정기관의 장은 대통령령으로 정하는 기간 내에 환경영향평가협의회의 심의를 거쳐 전략환경영향평가 대상계획을 제안하는 자에게 그 결과를 통보하여야 한다(제3항). 전략환경영향평가 대상계획을 수립하려는 행정기관의 장은 제1항부터 제3항까지의 규정에 따라 전략환경영향평가항목등을 결정할 때에는 해당 계획의 성격, 상위계획 등 관련 계획과의 부합성, 해당 지역 및 주변 지역의 입지 여건, 토지이용 현황 및 환경 특성, 계절적 특성 변화(환경적 · 생태적으로 가치가 큰 지역), 그 밖에 환경기준 유지 등과 관련된 사항을 고려하여야 한다(제4항). 전략환경영향평가 대상계획을 수립하려는 행정기관의 장은 제1항 및 제3항에 따라 결정된 전략환경영향평가항목등을 대통령령으로 정하는 방법에 따라 공개하고 주민 등의 의견을 들어야 한다(제5항).

(4) 전략환경영향평가서 초안의 작성

개발기본계획을 수립하는 행정기관의 장은 제11조에 따라 결정된 전략환경영향평가항목등에 맞추어 전략환경영향평가서 초안을 작성한 후 제13조에 따라 주민 등의 의견을 수렴하여야 한다. 다만 행정기관 외의 자가 제안하여 수립되는 개발기본계획의 경우에는 개발기본계획을 제안하는 자가 전략환경영향평가서 초안을 작성하여 개발기본계획을 수립하는 행정기관의 장에게 제출하여야 한다(법 제12조 제1항). 개발기본계획을 수립하는 행정기관의 장은 전략환경영향평가서 초안을 환경부장관, 승인기관의 장(승인등을 받아야 하는 계획만 해당), 그 밖에 대통령령으로 정하는 관계 행정기관의 장에게 제출하여 의견을 들어야 한다(제2항).

(5) 주민 등의 의견수렴

개발기본계획을 수립하려는 행정기관의 장은 개발기본계획에 대한 전략환경영향평가서 초안을 공고 · 공람하고 설명회를 개최하여 해당 평가 대상지역 주민의 의견을 들어야 한다. 다만 대통령령으로 정하는 범위의 주민이 공청회의 개최를 요구하면 공청회를 개최하여야 한다(법 제13조 제1항).

개발기본계획을 수립하려는 행정기관의 장은 개발기본계획이 생태계의 보전가치가 큰 지역으로서 대통령령으로 정하는 지역을 포함하는 경우에는 관계 전문가 등 평가 대상지역의 주민이 아닌 자의 의견도 들어야 한다(법 제13조 제2항). 개발기본계획을 수립하려는 행정기관의 장이 책임질 수 없는 사유로 제1

항에 따른 설명회나 공청회가 정상적으로 진행되지 못하는 등 대통령령으로 정하는 사유가 있는 경우에는 설명회나 공청회를 개최하지 아니할 수 있다. 이 경우 대통령령으로 정하는 바에 따라 설명회 또는 공청회에 준하는 방법으로 주민 등의 의견을 들어야 한다(법 제13조 제3항). 개발기본계획을 수립하려는 행정기관의 장은 제1항 및 제2항에 따른 주민등의 의견 수렴 결과와 반영 여부를 대통령령으로 정하는 방법에 따라 공개하여야 한다(법 제13조 제4항).

(6) 주민 등의 의견수렴절차의 생략

개발기본계획을 수립하려는 행정기관의 장은 다른 법령에 따른 의견수렴절차에서 전략환경영향평가서 초안에 대한 의견을 수렴한 경우에는 제13조에 따른 의견수렴절차를 거치지 아니할 수 있다(법 제14조).

(7) 주민 등의 의견 재수렴

개발기본계획을 수립하려는 행정기관의 장은 제13조에 따라 의견수렴절차를 거친 후 제18조에 따라 협의 내용을 통보받기 전에 개발기본계획 대상지역 등 대통령령으로 정하는 중요한 사항을 변경하려는 경우에는 제11조부터 제14조까지의 규정에 따라 전략환경영향평가서 초안을 다시 작성하여 주민 등의 의견을 재수렴하여야 한다(법 제15조).

2. 전략환경영향평가서의 협의

(1) 전략환경영향평가서의 작성 및 협의 요청

승인등을 받지 아니하여도 되는 전략환경영향평가 대상계획을 수립하려는 행정기관의 장은 해당 계획을 확정하기 전에 전략환경영향평가서를 작성하여 환경부장관에게 협의를 요청하여야 한다(법 제16조 제1항). 승인등을 받아야 하는 전략환경영향평가 대상계획을 수립하는 행정기관의 장은 전략환경영향평가서를 작성하여 승인기관의 장에게 제출하여야 하며, 승인기관의 장은 해당 계획에 대하여 승인등을 하기 전에 환경부장관에게 협의를 요청하여야 한다(제2항). 전략환경영향평가서를 작성하는 자는 제12조 제2항 및 제13조 제1항부터 제3항까지의 규정에 따라 제시된 의견이 타당하다고 인정할 때에는 그 의견을 전략환경영향평가서에 반영하여야 한다(제3항).

(2) 전략환경영향평가서의 검토

환경부장관은 제16조 제1항 및 제2항에 따라 협의를 요청받은 경우에는 주민의견수렴절차 등의 이행 여부 및 전략환경영향평가서의 내용 등을 검토하여야 한다(법 제17조 제1항).

환경부장관은 전략환경영향평가서의 검토를 위하여 필요하면 「정부출연연구기관 등의 설립·운영 및 육성에 관한 법률」에 따라 설립된 한국환경정책·평가연구원(이하 "한국환경정책·평가연구원"이라 한다)이나 관계 전문가에게 현지조사를 의뢰하거나 그 의견을 들을 수 있고, 관계 행정기관의 장에게 관련 자료의 제출을 요청할 수 있다. 다만 해양수산부장관 외의 자가 수립하는 계획으로서 계획의 대상지역에 「연안관리법」 제2조 제3호에 따른 연안육역(沿岸陸域)이 포함되어 있는 전략환경영향평가서의 경우에는 해양수산부장관의 의견을 들어야 한다(제2항).

환경부장관은 제1항에 따라 전략환경영향평가서를 검토한 결과 전략환경영향평가서 또는 계획 등을 보완·조정할 필요가 있는 등 대통령령으로 정하는 사유가 있는 경우에는 전략환경영향평가 대상계획을 수립하려는 행정기관의 장(승인등을 받아야 하는 계획의 경우에는 승인기관의 장을 말한다. 이하 "주관 행정기관의 장"이라 한다)에게 전략환경영향평가서 또는 해당 계획의 보완·조정을 요청하거나 보완·조정을 전략환경영향평가 대상계획을 제안하는 자 등에게 요구할 것을 요청할 수 있다. 이 경우 보완·조정을 요청받은 자는 특별한 사유가 없으면 이에 따라야 한다(제3항).

(3) 협의 내용의 통보기간

환경부장관은 협의를 요청받은 날부터 대통령령으로 정하는 기간 이내에 주관 행정기관의 장에게 협의 내용을 통보하여야 한다. 다만, 부득이한 사정이 있을 때에는 그 기간을 연장할 수 있다(법 제18조 제1항). 환경부장관은 제1항 단서에 따라 협의 내용 통보기간을 연장할 때에는 협의기간이 끝나기 전에 주관 행정기관의 장에게 그 사유와 연장한 기간을 통보하여야 한다(제2항). 환경부장관은 보완·조정하여야 할 사항이 경미한 경우, 해당 계획을 수립·결정하기 전에 보완·조정이 가능한 경우에는 해당 계획에 관련 내용을 반영할 것을 조건으로 주관 행정기관의 장에게 협의 내용을 통보할 수 있다(제3항).

(4) 협의 내용의 이행

주관 행정기관의 장은 제18조에 따라 통보받은 협의 내용을 해당 계획에 반영하기 위하여 필요한 조치를 하거나 전략환경영향평가 대상계획을 제안하는 자 등에게 필요한 조치를 할 것을 요구하여야 하며, 그 조치결과 또는 조치계획을 환경부장관에게 통보하여야 한다(법 제19조 제1항). 주관 행정기관의 장은 협의 내용을 해당 계획에 반영하기 곤란한 특별한 사유가 있을 때에는 대통령령으로 정하는 바에 따라 환경부장관과 협의한 후 해당 계획을 승인하거나 확정하여야 한다(제2항). 전략환경영향평가 대상계획을 수립하는 자는 제1항에 따른 조치결과 및 조치계획을 성실히 이행하여야 한다(제3항).

(5) 재 협 의

개발기본계획을 수립하는 행정기관의 장은 제16조부터 제18조까지의 규정에 따라 협의한 개발기본계획을 변경하는 경우로서 개발기본계획 대상지역을 대통령령으로 정하는 일정 규모 이상으로 증가시키는 경우와 협의 내용에서 원형대로 보전하거나 제외하도록 한 지역을 대통령령으로 정하는 규모 이상으로 개발하거나 그 위치를 변경하는 경우에 해당하는 경우에는 제11조부터 제19조까지의 규정에 따라 전략환경영향평가를 다시 하여야 한다(법 제20조).

(6) 변경 협의

주관 행정기관의 장은 제16조부터 제18조까지의 규정에 따라 협의한 개발기본계획에 대하여 제20조 각 호에 해당하지 아니하는 변경을 하려는 경우로서 대통령령으로 정하는 사항을 변경하려는 경우에는 미리 환경부장관과 변경 내용에 대하여 협의를 하여야 한다(법 제21조 제1항). 주관 행정기관의 장은 제16조부터 제18조까지의 규정에 따라 협의한 정책계획을 변경하려는 경우로서 대통령령으로 정하는 사항을 변경하려는 경우에는 환경부장관과 변경 내용에 대하여 협의를 하여야 한다(제2항). 제1항 및 제2항에 따른 변경협의에 대하여는 제16조부터 제19조까지의 규정을 준용한다(제3항).

3. 전략환경영향평가 협의 절차의 하자와 승인처분의 효력

전략환경영향평가규정에 위반하여 협의절차를 거치지 않고 승인처분을 한 경우, 이러한 사전환경성검토의 하자가 개발계획이나 개발사업의 승인처분의 전제가 되는 절차상 하자가 되는가?

전략환경영향평가협의절차에 일정한 위법사유가 있고, 이후 이어지는 승인처분이 존재하는 경우, 절차상 위법이 해당 행정처분의 독립된 취소사유가 되는가가 문제된다.

> ● **판례** 사전환경성검토협의절차를 거치지 않은 잘못은 단순한 절차의 흠결이 아니라 인가처분을 위법하게 하는 하자라고 보아 당해 인가처분은 위법하여 취소되어야 한다(서울행정법원 2003. 12. 24, 2003구합30071 도시계획실시계획인가처분 취소).

제 4 장

국책사업과 인·허가 의제제도

제1절 인·허가 의제제도의 연혁

우리나라에서 인·허가 의제제도의 시초는 1973년에 제정된 「산업기지개발촉진법」이라 할 수 있다.[1]

「산업기지개발촉진법」은 절차의 경합을 피하고 사업 전체의 종합평가를 행

1 1973년 「산업기지개발촉진법」 제21조(다른 법률과의 관계) ① 사업시행자가 산업기지개발사업에 관하여 제8조의 규정에 의한 실시계획의 승인을 얻은 때에는 다음 각 호의 허가·인가·동의 또는 승인을 받은 것으로 본다. 1. 도시계획법 제24조의 규정에 의한 도시계획사업시행자의 허가 및 제25조의 규정에 의한 실시계획의 인가(산업기지개발사업을 도시계획사업으로 시행하는 경우에 한한다), 2. 수도법 제13조 및 제32조의 2의 규정에 의한 수도사업의 인가, 3. 하수도법 제13조의 규정에 의한 공공하수도사업의 허가, 4. 공유수면관리법 제4조의 규정에 의한 점용 및 사용의 허가, 5. 항만법 제12조의 규정에 의한 항만공사시행의 허가, 6. 하천법 제23조의 규정에 의한 하천공사시행의 허가, 제25조의 규정에 의한 하천의 점용허가 및 제26조의 규정에 의한 죽목의 운반 등의 허가, 7. 도로법 제34조의 규정에 의한 도로공사시행의 허가, 8. 농경지조성법 제13조의 규정에 의한 개간허가, 9. 농지의보전및이용에관한법률 제3조의 규정에 의한 농지전용의 허가 및 제4조의 규정에 의한 농지전용의 동의 또는 승인, 10. 산림법 제10조·제24조 및 제48조의 규정에 의한 벌채 등의 허가, 11. 임산물단속에관한법률 제2조의 규정에 의한 벌채 등의 허가(임산물의 거래에 관한 허가는 제외한다), ② 건설부장관이 제8조의 규정에 의한 실시계획의 승인을 할 경우 제1항 각 호에 해당하는 내용이 포함되어 있는 경우에는 관계부처의 장과 미리 협의하여야 한다.

하기 위하여 사업에 필요한 인·허가와 그 절차를 정리·통합하는 방식을 채택하였는데, 입법조치로 각 인·허가 간에 개별적으로 통합을 규정하는 방식, 즉 갑의 허가를 얻은 것은 을의 허가를 필요로 하지 않는다는 규정방식을 두었다.

그때까지는 하나의 법률에서 다른 법률에 따른 수개의 인·허가를 한꺼번에 의제하는 사례가 없었으며, 고작해야 「도시계획법」(1971년 1월 19일 법률 제2291호로 전문 개정된 것) 제30조 제2항에 따라 「토지수용법」을 준용하는 경우 도시계획사업실시계획인가를 「토지수용법」에 따른 사업인정으로 의제하거나, 동법 제87조 제3항의 규정에 따라 재개발사업의 실시계획인가로서 건축허가를 의제하는 것처럼 하나의 인·허가를 의제하는 경우가 있었을 뿐이다. 따라서 다른 법률에 따른 수개의 인·허가를 한꺼번에 의제하는 것은 당시로서는 매우 파격적인 입법방식이라고 할 수 있다.[2]

그 후 인·허가 의제제도는 대부분의 개발 관계법률에 반영되었으며 오늘날에 와서는 오히려 남용을 우려하는 상황에까지 이르게 되었다.

그리하여 인·허가 의제제도에 대해서는 입법자가 사전적 진입규제의 방식으로 어떤 공익을 보호할 필요가 있어 법령의 제정을 통해 인·허가 의제제도를 도입한 것인데, 복수 인·허가의 심사를 하나의 행정기관(주무행정기관)에 맡기는 인·허가 의제의 무비판적인 확대도입은 법치주의의 보장관점에서 경계해야 할 것이라는 비판도 제기되고 있다.[3]

현재 인·허가 의제제도는 법이론적으로 완전하게 정립된 것은 아니다. 그러므로 인·허가 의제제도에 대한 법이론적 검토가 요청된다. 특히 인·허가 의제제도의 개념과 관련해서도 논란이 있고, 인·허가 절차상의 관계기관과의 협의에 대해서도 학설과 판례가 달리 접근하고 있어 검토할 필요성이 있다.

2 졸고, "입법유행으로서의 인·허가 의제제도", 「법령정보」(한국법제연구원), 59~60쪽 참조.
3 선정원, "인·허가 의제와 심사촉진", 「경제질서, 경제적 기본권 그리고 국가의 규제와 조정-한국공법학회·법제처·국가경쟁력강화위원회 2009년 공동학술대회 발표논문」(2009. 10. 23), 127쪽.

제2절 중요 국책사업의 인·허가 의제제도의 현황

Ⅰ. 원자력발전소

전원개발사업자가 실시계획의 승인 또는 변경승인을 얻은 때에는 인·허가 의제가 부여된다.

즉 「전원개발촉진법」 제6조는 전원개발사업자가 제5조에 따라 실시계획의 승인 또는 변경승인을 받았을 때에는 다음 각 호의 허가·인가·면허·결정·지정·승인·해제·협의 또는 처분 등(이하 "인·허가등"이라 한다)을 받은 것으로 보고, 같은 조 제5항에 따른 고시가 있은 때에는 다음 각 호의 인·허가등의 고시 또는 공고가 있은 것으로 본다(법 제6조 제1항).

1. 「국토의 계획 및 이용에 관한 법률」 제30조에 따른 도시관리계획의 결정, 같은 법 제56조에 따른 개발행위의 허가, 같은 법 제86조에 따른 도시계획시설사업 시행자의 지정, 같은 법 제88조에 따른 실시계획의 인가, 「도시개발법」 제9조 제5항에 따른 도시개발구역에서의 행위의 허가
2. 「도로법」 제34조에 따른 도로공사 시행의 허가, 같은 법 제38조에 따른 도로점용의 허가
3. 「사도법」 제4조에 따른 사도(私道)의 개설허가
4. 「하천법」 제30조에 따른 하천공사 시행의 허가, 같은 법 제33조에 따른 하천의 점용허가 및 같은 법 제50조에 따른 하천수의 사용허가
5. 「공유수면 관리 및 매립에 관한 법률」 제8조에 따른 공유수면의 점용·사용허가, 같은 법 제17조에 따른 점용·사용 실시계획의 승인 또는 신고, 같은 법 제28조에 따른 공유수면의 매립면허, 같은 법 제35조에 따른 국가 등이 시행하는 매립의 협의 또는 승인 및 같은 법 제38조에 따른 공유수면매립실시계획의 승인
6. 삭제 〈2010. 4. 15〉
7. 「수도법」 제52조 및 제54조에 따른 전용상수도 및 전용공업용수도 설치의 인가
8. 「자연공원법」 제23조에 따른 공원구역에서의 행위의 허가
9. 「농지법」 제34조에 따른 농지전용(農地轉用)의 허가
10. 「산지관리법」 제14조·제15조 및 제15조의2에 따른 산지전용허가·산지전용신고 및 산지일시사용허가·신고, 같은 법 제25조에 따른 토석채취허가, 「산림자원의 조성 및 관리에 관한 법률」 제36조 제1항·제4항 및 제45조 제1항·제2항

에 따른 입목벌채 등의 허가 · 신고 및 「국유림의 경영 및 관리에 관한 법률」 제21조에 따른 국유림의 대부 또는 사용의 허가

11. 「사방사업법」 제14조에 따른 벌채 등의 허가, 같은 법 제20조에 따른 사방지(砂防地) 지정의 해제
12. 「군사기지 및 군사시설 보호법」 제13조에 따른 행정기관의 허가 등에 관한 협의
13. 「초지법」 제21조의2에 따른 초지에서의 토지의 형질변경 등의 허가, 같은 법 제23조에 따른 초지전용의 허가
14. 「항만법」 제9조 제2항에 따른 항만공사 시행의 허가, 같은 법 제10조 제2항에 따른 항만공사 실시계획의 승인
15. 「장사 등에 관한 법률」 제27조 제1항에 따른 개장허가
16. 「광업법」 제24조에 따른 불허가처분, 같은 법 제34조에 따른 광업권 취소처분 또는 광구 감소처분
17. 「원자력안전법」 제10조 제3항에 따른 부지 사전승인

Ⅱ. 제주해군기지

「국방 · 군사시설 사업에 관한 법률」은 국방부장관이 제6조 제1항 또는 제2항에 따른 실시계획의 승인 또는 변경승인을 할 때에 다음 각 호의 허가 · 인가 · 지정 · 승인 · 협의 · 신고 · 해제 · 결정 · 동의 및 계획의 수립 · 변경 등(이하 "인가 · 허가등"이라 한다)에 관하여 제2항에 따라 관계 행정기관의 장과 협의한 사항에 대하여는 해당 인가 · 허가등을 받은 것으로 보며, 제6조 제4항에 따라 실시계획이 고시된 경우에는 다음 각 호의 법률에 따른 인가 · 허가등이 고시되거나 공고된 것으로 본다. 다만, 제15호의 「자연공원법」 제23조에 따른 공원구역에서의 행위허가에 대하여는 제2조 제1호 가목부터 마목까지의 국방 · 군사시설사업에 한한다(법 제7조 제1항).

1. 「공유수면 관리 및 매립에 관한 법률」 제8조에 따른 공유수면 점용 · 사용의 허가, 같은 법 제17조에 따른 공유수면 점용 · 사용 실시계획의 승인 또는 신고, 같은 법 제28조에 따른 공유수면 매립면허 및 같은 법 제38조에 따른 공유수면매립실시계획의 승인
2. 「국토의 계획 및 이용에 관한 법률」 제56조에 따른 개발행위의 허가
3. 「농지법」 제34조에 따른 농지 전용의 허가 · 협의 및 같은 법 제36조에 따른 농지의 타용도 일시사용의 허가 · 협의

4. 「대기환경보전법」 제23조에 따른 배출시설 설치의 허가 및 신고
5. 「도로법」 제34조에 따른 도로공사 시행의 허가 및 같은 법 제38조에 따른 도로의 점용허가
6. 「사도법」 제4조에 따른 사도 개설의 허가
7. 「사방사업법」 제14조에 따른 벌채 등의 허가 및 같은 법 제20조에 따른 사방지 지정의 해제
8. 「산림보호법」 제9조 제2항에 따른 산림보호구역에서의 행위의 허가·신고 및 같은 법 제11조에 따른 산림보호구역 지정의 해제
9. 「산림자원의 조성 및 관리에 관한 법률」 제36조에 따른 입목벌채등의 허가 및 신고
10. 「산지관리법」 제14조에 따른 산지전용허가 및 같은 법 제15조의2에 따른 산지일시사용허가·신고
11. 「소음·진동관리법」 제8조에 따른 배출시설 설치의 허가 및 신고
12. 「소하천정비법」 제14조에 따른 소하천 점용의 허가
13. 「수질 및 수생태계 보전에 관한 법률」 제33조에 따른 배출시설 설치의 허가 및 신고
14. 「수도법」 제52조에 따른 전용상수도 설치의 인가
15. 「자연공원법」 제23조에 따른 공원구역에서의 행위허가
16. 「장사 등에 관한 법률」 제27조에 따른 분묘의 개장허가
17. 「전기사업법」 제62조에 따른 자가용전기설비의 공사계획의 인가 또는 신고
18. 「초지법」 제23조에 따른 초지의 전용허가
19. 「폐기물관리법」 제29조에 따른 폐기물처리시설의 설치 승인 또는 신고
20. 「하수도법」 제16조에 따른 공공하수도에 관한 공사 허가, 같은 법 제24조에 따른 공공하수도 점용허가 및 같은 법 제34조 제2항에 따른 개인하수처리시설의 설치신고
21. 「하천법」 제33조에 따른 하천의 점용허가
22. 「항만법」 제9조 제2항에 따른 항만공사계획의 허가 및 같은 법 제10조 제2항에 따른 항만공사실시계획의 승인
23. 「항공법」 제94조 제2항에 따른 공항개발사업 시행허가 및 같은 법 제95조 제3항에 따른 실시계획의 승인

Ⅲ. 공 항

신공항사업시행자가 실시계획의 승인을 얻은 때에도 인·허가 의제 효과가 부여된다(「수도권신공항건설 촉진법」 제8조).

여기서 인·허가 의제의 대상이란 실시계획의 결정에 대한 인·허가 의제 효과를 부여하기 위한 전제로서 집중의 대상이 되는 다른 행정청에 의한 인·허가 다시 말해서, 인·허가 의제의 채택에 의해 불필요하게 되는 다른 행정청의 인·허가의 범위를 의미한다.

행정계획결정을 하는 경우 일반적으로 해당 사업 그 자체만이 아니라 이른바 부대공사, 즉 본래의 사업수행을 위해 필요로 하는 관련 사업에 관한 것도 그 대상에 포함되는 것으로 보아야 할 것이다.

따라서 행정계획결정의 집중효의 범위를 결정하기 위해서는 본래의 해당 사업의 범위 그 자체도 중요하지만 부대공사의 범위를 명확히 하는 것도 중요하다.

한편 「수도권신공항건설 촉진법」은 사업시행자는 신공항건설사업이 아닌 공사로서 신공항건설사업으로 인하여 필요하게 되거나 신공항건설사업을 시행하기 위하여 필요하게 된 공사(이하 "부대공사"라 한다)는 이를 신공항건설사업으로 보아 신공항건설사업과 함께 시행할 수 있다(「수도권신공항건설 촉진법」 제7조의2 제1항). 제1항의 규정에 의한 부대공사의 범위는 대통령령으로 정한다(제2항). 동법시행령 제8조의2는 부대공사의 범위를 상당히 상세하게 규정하고 있어 「항공법」과는 대조를 이룬다. 부대공사의 범위는 다음과 같다.

1. 공사용 건설자재의 현장가공·조립·운반·보관 등을 위하여 예정지역 또는 그 인근에 설치되는 시설(공사기간 중에 한하여 설치되는 시설을 말한다)의 건설
2. 신공항건설사업에 필요한 토석채취장의 개발
3. 공사용 진입도로·접안시설·주차장·야적장 등의 설치 및 그 운영에 필요한 시설의 건설
4. 건설인력을 수용하기 위한 숙소·편의시설 및 각종 부속시설의 건설
5. 건설장비 및 검사계측기기의 정비·점검 및 수리를 위한 시설의 건설
6. 항공기 안전운항 및 공역확보에 필요한 구릉절토 및 구조물 등 장애물의 제거공사
7. 공항시설에서 배출되는 분뇨·오수·폐수 등을 처리하기 위한 중수도시설 및 폐수처리시설의 건설
8. 환경오염도측정을 위한 시설의 건설
9. 그 밖에 건설안전 관련 시설 등 신공항건설사업의 시행에 필요한 시설로서 국토교통부령이 정하는 시설의 건설

그리고 사업시행자가 제7조의 규정에 의하여 실시계획의 승인을 얻은 때에는 다음 각 호의 승인·허가·인가·결정·지정·면허·협의·동의·해제·심의 등(이하 "인·허가등"이라 한다)을 받은 것으로 보며, 국토교통부장관이 실시계획의 승인을 고시한 때에는 다음 각 호의 법률에 의한 인·허가 등의 고시 또는 공고가 있는 것으로 본다(「수도권신공항건설 촉진법」 제8조 제1항).

1. 삭제
2. 「국토의 계획 및 이용에 관한 법률」 제30조에 따른 도시관리계획의 결정(같은 법 제2조 제6호의 기반시설에 한한다), 같은 법 제56조에 따른 개발행위의 허가, 같은 법 제86조 제5항에 따른 도시계획시설사업의 시행자의 지정 및 같은 법 제88조에 따른 실시계획의 인가
3. 「공유수면 관리 및 매립에 관한 법률」 제8조에 따른 공유수면의 점용·사용허가, 같은 법 제17조에 따른 점용·사용 실시계획의 승인 또는 신고, 같은 법 제28조에 따른 공유수면의 매립면허, 같은 법 제35조에 따른 국가 등이 시행하는 매립의 협의 또는 승인 및 같은 법 제38조에 따른 공유수면매립실시계획의 승인
4. 삭제
5. 「하천법」 제6조에 따른 관리청과의 협의 또는 승인(동법 제30조에 따른 하천공사의 시행허가 및 동법 제33조에 따른 하천점용 등의 허가에 관한 것에 한한다)
6. 「도로법」 제5조에 따른 도로관리청과의 협의 또는 승인(같은 법 제17조에 따른 노선인정의 공고, 같은 법 제24조에 따른 도로구역의 결정, 동법 제34조에 따른 관리청이 아닌 자에 대한 도로공사의 시행허가 및 같은 법 제38조에 따른 도로의 점용허가에 관한 것에 한한다)
7. 「도시철도법」 제4조 제1항에 따른 도시철도사업의 면허 및 동법 제4조의3 제1항에 따른 도시철도건설·운영사업계획의 승인
8. 「자연공원법」 제71조 제1항에 따른 공원관리청과의 협의(같은 법 제23조에 따른 공원구역에서의 행위허가에 관한 것에 한한다)
9. 「농지법」 제34조에 따른 농지전용의 허가 및 협의
10. 삭제
11. 「사방사업법」 제14조에 따른 벌채 등의 허가 및 동법 제20조에 따른 사방지정지의 해제
12. 「산지관리법」 제14조·제15조에 따른 산지전용허가 및 산지전용신고, 같은 법 제15조의2에 따른 산지일시사용허가·신고, 「산림자원의 조성 및 관리에 관한 법률」 제36조 제1항·제4항 및 제45조 제1항·제2항에 따른 입목벌채 등의 허가·신고
13. 「수도법」 제17조 제1항에 따른 일반수도사업의 인가, 같은 법 제52조 및 제54조에 따른 전용수도부설의 인가

14. 「하수도법」 제16조에 따른 공공하수도 공사시행의 허가, 동법 제24조에 따른 공공하수도의 점용허가 및 동법 제34조 제2항에 따른 개인하수처리시설의 설치신고
15. 「항만법」 제9조 제2항에 따른 항만공사시행의 허가 및 동법 제10조 제2항에 따른 항만공사실시계획의 승인
16. 「항공법」 제95조 제1항에 따른 실시계획의 승인
17. 「도시교통정비 촉진법」 제16조에 따른 교통영향분석 · 개선대책의 검토
18. 「산업집적활성화 및 공장설립에 관한 법률」 제13조에 따른 공장설립 등의 승인(신공항건설사업에 직접 필요한 공사용 시설로서 건설기간 중에 설치되는 공장인 경우에 한한다)
19. 「건축법」 제4조에 따른 건축위원회의 심의, 같은 법 제11조에 따른 건축허가, 같은 법 제20조 제1항에 따른 가설건축물의 건축허가 및 같은 법 제29조에 따른 건축협의
20. 「항로표지법」 제5조에 따른 항로표지의 설치 · 관리의 허가
21. 「건설기술관리법」 제5조에 따른 건설기술심의위원회의 심의
22. 「폐기물관리법」 제29조에 따른 폐기물처리시설설치의 승인 또는 신고
23. 삭제
24. 「대기환경보전법」 제23조, 「수질 및 수생태계 보전에 관한 법률」 제33조 및 「소음 · 진동관리법」 제8조에 따른 배출시설설치의 허가 또는 신고
25. 「소방시설설치유지 및 안전관리에 관한 법률」 제7조 제1항에 따른 건축허가 등의 동의, 「소방시설공사업법」 제13조 제1항에 따른 소방시설공사의 신고 및 「위험물안전관리법」 제6조 제1항의 규정에 따른 제조소 등의 설치허가

국토교통부장관은 제1항 각 호의 1의 사항이 포함되어 있는 실시계획을 승인하고자 하는 경우에는 관계서류를 구비하여 미리 관계행정기관의 장과 협의하여야 한다. 이 경우 관계행정기관의 장은 협의요청을 받은 날부터 대통령령이 정하는 기간 내에 의견을 제출하여야 한다(제2항).

Ⅳ. 4대강정비사업

하천관리청이 하천법 제27조에 따라 하천공사시행계획을 수립 · 고시한 경우, 하천관리청이 아닌 자가 같은 법 제30조 제5항에 따라 하천공사실시계획의 인가를 받은 경우 또는 국토교통부장관이 같은 법 제31조에 따라 수문조사시설설치계획을 수립 · 고시한 경우 다음 각 호의 허가 · 인가 · 면허 · 승인 · 결정 · 해

제 · 심의 · 신고 · 협의 또는 처분 등(이하 이 조에서 "인 · 허가등"이라 한다)에 관하여 제3항에 따라 국토교통부장관 또는 하천관리청이 관계 행정기관의 장과 협의한 사항에 대하여는 그 인 · 허가등을 받은 것으로 보며, 하천공사시행계획의 고시, 하천관리청이 아닌 자의 하천공사실시계획 인가의 고시 또는 수문조사시설 설치계획의 고시를 한 때에는 다음 각 호의 관계 법률에 따른 인 · 허가등의 고시 또는 공고를 한 것으로 본다(하천법 제32조).

1. 「건축법」 제4조에 따른 건축위원회의 심의, 같은 법 제11조에 따른 건축허가, 같은 법 제14조에 따른 건축신고, 같은 법 제20조 제1항에 따른 가설건축물의 건축허가 및 같은 법 제29조에 따른 건축협의
2. 「골재채취법」 제22조에 따른 골재채취허가
3. 「공유수면 관리 및 매립에 관한 법률」 제8조에 따른 공유수면의 점용 · 사용허가, 같은 법 제10조에 따른 협의 또는 승인, 같은 법 제17조에 따른 점용 · 사용 실시계획의 승인, 같은 법 제28조에 따른 공유수면의 매립면허, 같은 법 제35조에 따른 국가 등이 시행하는 매립의 협의 또는 승인 및 같은 법 제38조에 따른 공유수면매립실시계획의 승인
4. 삭제 〈2010. 4. 15〉
5. 「국토의 계획 및 이용에 관한 법률」 제30조에 따른 도시 · 군관리계획의 결정(같은 법 제2조 제6호의 기반시설에 한한다), 같은 법 제56조에 따른 개발행위의 허가, 같은 법 제86조에 따른 도시 · 군계획시설사업의 시행자의 지정 및 같은 법 제88조에 따른 실시계획의 인가
6. 「군사시설보호법」 제7조에 따른 보호구역 또는 군사시설에의 출입허가 및 같은 법 제10조에 따른 행정청의 허가사항에 관한 협의
7. 「농어촌정비법」 제111조에 따른 토지의 형질변경 등의 허가
8. 「농지법」 제34조에 따른 농지전용의 허가 또는 협의 및 같은 법 제36조에 따른 농지의 일시사용허가
9. 「도로법」 제5조에 따른 도로관리청과의 협의 또는 승인, 같은 법 제24조에 따른 도로구역의 결정, 같은 법 제34조에 따른 도로관리청이 아닌 자에 대한 도로공사의 시행허가 및 같은 법 제38조에 따른 도로점용의 허가
10. 「도시공원 및 녹지 등에 관한 법률」 제24조에 따른 도시공원의 점용허가, 같은 법 제27조에 따른 도시자연공원구역에서의 행위허가 및 같은 법 제38조에 따른 녹지의 점용허가
11. 「문화재보호법」 제50조에 따른 등록문화재의 현상변경신고
12. 「사도법」 제4조에 따른 사도개설허가
13. 「사방사업법」 제14조에 따른 벌채 등의 허가 및 같은 법 제20조에 따른 사방지

지정의 해제

14. 「산림자원의 조성 및 관리에 관한 법률」 제36조 제1항 · 제4항에 따른 입목벌채 등의 허가 · 신고 및 「산림보호법」 제9조 제1항 및 제2항 제1호 · 제2호에 따른 산림보호구역(산림유전자원보호구역은 제외한다)에서의 행위의 허가 · 신고와 같은 법 제11조 제1항 제1호에 따른 산림보호구역의 지정해제
15. 「산지관리법」 제14조 · 제15조에 따른 산지전용허가 · 산지전용신고, 같은 법 제15조의2에 따른 산지일시사용허가 · 신고 및 같은 법 제25조에 따른 토석채취허가(석재에 한한다)
16. 「수도법」 제52조에 따른 전용상수도인가 및 같은 법 제54조에 따른 전용공업용수도의 인가
17. 「자연공원법」 제23조 제1항에 따른 공원구역에서의 행위허가
18. 「장사 등에 관한 법률」 제23조 제1항에 따른 분묘의 개장허가
19. 「지하수법」 제7조에 따른 개발 · 이용의 허가
20. 「초지법」 제23조에 따른 초지의 전용허가 · 신고 또는 협의
21. 「하수도법」 제16조에 따른 공공하수도공사시행의 허가 및 같은 법 제24조에 따른 공공하수도의 점용허가

제 3 절 인 · 허가 의제제도의 주요내용

Ⅰ. 인 · 허가 의제제도의 의의

1. 인 · 허가 의제제도의 개념

일반적으로 인 · 허가 의제제도[4]란 하나의 인 · 허가를 받으면 다른 허가, 인가, 특허, 신고 또는 등록(이하 “인 · 허가등”이라 한다)을 받은 것으로 보는 것을 말한다고 정의되고 있다.[5]

그런데 인 · 허가 의제를 두 가지 의미로 정의하는 견해가 있다.[6] 첫째 의미는 어떤 하나의 인가나 허가를 신청한 후 일정한 기간이 경과하면 해당 인가나 허가를 부여한 것으로 간주하는 것, 즉 인 · 허가의 신청과 일정한 기간의

4 인 · 허가 의제제도의 원문은 박균성 · 김재광, “인 · 허가 의제제도의 문제점과 개선방안”, 「행정법연구」 제26호(행정법이론실무학회, 2010. 4), 33~49쪽이다.

5 박균성, 「행정법강의(제10판)」, 426쪽.

6 선정원, 앞의 글, 127쪽.

경과를 결합시켜 인·허가를 부여하는 것이다.[7] 둘째 의미는 복수의 인·허가들 상호간을 연계시켜 어떤 하나의 인·허가를 받으면 다른 인·허가를 부여받은 것으로 간주하는 것을 말한다. 구별되는 두 가지 인·허가 의제의 공통점은 기간의 경과이든 아니면 어떤 하나의 인·허가의 획득이든 그 요건이 충족되면 자동적으로 새로운 인·허가가 부여되는 것으로 의제되지만 의제되는 인·허가를 관할하는 행정청은 적극적으로 어떤 의사표시를 하지 않는다는 점으로 본다.

인·허가 의제제도를 두 가지 의미로 정의하는 견해가 "의제되는 인·허가를 관할하는 행정청은 적극적으로 어떤 의사표시를 하지 않는다"고 주장하는 것은 주된 인·허가를 관장하는 행정청이 주된 인·허가를 하기 전에 반드시 의제대상 인·허가를 관장하는 행정청의 의견을 들어야 하는 현행법을 감안하면 타당하지 아니하다.

따라서 인·허가 의제제도에 대해서는 일반적인 견해에 따라 정의하는 것이 인·허가 의제제도의 본질이나 입법취지에 부합한 해석이라 할 수 있다.

2. 인·허가 의제와 집중효의 구별

인·허가 의제가 의제되는 인·허가 행정청과의 협의취득 후 주무 인·허가 행정청의 인·허가를 받으면 다른 허가, 인가, 특허, 신고 또는 등록을 받은 것으로 보는 것을 말하는 데 반하여, 독일 「연방행정절차법」상 집중효(Konzentrationswirkung)는 행정계획의 확정절차를 거쳐 최종적으로 행정계획이 결정되면 이와 관련된 모든 다른 행정처분의 효력이 상실되고 계획결정에 포섭되는 효력을 말한다.

우리 학자들은 인·허가 의제와 집중효를 동일한 것으로 보는 견해, 전혀 다른 것으로 보는 견해, 인·허가 의제를 집중효의 인·허가 절차에의 확대로 보는 견해로 나뉜다.[8] 또한 독일 「연방행정절차법」상의 집중효를 전부집중효, 우리 현행법의 인·허가 의제를 부분집중효라고 보는 견해도 있다.[9]

---

7 김중권, "의제적 행정행위에 관한 소고", 「법제」(법제처, 2001. 4), 53~63쪽 참조.
8 김성수, 「일반행정법」, 377쪽.
9 박윤흔, 「최신행정법강의(상)(개정29판)」, 284쪽.

양자의 차이점으로는 첫째, 집중효는 계획확정에 부여되는 특유한 효과이지만 인·허가 의제는 행정계획뿐 아니라 인가·허가등의 일반 행정행위에도 인정된다.[10] 둘째, 집중효는 이해관계인의 집중적인 참여하에 내려지는 결정에 부여되는 효력이지만 인·허가 의제는 이해관계인의 집중적 참여가 결여되어 있다.[11] 셋째, 집중효는 행정계획과 관련된 다른 법률에 의한 모든 인·허가등을 받은 것으로 인정하는 것이 원칙이지만 집중효의 대상이 되는 인·허가등을 일일이 열거하는 개별법률도 예외적으로 있음에 반하여, 인·허가 의제는 주된 인·허가등의 근거법률에서 일일이 열거하는 의제대상 인·허가등에 한정된다는 점[12] 등을 들 수 있다.

양자의 공통점으로는 첫째, 양자의 본질은 절차간소화와 사업의 신속한 진행을 위한 것이다. 둘째, 법령에 근거하여 행정청의 권한이 통합된다.[13] 셋째, 인·허가 등에 필요한 구비서류 중 중복되는 서류의 감축효과를 가져오고 집중효나 인·허가 의제가 되는 것은 법률에 그에 관한 명시적 규정이 있는 경우에 한정된다.[14] 넷째, 집중효나 인·허가 의제 모두 인·허가 등의 관할행정청과 협의를 하여야 한다는 점[15] 등을 들 수 있다

생각건대, 집중효와 인·허가 의제는 엄밀하게는 구별되는 개념이라고 할 수 있으나, 양자는 개념·근거·대상·정도·절차·효력면에서 차이점보다는 공통점이 크고 구별의 실익이 크지 않으므로 양자를 통일적으로 고찰하여도 무방하리라고 본다.[16]

---

10 김동희, 「행정법Ⅰ(제15판)」, 182쪽; 김철용, 「행정법Ⅰ(제11판)」(박영사, 2008), 339쪽; 정태용, "인허가의제제도에 관한 고찰", 「법제」(법제처, 2002. 2), 4쪽.

11 졸고, "행정법상 집중효제도의 검토", 「토지공법연구」 제9집(한국토지공법학회), 69쪽.

12 최정일, 「행정법의 정석Ⅰ」(박영사, 2009), 172쪽.

13 홍정선, 「행정법원론(상)」(박영사, 2010), 269쪽.

14 최정일, 「행정법의 정석Ⅰ」, 170쪽.

15 최정일, 「행정법의 정석Ⅰ」, 171쪽.

16 박윤흔·정형근, 「최신행정법강의(상)(개정30판)」, 255쪽; 참고로 독일의 경우에는 인·허가 의제제도와 집중효제도가 공존하고 있음을 유의할 필요가 있다. 인·허가 의제제도에 관한 입법례로는 원자력관계시설에는 건축허가를 요하지 않는다는 「주건축법」 제50조 제3항, 「원자력법」 제7조에 의한 허가를 얻은 시설에 대하여는 「임밋시온방지법」에 의한 허가를 요하지 않는다는 「원자력법」 제8조 제2항 등이 그것이다. 일반적으로 설명되기로는 독일에서 집중효제도는 매우 복잡하면서도 우회적인 방법인 인·허가 의제제도의 불합리한 점을 근본적으로 해소하기 위한 입법조치로 이해되고 있다.

Ⅱ. 인·허가 의제의 근거 및 대상

인·허가 의제는 행정기관의 권한에 변경을 가져오므로 법률에 명시적인 근거가 있어야 하며 개별 인·허가가 의제되는 범위도 법률에 명시되어야 한다. 즉 법률유보원칙상 중요사항인 인·허가 의제는 법률에 명시되어야 한다. 그것은 인·허가 의제를 법률에 규정하는 것이 인·허가 의제의 투명성을 확보하는 가장 바람직한 방법이라 할 수 있기 때문이다.

현행법에는 의제되는 인·허가 등이 민원인이 받아야 하는 주된 인·허가를 규율하는 법률에 열거되어 있다.[17] 그것은 법률에 의제되는 인·허가의 범위를 명확하게 규정하는 것도 인·허가 의제제도의 투명화를 위해 필요하기 때문이다.

그런데 현행법에 의제되는 인·허가를 명시하고 있지 않은 법률도 있다. 대표적으로 「사회기반시설에 대한 민간투자법」을 들 수 있다. 즉 제17조 제1항은 "주무관청이 제15조 제2항에 따라 실시계획을 고시한 때에는 해당 민간투자사업과 관련된 관계법률이 정하고 있는 인가·허가 등과 관계법률에 따라 인가·허가 등을 받은 것으로 보는 다른 법률의 인가·허가 등을 받은 것으로 보며, 관계법률 및 다른 법률에 따른 고시 또는 공고가 있는 것으로 본다"고 규정하고 있다. 여기서 '관계법률'은 「도로법」·「철도법」 등 민간투자사업과 관련된 법률을 말하며, '다른 법률'은 사업시행자가 민간투자사업을 추진함에 있어서 관계법률에서 인·허가 등을 받은 것으로 보는 인·허가 등의 사항을 규정한 법률을 말한다. 이러한 포괄 인·허가의제는 투명성이라는 관점에서 문제가 있다.

Ⅲ. 인·허가등의 신청

인·허가 의제제도하에서 민원인은 주된 인·허가 신청만 하면 된다. 다만 다른 인·허가 신청시에 필요한 첨부서류도 명문의 규정이 없는 한, 주무 인·허가

---

17 예를 들면, 「건축법」 제11조는 건축허가를 받은 경우 「국토의 계획 및 이용에 관한 법률」 제56조의 규정에 따른 개발행위허가, 「농지법」 제34조 제1항에 따른 농지전용허가를 포함하여 15개의 인·허가 등을 받은 것으로 의제하고 있다.

기관에 함께 제출하여야 한다.

왜냐하면 주무 인·허가 기관이 의제되는 다른 인·허가의 요건을 충족하였는지 여부를 판단하기 위해서는 해당 인·허가의 첨부서류가 있어야 하기 때문이다.[18]

그러나 신청인이 관계 서류를 제출하지 아니하여 검토를 하지 않은 사항에 대해서는 인·허가 의제의 효력은 발생되지 않는다.

즉 '부분 인·허가 의제'를 인정하여야 한다. 부분 인·허가 의제의 인정필요성은 다음과 같다. 첫째, 모든 인·허가를 한 번에 의제받기 위하여는 의제받는 인·허가에 필요한 서류를 모두 준비하여 신청하여야 하는데, 이를 위하여는 많은 시간이 필요하여 신청인에게 부담이 되는 경우가 있다. 둘째, 사업인정 등 인·허가를 의제받아 먼저 수용을 하면서 다른 인·허가에 필요한 서류를 준비하는 것으로 함으로써 신청인의 사업을 조기에 착수할 수 있게 할 수 있다. 다만 부분 인·허가 의제시 의제되지 않은 인·허가를 추후에 받지 못함으로써 사업의 추진이 좌절되는 위험부담은 신청인이 지게 된다. 또한 실무에서는 인·허가 의제제도를 이용하지 않고, 인·허가를 개별적으로 신청하는 경우도 있다. 이 경우에는 신청의 대상이 되는 인·허가에 필요한 첨부서류만 제출하면 될 것이다.

Ⅳ. 인·허가 절차

1. 관련 인·허가 기관의 협의

(1) 협의의 의의

인·허가 의제제도하에서 주된 인·허가를 하는 때에는 의제대상 인·허가의 실체적 요건이 심사되므로(독립판단설=실체집중부인설), 의제대상 인·허가의 실체적 요건을 갖추었는지 여부를 검토하기 위한 제도적 장치가 필요한데, 그 절차가 의제되는 인·허가의 관계 인·허가 기관의 장과의 협의이다.

현행법은 다른 관계 인·허가 기관의 인·허가를 받지 않는 대신 다른 관

18 명시적으로 규정하고 있는 법률로는 「국토의 계획 및 이용에 관한 법률」 제61조 제2항(인·허가등의 의제를 받으려는 자는 개발행위허가를 신청할 때에 해당 법률에서 정하는 관련 서류를 함께 제출하여야 한다)을 들 수 있다.

계 인·허가 기관의 협의를 거치도록 하는 것이 보통이다.

그런데 관계 행정기관의 장과 협의를 하도록 하는 규정을 두고 있지 않은 법률도 있는데(예: 「전원개발촉진법」 제6조 등), 명문의 규정이 없는 경우에도 관계 행정기관과 협의하여야 한다.

(2) 협의의 법적 성질

실무상으로는 협의를 동의로 보지는 않지만 관계기관의 협의의견은 최대한 존중되고 있다. 그런데 학설상 의제되는 인·허가 기관의 협의가 실질상 동의인지 아니면 강학상 자문(협의)인지 논란이 있다. 다수견해는 강학상 자문(협의)설을 취하고 있지만, 동의설을 취하는 견해[19]와 유형별로 협의의 구속력을 파악해야 한다는 견해도 제기되고 있다. 먼저 동의설의 논거는 다음과 같다. 즉 주된 인가 또는 허가에 있어서는 의제대상 인·허가의 실체적 요건을 준수하고 적용하여야 한다고 보는 입장에서는 현안의 협의는 의제대상 인·허가의 실체적 요건의 준수를 보장하기 위한 절차로 보기 때문에 협의는 의제대상 인·허가 관청의 의견을 듣는 데 그치는 것이 아니라 관계 행정청의 동의를 구하는 절차로 해석되고, 그러한 점에서 그것은 내용적으로는 합의에 해당하는 것으로 보아야 한다는 것이다.[20] 다음으로 유형별로 협의의 구속력을 파악해야 한다는 견해는 인·허가 심사의 촉진이라는 관점에서는 다른 행정기관과의 협의를 합의로 새겨서는 곤란하다고 볼 수 있지만, 모든 협의규정이 어느 한쪽에 속한다고 일률적으로 판단해서는 곤란하며 그의 위반이 취소사유인가와 같은 보호법익의 차이, 그리고 심사업무의 전문성 등을 고려하여 유형화하고, 합의로 새겨야 할 경우, 단순히 의견을 듣는 것으로 족한 경우, 그리고 단순한 통보로 족한 경우 등으로 나누는 것이 적절하다고 한다.[21]

생각건대, 신청을 받은 주무행정기관이 신청된 인·허가와 함께 의제되는 인·허가의 요건도 관계행정기관의 협의의견을 고려하여 독자적으로 판단할

---

19 김동희, 「행정법 I (제15판)」, 183쪽; 정태용, 앞의 글, 4쪽; 최정일, 「행정법의 정석 I」, 173쪽.

20 김동희, 「행정법 I (제15판)」, 183쪽; 이에 대해 협의에 대한 부동의 사유를 기준으로 그것이 관계법령상의 실체적 인·허가요건이나 (독일과 달리) 국민에 대한 주요한 의미가 있는 절차적 요건에 해당하면, 이러한 부동의 사유에는 주된 인·허가청은 법적으로 구속되나, 그 밖의 경미한 절차적 요건에 해당하면 그 부동의에 반드시 구속되는 것은 아니라고 세분하여 보는 것이 더 타당하다는 견해가 있다. 최정일, 「행정법의 정석 I」, 171쪽 각주 2) 참조.

21 선정원, 앞의 글, 142쪽.

수 있고, 명문의 규정이 없는 한 주무 인·허가 기관은 관계기관의 협의의견에 구속되지 않는다고 보는 것이 타당하다.

한편 하급심 판례 중에는 인·허가 의제조항에서 요구되는 관계기관의 협의는 인·허가 행정기관의 동의를 구하는 것이어서 사실상 합의를 뜻한다고 보는 경우가 있다.[22]

(3) 협의를 하지 아니한 경우의 주된 인·허가의 효력

의제대상 인·허가 관청과의 협의에 관한 규정을 두고 있음에도 불구하고 협의를 거치지 아니하고 주된 인·허가를 한 경우의 효력에 관해서는 확립된 견해는 없다.

따라서 협의를 거치지 아니한 절차상의 흠은 협의를 동의로 보지 않는 견해에 따를 때, 그 정도에 따라 취소사유가 될 수 있고 당연 무효사유가 되는 것은 아니라고 할 것이다.

최근에는 인·허가를 하고자 하는 때에는 의제대상 인·허가 관청과 미리 협의하도록 하고, 협의를 한 사항에 한하여 인·허가 의제의 효과를 인정함으로써 협의절차의 불이행에 따른 문제를 입법적으로 해결하고 있다.

(4) 협의가 성립되지 아니한 경우

의제대상 인·허가 기관이 반대의견을 제출하였음에도 불구하고 주된 인·허가를 한 경우 해당 인·허가의 효력이 문제될 수 있다. 즉 주된 인·허가 기관이 의제대상 인·허가 기관의 의견에 구속되는지 여부이다.

협의를 하였으나 협의가 이루어지지 아니한 경우에는 주된 인·허가를 할 수 없다고 할 것이고, 의제대상 인·허가 기관의 반대의견에도 불구하고 주된 인·허가를 행한 경우 그 주된 인·허가는 협의절차를 제대로 이행하지 아니하고 행한 흠이 있는 행정행위, 즉 취소사유가 된다고 할 것이다.

(5) 협의의 기간과 협의기간 도과 후에 한 협의의 효력

의제대상 인·허가 관청과의 협의가 지연되어 주된 인·허가를 제때에 하지 못하는 사례가 있을 수 있는바, 이를 막기 위하여 현행 법률에서는 일정기간 내에 협의에 응하도록 규정함으로써 가급적 협의가 지연되는 것을 방지하도록

22 의정부지원 제11행정부 판결 2008. 12. 9, 2008구합2069(사업시행승인취소).

하고 있는 경우가 많다.

법령에 협의기간을 명시하는 경우에도 이는 훈시규정에 불과하여 협의기간이 경과한 후에 한 협의도 일반적으로 유효한 것으로 보고 있다.

따라서 협의기간을 지키지 아니하는 사례를 막기 위하여 아예 협의기간이 경과되면 이견(異見)이 없는 것으로 보는 규정을 두어 협의성립을 강제하기도 한다.

(6) 협의의 기준

의제대상 인·허가 행정청이 협의요청에 어떻게 응하여야 하는지 여부는 의제대상 인·허가 행정청이 관계법령의 범위 안에서 재량으로 판단하여야 하는 사항이다. 의제대상 인·허가 행정청이 아무런 합리적인 이유없이 협의에 불응하거나 소홀하게 대하는 경우 관계공무원이 직무유기 또는 직무태만에 해당되는 경우가 생기겠지만, 그렇다고 하여 의제대상 인·허가 행정청으로 하여금 어떠한 경우에는 협의에 응하고, 어떠한 경우에는 협의에 응하지 말도록 강제하거나 협의에 응할 때에는 어떠한 방법으로 의제대상 인·허가의 요건에 적합한지 여부를 검토하라고 규제할 수는 없다고 할 것이다.

다만, 의제대상 인·허가 행정청이 의제대상 인·허가 요건을 자의적으로 해석·적용하여 법정요건에 적합함에도 불구하고 협의를 거부함으로써 주된 인·허가의 목적달성에 지장을 초래할 우려가 있는 경우에는 법정기준에 적합한 경우에는 협의를 거부할 수 없도록 하는 규정을 두어야 할 것이다.

이와 반대로 의제대상 인·허가 행정청이 직접 인·허가를 하지 아니하고 협의에 의하여 간접적으로 참여하게 되므로 의제대상 인·허가 요건을 소극적으로 검토하거나 때로는 방관자적인 입장에서 무성의하게 검토하는 경우가 있을 수 있다. 이에 대비하여 의제대상 인·허가 행정청으로 하여금 법정기준에 위반하여 협의에 응하는 사례가 없도록 하는 규정을 두어야 할 것이다.

2. 절차의 집중

인·허가 의제제도하에서 인·허가 절차는 주된 인·허가 절차와 의제되는 인·허가 절차가 있다. 절차의 집중이란 주된 인·허가 절차와 의제되는 인·허가 절차와의 관계에 관한 것으로, 전자만을 거치면 된다는 견해(절차집중설),

의제되는 인·허가 절차를 통합적으로 거치면 된다는 견해(제한적 절차집중설)로 나누어져 있다. 절차집중설은 신청된 주된 인·허가 절차만 거치면 되고 의제되는 인·허가의 절차를 거칠 필요는 없다는 견해이다. 의제되는 인·허가 절차를 모두 거칠 경우에는 절차간소화라는 입법취지를 담고 있는 인·허가 의제제도의 취지에 비추어 볼 때 타당하지 않기 때문이라고 한다. 한편 판례는 절차집중설을 취하고 있다.

판례 건설부장관이 구 주택건설촉진법(1991. 3. 8. 법률 제4339호로 개정되기 전의 것) 제33조에 따라 관계기관의 장과의 협의를 거쳐 사업계획승인을 한 이상 같은 조 제4항의 허가·인가·결정·승인 등이 있는 것으로 볼 것이고, 그 절차와 별도로 도시계획법 제12조 등 소정의 중앙도시계획위원회의 의결이나 주민의 의견청취 등 절차를 거칠 필요는 없다(대판 1992. 11. 10, 92누1162).

제한적 절차집중설은 주무행정기관은 의제되는 인·허가 절차를 모두 일일이 거칠 필요는 없고, 통합적으로 거치면 된다는 견해이다. 다만 통합절차는 인·허가 의제제도의 취지 및 이해관계인의 권익보호라는 관점에서 적법절차의 원칙에 합치되어야 한다. 제한적 절차집중설에 대해서는 주무행정기관이 통합적으로 심사절차를 주관하도록 한다는 점이 타당하지 않다는 비판이 있는데, 그것은 의제대상 인·허가 등의 심사는 우리 실정법상 언제나 원래의 인·허가관청이 행하는 것이고, 그 심사결과를 주된 인·허가 등의 관청에 협의를 통하여 알려줄 뿐이기 때문이라고 한다.[23]

생각건대, 절차집중설은 절차간소화라는 인·허가 의제제도의 입법취지만을 감안하였을 때는 그 타당성이 인정되지만, 이해관계인의 권익보호라는 관점, 즉 적법절차의 원칙에 비추어 보았을 때는 문제가 없지 않다. 따라서 인·허가 의제제도의 취지와 이해관계인의 권익보호를 동시에 도모할 수 있는 제한적 절차집중설이 타당하다.[24]

---

23 최정일, 「행정법의 정석 I」, 172쪽.
24 박균성, 「행정법론(상)」, 604쪽.

V. 인·허가의 결정

1. 인·허가 결정기관

신청을 받은 주무 행정기관이 신청된 인·허가와 함께 의제되는 인·허가의 요건도 관계 행정기관의 협의의견을 고려하여 독자적으로 판단한다. 명문의 규정이 없는 한 주무 인·허가 기관은 관계 기관의 협의의견에 구속되지 않는다.

이에 대하여 관계 행정기관의 협의는 동의로 보아야 하고, 따라서 주무 행정기관은 관계 행정기관의 협의의견에 구속된다고 보는 견해가 있다.

2. 인·허가 요건의 판단방식

주무 행정기관에 신청되거나 의제되는 인·허가 요건의 판단방식에 관하여 실체집중설, 제한적 실체집중설, 독립판단설(실체집중부인설) 등이 대립된다.

실체집중설은 의제되는 인·허가 요건에의 합치 여부를 판단함이 없이 신청된 주된 인·허가 요건에의 충족 여부만을 판단하여 신청된 주된 인·허가를 할 수 있다는 견해이다.

제한적 실체집중설은 주된 인·허가 신청을 받은 행정기관은 의제되는 인·허가 요건에 엄격히 구속되지는 않고, 의제되는 인·허가 요건을 이익형량의 요소로서 종합적으로 고려하면 된다는 견해이다.

독립판단설(실체집중부인설)은 주된 인·허가 신청을 받은 행정기관은 의제되는 인·허가 요건에 엄격히 구속되어 의제되는 인·허가 요건을 모두 충족하여야 주된 인·허가를 할 수 있다는 견해이다. 판례의 입장이다(대판 2002. 10. 11, 2001두151).

법치행정의 원칙에 비추어 명문의 규정이 없는 한 실체집중을 인정할 수 없으므로 독립판단설(실체집중부인설)이 타당하다.[25]

25 박균성, 「행정법론(상)」, 605쪽.

Ⅵ. 인 · 허가의 효력

주무 행정기관에 신청된 인 · 허가가 있게 되면 의제되는 인 · 허가등을 받은 것으로 본다.

경우에 따라서는 의제되는 인 · 허가는 법령상 의제되는 인 · 허가가 전부가 아닐 수도 있다. 신청인이 신청한 범위 내에서 인 · 허가가 의제(부분 인 · 허가 의제)될 수 있다고 보아야 하며 이를 명문화하여야 할 것이다.

Ⅶ. 인 · 허가 의제제도에서의 민원인 또는 제3자의 불복

의제되는 인 · 허가 거부사유를 다투거나 의제되는 인 · 허가를 다투는 경우에도 항상 신청된 인 · 허가의 거부처분을 다투거나 신청된 인 · 허가를 다투어야 한다. 그 이유는 현실적으로 신청된 인 · 허가의 거부처분 또는 인용처분만이 있고, 의제되는 인 · 허가의 거부처분이나 인용처분은 존재하지 않기 때문이다.

인 · 허가 의제의 경우에 신청에 대하여 거부처분을 하면서 의제되는 인 · 허가 거부사유를 근거로 한 경우에도 거부처분의 상대방은 신청에 대한 거부처분을 대상으로 소송을 제기하면서 의제되는 인 · 허가 거부사유를 다투어야 한다. 또한 신청에 대한 인 · 허가로 권익을 침해당한 제3자는 해당 인 · 허가 처분을 대상으로 하면서 의제되는 인 · 허가의 위법사유를 주장할 수 있다.

판례 구 건축법(1999. 2. 8, 법률 제5895호로 개정되기 전의 것) 제8조 제1항, 제3항, 제5항에 의하면, 건축허가를 받은 경우에는 구 도시계획법(2000. 1. 28, 법률 제6243호로 전문 개정되기 전의 것) 제4조에 의한 토지의 형질변경허가나 농지법 제36조에 의한 농지전용허가 등을 받은 것으로 보며, 한편 건축허가권자가 건축허가를 하고자 하는 경우 당해 용도 · 규모 또는 형태의 건축물을 그 건축하고자 하는 대지에 건축하는 것이 건축법 관련 규정이나 같은 도시계획법 제4조, 농지법 제36조 등 관계 법령의 규정에 적합한지의 여부를 검토하여야 하는 것일 뿐, 건축불허가처분을 하면서 그 처분사유로 건축불허가 사유뿐만 아니라 형질변경불허가 사유나 농지전용불허가 사유를 들고 있다고 하여 그 건축불허가처분 외에 별개로 형질변경불허가처분이나 농지전용불허가처분이 존재하는 것이 아니므로, 그 건축불허가처분을 받은 사람은 그 건축불허가처분에 관한 쟁송에서 건축법상의 건축불허가 사유뿐만 아니라 같은 도시계획법상의 형질변경불허가 사유나 농지법상의 농지전용불허가 사유에 관하여도 다툴 수 있는 것이지, 그 건축불허가처분에 관한 쟁송과는 별개로 형질변경불허가처분이나 농지전용불허가처분에 관한 쟁송을 제기하여 이를 다투어야 하는 것은 아니며, 그러한 쟁송을 제기하지 아니하였어도 형질변경불허가 사유나 농지전용불허가 사유에 관하여 불가쟁력이 생기지 아니한다(대판 2001. 1. 16, 99두10988).

Ⅷ. 선승인 후협의제도

1. 의　　의

선승인 후협의제도[26]란 의제대상 인·허가에 대한 관계 행정기관과의 모든 협의가 완료되기 전이라도 공익상 긴급한 필요가 있고 사업시행을 위한 중요한 사항에 대한 협의가 있은 경우에는 협의가 완료되지 않은 인·허가에 대한 협의를 완료할 것을 조건으로 각종 공사 또는 사업의 시행승인이나 시행인가를 할 수 있도록 하는 제도를 말한다.[27]

2. 법적 근거

선승인 후협의제도는 2009년에 「도시 및 주거환경정비법」 제32조 제5항,[28] 「주한미군 공여구역주변지역 등 지원 특별법」[29] 등 법률에 도입되었고, 확대추

26 이를 사전결정－후협의 또는 사업단계별 인·허가규정의 순차적 적용방법으로 부르는 견해도 있다. 선정원, 앞의 글, 139쪽.

27 박균성, 「행정법강의(제10판)」, 429쪽.

28 “제4항에도 불구하고 천재지변이나 그 밖의 불가피한 사유로 인하여 정비사업을 시행할 필요가 있다고 시장·군수가 인정하는 때에는 관계 행정기관의 장과 협의를 마치기 전에 제28조 제1항에 따른 사업시행인가를 할 수 있다. 이 경우 협의를 마칠 때까지는 제1항 및 제2항에 따른 인·허가등을 받은 것으로 보지 아니한다(법 제32조 제5항).”

29 파주시의 ‘파주 이화 교육·연구 복합단지 사업’과 관련하여 ‘선 사업승인 후 법적 절차 이행’은 사업승인 방식에 있어서 획기적 사례라 할 수 있다. ‘선 사업승인 후 법적 절차 이행’의 사업승인 방식이 적극적으로 활용될 수 있도록 법적 근거를 명시적으로 규정한 것이 「주한미군 공여구역주변지역 등 지원 특별법」 제29조 제3항의 신설로 나타났다. 박균성·김민호·김재광·김태호, 「인·허가기준 투명화 방안 연구」(법제처·한국공법학회, 2009. 6), 289쪽.

진 중에 있다.

생각건대, 선승인 후협의제도를 부분 인·허가 의제로 볼 수 있다면 선승인 후협의제도는 명문의 법적 근거 없이도 가능한 것으로 볼 수 있다.[30]

3. 법적 성질 및 법적 효과

협의조건부 선승인은 협의가 완료된 인·허가 등에 한하여 인·허가 등이 의제되는 것이므로 부분 인·허가 의제로 보되 완료되지 않은 협의가 잘 이루어지지 않는 경우에는 그 선승인을 철회할 수 있는 철회권이 유보된 것으로 보는 것이 타당하다.

Ⅸ. 소 결

인·허가 의제제도는 절차간소화를 통한 사업자(민원인)의 부담해소와 절차촉진을 통한 민간의 경쟁력을 제고시키는 데 중요한 역할을 수행하고 있으며 규제완화라는 시대적 요구에도 적합한 제도라고 할 수 있다.

그런데 인·허가 의제제도가 한편으로는 행정편의적 사고의 수단으로서 현실적으로 기능하고 있는 측면도 부정될 수 없다.

더욱이 인·허가 의제제도가 단지 법적 규율로부터 벗어나기 위한 것이라면 이는 법치국가원리에 저촉된다.

이해관계인(관계행정청, 사업자, 지방자치단체, 주민 등)의 실질적인 참여를 통한 정당성의 확보없는 자기목적적 인·허가 의제는 불식되어야 할 것이다. 즉 협의절차에의 관계 행정청의 실질적 참여와 이해관계있는 이들의 절차참가가 실질적으로 이루어져야 한다.

30 박균성, 「행정법강의(제10판)」, 430쪽.

제4절 행정갈등 해결에 부적합한 인·허가 절차

현행법상 국책사업은 기본적으로 인·허가 절차를 통해 설치되도록 규정되어 있다. 물론 순수한 인·허가 절차로 규정된 것은 아니고 대체로 허가절차와 계획절차를 혼용하는 방식으로 규정되어 있다.

현행 국책사업의 인·허가 절차의 근본적인 문제는 계획수립절차나 승인절차에 이해관계인들의 집중적인 참여가 결여되어 있다는 점이다. 국책사업은 국가사회 전반에 걸쳐 심대한 영향을 미치기 때문에 현행과 같은 단순한 인·허가 절차방식은 시설 설치와 관련한 갈등이 극심한 현실을 수용하기에는 한계가 있다.[31]

제5절 현행 인·허가 의제제도의 문제점

Ⅰ. 인·허가 의제제도의 도입원칙의 부재에 따른 무분별한 확산 문제

오늘날 대부분의 개발관계법률을 비롯한 다수의 법률에 인·허가 의제제도를 두고 있다. 다수의 이해관계가 대립되는 국책사업의 경우에 이러한 이해관계를 조절하고 합리적인 결과를 이끌어내는 것은 원칙적으로 행정부의 권한에 속하는 문제임에도 불구하고 이러한 노력을 포기하고 인·허가 의제를 통한 해결책에 기대는 것은 바람직한 입법태도가 아니다. 규제완화와 절차간소화를 내세워 법치주의적 절차법 형성이라는 행정법이념을 유명무실하게 만들어서는 안될 것이다. 이러한 인·허가 의제제도의 무분별한 확산은 인·허가 의제제도의 도입원칙의 부재에 1차적인 원인이 있다고 볼 수 있다. 따라서 인·허가 의제제도를 도입할 때에는 일정한 원칙이 있어야 할 것이다.

31 지방자치단체와 인근 주민에게 종합적인 영향을 미치는 사업에 대해 단순 인·허가 절차를 규정한 것에 대한 비판에 대해서는 오준근, 「행정절차법」, 280쪽 이하 참조.

Ⅱ. 인 · 허가 의제의 불투명성문제

현행법에 의제되는 인 · 허가를 명시하고 있지 않은 법률도 있다. 대표적으로 「사회기반시설에 대한 민간투자법」을 들 수 있다. 즉 제17조 제1항은 "주무관청이 제15조 제2항에 따라 실시계획을 고시한 때에는 해당 민간투자사업과 관련된 관계법률에서 정하고 있는 인가 · 허가 등과 관계법률에 따라 인가 · 허가 등을 받은 것으로 보는 다른 법률의 인가 · 허가 등을 받은 것으로 보며, 관계법률 및 다른 법률에 따른 고시 또는 공고가 있는 것으로 본다"고 규정하고 있는데, 법률에 인 · 허가 의제에 관한 명시적 근거는 있지만, "해당 민간투자사업과 관련된 관계법률에서 정하고 있는 인가 · 허가 등과 관계법률에 따라 인가 · 허가 등을 받은 것으로 보는 다른 법률의 인가 · 허가 등을 받은 것으로 보며"라고 하여 법률에 의제되는 인 · 허가의 범위가 명시되어 있지 않은 문제가 있다.

Ⅲ. 인 · 허가 의제제도의 활용문제

인 · 허가 의제제도는 민원인이 수많은 관련 인 · 허가 부서를 방문하는 번거로움을 줄이고, 전체적인 인 · 허가 가능 여부를 쉽게 판단하며, 민원서류 제출상의 시간을 경감시키기 위해 시행해 오고 있다. 실무적으로 많은 효과를 거두고 있다.

인 · 허가 의제제도의 운영 현황을 보면 산지전용허가, 농지전용허가, 개발행위허가 등의 의제처리 빈도가 높고 잘 활용되고 있는 것으로 나타나고 있다. 그것은 공장설립 승인 신청시 농지전용허가 및 산지전용허가의 경우 제출되는 서류가 유사하고 비용이 저렴하기 때문이다.

그리고 종래 건축허가는 건축설계(소방, 배수설비 등이 포함됨)에 따른 비용이 상당하고 제출되는 서류도 다른 인 · 허가와 상이하므로 의제처리되는 경우가 거의 없었다. 특히 민원인들이 건축허가를 인 · 허가 의제로 처리하고자 준비하였다가 해당 행정청에서 불허가 처분되는 경우 경제적 부담이 크기 때문에 잘 활용되지 않았다. 더욱이 건축허가신청은 국토교통부에서 제작된 프로그램 "세움터"로 접수할 수 있지만, 공장설립 및 개발행위, 농지전용, 산지전용 등 대부분의 인·허가는 서류로 접수하게 되어 있어 대부분의 인·허가시 건축허가는 의제처리를 하지 않고 있는 실정이었다. 그런데 건축허가의 경우에도 인·허가 의제시에 '간략 설계도서'를 제출하도록 개선함으로써 민원인의 부담이 덜어지면서 활용도가 높아지고 있다.

사실 인·허가 의제제도는 단순한 창구의 일원화일 뿐 인·허가 의제에 대하여는 어차피 소관기관의 심의 및 검토 등을 위하여 필요한 협의절차를 이행하여야 하므로 오히려 민원인의 혼란을 야기시키는 측면도 없지 않다.

Ⅳ. 의제되는 인·허가 업무를 관장하는 행정청과의 협의문제

1. 협의문제

관련 개별법상 인·허가 업무의 내용이 복잡하지 아니하고 전문적이지 아니한 경우에는 주된 인·허가 업무를 관장하는 행정기관의 장이 직접 관련 개별법상 인·허가를 규정하고 있는 법률에의 적합 여부를 검토하여도 되겠지만, 그러하지 아니한 경우에는 주된 인·허가 업무를 관장하는 행정기관이 관련 개별법상 인·허가 업무를 전혀 취급하고 있지 아니한 이상 관련 인·허가를 규정하고 있는 법률에의 적합 여부를 제대로 검토할 수 없는 경우가 대부분이라 할 수 있다. 그래서 주된 인·허가 업무를 관장하는 행정기관의 장은 의제되는 인·허가 업무를 관장하는 행정기관의 장의 협의의견에 따라 인·허가를 행하는 것이 보통이다.

2. 협의형태

인·허가를 의제하는 경우 다른 행정청과의 협의를 전제로 하는 것이 일반적이다. 현행법상 인·허가 의제시 협의규정을 보면, ① 사전협의를 거치되 협의기간을 정하지 아니한 경우, ② 사전협의를 거치되 정해진 기간 내에 의견을 제출하도록 하는 경우, ③ 사전협의 후 다시 위원회의 심의를 거치도록 하는 경우, ④ 사전절차는 생략하는 대신 인·허가 관련 기관의 공무원으로 구성되는 위원회의 심의를 거치도록 하고 인·허가 후에는 통보하도록 하는 경우, ⑤ 사전협의를 거치도록 하고 정해진 기간 내에 협의가 안 되는 경우에는 위원회의 심의를 거쳐 결정하도록 하는 경우, ⑥ 사전에 신고만 하도록 하는 경우, ⑦ 사전협의 없이 사후통지만 하도록 하는 경우, ⑧ 사전협의 및 사후통지 등 별다른 조치가 없는 경우 등 다양한 형태로 의제제도를 운영하고 있는 등[32] 매우 복잡하기 그지없는 점도 큰 문제가 아닐 수 없다.

3. 협의기간문제

그 동안 관계 행정기관과의 협의에 걸리는 기간이 너무 길어 지가상승 등으로 사업시행에 지장을 주고 있는 사례가 적지 않았고 대부분의 인·허가 의제 관련 입법례는 해당 사업에 대한 승인 등을 하기 전에 인·허가 등 의제 관계 행정기관과 미리 협의를 하도록 되어 있어, 승인권자가 다른 행정기관과 협의를 마칠 때까지 사업시행자는 농지 등 토지를 매입할 수 없기 때문에 사실상 그 기간 동안에는 사업을 중지한 것과 같은 상황 속에 있었다.[33]

또한 가령 43개 공익사업 관련 법령을 보면 협의기간을 15일을 규정하고 있는 입법례가 2개, 20일을 규정하고 있는 입법례가 4개, 30일을 규정하고 있는 입법례가 21개, 60일을 규정하고 있는 입법례가 2개, 14개 법률은 법률에서 규정을 두고 있지 않은 사례 등 다양하다. 물론 이러한 입법태도는 공익사업의 성격에 기인한 차이임을 감안하더라도 다소 비례성에 문제가 없지 않다. 그리고 법령에 협의기간을 명시하는 경우에도 이는 훈시규정에 불과하여 협의기간이 도과한 후에 한 협의도 일반적으로 유효한 것으로 보고 있으므로, 협의기간에 관한 규정을 두는 것만으로는 협의의 지연이 방지되는 것은 아니라는데 문제가 있다. 따라서 협의기간을 지키지 아니하는 사례를 막기 위하여 아예 협의기간이 경과되면 이견이 없는 것으로 보는 규정을 두어 협의성립을 강제하기도 한다.[34] 그러나 협의성립을 강제하는 경우 의제대상 인·허가의 실체적 요건

32 이상희, "인허가제도 및 인허가의제제도의 현황과 실무상의 쟁점", 「경제질서, 경제적 기본권 그리고 국가의 규제와 조정」, 한국공법학회·법제처·국가경쟁력강화위원회 2009년 공동학술대회 발표논문(2009. 10. 23), 101쪽.

33 선정원, 앞의 글, 138쪽.

34 그러한 입법례로는 「제주특별자치도 설치 및 국제자유도시 조성을 위한 특별법」 제230조 제3항(제2항에 따라 도지사로부터 협의를 요청받은 관계 행정기관의 장은 협의요청을 받은 날부터 30일 이내에 구체적인 사유가 명시된 의견을 제출하여야 하며, 그 기간 이내에 의견제출이 없는 때에는 협의한 것으로 본다)을 들 수 있다.

에 대한 심사를 하지 못하게 되는 결과가 되므로 주된 인·허가를 단기간에 확정하여야 할 필요가 있는 극히 예외적인 경우를 제외하고는 일반적으로 이러한 규정을 두지 아니하는 것이 타당하다.

4. 구비서류의 일괄제출에 따른 문제

인·허가 의제제도하에서 민원인은 주된 인·허가 신청만 하면 된다. 다만 다른 인·허가 신청시에 필요한 첨부서류도 명문의 규정이 없는 한 주무 인·허가기관에 함께 제출하여야 한다. 왜냐하면, 주무 인·허가기관이 의제되는 다른 인·허가의 요건을 충족하였는지 여부를 판단하기 위하여는 해당 인·허가의 첨부서류가 있어야 하기 때문이다.

인·허가 의제는 의제대상이 되는 인·허가 사항에 관한 모든 서류를 일괄제출하여 일괄의제받을 수 있도록 함으로써 인·허가 심사절차를 촉진시키려는 목적을 가진 것이지만, 이러한 관계법령의 취지가 반드시 기업에게 유리하게 작용하는 것만은 아니다. 즉 사업시행의 승인신청단계에서 신청인도 시행할 사업내용 중 시설의 세부내용까지는 확정할 수 없고 사업이 진행되면서 확정되어 간다. 그렇기 때문에 사업시행승인권자도 인·허가 의제사항을 처음의 주된 인·허가 신청시에 모두 확인할 수 없는 경우가 많다. 그럼에도 불구하고 이를 모두 확인하기 위하여 신청인으로 하여금 인·허가 사항에 필요한 모든 서류를 신청단계에서 일괄준비하도록 하는 것은 신청인의 편의를 도모하는 취지에 역행하는 것이 된다.[35]

또한 인·허가 의제가 신청인들로 하여금 개별법에 인·허가를 받기 위해 드는 시간과 번거로움을 덜어주는 효과는 있지만 보완이 필요한 경우나 참고자료의 제시요구에 따른 부담은 존재한다.

V. 선승인 후협의제도의 문제

선승인 후협의제도는 제도 자체의 장점에 못지 않게 선승인 후협의제도가

35 선정원, 앞의 글, 139쪽.

갖고 있는 문제점, 이를테면 선승인 후협의 불성립시 선승인의 효력, 선승인이 있고 난 후 협의하는 경우 선승인이라는 신속성 뒤에 협의과정이 종전과 같이 다른 제도적 장치가 마련되지 아니하는 경우 협의과정이 종전보다 더 길어질 수 있다는 점에서 선승인 후협의의 요건을 구체적이고 명확하게 규정하여 부작용을 최소화하여야 한다.[36] 즉 선승인 후협의제도를 도입하더라도 실질적인 협의가 신속하게 진행될 수 있도록 협의기간을 단축시키고 실질적인 협의를 할 수 있는 기구 등 그 밖의 장치가 마련되어야 하며 이러한 장치없이 선승인 후협의제도를 도입하는 경우 선승인이 효력을 가지지 못하는 경우 오히려 대규모 투자를 한 기업의 입장에서 보면 더 큰 문제를 야기할 수 있다.

36 이상희, 앞의 글, 101쪽.

제 5 장

국책사업과 다단계 행정절차

제1절 다단계 행정절차의 의의

Ⅰ. 다단계 행정절차의 개념

오늘날 국책사업은 성질상 단일한 절차에 따라 설치되는 것은 거의 불가능하다. 설치절차가 복잡해진 것은 설치에 대한 법적 통제가 한층 강화되었다는 것을 의미하는 것으로도 볼 수 있다.

특히 국책사업에 있어서 계획성이 요구됨으로써 행정계획절차가 도입되고, 환경적 타당성을 요구하는 목소리가 높아짐에 따라 이에 부응하여 환경영향평가절차가 도입된 것은 그러한 예라 할 수 있다. 또한 민주적 정당성을 확보하기 위한 주민참여절차를 강화하고 있는 것도 그러하다.

> 예를 들면, 원자력발전소의 경우에는 허가절차(부지사전승인절차 및 건설허가와 운영허가)와 허가절차의 선행절차로서의 행정계획절차, 방사선환경영향평가절차 및 주민참여절차가 제도화되어 있다.[1]

1 예를 들어, 김성수, "환경침해시설설치절차와 주민참여", 「고시계」(1992. 9), 93쪽.

다단계 행정절차(mehrstufiger Verwaltungsverfahren 또는 gestuftes Verwaltungsverfahren)의 개념이 학자들 사이에 일치되어 있는 것은 아니다. 정확히 말해서, 다단계 행정절차개념을 적극적으로 정의하고 있지 않다.[2]

그 이유로는 다단계 행정절차라는 말이 낯설기도 하고,[3] 주로 이 말이 국책사업과 관련해서 언급되고 있는데, 국책사업의 추진이 외관상 여러 단계를 거쳐 설치되므로 어쩌면 지극히 당연한 것으로 받아들여진 데에 있다고 본다.

하지만 다단계 행정절차에 대한 개념정의가 필요하다. 여기에서는 다단계 행정절차를 넓은 의미(광의)와 좁은 의미(협의) 및 가장 좁은 의미(최협의)로 나누어 살펴보고자 한다.

1. 최협의의 다단계 행정절차

최협의의 다단계 행정절차란 단일한 허가절차를 수많은 '부분허가절차'(Teilgenemigungsverfahren)로 분할한 것을 말한다.

예를 들면, 독일의 「원자력법」과 「연방임밋시온방지법」상의 다단계 허가절차가 그것이다.

협의의 다단계 행정절차가 단일한 허가절차를 건설 및 운영허가절차로 분할한 것이라면, 최협의의 다단계 행정절차는 분할된 건설허가절차와 운영허가절차를 다시 수많은 부분허가절차로 쪼갠다는 점에서 차이가 있다.

최협의의 다단계 행정절차는 허가절차가 다단계화되어 순차적으로 허가가 발급되는데, 이들 부분허가절차에서 내려지는 결정들은 모두가 종국적 행정행위이다. 따라서 선행 부분허가는 후속하는 최종적 결정에 구속력을 미친다. 이러한 의미의 다단계 행정절차는 국책사업의 설치절차와 같이 복잡한 행정과정

2 예를 들어, 김명연, "다단계 허가절차에 관한 연구", 「법제연구」 제11호(1996), 167쪽은 "다단계 행정절차를 복잡하고 전문기술적인 대규모건설계획의 국가의사결정을 위해 생겨난 제도"라고 한다. 그리고 김용섭, "행정행위의 하자승계론의 재검토(상)", 「판례월보」 제330호, 52쪽은 다면적이면서 복잡한 이해관계가 얽혀 있는 경우의 한 예로서 다단계 행정절차를 들고 있는 것도 그러한 예로 볼 수 있다.

3 그런 까닭으로 다단계 행정절차는 다단계적 행정과정, 다단계 행정행위, 단계적 행정결정, 다단계적 행정절차, 다단계 허가절차 등과 동일한 또는 유사한 의미로 사용되어 혼란을 가중시키고 있다. 그런데 이들 개념들은 구별할 필요성이 있음은 두말할 나위가 없다.

을 수많은 부분으로 분할함으로써 행정과정을 관계인과 법원으로 하여금 이해하기 쉽게 해 주는 기능을 한다.[4]

독일에서는 단일한 계획확정절차의 분할이나 다른 절차의 결부로 인해 다단계화된 것을 부진정(不眞正) 다단계 행정절차라 하는 데 대하여, 이러한 최협의의 다단계 행정절차를 그 본질적 차이에 기인하여 진정(眞正) 다단계 행정절차(echt mehrstufiger Verwaltungsverfahren)라고도 한다.[5]

2. 협의의 다단계 행정절차

협의의 다단계 행정절차란 '단일한 허가절차의 이질적인 건설·운영절차로의 분할'을 의미한다.

> 예를 들면, 우리나라의 「원자력안전법」상 허가절차가 건설허가절차 및 운영허가절차로 분할되어 있는 것이 그것이다.

---

4 신보성, "다단계 행정과정의 법적 고찰", 「고시연구」(92. 5), 58쪽은 다단계 행정과정을 "행정과정을 복수의 행정작용으로 분해하여 그 행정과정을 관계인에게 이해하기 쉽게 만들려는 이론적 틀"로 정의하고 있다. 그리고 강구철, "원자력안전규제에 대한 사법통제와 다단계적 행정절차", 「법학논총」 제8집(국민대학교 법학연구소), 141쪽에서는 다단계 행정절차를 "복잡한 (행정)과정을 복수의 처분으로 분해하여 행정과정을 관계인과 법원으로 하여금 이해하기 쉽도록 하는 것"으로 정의하고 있다.

5 Jörn Ipsen, "Die Genehmigung technischer Grossanlagen Rechtliche Regelung und neuere Judikatur", AöR 1982, 259, 275f. 참고로 독일에서 다단계 행정절차를 진정 다단계 행정절차와 부진정 다단계 행정절차로 구별한 것은 다음과 같은 이유에서이다. 첫째, 진정 다단계 행정절차에 속하는 「원자력법」 및 「연방임밋시온방지법」상의 부분허가·사전결정은 부진정 다단계 행정절차에 속하는 공항설치시의 허가-계획확정과 원거리도로설치시의 노선결정-계획결정과는 법체계상 서로 다르고, 부문계획결정에 선행하는 제 결정을 독립의 행정처분으로 볼 것인지 여부에 관해서는 부정적인 견해가 많기 때문에 부문계획상의 제 제도는 진정 다단계 행정절차인 「원자력법」상의 제도와 동일한 것으로 보기는 어렵다고 한다. 즉 바두라(P. Badura) 등은 부문계획상의 제 제도는 부분허가제도와 동일하게 거론할 수는 없다고 한다(Badura, in: Erichsen/Martens(Hrsg.). 「Allgemeines Verwaltungsrecht」, 8. Aufl. 1988, §41 Ⅱ7). 둘째, 진정 다단계 행정절차인 「원자력법」 및 「연방임밋시온방지법」상 제도는 복수의 사전결정과 부분허가가 순차적으로 반복되는 다단계 행정절차의 모습으로 실시되고 각 부분허가에 의해 결정된 사항에 관해서는 후속의 절차에서 행정기관 및 사업자가 그것을 변경할 수 없고, 관계 주민 등도 후속의 절차에서 그것을 다툴 수 없다. 이에 대해 부진정 다단계 행정절차는 결정에 선행하는 부문계획은 종국적 행정행위성을 지니지 못하고 계획확정결정에 의해 시설설치가 모두 이루어지는 방식이고, 이 결정에는 집중효가 부여된다. 집중효가 부여되면 해당 사업에 관해서 다른 법률이 명하는 다른 행정기관의 허·인가, 동의 등을 받을 필요가 없다는 점에서 양자의 구별이유가 있는 것이다.

여기서 건설허가 및 운영허가는 모두 행정행위이다. 협의의 다단계 행정절차는 최협의의 다단계 행정절차가 건설 및 운영허가절차의 수많은 분할을 의미하는 것과 개념상 명백히 구별된다.

3. 광의의 다단계 행정절차

최협의의 다단계 행정절차는 단일한 '허가절차의 수많은 부분허가절차로의 분할'을 의미한다. 그리고 협의의 다단계 행정절차는 '단일한 허가절차의 이질적인 건설 및 운영허가절차로의 분할'을 의미한다. 광의의 다단계 행정절차는 '허가절차와 그에 선행하는 행정계획절차 및 환경영향평가절차 등 이질적인 절차가 결합된 행정절차'를 의미한다. 선행절차인 행정계획절차 및 환경영향평가절차상 결정이 반드시 종국적 행정행위일 것을 요하지는 않는다.

따라서 광의의 다단계 행정절차는 '특정한 행정목적을 달성하기 위하여 이질적인 행정결정들이 복수의 행정절차단계를 거쳐서 행해지는 행정과정을 의미하는 것'으로 볼 수 있다.

원자력발전소의 설치절차가 허가절차(건설허가절차[6] 및 운영허가절차)의 선행절차로서 행정계획절차(원자력진흥종합계획수립절차)와 방사선환경영향평가절차로 결합된 것은 광의의 다단계 행정절차의 고유한 형태를 보여 준다고 할 수 있다.

독일에서는 이를 부진정 다단계 행정절차(unecht mehrstufiger Verwaltungsverfahren)라고 한다.[7]

---

6 부지사전승인절차는 건설허가 전에 신청자의 편의를 위하여 미리 그 건설허가의 일부 요건을 심사하여 행하는 사전적 부분건설허가처분의 성격을 갖고 있는 것으로 볼 수 있다. 판례(대판 1998. 9. 4, 97누19588)도 이와 같이 보고 있다.

7 원래 독일에서는 원자력발전소의 '허가절차의 분할' 즉 제도화된 다수의 부분허가절차를 진정 다단계 행정절차라 하였는데, 일부 학자들에 의해 단일한 '계획확정절차를 분할'하여 원자력발전소의 설치처럼 절차를 가령 원거리도로의 경우에 다수의 구간계획확정절차로 다단계화하여 과정의 통제를 실현하자는 주장이 제기되는 동시에, 다른 한편에서는 정식절차인 계획확정절차의 선행절차로 요구되는 국토정비절차나 환경영향평가절차의 등장에 주목하여 이러한 형태도 다단계 행정절차로 보자는 주장이 나오게 되었는데, 이러한 두 가지의 논의를 「원자력법」상의 다단계 행정절차와의 유사성을 감안하여 부진정 다단계 행정절차라 하였다.

Ⅱ. 다단계 행정절차와의 구별개념

다단계 행정절차와의 구별개념으로는 대표적으로 단계적 행정결정과 다단계 행정행위를 들 수 있다.

1. 단계적 행정결정과의 구별

다단계 행정절차와 유사하여 개념상 오해를 받는 것 중에 단계적 행정결정(mehrstufiger Verwaltungsentscheidung)이 있다. 단계적 행정결정이란 어떠한 사안에 대한 행정청의 결정이 단계적인 검토과정을 통하여 연계적으로 이루어지는 것을 말한다.[8]

현대국가에 있어서 국가의 역무는 국민생활과 관련하여 그 작용영역에 있어서나 작용양태에 있어 실로 다양하다. 오늘날에 있어서는 행정행위를 하는데 있어서는 많은 자료의 수집과 분석이 요구되지만 행정청의 업무처리 능력상의 한계나 업무의 불확실성으로 인하여 종국적인 규율을 행하기 어려운 경우가 많이 생기고 있다.

따라서 당사자에게는 본처분의 가부(可否)에 대한 가측성(可側性, Voraussehrbarkeit)의 필요가, 행정청에게는 본처분에 기한 사업의 시행으로 기대되는 사회적·공공적 이익을 감안하여 당사자에게 본처분의 가측성을 제공할 필요에서 단계적 행정결정이 요구되었다.

단계적 행정결정은 단일한 행정결정의 사전적 표시제도인 확약(Zusicherung)[9] 및 가행정행위(vorläufiger Verwaltungsakt)[10]와 여러 단계의 행정절차를 거

8 김해룡, "단계적 행정결정에 관한 법리", 「고시계」(94. 4), 94쪽. 한편 김남진, 「행정법의 기본문제」, 285쪽과 동 쪽의 각주 2)에서는 "'확언(Zusage)', '교시(Auskunft)', '예비결정(Vorbescheid)', '부분인허(Teilgenehmigung)' 등의 제 행정작용은 단계적 행정과정의 한 과정을 이룬다"고 하여 '단계적 행정과정'이란 용어를 사용하고 있다.

9 확약이란 행정기관이 국민에 대한 관계에 있어서 자기구속을 할 의도로서 장래에 향하여 일정한 행위 또는 불행위를 약속하는 의사표시를 말한다. 확약은 1987년 우리나라의 「행정절차법 입법예고안」 제25조에 규정된 바 있고, 독일 「연방행정절차법」 제38조는 확약을 명문으로 제도화하여 확약의 형식, 효력발생요건, 무효, 취소 및 변경, 철회, 실효 등에 관하여 규정하였다.

10 가행정행위는 사실관계와 법률관계의 계속적인 심사를 유보한 상태에서 해당 행정법 관계의 권리와 의무를 잠정적으로 확정하는 내용을 그 규율대상으로 하는 것을 의미한다. 즉 가행

치며 부분적인 결정을 내리고 그것들 전체가 하나의 총체적인 행정결정을 내리는, 이른바 엄밀한 의미에서의 다단계 행정절차상의 사전결정(Vorbescheid)[11] 및 부분허가(Teilgenehmigung)[12]를 그 범주로 하고 있다.[13]

2. 다단계 행정행위와의 구별

(1) 의 의

오늘날 행정결정이 복잡하게 됨에 따라 공행정의 전문영역이 다변화됨으로써 관계 행정청 간의 협력채널(동의 또는 협의)을 갖는 다단계 행정행위의 법형식이 활용되고 있다.

그 이유는 관계 행정청의 협력제도의 실질화를 통하여 1차적으로는 공행정 결정의 최적화를 도모할 수 있고 부수적으로는 협력과정에서의 상호통제를 통하여 부정부패의 억제에 어느 정도 기여할 수 있기 때문이다.[14]

그런데 다단계 행정행위(mehrstufiger Verwaltungsakt)는 다단계 행정절차와 용어가 유사하기 때문에 종종 오해를 받고 있으나, 양자는 개념상 본질적인 차이를 가지고 있으므로 정확한 이해를 필요로 한다.

그러면 다단계 행정행위라는 것은 무엇을 말하는가? 가령 「환경영향평가법은 사업의 승인에 있어 사전절차로 승인기관의 장으로 하여금 환경영향평가서에 대해 환경부장관과 협의를 하도록 규정하고 있다.[15]

정행위는 본행정행위가 있기까지, 즉 행정행위의 법적 효과 또는 구속력이 최종적으로 결정될 때까지 잠정적으로만 행정행위로서의 구속력을 가지는 행정의 행위형식을 말한다.

11 사전결정(예비결정)이란 최종적인 행정결정을 내리기 전에 사전적인 단계에서 최종적으로 요건의 심사에 대한 종국적인 판단으로서 내려지는 결정을 의미한다.

12 부분허가는 원자력발전소와 같이 그 건설에 비교적 장기간의 시간을 요하고 영향력이 큰 시설물의 건물에 있어서 단계적으로 시설의 일부분에 대하여 부여하는 허가를 의미한다. 즉 행정결정의 대상이 되는 시설물의 일부의 건설 및 운전에 대하여 확정적인 허가를 발급하는 것으로 부분허가가 수차례에 걸쳐 계속적으로 이루어짐으로써 시설 전체의 건설이 완성되어 운전에 이르게 되는 방식을 말한다.

13 이에 대해서는 김해룡, 앞의 글, 94쪽.

14 김용섭, "다른 행정청의 협력을 결한 행정행위의 효력", 「판례월보」 제316호, 24쪽.

15 제27조(환경영향평가서의 작성 및 협의 요청 등) ① 승인기관장등은 환경영향평가 대상사업에 대한 승인등을 하거나 환경영향평가 대상사업을 확정하기 전에 환경부장관에게 협의를 요청하여야 한다. 이 경우 승인기관의 장은 환경영향평가서에 대한 의견을 첨부할 수 있다. ② 승인등을 받지 아니하여도 되는 사업자는 제1항에 따라 환경부장관에게 협의를 요청할 경우 환경영향평가서를 작성하여야 하며, 승인등을 받아야 하는 사업자는 환경영향평가서를

이와 같이 일정한 행정처분을 행함에 있어 사전에 관계 행정기관의 동의나 협의를 요하는 법규정이 있는 경우, 다른 행정청의 관여하에서 행해지는 행정행위라고 해서 이를 독일에서는 일반적으로 mehrstufiger Verwaltungsakt[16]라고 부르고 있으며, 우리말로 다단계 행정행위[17] 또는 다층적 행정행위[18]라 번역하고 있다.

다시 말하여 다단계 행정행위란 그 성립이 둘 또는 그 이상의 복수 행정청의 법률적으로 규정된 고권적 의사활동에 따른 행위의 총칭이다.

다단계 행정행위에 있어서도 최종행정청이 대외적으로 책임있는 결정을 하며 관계인에 대한 고지도 한다는 점에서 통상의 행정행위와 다를 바가 없다.

문제는 그때 행해지는 다른 행정청의 관여의 성질이라 할 수 있으며, 이 관여는 단순히 행정청 내부의 규율유지라든가 감독행사를 위한 것이 아니라, 행정행위의 발동을 위한 것이기 때문에 전문적 관점에서 법률의 규정에 따라 행해지는 것이다.

종래 이들 행정청 상호 간의 행위는 '내부근무적 훈령', '내부근무적 법행위' 등으로 일괄되어 왔었으나, 국책사업에서 이러한 관여(협의)를 정하는 입법이 증대됨에 따라 개개의 행정행위의 효과와 관련하여 이들 관여의 성격이 논란의 대상이 되었기 때문에 이와 같은 관여하에서 행해지는 행정행위를 다단계 행정행위 또는 다층적 행정행위로서 구별할 필요성이 생겨난 것이다.

따라서 다단계 행정절차가 다수의 행정절차의 존재를 필요로 하고 복수의 행정행위가 산출되어 나오는 것이라면, 다단계 행정행위는 하나의 행정행위에 다수의 다른 행정청의 협력이 요구된다는 점에서 개념상 구별이 된다.

작성하여 승인기관의 장에게 제출하여야 한다. ③ 제1항과 제2항에 따른 환경영향평가서의 작성방법, 협의 요청시기 및 제출방법 등은 대통령령으로 정한다.

16 이러한 행정행위의 명칭으로서는 예컨대, gemeinschaftlicher oder gemeinsamer Verwaltungsakt, Doppelverwaltungsakt, Gesamtverwaltungsakt, gebundener Verwaltungsakt, mitwirkungsbedürftiger Verwaltungsakt, zusammengesetzer Verwaltungsakt, Verwaltungsdoppelakt 등 여러 가지로 사용되고 있지만, Menger가 1959년에 mehrstufiger Verwaltungsakt라는 명칭을 제창한 이래 이 명칭이 널리 쓰이고 있다(서원우, 「전환기의 행정법이론」(박영사, 1997), 611~612쪽 참조).

17 김용섭, 앞의 글, 24쪽; H. Maurer, 「Allgemeines Verwaltungsrecht」, 1995, S. 189.

18 서원우, "행정상의 절차적 하자의 법적 효과", 「법학」 제27권 제2·3호(서울대학교 법학연구소, 1986), 32쪽.

그런데 후술하는 바와 같이 다른 행정청의 협력행위, 즉 협의 등이 행정처분의 성격을 띠게 되면 이 또한 복수의 행정행위가 존재하는 것이 되기 때문에 구별에 어려움이 따를 것이다. 그러나 협력행위를 행정처분으로 보는 것은 쉽게 결론지을 일은 아닌 것 같다.

(2) 협력행위(동의 및 협의)의 법적 성질

협력행위의 법적 성질을 논하는 실익은 협력행위를 독자적인 행정행위로 볼 것인가의 문제와 결부된다.

> 예를 들면, 수익적 행정행위의 발령에의 협력절차에 있어서 협력행위가 행정행위라면 상대방은 협력행정청을 상대로 직접 그 거부처분을 다툴 수 있고, 협력행정청이 「행정절차법」의 적용주체가 될 수 있다는 점에서 그 의미를 찾을 수 있다.[19]

협력행위, 즉 동의나 협의의 법적 성질은 협력의 형태 또는 법규범의 성질에 따라 달리 볼 여지도 없지 않겠으나 일반적으로 행정내부적 설명에 그칠 뿐 직접적으로 대외적 효력을 갖지 아니하는 것으로 보고 있다.[20] 다만 예외적으로 직접적·법적 효력을 미칠 때에는 하나의 행정행위로 파악될 수 있다.

이러한 점에서 「환경영향평가법」 제27조의 협의는 본래의 의미로는 절차적 사실행위에 지나지 않으나, 협의에 사업계획 등의 조정 또는 보완 등을 협의 내용으로 설정하여 사업수행상의 정지조건이나 해제조건으로 운영함으로써 사실상 협의를 사업계획에 대한 허가 또는 승인과 동일하게 운용하고 있고, 협의에 대해 승인기관의 장과 사업자가 이의신청을 할 수 있도록 규정함으로써 행정처분으로 볼 수 있는 여지를 남겨 놓고 있다.

---

19 김용섭, 앞의 글, 24쪽.

20 협력은 실정법상으로는 양해, 동의, 승낙 등으로 쓰이고 있다. 이들 협력이 행정규칙에 따르거나 또는 직무원조에 따라 행해져야 할 경우에 그것이 행해지지 아니하였다고 하더라도 하자의 치유문제는 발생하지 않지만, 협력이 법규에 따라 의무지워져 있을 경우에는 그것을 결한 행정행위는 위법이 된다.

제2절 다단계 행정절차론의 성립과 발전

Ⅰ. 다단계 행정절차론의 성립

1960~1970년대에 이르러 독일의 판례와 학설에 있어서 행정결정과정에 대한 법적 분석을 행하려는 시도가 다양한 형태로 전개되었는데, 그러한 시도 중의 하나가 다단계 행정절차론이다.

브롬(Brohm)은 복잡한 행정결정과정 자체를 법적으로 파악가능한 개개의 부분결정(Teilentscheidung)으로 분할하여[21] 제 결정을 불복대상으로 하자고 제안하였다. 그가 이렇게 제안한 것은 행정결정에 대한 이해관계인의 참여를 보장하고 행정의 결정과정 자체를 통제 가능한 것으로 하기 위해서이다.

브롬은 현대행정을 실효적으로 통제하기 위한 제도로서 전체의 행정과정을 부분결정으로 분할할 필요가 있다고 하면서 행정절차에 대한 참가권의 실효성을 확보하기 위해서도 복잡한 행정과정의 개개 단계를 상호적으로 파악하는 것이 중요하다고 주장하였다. 이러한 브롬의 주장은 다단계 행정절차론의 싹을 틔운 것으로 평가받고 있다.[22]

그리고 1969년 「원자력법」의 개정과 그 후 「연방임밋시온방지법」의 제정을 계기로 하여 부분허가(Teilgenehmigung) 및 사전결정(Vorbescheid)이 도입되면서 다단계 행정절차론이 구체적으로 전개되기에 이르렀다.

부분허가와 사전결정제도가 첫째, 원자력발전소 등의 시설은 장기간의 투자가 필요하기 때문에 후속단계에서 계획 전체가 부정되면 사업자의 투자가 무위로 돌아가므로 사업자의 리스크를 경감시킬 수 있다는 점, 둘째, 이른 단계에서 이해관계자에게 권리보호를 부여하는 것이 가능하다는 점, 셋째, 시설의 허가 자체가 복잡하므로 복잡한 결정절차를 명확한 개개의 단계로서 파악가능한 것으로 하는 것이 법치국가의 견지에서 필요하다는 점 등의 기능 때문

---

21 W. Brohm, “Die staatliche Verwaltung als eigenständige Gewalt und die Grenzen der Verwaltungsgerichtsbarkeit”, DVBl. 1986, S. 290.

22 高橋 滋, 「現代型訴訟と行政裁量」(弘文堂, 1990), 38頁.

에 이들 제도를 핵심요소로 하여 다단계 행정절차론이 발전하게 되었다.

허가절차, 특히 「원자력법」에 따른 허가절차에 있어서는 시설의 복잡성을 반영하여 원자력발전소 설치의 가부가 한 번의 행정절차, 한 번의 허가로 결정되는 예는 없다. 그 허가절차는 사전결정과 복수의 부분허가를 거듭하는 다단계 행정절차의 모습으로 실시되며, 각 부분허가에 따라 결정된 사항에 대해서는 후속 절차에서 행정청 및 사업자가 그것을 변경할 수 없는 한편, 관계 주민등도 후속절차에서 그것을 다툴 수 없게 됨으로써 행정과정의 부분결정으로의 분할과 행정절차에 대한 참가권의 보장과 아울러 참가책임을 묻는 배제효제도(Präklusionswirkung)를 통한 절차촉진이 이루어짐으로써 행정결정의 진행이 보다 탄력을 받게 된다.

다단계 행정절차론을 주장한 학자들은 다단계 행정절차가 지니는 의미를 '행정과정에 대한 전면적인 개관가능성', '조기의 권리보호가능성' 및 '최신기술의 반영가능성'에서 찾았다.

슈미트-아스만(Schmidt-Aßmann)은 행정과정이 파악가능한가 아닌가는 사회적 법치국가의 행정에 있어서 사활문제이며, 권한 · 책임 영역을 확정하고 권리보호문제 등을 고찰하기 위해서도 행정과정의 전면적인 개관가능성이 요청되며, 만일 전면적인 개관가능성이 존재하지 않으면 배분이나 참여 등도 우연성에 지배되어 국민에게는 불분명한 것이 되기 때문에 이 문제는 사법적 통제에 있어서도 의미를 가질 수밖에 없는데, 그것은 행정과정이 파악 가능한 것으로 됨에 따라 법관의 판결이유에도 신뢰도가 높아지게 되고, 법관이 행정과정을 혼란시키지 않고 바람직한 방향으로 수정하여 가는 것이 가능하게 되기 때문이라고 한다.[23]

베버(A. Weber) 또한 복잡한 결정과정의 파악불능성(把握不能性)을 감소시키고 단계별 구분에 따라 행정청의 결정에 대한 투명성을 높이고 주민의 참여가능성을 강화시킬 수 있으며 시설을 설치 또는 운영하고자 하는 사업자의 투자위험을 감소시킬 수 있다는 점을 지적하였다.[24]

그리고 다단계 행정절차에 따르면 절차의 이른 단계에서 중요한 쟁점을

---

23 高橋 滋, 前揭書, 153頁.

24 A. Weber, “Vorbescheid und Teilgenehmigung im Atomrecht”, DÖV 1980, S. 397.

확정하고 관계인에 대해 빠른 시기에 권리보호의 기회를 제공할 수 있고, 시설의 세부결정을 후속의 부분허가에 유보함으로써 그것에 최신기술의 진보를 반영할 수 있게 된다.

Ⅱ. 다단계 행정절차론의 발전 – 이론적 지평의 확대

다단계 행정절차론에서 말하는 복잡하고 전문기술적인 국책사업의 의사결정과정을 위해 생겨난 다단계 행정절차의 의의가 행정과정에 대한 전면적인 개관가능성을 높혀 관계인에 대한 행정절차 및 재판상의 실효성을 확보하는 것과 절차의 조기단계에서 중요한 쟁점이 확정됨으로써 이해관계인에 대한 조기의 권리보호기회가 부여된다는 점 및 최신기술의 반영가능성에 있다는 것은 앞서 말한 바 있다.

1. 주요 학자

다단계 행정절차론은 독일의 「원자력법」과 「연방임밋시온방지법」상의 부분허가·사전결정제도를 소재로 하여 구체화되었으나, 특정의 사업계획을 규율하는 「항공교통법」과 「연방원거리도로법」상의 전문계획에 대해서도 브뤼멜(W. Blümel)과 발(R. Wahl) 등에 의해 계획결정을 단계적으로 파악해야 할 필요성이 주장되었다.[25]

독일 「항공교통법」과 「원거리도로법」 등에 있어서 볼 수 있는 전문계획을 단계적으로 파악하고자 하는 학자들도 브롬 등과 마찬가지의 생각을 가지고 있었다.

1960년대에 이 논의를 제안한 브뤼멜은 계획을 단계적으로 파악함으로써 관계인에 대해 조기의 권리보호를 부여하는 것이 가능하다는 점을 강조하였다.[26] 그는 이러한 계획의 책정에 있어서 계획확정결정(Planfeststellungsbeschluss)에 선행하여 「원거리도로법」상 도로계획 및 노선결정(법 제16조 제1항)이 이루어

25 R. Wahl, “Der Regelungsgehalt von Teilentscheidungen im mehrstufigen Planungsverfahren”, DÖV 1975, S. 373; 黒須孝朗, “西ドイツにおける行政上の計劃の理論的展開”, 早稲田大學法學會誌 第33號, 89頁.

26 B. Blümel, “Planung und Verwaltungsgerichtsbarkeit”, DVBl. 1975, S. 695.

지고, 「공항교통법」상 공항의 설치·영업허가(법 제6조 제1항)라는 중요한 행정결정이 이루어지는 것을 주목하였다. 그에 따르면 이러한 결정에 따라 후행의 계획확정결정의 내용이 상당한 정도까지 정해지게 된다. 그 결정은 현행법상으로는 직접적으로 다툴 수 없는 준비적 계획으로 해석되고 있다. 따라서 「원거리도로법」상의 전체계획이 잘못 내려진 경우에 관계인이 계획확정절차시에 이의를 신청하여도 그 이의가 받아들여질 가능성은 없다고 보아야 한다. 특히 계획확정절차의 정비는 중요한 의미를 지니기는 하나, 계획확정절차에도 한계가 있다. 특정한 관계인이 다양한 루트를 통해 노선결정 등에 참여하는 것이 봉쇄된 채로 행해지고 있다. 따라서 일반주민이 무엇보다도 불리한 입장에 놓이게 되는 것이다. 그래서 계획확정절차에 선행하는 노선결정 등에서 절차적·재판적 권리보호가 부여되지 않으면 안 된다고 하였다.

또한 뵐도 「항공교통법」상의 허가에 관해 결정의 실질적 내용과 법적 내용을 일치하게 할 필요가 있다고 주장하면서 입지문제에 관한 선택 여지가 계획확정절차의 단계에 있어서 존재하지 않는 이상, 허가절차단계에 있어서 재판적 보호기회를 부여할 필요가 있다고 주장하면서,[27] 단계적으로 문제를 파악하여 결정을 구체적으로 함으로써 절차의 합리성이 증가할 수 있다고 주장하였다.

또한 슈미트-아스만은 전문계획을 단계적으로 파악함으로써 계획 전체의 파악가능성이 높아지게 된다고 주장하였다.[28]

2. 전문계획과 다단계 행정절차의 구성

전문계획에 있어서 다단계 행정절차의 구성을 하게 되면 「원자력법」상의 제도와 동일한 행정결정과정의 전면적인 개관가능성을 높일 수가 있다. 즉 전문계획의 확정절차에 선행하는 결정을 독립의 계획단계로서 구성하고자 하는 논의는 그것에 따라 「원자력법」상의 제도와 공통되는 다단계 행정절차론의 장점을 전문계획에 도입하고자 하는 것이다.

다단계 행정절차론의 주요 소재인 「원자력법」 및 「연방임밋시온방지법」상

27 高橋 滋, 前揭書, 234頁.

28 Schmidt-Aßmann, "Institute gestufter Verwaltungsverfahren: Vorbescheid und Teilgenehmigung", in: 「Festschrift aus Anlaß des 25 jahren Bestechen des Bundesverwaltungsgerichts」, 1978, S. 569.

의 허가절차와 「공항교통법」 및 「원거리도로법」상의 계획확정절차 간에 여러 상이점이 생긴 배경에는 다음과 같은 사정이 존재한다.

즉 「원자력법」 및 「연방임밋시온방지법」에 따른 허가제도의 전신이 되는 「영업법」(Gewerbeordnung)에 따른 허가제도는 전통적으로 위험배제만을 목적으로 한 경찰허가의 전형으로 여겨졌다.

따라서 그 허가는 그 목적에 붙여진 법정(法定)된 거부사유에 해당되지 않으면 당연히 부여되었다. 이 경우 여러 종류의 거부사유가 법정되어 있으면 그의 해당성 유무는 별개·독립적으로 판단하는 것이 당연하고, 이러한 제 판단이 시간적으로 동시에 외부에 나타나든 순차적으로 나타나든, 그것은 절차의 합목적성 문제에 지나지 않는다.

또한 개별 거부사유의 판단이 시설의 일부분만에 관한 경우에는 시설 전체를 몇 개의 부분으로 나누어 순차적으로, 각각에 있어서 거부사유 해당성의 유무를 판단하더라도 하등의 문제가 없게 된다. 결국 최종적인 시설의 전체에 있어 어떤 거부사유에도 해당하지 않는다는 행정기관의 판단이 있게 되면, 시설설치가 가능하게 되는 데 불과하다.

그러나 계획확정절차의 경우에는 그 사정이 다르다. 계획확정결정에 따른 시설 설치 가부(可否)의 결정은 개별 법정요건에의 해당성에 있어서 판단의 집합은 아니다. 무릇 그 결정은 해당 시설의 설치에 관한 공적, 사적인 모든 제 이해를 종합적으로 비교 교량한 결과로서 내려진 국토이용에 관한 정책형성작용이다.

이 계획교량(計劃較量)의 본질이 관계 제 이해의 종합적인 비교교량에 있는 이상, 그 판단을 둘러싼 문제를 상호 관련시켜 종합적으로 고려해서 모든 이해를 일거에 조정할 것을 목적으로 한다는 것이 전통적인 사고였다.

그러나 이러한 전통적인 이론모델이 현재에도 관철되고 있느냐 하면 그렇지 않다. 이미 '허가'와 '계획'이라는 도그마틱(dogmatic)한 구별이 유효성을 잃고 있는 것은 그 예라 할 수 있다.

예를 들면, 원자력발전소의 설치허가에 계획법적인 요소가 깊이 침투되어 있는 점은 그것을 말해 준다. 특히 입지 및 기본구상의 결정에 있어서는 시설 전체에 있어서의 종합적인 평가가 불가결하다는 것이 중론(衆論)이다.

계획확정절차에 있어서도 그 판단은 제 이해에 관한 비교교량에만 얽매이는 것은 아니다. 비교교량에 우선하는 법적 구속도 존재하고 있고, 그 판단은 종합판단과 분리되어 있는 것으로 볼 수 있다. 문제는 이러한 판단과정상 각 결정을 다단계 행정절차라는 형식으로 법적으로 순차적으로 확정하는 것이 최종적 단계에서 확정한다는 법적 취지에 따른 것에 지나지 않는다는 것이다.[29]

3. 정치 · 경제적 상황과 다단계 행정절차

다단계 행정절차론이 파급되는 데에는 정치 · 경제적 상황도 많은 영향을 미쳤다. 독일은 1938년 11월 저명한 화학자 오토 한(Otto Han)과 프리츠 스트라스만(Fritz Strassman)에 의해 우라늄 핵분열현상을 최초로 실험 · 발견한 나라이지만 1970년대에 팽배했던 국제환경운동의 쟁점이 되었던 반원자력 파고(波高)를 피할 수는 없었다.[30]

반원전운동의 활성화는 행정실무에도 강한 영향을 미쳐서 행정청이 안전기술상의 문제를 신중히 취급하게 하는 계기로 작용하였다. 그 결과 사업자는 안전목적의 요청상 매우 상세한 자료를 제출하여야 하는 부담을 안게 되었고, 허가청에 의한 심사시간의 장기화로 인하여 건설비가 증가하게 되었다.

그리하여 사업자는 일부의 허가만이라도 얻어서 가능한 한 조기에 공사를 착공하기 위해 어쩔 수 없이 다단계 행정절차에 따르게 되었는데 사업자의 경우 전체허가보다 부분허가 신청시에 자료준비의 비용이 절감되고 자료작성 시간도 줄일 수 있다는 점도 다단계 행정절차를 따르게 하는 데 일조가 되었다고 할 수 있다.[31]

---

29 山田 洋, 前揭書, 182頁.

30 독일 연방헌법재판소는 독일 · 네덜란드 · 벨기에 합동 칼카 고속로 개발계획(The Kalkar Joint German-Dutch-Belgian Fast Reactor Project)이 독일 「원자력법」에 위배되는지 여부를 결정해야 했으며, 6기의 경수로 건설공사가 소송으로 중단되는 사태로까지 발전되었다(T. 프라이스(박정택 역), 「원자력의 정치경제학」, 102~103쪽).

31 Ossenbühl, “Kernenergie im Spiegel des Verwaltungsrechts”, DÖV 1981, S. 8; Hans-Christian Knüppel, “Zur Zulässigkeit der Einrichtung von. Kompaktlagern in Kernkraftwerken”, DÖV 1981, SS. 19, 20. 참조.

Ⅲ. 다단계 행정절차에서의 부분허가

1. 부분허가의 의의

부분허가(Teilgenehmigung)란 행정결정의 대상이 되는 시설물의 일부 건설 및 운전에 대하여 확정적인 허가(Genehmigung)를 발급하는 것으로 부분허가가 수차례에 걸쳐 계속적으로 이루어짐으로써 시설 전체의 건설(Errichtung)이 완성되어 운전(Betrieb)에 이르게 되는 것을 말한다.[32] 즉 부분허가는 신청자에게 전체시설의 특정한 부분의 설치나 운영을 시작하는 것을 허가하며 해당 시설의 특정부분에 관한 한 종국적인 결정으로서 행정행위에 해당한다.[33]

부분허가는 원자력발전소와 같은 비교적 장기간의 시간을 요하고, 국가사회적으로 영향력이 큰 시설물의 설치에 있어서 단계적으로 시설의 일부에 대하여 허가를 발급하는 데 적합한 절차방식이다.[34]

부분허가는 전체허가문제(Gesamtgenehmigungsproblematik)를 단편적으로 분할하여 후속허가(Folgegenehmigung)에서 진보하는 과학과 기술의 발전상태를 반영하고자 하는 제도이다.

다시 말해서 부분허가는 사업안의 일부분 또는 시설의 일부승인 또는 시설의 운영을 승인하는 것이다.[35] 이와 같은 부분행정행위(Teil-Verwaltungsakt)의 발급은 그 결정에 대해 신청자의 정당한 이익이 존재한다는 것을 전제로 한다.

더욱이 부분허가는 잠정적 심사가 전체로서의 시설의 설치 또는 운영이라는 점에서 허가요건이 존재한다는 것을 인정하는 경우에만 허용된다. 전체로서의 시설에 관한 잠정적·긍정적 전체판단은 부분허가의 확인적 규율내용에 속한다. 그것은 아직 결말지어지지 않은 상세한 심사를 하는 것을 유보하는 것으로서 동일한 사실 상황 및 법적 상황에 있어서는 구속적 효과를 갖는다.[36]

---

32 독일의 §8 BImSchG; §7b AtG, §18 AtVfV 참조.
33 정하중, 「행정법개론(제7판)」, 200쪽.
34 김해룡, 앞의 글, 98쪽.
35 BVerwGE 70, 365; 72, 300.
36 ペータ バドゥーラ(高田 敏 譯), "ドイツ共和國の憲法行政法における技術的大規模プロジェ

부분허가는 시간적으로 장기간을 요하고, 복잡한 결정사안을 계통적으로 구분하여, 조기 단계에 부분적으로나마 확정시킴으로써 많은 이해관계 당사자들 간의 법률관계를 조기에 명확히 하고, 사실관계상의 수많은 기성사실(旣成事實)들이 완성되고 있는 시점에서, 그 법적 관계를 명확히 해 줌으로써 당사자들의 법적 보호의 길을 제공해 주는 동시에 행정결정 대상 사업자의 사업추진상의 예측가능성과 비용투자상의 위험을 감소시켜 주는 제도적 의의를 지닌다고 할 수 있다.

1972년의 뷔르가센판결(Würgassen-Urteil)[37]은 허가과정을 부분행정행위로 분리하는 것을 긍정하였다. 이 판결에서 부분행정행위에 있어서 허가절차의 분할(Aufspaltung)이 확인되었고 분할의 합목적성이 행정청의 재량에 위임되었다.[38] 우리나라의 대법원도 「원자력안전법」상 부지사전승인에 따른 제한공사 가능성에 착안하여 부지사전승인을 부분건설허가로 보고 있다.

부분허가는 그 자체가 규율하는 내용에 대한 종국적 결정으로서 행정행위이다.[39]

2. 부분허가의 기능

(1) 부분허가의 구속력

부분허가는 그 자체가 규율하는 내용에 대한 종국적 결정이므로 후속 부분허가의 내용에 직접적인 효력을 미친다.[40] 왜냐하면 부분허가는 부분적 결정이 단계적으로 이루어져 원자력발전소의 건설과 운영에 대한 허가가 총체적으로 이루어지므로, 이들 단계적 허가 간에는 상호 배치될 수 없는 연계성을 지녀야 하기 때문이다.

처분청이 제1단계 절차에서 내린 부분허가의 내용은 처분청 스스로에게 구속력을 발생하여 후행절차에서 선행 부분허가와 모순된 결정을 내려서는 안 된다. 다만 그 사이에 법적·사실적 상황이 변경된 경우에는 처분청은 선행 부

クト(四)", 「自治研究」 第64卷 第5號, 15頁.
37 BVerwG, Urt. v. 16. 3. 1972, DÖV 1972, S. 757ff.
38 A. Weber, a.a.O., S. 39.7
39 김해룡, 앞의 글, 98쪽.
40 R. Wahl, a.a.O., S. 376.

분허가를 철회하고 새로운 결정을 내릴 수가 있다.[41]

(2) 부분허가의 대상

부분허가의 대상은 원칙적으로 사업자의 신청에 따라 정하여지며, 원자력발전소마다 다르다. 다만 일반적으로는 제1차 부분허가에 따라 기초공사가 시작된다.[42] 그 후 몇 차례의 부분(건설)허가에 따라 원자력발전소 전체가 완성된 후에 운영이 개시되며, 운영단계에 있어서도 부분(운영)허가에 따라 점진적으로 출력이 단계적으로 높아져 최종적으로 완전출력에 이르게 되는 것이다.

독일에서 부분허가의 수는 원자력발전소마다 다르며,[43] 보통 십여 개가 넘는 것도 드물지 않다고 한다.[44]

(3) 부분허가의 제출자료

무엇보다도 안전에 대한 포괄적인 보고와 일반적으로 납득할 수 있는 간단한 설명이 제시될 수 있는데, 이 간단한 설명은 공중참여의 범위[45] 내에서 신청서로 설명될 수 있다

(4) 부분허가와 잠정적·긍정적 전체판단

원자력발전소 등은 시설의 엄청난 복잡성과 그와 더불어 평가될 수 있는 문제 때문에 허가는 한 번에 발부될 수 없다. 오히려 허가는 단계적으로 부분허가로써 이루어진다. 이 각각의 부분허가는 그것의 대상과 관련했을 때는 완전한 허가이다. 다시 말해서 부분허가는 그것에 포함되는 시설부분의 건설을 확정적으로 허가한다.[46]

부분허가는 그 자체로서는 단지 부서진 조각에 불과하다. 부분허가는 전체의 일부, 즉 시설에 대한 전체허가의 한 조각이 되고, 마지막 부분운영허가는 그것의 마지막 한 조각이 된다.

---

41 정하중, 「행정법개론(제7판)」, 201쪽.

42 부분허가의 수가 원자력발전소마다 다른 것에 대해서는, Ipsen, "Einwenungsbefugnis und Einwendungsausschluß im atomrechtlichen Genehmigngsverfahren", DVBl. 1980, SS. 146~148.

43 독일에서 제1차 부분허가의 내용이 원자력발전소마다 다른 점에 관해서는 Degenhart, 「Kernenergierecht」, 1981, S. 64. 원자로건축물, 원자로비상냉각체계, 원자로뚜껑이 있는 원자로탱크, 그리고 나트륨주순환장치, 원자로 핵을 넣는 것에 관한 허가 등이 있다.

44 Michael Kloeofer, 「Umweltrecht」(C.H. Beck, 1989), S. 493.

45 Gerhart · Jacob, DÖV 1986, S. 258.

46 BVerwG 22. 12. 1980, BVerwGE 61, 256/271f.

잠정적 · 긍정적 전체판단(vorläufiger-positives Gesamturteil)은 그러한 의미의 결합관계를 모든 부분단계에 대한 고리의 역할을 한다.

따라서 제1차 부분건설허가에서 이미 전체－미래의－시설이 조망되어야 하고, 이후의 세부평가(Deteilprüfung)가 유보되고 실제적 및 법적 상황이 동일한 상태에서 그 허가의 진술이 그 결정에서 확정적인 부분에 들어맞아야 한다. 이때 확정적인 부분이란 전체 시설이 앞으로 극복할 수 없는 장애에 맞닥뜨리게 되어서는 안 된다는 사실을 나타낸다.

다단계화의 의미는 근본적으로 함께 진행되는 이의권한(異議權限)과 단계적 이의배제(異議排除, Einwendungspräklusion)하에서 복잡한 절차대상을 단계적으로 제거하는 것이다. 실제로 다단계 허가절차를 통해서 점차 증가하는 프로젝트의 실현을 지속적으로 통제할 수도 있게 된다.

제1차 부분허가에는 결정적인 중요성이 부과되는데, 그 이유는 제1차 부분허가가 후행 부분허가에 대한 방법을 제시하는 역할을 하기 때문이다.

부분허가의 인정이 잠정적 · 긍정적 판단을 전제하기 때문에－이 사실에 따라 전체 시설의 건설과 운영을 고려하여 허가 전제요건이 미리 전제된다－많은 학자들이 제1차 부분허가에 직접적 허가내용을 넘어선 입지 및 기본구상 허가로서의 중요성을 부여한다.[47]

Ⅳ. 다단계 행정절차와 배제효

1. 배제효의 의의

배제제도(Präklusionssystem)[48]의 기원은 1869년의 「프로이센영업법」까지 거

47 예를 들어, Kloepfer, 「Umweltsrecht」, S. 493; 그러나 연방행정법원은 Wyhl판결에서 이 견해에 반대했다. 긍정적 · 잠정적 전체판단과는 반대로 (그것에 대해 곧) 기본구상허가는 확정적인 성격을 지니기 때문에, 그러니까 기본구상허가로서 시설구상이 최종적으로 동의되어야 하기 때문에 기본구상허가가 자동적으로 부분허가의 구성요소가 되지는 않으며, 허가에서 사용되는 부분에서 (분명히) 표명되어야 한다. 기본구상에 대한 인정은 최종적인 성격을 지니기 때문에 사전결정으로서 이해될 수 있다. 그러나 이 규범적인 규율내용은 1982년 3월 31일부터 비로소 존재하였다. 그와 반대로 원자력발전소에 대한 부분허가는 대부분 그 시점 이전에 시행되었다(BVerwGE 72, 300).

48 Präklusion의 역어로서는 '배제', '실권', '제척' 등이 고려되고 있다. 의미내용은 약간 다르다. 그런데 '실권'은 verwirkung의 역어로서 사용되고 있으므로 여기서는 '배제'를 사용하기로

슬러 올라간다. 그러나 이 제도는 그리 주목을 받지는 못했다.

그런데 환경보호에 대한 관심이 고조되면서 원자력발전소 등의 시설에 대한 이의신청과 소송의 증가를 배경으로 해서 「영업법」(Gewerbeordnung)의 후신인 「연방임밋시온방지법」 및 「원자력법」의 허가절차상 배제제도가 학계 및 실무의 주목을 받아 활발히 논의된 것이다.

2. 배제효의 유형

(1) 절차적 배제효

절차적 배제효(verfahrensrechtliche Präklusionswirkung)란 기간이 경과하여 제기된 이의신청은 참가절차로부터 배제되는 경우에 그 기간경과의 효력을 말한다. 형식적 배제효(formalle Präklusionswirkung)라고도 한다.

따라서 기간이 경과하여 제기된 이의신청은 해당 절차 및 이후의 절차에서 다루어지지 않으며, 결국 계획확정결정에서도 고려되지 않게 되는 것이다.

독일 「연방행정절차법」의 계획확정절차에 관한 규정(법 제73조 제6항)이 그 예이다.

법정기간을 넘긴 이의는 해당 참가절차에서 고려되지 않는다는 데에 대해서는 다툼이 없다. 그러나 이의신청을 하지 못한 자도 결정이 있은 후에 그에 대한 취소소송을 제기하여 재판절차에서 그것을 다툴 수 있다.

또한 이의신청을 한 자도 사후에 결정에 대한 소송을 제기하여 거기서 참가절차와는 다른 이의를 새로이 주장할 수 있다.

> 예를 들면, 폐기물처리시설의 설치계획에 관한 계획확정절차시에 악취의 위험을 주장하여 이의를 신청한 자도 사후의 계획확정결정 취소소송에서 새로이 오수(汚水) 유출의 위험을 주장하는 것이 허용된다.

한다. 독일 「연방행정절차법」 제75조 제2항 제1문에 따른 계획확정결정의 효력인 배제효(Ausschlußwirkung)와 혼동할 우려가 있으나 「행정절차법」상 배제는 계획확정결정에 불가쟁력이 생기게 되면 시설의 철거 등의 청구는 전적으로 배제된다는 뜻이기 때문에 오히려 '배타적 관할'에 가까운 개념으로 볼 수 있다.

(2) 실체적 배제효

1) 의 의

실체적 배제효(materielle Präklusionswirkung)란 법정기간을 경과한 이의(異議)는 해당 참가절차에서 고려하지 않는 외에 이러한 이의는 행정쟁송단계에 있어서도 주장할 수 없다는 것을 말한다.

법정기간 경과 후는 "특별한 사법상의 권한에 기하지 않는 모든 이의는 배제된다"는 규정을 두고 있는 독일의 「연방임밋시온방지법」 등의 입법례가 해당된다.

2) 출소보장과 실체적 배제효

독일의 종래 다수설[49]과 판례는 법정기간을 넘긴 이의배제는 해당 참가절차 및 소송절차까지 배제하는 의미로 이해하였다. 입법자가 절차적 배제효를 의도하는 경우에는 굳이 배제규정을 입법화하지는 않았으리라는 것이다.

이에 대해 소수설은[50] 이의신청기간에 실체적 배제효를 인정하게 되면 주민 등이 허가결정에 대해 출소하는 것이 매우 곤란하게 된다고 주장한다. 즉 실체적 배제효는 「기본법」 제19조 제4항에서 보장하고 있는 출소의 기회를 부당하게 제약하게 되는 것이다.

3) 실체적 배제효의 범위

실체적 배제효를 승인하게 되면 참가절차와 소송절차의 촉진과 효율화, 사업자 권리의 안정화 등 입법목적이 달성되는 반면, 제3자인 주민 등의 권리보호가 곤란해지는 문제가 있다. 따라서 이 문제는 구체적인 입법 및 그 해석에 따라 그 범위와 한계를 정해야 할 것이다.[51]

실체적 배제효의 범위는 공람서류로부터 판단할 수 있는 범위에 한정된다. 따라서 공람 후에 계획이 변경된 경우 등은 공람서류와 후에 내려진 허가가 다

---

49 실체적 배제효를 지지하는 학자로는 Ipsen, "Einwendungsbefugnis und Einwendungsausschluß im atomrechtlichen Genehmigungsverfahren", DVBl. 1980, S. 146ff.; Steinz, "Materielle Präklusion und Verfahrensbeteiligung im Verwaltungsrecht", VerwArch. 1988, S. 272ff. 등이 있다.

50 실체적 배제효의 승인에 대한 비판적인 학설로서는 Wolfrum, "Der Ausschluß von Einwendungen im Anhörungsverfahren und seine Einfluß auf den Verwaltungsrechtsschutz", DÖV 1979, S. 497ff. 등이 있다.

51 山田 洋, 「大規模施設設置節次の法構造」, 162頁.

르게 되면 실체적 배제효는 효력이 없다.

즉 중대한 계획변경이 있는 경우에는 허가절차에서 이의신청의 기회가 주어지지 않으면 안 된다. 이의신청기간이 종료한 후, 그 사이에 예상하지 못했던 사정변경이 생긴 경우에도 이러한 새로운 사실에 기한 이의는 새로운 소송의 장(場)에서 주장할 수 있다.[52]

그리고 과실로 이의신청기간을 경과한 자는 절차의 재개를 구함으로써 이의신청을 하는 것이 가능하다.[53]

허가에 중대하고 명백한 하자가 있으면 그 허가는 무효이고(「연방행정절차법」 제44조 제1항), 제3자는 이의신청에의 유무와는 관계없이 소송의 장에서 그 것을 주장할 수 있다.[54]

제 3 절 다단계 행정절차의 기능

다단계 행정절차의 기능으로는 ① 행정과정에 대한 전면적인 개관가능성이 제고됨으로써 관계인에 대한 행정절차 및 재판상 권리보호의 실효성이 확보된다는 점, ② 최신 과학기술의 수용에 따른 안전성의 제고, ③ 절차의 이른 단계에서 중요한 쟁점이 확정되므로 이해관계인에게 조기에 권리보호의 기회를 제공할 수 있다는 점, ④ 사업자의 투자보호, ⑤ 법원의 부담경감 등을 들 수 있다.[55]

Ⅰ. 행정과정의 전면적인 개관가능성의 제고

다단계 행정절차의 기능으로는 먼저 행정과정의 '전면적인 개관가능성'의 제고를 들 수 있다.

국책사업의 설치는 매우 복잡하고 오랜 시간이 걸린다. 그렇기 때문에 국

52 BVerwGE 60, S. 308f.
53 BVerwGE 60, S. 309.
54 BVerwGE 60, S. 308, BVerwG Urt. v. 17. 7. 1980, NJW 1981, S. 363f.
55 A. Weber, a.a.O., S. 397; 高橋 滋, 前揭書, 260頁.

책사업의 설치시에 다단계 행정절차에 따르게 되면 행정과정에 대한 '전면적인 개관가능성(Übersichtlichkeit)'이 제고될 수 있다.[56]

즉 행정과정의 '전면적인 개관가능성'은 법치국가의 행정에 있어서 매우 중요한 문제로 '전면적인 개관가능성'이 존재하지 않는다면, 배분과 참가 등이 개연성에 따라 지배되어 국민에게는 불투명한 것이 된다.

Ⅱ. 최신 과학기술의 수용에 따른 안전성의 제고

원자력발전소 등은 설치에 많은 시간이 걸린다. 시설설치 도중에 과학·기술의 수준이 향상될 가능성이 많다. 시설안전성의 면에서 보면, 과학·기술 수준의 발전에 부응하여 끊임없이 허가시에 요구되는 안전성을 제고할 필요가 있다.

이러한 점에서 다단계 행정절차는 단계적으로 허가를 부여함으로써 최신의 과학·기술을 적용하는 것이 단일한 행정절차보다 쉽다는 점은 부인할 수 없다.[57]

이 점과 관련하여 오센뷜(Ossenbühl)이 "발전의 개방성(Entwicklungsöffenheit)이 다단계 행정절차에 특유한 것이며, 이는 그때그때의 발전된 과학·기술 수준의 적용이 필요하기 때문이며, 과학·기술 수준의 급속한 발전에 적합한 안전요구의 강화는 최초의 허가에 따라 모든 것이 확정되지 않는 경우에만 최고도로 보장된다"라고 한 것도 이러한 취지로 볼 수 있다.[58]

Ⅲ. 이해관계인의 조기 권리보호기능

다단계 행정절차의 세 번째 기능으로는 절차의 이른 단계에서 중요한 쟁

---

56 高橋 滋, 前揭書, 233頁.

57 김명연, 앞의 글, 168면.

58 Ossenbühl, "Kernenergie im Spiegel des Verwaltungsrechts", DÖV 1981, S. 803. 따라서 다단계 행정절차를 채용하는 경우 원자력발전소의 건설·운영을 1회로 모두 허가하는 것이 아니라 각 단계에서 일부분의 건설 또는 운영만을 허가하고 잔여부분은 다음의 단계에서 허가함으로써 최신의 과학·기술 수준을 적용하는 것이 당연히 쉬워지게 되는 것이다.

점이 확정되기 때문에, 이해관계인이 이른 단계에서 권리보호의 기회를 가질 수 있다는 점을 들 수 있다.[59]

우리나라의 경우에 국책사업은 행정계획절차－환경영향평가절차－허가절차 등을 통해 설치되는데, 가령 최종 허가절차단계까지 가지 않더라도 최초의 행정계획단계에서도 중요 쟁점이 확정될 수 있기 때문에 주민의 입장에서는 구속적 행정계획의 경우에 이를 다툴 수 있으므로 단계적인 통제가 가능해지는 점을 들 수 있다.

특히 다단계 행정절차의 경우에는 초기 단계에서 중요한 쟁점이 확정되므로 주민이 쟁점을 쉽게 확인할 수 있고, 그럼으로써 적절한 방어방법을 모색할 수 있기 때문에 권리보호가 쉽게 되는 장점이 있는 것이다.[60]

따라서 시설설치에 따른 복잡한 행정결정과정을 복수의 단계로 분절(分節)하면 각 단계에서의 사법적 권리보호의 실효성이 제고될 수 있다.[61]

또한 허가절차에의 참가권의 실효성을 확보하기 위해서도 복잡한 행정과정의 각각의 단계를 상호적으로 파악하는 것이 중요하다.[62]

Ⅳ. 사업자의 투자보호기능

원자력발전소 등 국책사업의 설치에는 엄청난 비용이 소요되기 때문에 사업자의 투자를 보호해 주어야 하는데, 다단계 행정절차는 이 점에서도 유용성을 발휘한다.

국책사업에 있어서는 그 시설의 특성상 장기적인 투자가 필요하기 때문에 사업자로서는 후행절차단계에서 시설설치에 대한 계획 전부가 부정되면 곤란하게 된다. 따라서 사업자의 투자리스크를 경감시켜 줄 필요가 있는 것이다.[63]

본래 복잡한 이해관계를 조정하는 「원자력법」 등에서 다단계 행정절차를

59 高橋 滋, 前揭書, 233頁; 강구철, 앞의 글, 142쪽; 김명연, 앞의 글, 168쪽.
60 A. Weber, a.a.O., S. 397; 高橋 滋, 前揭書, 233頁; 강구철, 앞의 글, 141쪽; 김명연, 앞의 글, 168쪽.
61 A. Weber, a.a.O., S. 397.
62 강구철, 앞의 글, 142쪽.
63 高橋 滋, 前揭書, 83頁.

정한 경우에 선행결정의 후행결정에 대한 구속력을 인정함으로써 행정청의 거부재량이 수축되는 것도 이러한 요청에 따른 것이다.

그리고 실체적 배제효를 통해 조기에 법률관계를 명확히 함으로써 이해관계인이 뒤늦게 다툴 수 없게 함으로써 국책사업의 사업자에게도 비용부담의 위험을 감소시켜 주는 효과를 갖는다.[64]

그리고 사전결정제도는 원자력시설에 대한 사업자의 투자리스크를 감소시키는 역할을 한다.

전체허가를 받기 위해선 광범위한 조사와 자료준비가 필요하지만, 다단계 행정절차의 경우에는 투자의 초기에 원자력발전소의 건설이 가능한 것인가를 입지지역에 관한 사전결정이나 허가의 전제조건 중의 하나에 대한 사전결정 또는 기초공사를 위한 제한공사승인으로 알 수 있게 되는 이점이 있는 것이다.

운영단계에 와서 안전성을 결하였다는 이유로 운영허가를 얻지 못하는 경우에는 지금까지의 막대한 투자가 무의미하게 될 우려에 대한 문제점을 인식하여 허가를 받는 것을 요하는 시설은 오직 운영되기 위해서 건설되기 때문에 허가청은 운영상의 위험을 사전에 건설허가의 단계에서 심사할 필요가 있는 것이다.

시설의 위험에 대한 보호는 건설 이후에도 어느 정도 유효하게 실현될 수 있지만, 시설이 설치된 후에 비로소 안전한 운영을 할 수 없다는 이유로 운영허가가 거부될 경우 지금까지의 투자는 무의미한 것으로 확정되어 회복할 수 없게 된다.

독일 연방헌법재판소의 뮐하임 · 케를리히결정(Mühlheim-Kärlich Beschluss)[65]에 따르면, 이러한 판단은 특히 두 가지의 측면에서 실질적 의미를 지닌다고 한다. 첫째는 시설물의 건설과 가동에 관련된 위험요소에 대한 조기판단을 가능케 한다는 것이다. 그러므로 이러한 조기판단에 있어 시설물의 건설과 운영에 예상되는 제반 위험요소를 총체적으로 판단해야 하는 것은 당연한 논리적 귀결로 지적되고 있다. 둘째로는 사전결정이나 부분허가에서 이러한 잠정적 ·

64 김용섭, "행정행위의 하자승계론의 재검토(상)", 61쪽.

65 1986년에 일어난 체르노빌 원전사고 이후, 독일에서는 소송으로 인해 10년 이상 운전중지중인 뮐하임 · 케를리히 원전을 정식으로 폐쇄하였다.

긍정적 종합판단이 전제되지 아니하고, 또한 그것의 후행절차에 대한 구속력이 인정되지 않는다면 사업자는 엄청난 투자상의 위험을 감수해야 할 것이고, 제3자의 경우에도 이른바 기성사실(既成事實)의 완성으로 인해 더 이상 법적 보호의 가능성을 상실하는 결과가 초래될 것이라는 점이다.[66]

Ⅴ. 법원의 재판부담 경감

다단계 행정절차의 마지막 기능으로는 법원의 부담경감을 들 수 있다.

독일에서는 1980년대 이후 행정재판권의 부담과중이 문제점으로 지적되었다.[67] 행정재판권의 과중부담 문제가 가장 심각하게 나타나는 것으로 생각되는 분야가 「원자력법」 영역이라 할 수 있다.

베버에 따르면, 7개의 원자력발전소에 관한 소송에 있어 제1심에서 평균 약 2년, 제2심에서는 약 4년이라는 기간이 필요하였다고 한다.

또한 1969년에 제기된 독일의 뷔르가센(Würgassen) 원전소송의 경우에 연방행정법원의 상고심판결에 의한 사건의 확정까지 약 4년이 소요되었고, 1972년에 제기된 크뤼멜(Krümel) 원전소송에서는 1972년의 소송제기일로부터 연방행정법원의 판결까지 약 11년이라는 오랜 기간이 소요되었다.[68]

이러한 점들을 고려할 때, 다단계 행정절차를 통한 행정과정의 '전면적인 개관가능성'은 사법적 통제에 있어서도 의미가 크다고 할 수 있다.

왜냐하면 행정과정이 파악가능한 것으로 됨에 따라 법관의 판결이유에도 신뢰도가 높아지게 되고, 또한 법관이 행정과정을 혼란시키지 않고 바람직한 방향으로 수정하여 가는 것이 가능하게 되기 때문이다.[69]

---

66 BVerfGE 53, 30(59ff.), NJW 1979, 759(760)f.

67 W. Brohm, "Die staatliche Verwaltung als eigenständige Gewalt und die Grenzen der Verwaltungs gerichtsbarkeit", DVBl. 1986, S. 321ff.

68 서원우, "과학기술문제에 대한 재판적 통제", 「현대법학의 이론과 과제」(오세탁 박사 화갑기념논문집, 1990), 30쪽.

69 강구철, 앞의 글, 141쪽; 김명연, 앞의 글, 168쪽.

제 6 장

국책사업과 환경영향평가

제1절 환경영향평가제도의 의의와 기능

Ⅰ. 환경영향평가제도의 의의

환경영향평가 개념은 다양하게 정의되고 있다. 즉 환경에 영향을 미칠 가능성 있는 인간의 활동에 따른 환경영향을 조사·예측하고 평가하는 시스템(최광의의 개념), 환경에 영향을 미치는 인간의 활동영역 중에서 국가의 정책, 계획, 프로그램, 사업, 법안 등을 대상으로 그것이 환경에 미치는 영향을 조사·예측하고 평가하는 것(광의의 개념),[1] 사업실시단계에서의 환경영향을 평가하는 것(협의의 개념) 등으로 정의되고 있다. 현행 「환경영향평가법」상의 환경영향평가는 협의의 개념에 해당한다.

환경영향평가란 환경에 영향을 미치는 실시계획·시행계획 등의 허가·인가·승인·면허 또는 결정 등(이하 "승인등"이라 한다)을 할 때에 해당 사업이 환경에 미치는 영향을 미리 조사·예측·평가하여 해로운 환경영향을 피하거나

1 폐지되기 전의 「환경정책기본법」상의 사전환경성검토제도가 이에 해당한다.

제거 또는 감소시킬 수 있는 방안을 마련하는 것을 말한다(「환경영향평가법」 제2조 제2호). 실시계획 등의 승인시에 요청되는 것이다.

「환경영향평가법」은 전략환경영향평가와 소규모 환경영향평가에 대해서도 정의하고 있다. 즉 전략환경영향평가란 환경에 영향을 미치는 상위계획을 수립할 때에 환경보전계획과의 부합 여부 확인 및 대안의 설정·분석 등을 통하여 환경적 측면에서 해당 계획의 적정성 및 입지의 타당성 등을 검토하여 국토의 지속가능한 발전을 도모하는 것을 말한다(「환경영향평가법」 제2조 제1호). 상위계획의 수립시에 요청되는 것이다. 소규모 환경영향평가란 환경보전이 필요한 지역이나 난개발(亂開發)이 우려되어 계획적 개발이 필요한 지역에서 개발사업을 시행할 때에 입지의 타당성과 환경에 미치는 영향을 미리 조사·예측·평가하여 환경보전방안을 마련하는 것을 말한다(「환경영향평가법」 제2조 제3호). 개발사업의 시행시에 요청되는 것이다.

국책사업과 관련되는 환경영향평가는 제1호의 전략환경영향평가와 제2호의 환경영향평가이다. 전략환경영향평가에 대해서는 제3장 '국책사업과 행정계획'에서 기술하였으므로 본 장에서는 생략한다. 그리고 소규모 환경영향평가도 국책사업과 직접적인 관련이 없으므로 생략한다.

지금의 「환경영향평가법」은 2011년 7월 21일 전부개정되어 2012년 7월 22일부터 시행되고 있다.

Ⅱ. 환경영향평가제도의 기능

환경영향평가제도의 기능으로는 ① 정보제공 및 의사결정지원기능, ② 합의형성기능, ③ 유도기능, ④ 환경관리기능 등을 들 수 있다.[2]

첫째, 정보제공 및 의사결정지원기능은 쌍방향적인 정보의 제공을 통한 합리적인 의사결정을 지원하는 것을 말한다.

둘째, 합의형성기능은 환경영향평가의 긍정적 기능을 통해 지역·집단이기주의를 해소하는 것을 말한다.

셋째, 유도기능은 일정한 환경기준의 준수를 통해 지속가능한 개발이 가능

2 박균성·함태성, 「환경법」(박영사, 2012), 246~248쪽 참조.

하도록 하는 것을 말한다.

넷째, 환경관리기능은 환경영향평가제도를 규제제도와 연관지어서 환경관리수단으로 활용하는 것을 말한다.

국책사업의 시행에 있어서는 ① 정보제공 및 의사결정지원기능, ② 합의형성기능이 특히 중요한 의미를 가진다. 그 이유는 국책사업에 대한 반대가 대부분 환경파괴나 환경오염 등 환경문제에 집중되어 있기 때문이다.

외국의 입법례가 국민들에게 환경정보에 접근할 수 있는 다양한 통로를 마련해 놓고 있음은 환경영향평가제도의 정보제공 및 의사결정지원기능을 단적으로 말해주는 것이다.

그리고 환경영향평가절차의 흐름 속에는 환경관련정보의 제공과 제공된 정보에 대한 의견제출의 절차가 포함되어 있다. 이것은 각국의 환경영향평가제도에서 필수적인 절차로 받아들여지고 있다.

제2절 환경영향평가의 주요내용

Ⅰ. 환경영향평가의 기본원칙과 환경보전목표

1. 환경영향평가의 기본원칙

환경영향평가의 기본원칙으로는 첫째, 지속가능발전의 도모원칙, 둘째, 실현가능한 범위 내의 대안 마련의 원칙, 셋째, 정보제공 및 참여의 원칙, 넷째, 간결하고 평이한 작성의 원칙, 다섯째, 누적적 영향의 고려원칙 등을 들 수 있다(법 제4조).

첫째, 지속가능발전의 도모원칙이란 환경영향평가는 보전과 개발이 조화와 균형을 이루는 지속가능한 발전이 되도록 하여야 한다는 것을 말한다.

둘째, 실현가능한 범위 내의 대안 마련의 원칙이란 환경보전방안 및 그 대안은 과학적으로 조사·예측된 결과를 근거로 하여 경제적·기술적으로 실행할 수 있는 범위에서 마련되어야 한다는 것을 말한다.

셋째, 정보제공 및 참여의 원칙이란 환경영향평가의 대상이 되는 계획 또는 사업에 대하여 충분한 정보 제공 등을 함으로써 환경영향평가의 과정에 주민 등이 원활하게 참여할 수 있도록 노력하여야 한다는 것을 말한다.

넷째, 간결하고 평이한 작성의 원칙이란 환경영향평가의 결과는 지역주민 및 의사결정권자가 이해할 수 있도록 간결하고 평이하게 작성되어야 한다는 것을 말한다.

다섯째, 누적적 영향의 고려원칙이란 환경영향평가는 계획 또는 사업이 특정 지역 또는 시기에 집중될 경우에는 이에 대한 누적적 영향을 고려하여 실시되어야 한다는 것을 말한다. 국책사업 중 원자력발전소는 특정지역, 특정장소에 집중적으로 건설되고 있기 때문에 누적적 영향의 고려원칙은 특히 중요한 의미를 가진다.

2. 환경영향평가시 고려사항

환경영향평가를 하려는 자는 다음 각 호(「환경정책기본법」 제12조에 따른 환경기준(제1호), 「자연환경보전법」 제2조 제14호에 따른 생태·자연도(生態·自然圖)(제2호), 「대기환경보전법」, 「수질 및 수생태계 보전에 관한 법률」 등에 따른 지역별 오염총량기준(제3호), 그 밖에 관계 법률에서 환경보전을 위하여 설정한 기준(제4호))의 기준, 계획 또는 사업의 성격, 토지이용 및 환경 현황, 계획 또는 사업이 환경에 미치는 영향의 정도, 평가 당시의 과학적·기술적 수준 및 경제적 상황 등을 고려하여 환경보전목표를 설정하고 이를 토대로 환경영향평가등을 실시하여야 한다(법 제5조).

Ⅱ. 환경영향평가의 대상지역과 분야 및 평가항목

1. 환경영향평가의 대상지역

환경영향평가는 계획의 수립이나 사업의 시행으로 영향을 받게 되는 지역으로서 환경영향을 과학적으로 예측·분석한 자료에 따라 그 범위가 설정된 지역에 대하여 실시하여야 한다(법 제6조).

2. 환경영향평가의 분야 및 평가항목

환경영향평가는 계획의 수립이나 사업의 시행으로 영향을 받게 될 자연환경, 생활환경, 사회·경제 환경 등의 분야(이하 "환경영향평가분야"라 한다)에 대하여 실시하여야 한다(법 제7조 제1항). 환경영향평가분야의 세부 평가항목(이하 "환경영향평가항목"이라 한다) 및 평가방법 등은 대통령령으로 정한다(제2항).

Ⅲ. 환경영향평가의 대상과 제외사업

1. 환경영향평가의 대상계획

① 도시의 개발에 관한 계획, ② 산업입지 및 산업단지의 조성에 관한 계획, ③ 에너지 개발에 관한 계획, ④ 항만의 건설에 관한 계획, ⑤ 도로의 건설에 관한 계획, ⑥ 수자원의 개발에 관한 계획, ⑦ 철도(도시철도를 포함한다)의 건설에 관한 계획, ⑧ 공항의 건설에 관한 계획, ⑨ 하천의 이용 및 개발에 관한 계획, ⑩ 개간 및 공유수면의 매립에 관한 계획, ⑪ 관광단지의 개발에 관한 계획, ⑫ 산지의 개발에 관한 계획, ⑬ 특정 지역의 개발에 관한 계획, ⑭ 체육시설의 설치에 관한 계획, ⑮ 폐기물 처리시설의 설치에 관한 계획, ⑯ 국방·군사 시설의 설치에 관한 계획, ⑰ 토석·모래·자갈·광물 등의 채취에 관한 계획, ⑱ 환경에 영향을 미치는 시설로서 대통령령으로 정하는 시설의 설치에 관한 계획을 수립하려는 행정기관의 장은 환경영향평가를 실시하여야 한다(법 제22조 제1항).

이 중 최근 문제되는 국책사업과 관련있는 대상계획은 ③ 에너지 개발에 관한 계획 ⑥ 수자원의 개발에 관한 계획 ⑧ 공항의 건설에 관한 계획 ⑨ 하천의 이용 및 개발에 관한 계획 ⑮ 폐기물 처리시설의 설치에 관한 계획 ⑯ 국방·군사 시설의 설치에 관한 계획 등이다.

2. 환경영향평가의 대상제외사업

「재난 및 안전관리 기본법」 제37조에 따른 응급조치를 위한 사업(제23조 제1호), 국방부장관이 군사상 고도의 기밀보호가 필요하거나 군사작전의 긴급한 수행을 위하여 필요하다고 인정하여 환경부장관과 협의한 사업(제2호), 국가정보원장이 국가안보를 위하여 고도의 기밀보호가 필요하다고 인정하여 환경부장관과 협의한 사업(제3호)은 환경영향평가 대상에서 제외한다.

Ⅳ. 의견수렴

1. 평가 항목 · 범위 등의 결정

(1) 승인등을 받지 아니하여도 되는 사업자

승인등을 받지 아니하여도 되는 사업자는 환경영향평가를 실시하기 전에 평가준비서를 작성하여 대통령령으로 정하는 기간 내에 환경영향평가협의회의 심의를 거쳐 다음 각 호의 사항(환경영향평가 대상지역, 환경보전방안의 대안, 평가항목 · 범위 · 방법 등의 사항(이하 "환경영향평가항목등"이라 한다))을 결정하여야 한다(법 제24조 제1항). 또한 사업자가 필요하다고 인정하여 환경영향평가항목등을 정하여 줄 것을 요청한 경우에는 환경영향평가항목등을 결정할 수 있다(제3항). 요청을 받은 승인기관의 장이나 환경부장관은 대통령령으로 정하는 기간 내에 환경영향평가협의회의 심의를 거쳐 환경영향평가항목등을 결정하여 사업자에게 통보하여야 한다(제4항). 또한 환경영향평가항목등을 결정할 때에는 제5항에 규정된 사항을 고려하여야 한다.

(2) 승인등을 받아야 하는 사업자

승인등을 받아야 하는 사업자는 환경영향평가를 실시하기 전에 평가준비서를 작성하여 승인기관의 장에게 환경영향평가항목등을 정하여 줄 것을 요청하여야 한다(법 제24조 제2항). 환경부장관은 승인등을 받아야 하는 사업자가 승인기관의 장과 협의한 후 승인기관을 거쳐 환경영향평가항목등을 정하여 줄 것을 요청한 경우에는 환경영향평가항목등을 결정할 수 있다(제3항). 요청을 받은 승인기관의 장이나 환경부장관은 대통령령으로 정하는 기간 내에 환경영향평가협의회의 심의를 거쳐 환경영향평가항목등을 결정하여 사업자에게 통보하여야 한다(제4항). 승인기관의 장(이하 "승인기관장등"이라 한다)이나 환경부장관은 제1항부터 제4항까지의 규정에 따라 환경영향평가항목등을 결정할 때에는 다음 각 호(제11조에 따라 결정한 전략환경영향평가항목등(개발기본계획을 수립한 환경영향평가 대상사업만 해당한다)(제1호), 해당 지역 및 주변 지역의 입지 여건(제2호), 토지이용 상황(제3호), 사업의 성격(제4호), 환경 특성(제5호), 계절적 특성 변화(환경적 · 생태적으로 가치가 큰 지역)(제6호))의 사항을 고려하여야 한다(제5항). 사업자는 제11조에 따라 전략환경영향평가항목등이 결정된 경우로서 환경부장관과 협의한 때에는 제1항 및 제2항에 따른 환경영향평가항목등의 결정 절차를 거치지 아니할 수 있다. 이 경우 제11조에 따라 결정된 전략환경영향평가항목등은 제1항부터 제5항까지의 규정에 따라 결정된 환경영향평가항목등으로 본다(제6항). 승인기관장등이나 환경부장관은 제1항과 제4항에 따라 결정된 환경영향평가항목등을 대통령령으로 정하는 방법에 따라 공개하고 주민 등의 의견을 들어야 한다(제7항).

2. 주민 등의 의견수렴

(1) 사업자에 의한 의견수렴

사업자는 제24조에 따라 결정된 환경영향평가항목등에 따라 환경영향평가서 초안을 작성하여 주민 등의 의견을 수렴하여야 한다(법 제25조 제1항). 환경영향평가서 초안의 작성 및 주민 등의 의견 수렴 절차에 관하여는 제12조부터 제14조까지의 규정을 준용한다.

(2) 기초자치단체장에 의한 주민에 대한 공고 및 공람

주민에 대한 공고 및 공람은 환경영향평가 대상사업의 사업지역을 관할하는 시장(「제주특별자치도 설치 및 국제자유도시 조성을 위한 특별법」 제17조 제2항에 따른 행정시장을 포함한다) · 군수 · 구청장(자치구의 구청장을 말한다)이 하여야 한다(제2항).

(3) 사업자에 의한 주민의견 수렴 결과와 반영 여부 공개

사업자는 제1항에 따른 주민 등의 의견 수렴 결과와 반영 여부를 대통령령으로 정하는 방법에 따라 공개하여야 한다(제3항).

(4) 환경영향평가서 초안의 작성 및 의견수렴절차의 생략

사업자는 환경영향평가 대상사업에 대한 개발기본계획을 수립할 때에 제12조부터 제15조까지의 규정에 따른 전략환경영향평가서 초안의 작성 및 의견수렴 절차를 거친 경우(제14조에 따라 의견 수렴 절차를 생략한 경우는 제외한다)로서 다음 각 호(제18조에 따라 전략환경영향평가서의 협의 내용을 통보받은 날부터 3년이 지나지 아니한 경우(제1호), 제18조에 따른 협의 내용보다 사업규모가 30퍼센트 이상 증가되지 아니한 경우(제2호), 제18조에 따른 협의 내용보다 사업규모가 제22조

제2항에 따라 대통령령으로 정하는 환경영향평가 대상사업의 최소 사업규모 이상 증가되지 아니한 경우(제3호), 폐기물소각시설, 폐기물매립시설, 하수종말처리시설, 폐수종말처리시설 등 주민의 생활환경에 미치는 영향이 큰 시설의 입지가 추가되지 아니한 경우(제4호))의 요건에 모두 해당하는 경우 협의기관의 장과의 협의를 거쳐 제1항 및 제2항에 따른 환경영향평가서 초안의 작성 및 의견 수렴 절차를 거치지 아니할 수 있다(제4항).

판례 1 군산화력발전소 부지에 건립하는 복합화력발전소 공사계획 인가처분에 군산시 주민들을 상대로 한 의견수렴 절차만 이루어지고 환경영향평가 대상지역에 포함되는 서천군 주민들의 의견수렴 절차를 거치지 않고 온배수의 영향에 관한 예측의 충실성이 떨어지는 등 환경영향평가의 시행에서 다소 부실하게 이루어진 하자가 있으나, 군산시 주민들에 대한 의견수렴 절차를 거친 점, 환경영향의 평가 항목 대부분의 대상지역이 발전소 주변지역이나 해역으로 설정되어 있어 서천군이 그 범위에 포함되어 있는지 여부가 명백한 것은 아닌 점, 그 부실의 정도가 환경영향평가제도를 둔 입법 취지를 달성할 수 없을 정도이어서 환경영향평가를 하지 않은 것과 다를 바 없을 정도라고 보기 어려운 점 등에 비추어, 그 하자가 중대·명백하다고 볼 수 없어 취소사유에 불과하고, 위 처분을 취소할 경우 전력수급기본계획에 따른 안정적인 전력공급에 차질이 생길 수 있는 점, 상당한 기간 동안 막대한 자금이 투입된 복합화력발전소가 무용지물이 됨으로써 적지 않은 사회적 손실이 예상되는 점 등에 비추어, 위 처분을 취소하는 것이 오히려 현저히 공공복리에 적합하지 않다고 보아 사정판결을 한 사례(서울행정법원 2010. 4. 23, 2008구합29038〈공사계획인가처분취소등〉).

판례 2 국방부장관이 환경영향평가 대상사업에 해당하는 군부대 이전사업에 관하여 환경영향평가가 실시되지 않은 상태에서 그 사업의 실시계획을 승인하는 처분을 한 사안에서, 그 처분이 환경영향평가제도를 둔 구 환경·교통·재해 등에 관한 영향평가법(2008. 3. 28. 법률 제9037호로 전부 개정되기 전의 것)의 입법 취지에 정면으로 위배될 뿐만 아니라 사업부지에 거주하고 있는 주민들의 직접적이고 개별적인 이익을 근본적으로 침해하는 것으로서 중대하고 명백한 하자가 존재하여 당연무효에 해당하고, 그 무효 사유의 하자는 위 처분 후 환경영향평가를 실시하고 공사에 착수하였다고 하여 치유될 수 없다고 한 사례(서울행정법원 2009. 10. 9, 2009구합3316〈국방·군사시설사업실시계획승인처분무효확인〉).

3. 환경영향평가 대상사업의 변경에 따른 주민 등의 의견 재수렴

사업자는 제25조에 따른 의견 수렴 절차를 거친 후 제29조에 따라 협의 내용을 통보받기 전까지 환경영향평가 대상사업의 변경 등 대통령령으로 정하는 중요한 사항을 변경하려는 경우에는 제24조 및 제25조에 따라 환경영향평가서 초안을 다시 작성하여 주민 등의 의견을 재수렴하여야 한다(법 제26조).

V. 환경영향평가서의 협의, 재협의, 변경협의

1. 환경영향평가서의 작성 및 협의 요청

승인기관장등은 환경영향평가 대상사업에 대한 승인등을 하거나 환경영향평가 대상사업을 확정하기 전에 환경부장관에게 협의를 요청하여야 한다. 이 경우 승인기관의 장은 환경영향평가서에 대한 의견을 첨부할 수 있다(법 제27조 제1항). 승인등을 받지 아니하여도 되는 사업자는 제1항에 따라 환경부장관에게 협의를 요청할 경우 환경영향평가서를 작성하여야 하며, 승인등을 받아야 하는 사업자는 환경영향평가서를 작성하여 승인기관의 장에게 제출하여야 한다(제2항).

2. 환경영향평가서의 검토

(1) 환경부장관의 검토의무

환경부장관은 제27조 제1항에 따라 협의를 요청받은 경우에는 주민의견 수렴 절차 등의 이행 여부 및 환경영향평가서의 내용 등을 검토하여야 한다(법 제28조 제1항).

(2) 관계 전문가의 의견청취

환경부장관은 제1항에 따라 환경영향평가서를 검토할 때에 필요하면 관계 전문가의 의견을 듣거나 그에게 현지조사를 의뢰할 수 있고, 사업자 또는 승인기관의 장에게 관련 자료의 제출을 요청할 수 있다. 다만, 다음 각 호(한국환경정책·평가연구원(제1호), 해양수산부장관(해양환경에 영향을 미치는 사업으로서 대통령령으로 정하는 사업만 해당한다)(제2호))의 자로부터 그 의견을 들어야 한다

(제2항).

(3) 환경부장관의 보완 · 조정 요청권

환경부장관은 제1항에 따라 환경영향평가서를 검토한 결과 환경영향평가서 또는 사업계획 등을 보완 · 조정할 필요가 있는 등 대통령령으로 정하는 사유가 있는 경우에는 승인기관장등에게 환경영향평가서 또는 사업계획 등의 보완 · 조정을 요청하거나 보완 · 조정을 사업자 등에게 요구할 것을 요청할 수 있다. 이 경우 승인기관장등은 특별한 사유가 없으면 이에 따라야 한다(제3항).

3. 협의 내용의 통보기간

환경부장관은 제27조 제1항에 따라 협의를 요청받은 날부터 대통령령으로 정하는 기간 이내에 승인기관장등에게 협의 내용을 통보하여야 한다. 다만, 부득이한 사정이 있을 때에는 그 기간을 연장할 수 있다(법 제29조 제1항). 환경부장관은 제1항에 따라 협의 내용 통보기간을 연장할 때에는 협의기간이 끝나기 전까지 승인기관장등에게 그 사유와 연장한 기간을 통보하여야 한다(제2항). 협의 내용을 통보받은 승인기관의 장은 이를 지체 없이 사업자에게 통보하여야 한다(제3항). 환경부장관은 다음 각 호(보완 · 조정하여야 할 사항이 경미한 경우(제1호), 해당 사업계획 등에 대한 승인등을 하거나 해당 사업을 시행하기 전에 보완 · 조정이 가능한 경우(제2호))의 어느 하나에 해당하는 경우에는 해당 사업계획 등에 관련 내용을 반영할 것을 조건으로 승인기관장등에게 협의 내용을 통보할 수 있다(제4항).

4. 협의 내용의 반영

(1) 사업자나 승인기관의 장의 협의 내용 반영 조치의무

사업자나 승인기관의 장은 제29조에 따라 협의 내용을 통보받았을 때에는 그 내용을 해당 사업계획 등에 반영하기 위하여 필요한 조치를 하여야 한다(법 제30조 제1항). 승인기관의 장은 사업계획 등에 대하여 승인등을 하려면 협의 내용이 사업계획 등에 반영되었는지를 확인하여야 한다. 이 경우 협의 내용이 사업계획 등에 반영되지 아니한 경우에는 이를 반영하게 하여야 한다(제2항).

(2) 승인기관장등의 협의 내용 반영결과 통보의무

승인기관장등은 사업계획 등에 대하여 승인등을 하거나 확정을 하였을 때에는 협의 내용의 반영 결과를 환경부장관에게 통보하여야 한다(제3항).

(3) 환경부장관의 협의 내용 반영 요청권

환경부장관은 제3항에 따라 통보받은 결과에 협의 내용이 반영되지 아니한 경우 승인기관장등에게 협의 내용을 반영하도록 요청할 수 있다. 이 경우 승인기관장등은 특별한 사유가 없으면 이에 따라야 한다(제4항).

5. 조정 요청

사업자나 승인기관의 장은 제29조에 따라 통보받은 협의 내용에 대하여 이의가 있으면 환경부장관에게 협의 내용을 조정하여 줄 것을 요청할 수 있다. 이 경우 승인등을 받아야 하는 사업자는 승인기관의 장을 거쳐 조정을 요청하여야 한다(법 제31조 제1항). 환경부장관은 제1항에 따른 조정 요청을 받았을 때에는 대통령령으로 정하는 기간 이내에 환경영향평가협의회의 심의를 거쳐 조정 여부를 결정하고 그 결과를 사업자나 승인기관의 장에게 통보하여야 한다(제2항). 승인기관장등은 협의 내용의 조정을 요청하였을 때에는 제2항에 따른 통보를 받기 전에 그 사업계획 등에 대하여 승인등을 하거나 확정을 하여서는 아니 된다. 다만, 조정 요청과 관련된 내용을 사업계획 등에서 제외시키는 경우에는 그러하지 아니하다(제3항).

6. 재 협 의

승인기관장등은 제27조부터 제29조까지의 규정에 따라 협의한 사업계획 등을 변경하는 경우로서 다음 각 호(사업계획 등을 승인하거나 사업계획 등을 확정한 후 대통령령으로 정하는 기간 내에 사업을 착공하지 아니한 경우. 다만, 사업을 착공하지 아니한 기간 동안 주변 여건이 경미하게 변한 경우로서 승인기관장등이 환경부장관과 협의한 경우는 그러하지 아니하다(제1호). 환경영향평가 대상사업의 면적·길이 등을 대통령령으로 정하는 규모 이상으로 증가시키는 경우(제2호), 제29조 또는 제31조에 따라 통보받은 협의 내용에서 원형대로 보전하거나 제외하도록 한 지역을 대통령령으로 정하는 규모 이상으로 개발하거나 그 위치를 변경하는 경우(제3호), 대통령령으로 정하는 사유가 발생하여 협의 내용에 따라 사업계획 등을 시행하는 것이 맞지 아니하는 경우(제4호))의 어느 하나에 해당하는 경우에는 환경부장관에게 재협의를 요청하여야 한다(법 제32조 제1항).

7. 변경협의

사업자는 제27조부터 제29조까지의 규정에 따라 협의한 사업계획 등을 변경하는 경우로서 제32조 제1항 각 호에 해당하지 아니하는 경우에는 사업계획 등의 변경에 따른 환경보전방안을 마련하여 이를 변경되는 사업계획 등에 반영하여야 한다(법 제33조 제1항). 승인등을 받아야 하는 사업자는 제1항에 따른 환경보전방안에 대하여 미리 승인기관의 장의 검토를 받아야 한다. 다만, 환경부령으로 정하는 경미한 변경사항에 대하여는 그러하지 아니하다(제2항). 승인기관장등은 제1항 및 제2항에 따라 환경보전방안을 마련하거나 검토할 때에 대통령령으로 정하는 사유에 해당하면 환경부장관의 의견을 들어야 한다(제3항). 제1항에 따른 환경보전방안의 반영 여부에 대한 확인·통보에 관하여는 제30조 제2항부터 제4항까지의 규정을 준용한다. 이 경우 '협의 내용'은 '환경보전방안'으로 본다(제4항).

8. 사전공사의 금지

사업자는 제27조부터 제29조까지 및 제31조부터 제33조까지의 규정에 따른 협의·재협의 또는 변경협의의 절차가 끝나기 전에 환경영향평가 대상사업의 공사를 하여서는 아니 된다. 다만, 다음 각 호(제27조부터 제31조까지의 규정에 따른 협의를 거쳐 승인등을 받은 지역으로서 재협의나 변경협의의 대상에 포함되지 아니한 지역에서 시행되는 공사(제1호), 전략환경영향평가를 거쳐 그 입지가 결정된 사업에 관한 공사로서 환경부령으로 정하는 경미한 사항에 대한 공사(제2호))의 어느 하나에 해당하는 공사의 경우에는 그러하지 아니하다(법 제34조 제1항). 승인기관의 장은 제27조부터 제33조까지의 규정에 따른 협의·재협의 또는 변경협의의 절차가 끝나기 전에 사업계획 등에 대한 승인등을 하여서는 아니 된다(제2항). 승인기관의 장은 승인등을 받아야 하는 사업자가 제1항을 위반하여 공사를 시행하였을 때에는 해당 사업의 전부 또는 일부에 대하여 공사중지를 명하여야 한다(제3항). 환경부장관은 사업자가 제1항을 위반하여 공사를 시행하였을 때에는 승인등을 받지 아니하여도 되는 사업자에게 공사중지나 그 밖에 필요한 조치를 할 것을 명령하거나 승인기관의 장에게 공사중지나 그 밖에 필요한 조치를 명할 것을 요청할 수 있다. 이 경우 승인기관장등은 특별한 사유가 없으면 이에 따라야 한다(제4항).

Ⅵ. 협의 내용의 이행 및 관리

1. 협의 내용의 이행

사업자는 사업계획 등을 시행할 때에 사업계획 등에 반영된 협의 내용을 이행하여야 한다(법 제35조 제1항). 사업자는 협의 내용을 성실히 이행하기 위하여 환경부령으로 정하는 바에 따라 협의 내용을 적은 관리대장에 그 이행 상황을 기록하여 공사현장에 갖추어 두어야 한다(제2항). 사업자는 협의 내용이 적정하게 이행되는지를 관리하기 위하여 협의 내용 관리책임자(이하 "관리책임자"라 한다)를 지정하여 환경부령으로 정하는 바에 따라 다음 각 호(환경부장관(제1호), 승인기관의 장(승인등을 받아야 하는 환경영향평가 대상사업만 해당한다)(제2호))의 자에게 통보하여야 한다(제3항).

2. 사후환경영향조사

사업자는 해당 사업을 착공한 후에 그 사업이 주변 환경에 미치는 영향을 조사(이하 "사후환경영향조사"라 한다)하고, 그 결과를 다음 각 호(환경부장관(제1호), 승인기관의 장(승인등을 받아야 하는 환경영향평가 대상사업만 해당한다)(제2호))의 자에게 통보하여야 한다(법 제36조 제1항). 사업자는 사후환경영향조사 결과 주변 환경의 피해를 방지하기 위하여 조치가 필요한 경우에는 지체 없이 그 사실을 제1항 각 호의 자에게 통보하고 필요한 조치를 하여야 한다(제2항).

3. 재 평 가

환경부장관은 해당 사업을 착공한 후에 환경영향평가 협의 당시 예측하지 못한 사정이 발생하여 주변 환경에 중대한 영향을 미치는 경우로서 제36조 제2

항 또는 제40조에 따른 조치나 조치명령으로는 환경보전방안을 마련하기 곤란한 경우에는 승인기관장등과의 협의를 거쳐 한국환경정책·평가연구원의 장 또는 관계 전문기관 등의 장에게 재평가를 하도록 요청할 수 있다(법 제41조 제1항). 한국환경정책·평가연구원의 장 또는 관계 전문기관 등의 장은 제1항에 따른 요청을 받았을 때에는 해당 사업계획 등에 대하여 재평가를 실시하고 그 결과를 대통령령으로 정하는 기간 이내에 환경부장관과 승인기관장등에게 통보하여야 한다(제2항). 환경부장관이나 승인기관장등은 제2항에 따라 재평가 결과를 통보받았을 때에는 재평가 결과에 따라 환경보전을 위하여 사업자에게 필요한 조치를 하게 하거나 다른 행정기관의 장 등에게 필요한 조치명령을 하도록 요청할 수 있다(제3항).

Ⅶ. 시·도의 조례에 따른 환경영향평가

특별시·광역시·도·특별자치도 또는 인구 50만 이상의 시(이하 "시·도"라 한다)는 환경영향평가 대상사업의 종류 및 범위에 해당하지 아니하는 사업으로서 대통령령으로 정하는 범위에 해당하는 사업에 대하여 지역 특성 등을 고려하여 환경영향평가를 실시할 필요가 있다고 인정하면 해당 시·도의 조례로 정하는 바에 따라 그 사업을 시행하는 자로 하여금 환경영향평가를 실시하게 할 수 있다. 다만, 제43조에 따른 소규모 환경영향평가 대상사업에 해당하는 경우에는 그러하지 아니하다(법 제42조 제1항). 인구 50만 이상의 시의 경우에는 그 지역을 관할하는 도가 환경영향평가의 실시에 관한 조례를 정하지 아니한 경우에만 해당 시의 조례로 정하는 바에 따라 환경영향평가를 실시할 수 있다(제2항). 환경영향평가를 실시하는 경우의 환경영향평가 분야 및 세부 항목, 환경영향평가서의 작성 및 의견 수렴과 환경영향평가서의 협의 및 협의 내용의 관리 등의 절차, 그 밖에 필요한 사항은 해당 시·도의 조례로 정한다(제3항).

Ⅷ. 환경영향평가업자의 준수사항

환경영향평가업자는 다음 각 호의 사항을 지켜야 한다(법 제56조 제1항).

제1호: 다른 환경영향평가서등의 내용을 복제하여 환경영향평가서등을 작성하지 아니할 것

제2호: 환경영향평가서등과 그 작성의 기초가 되는 자료를 거짓으로 또는 부실하게 작성하지 아니할 것

제3호: 환경영향평가서등과 그 작성의 기초가 되는 자료를 환경부령으로 정하는 기간 동안 보존할 것. 다만, 환경영향평가서등을 전자문서로 작성하여 환경부령으로 정하는 바에 따라 제70조 제3항에 따른 정보지원시스템에 입력한 경우에는 그러하지 아니하다.

제4호: 등록증이나 명의를 다른 사람에게 빌려 주지 아니할 것

제5호: 자신이 도급받은 환경영향평가업무(환경부령으로 정하는 요건 및 분야에 따라 환경영향평가항목을 조사·측정하는 업무는 제외한다)를 다른 사람에게 하도급하지 아니할 것

제6호: 환경측정장비를 갖추어 대기·수질·토양·소음·진동 등을 측정하여 그 결과를 환경영향평가서등의 작성에 활용하는 경우에는 그 측정장비에 대하여「환경분야 시험·검사 등에 관한 법률」제11조에 따른 정도검사(精度檢査)를 받을 것

Ⅸ. 환경영향평가의 평가항목

일본의 경우에는 대체로 공해방지(대기오염, 수질오염, 토양오염, 소음·진동, 지하침하, 악취), 자연환경보전(지형·지질, 동식물, 야외레크리에이션 장소) 등에 관련된 항목에 중점을 두고 평가를 실시하고 있다.

미국의 경우에는 일의적으로는 정해져 있지 않으나, 스코핑(Scoping)[3]에 따라 대상지역과 평가항목이 설정된다. 자연적, 미적, 역사적, 문화적, 사회적 및 경제적인 영향을 포함한 광범위한 항목에 대해 평가를 실시한다.

그리고 독일의 경우에는 유럽연합의 지침(Richtlinie)에 따라 인류건강, 동식물, 토양, 수질, 대기, 기후, 경관에 대해 단독적 또는 복합적 영향과 문화재 등

3 Scoping은 대상항목 등의 협의와 의사교환에 관한 사항, 중점적인 평가를 행하는 방법을 말한다.

에 관련된 항목에 대해 평가를 실시하고 상세한 평가항목은 Scoping으로 설정된다.[4]

우리나라의 경우 분야별 환경영향평가의 내용항목은 하위법령에 구체적으로 규정되어 있다. 「환경영향평가법 시행령」 [별표 1]이 그것이다.

> 첫째, 자연생태환경 분야(동·식물상, 자연환경자산), 둘째, 대기환경 분야(기상, 대기질, 악취, 온실가스), 셋째, 수환경 분야(수질(지표·지하), 수리·수문, 해양환경), 넷째, 토지환경 분야(토지이용, 토양, 지형·지질), 다섯째, 생활환경 분야(친환경적 자원 순환, 소음·진동, 위락·경관, 위생·공중보건, 전파장해, 일조장해), 여섯째, 사회환경·경제환경 분야(인구, 주거(이주의 경우를 포함한다), 산업) 등이다.

제 3 절 환경영향평가의 법적 통제

오늘날 환경에 대한 국민적 관심과 더불어 환경행정상 분쟁이 늘어나는 추세에 있다. 특히 국책사업의 시행은 환경분쟁을 유발하는 대표적인 것이기도 하다. 이러한 분쟁을 사전적으로 방지하기 위한 장치가 환경영향평가제도이다. 그런데 환경영향평가서의 작성을 사업자가 하는 관계로 그에 대한 다각적인 통제가 필요하다.

그러한 통제로는 주민에 의한 통제, 행정청에 의한 통제 및 법원에 의한 통제를 들 수 있다. 주민에 의한 통제는 앞에서 살펴 본 주민의 의견수렴절차를 통해 이루어지고 있으므로 여기에서는 행정청에 의한 통제와 법원에 의한 통제만을 다루기로 한다.

Ⅰ. 행정청에 의한 법적 통제: 환경부장관의 협의권

우리나라의 「환경영향평가법」은 환경부장관은 환경영향평가에 관한 협의기관으로서 평가통제기능을 수행한다. 행정청에 의한 통제는 결국 환경부장관과의 협의가 중점이라 할 수 있다.

---

4 한상욱, 「환경영향평가제도」(동화기술, 1998), 123쪽.

따라서 협의가 어떠한 법적 성격을 가지고 있는지가 문제된다.

1. 협의의 법적 성격

환경영향평가서에 대한 협의는 본래의 의미로는 법률행위 성격이 없는 절차적 사실행위에 불과하다. 즉 환경영향의 평가에 관한 적절성 및 객관성에 관한 사실 여부를 판단하는 것이기 때문이다.

그런데 승인기관의 행정처분 사전절차로서의 행정기관간 내부절차로서의 협의가 행정기관과 사인간의 법적 절차로 확대되어 혼란이 초래되었다.

협의에 환경영향평가서 또는 '사업계획 등의 조정 또는 보완 등'을 '협의내용'으로 설정하여 사업수행상의 정지조건이나 해제조건으로 운용하고 있다. 다시 말해서, 협의를 사업계획에 대한 승인과 동일하게 운용하고 있는 것이다. 그것은 법 제31조에서 협의에 대한 권리구제절차로서 이의신청절차 규정을 둔 것을 보더라도 분명하다.

그리고 협의조건으로 사업내용의 축소, 변경 등을 적극적으로 제시하는 것은 적법성이나 적정성의 문제를 제기할 수 있다. 즉 '조건'으로서의 한계를 넘는 추상적 · 포괄적 조건은 유효성에 문제가 있다.

또한 행정처분의 사전적인 절차로서의 협의 내용을 사후적으로 관리하거나 재협의하도록 하는 것은 부적절할 수도 있다. 왜냐하면, 이것은 협의가 행정처분이라는 전제가 성립할 때 가능한 얘기이기 때문이다.

2. 협의 내용의 인 · 허가에의 반영 강제

승인기관장등은 사업계획 등에 대하여 승인등을 하거나 확정을 하였을 때에는 협의 내용의 반영 결과를 환경부장관에게 통보하여야 한다(법 제30조 제3항). 환경부장관은 제3항에 따라 통보받은 결과에 협의 내용이 반영되지 아니한 경우 승인기관장등에게 협의 내용을 반영하도록 요청할 수 있다. 이 경우 승인기관장등은 특별한 사유가 없으면 이에 따라야 한다(제4항).

그리고 법령이 환경영향평가의 심사결과를 인 · 허가 등의 요건으로서 규정하고 있으면 환경배려가 적정하게 내려지지 않은 것은 인 · 허가 등의 위법성의 판단에 영향을 미치는 것이 된다.

3. 협의 내용의 이행 강제

사업자는 사업계획 등을 시행할 때에 사업계획 등에 반영된 협의 내용을 이행하여야 한다(법 제35조 제1항). 사업자는 협의 내용을 성실히 이행하기 위하여 환경부령으로 정하는 바에 따라 협의 내용을 적은 관리대장에 그 이행 상황을 기록하여 공사현장에 갖추어 두어야 한다(제2항). 사업자는 협의 내용이 적정하게 이행되는지를 관리하기 위하여 협의 내용 관리책임자(이하 "관리책임자"라 한다)를 지정하여 환경부령으로 정하는 바에 따라 환경부장관과 승인기관의 장(승인등을 받아야 하는 환경영향평가 대상사업만 해당한다)에게 통보하여야 한다(제3항).

Ⅱ. 법원에 의한 통제

1. 원고적격

환경영향평가는 행정적인 통제가 중요하다. 사업승인기관장이 환경부장관과의 협의를 통해 적정한 환경배려를 할 수 있기 때문이다.

그러나 현실적으로 환경부장관의 「환경영향평가법」상의 통제권한만으로는 환경영향평가절차를 거치도록 규정된 대상사업자나 사업승인기관의 위법한 행위를 사전, 사후에 효과적으로 통제하여 중대한 환경침해를 사전에 봉쇄하려는 환경영향평가의 기본적인 목적을 달성하기에는 불가능한 점이 없지 않다. 4대강정비사업과 같은 국책사업의 경우에는 대통령의 선거공약의 이행이라는 정치적 의미를 가지고 있기 때문에 '힘이 센' 사업승인기관장에게 '힘이 약한' 환경부장관이 협의권을 가지고 견제하는 것이 사실상 무용하다는 것을 여실히 증명하고 있다. 이는 국책사업과 관련한 환경부장관의 사업승인부서에 대한 견제권이 실질화될 수 있도록 체계적으로 검토해야 함을 역설적으로 말해주는 것이다. 그것이 현실적으로 불가하다면 국정을 통할하는 국무총리를 통한 견제방안도 모색할 필요가 있다.

따라서 환경영향평가와 관련하여 사업승인장이 위법, 부당한 처분, 그 밖에 그에 준하는 공권력의 행사를 함으로써 불이익을 받은 국민은 법원에 제소

하여 그 불이익을 구제받을 수 있는 권리가 보장되어야 한다.[5]

환경영향평가대상사업과 관련하여 「환경영향평가법」상의 환경영향평가제도에 의하여 보호되는 주민의 환경상의 이익은 「행정소송법」 제12조상의 '법률상 이익'에 해당하는 것으로서, 그에 따라 위법한 대상사업의 승인 등에 대해서는 해당 지역의 주민은 취소소송 등을 제기하여 이를 다툴 수 있다고 보는 것이 판례의 입장이다.

> **판례** 전원개발사업실시계획승인처분의 근거법률인 전원개발촉진법, 구 환경보전법령, 구 환경정책기본법령 및 환경·교통·재해 등에 관한 영향평가법령 등의 규정취지는 환경영향평가대상사업에 해당하는 발전소 건설사업이 환경을 해치지 아니하는 방법으로 시행되도록 함으로써 당해 사업과 관련된 환경공익을 보호하려는 데 그치는 것이 아니라 당해 사업으로 인하여 직접적이고 중대한 환경피해를 입으리라고 예상되는 환경영향평가대상지역 안의 주민들이 전과 비교하여 수인한도를 넘는 환경침해를 받지 아니하고 쾌적한 환경에서 생활할 수 있는 개별적 이익까지도 이를 보호하려는 데에 있으므로 주민들이 위 승인처분과 관련하여 갖고 있는 위와 같은 환경상의 이익은 단순히 환경공익 보호의 결과로서 국민일반이 공통적으로 갖게 되는 추상적·평균적·일반적 이익에 그치지 아니하고 환경영향평가지역 안의 주민 개개인에 대하여 개별적으로 보호되는 직접적·구체적 이익이라고 보아야 하고, 따라서 위 사업으로 인하여 직접적이고 중대한 환경침해를 받게 되리라고 예상되는 환경영향평가대상지역 안의 주민에게는 위 승인처분의 취소를 구할 원고적격이 있다(대판 1998. 9. 22, 97누19571).

또한 대판 1998. 4. 24, 97누3286은 「자연공원법령」뿐만 아니라 「환경·교통·재해 등에 관한 영향평가법령」도 환경영향평가대상사업에 해당하는 국립

5 미국의 경우 연방법원들은 환경영향평가를 규정한 「국가환경정책법」의 시행과정에서 환경영향평가에 관련된 행정기관의 결정에 대하여 환경보호단체 등으로부터 제소된 수많은 소송사건들을 심리함에 있어서 관계 행정기관이 「국가환경정책법」상 규정된 환경영향평가를 절차적으로 제대로 준수하였는지 여부를 엄격히 심사(이른바 'Hard Look'원칙)함으로써 환경영향평가제도의 적정성(Adequacy) 확립에 지대한 공헌을 하여 오고 있음을 주시할 필요가 있다(전재경, 앞의 책, 218~222쪽). 즉 미국 연방대법원은 1971년 Citizens to Preserve Overton Park, Inc. v. Volpe사건에서 실질적 심사(substantial inquiry) 또는 엄격심사(hard look) 원칙을 사법심사의 기준으로 최초로 판시하면서 법원은 오로지 공정하게 고려되고, 충분히 설명되면서 합리성에 터 잡은 재량적 결정만을 인용하여야 할 것이라고 하였다(401 U.S. at 416, 91 S. Ct. at 823).

공원집단시설지구개발사업에 관한 기본설계변경승인 및 공원사업시행허가처분의 근거법률이 된다고 보아 근거법률에서 원고적격을 찾는 기존의 입장을 유지하면서 절차법의 일종인 「환경·교통·재해등에 관한 영향평가법령」도 근거법령에 포함시킨 것이 특색이다.

또한 이 판결에서 침해가 현실화된 것이 아니라 직접적이고 중대한 환경피해를 입으리라고 예상되는 법익침해 가능성만으로도 원고적격을 인정하고 있는 점도 진일보하고 있다.[6]

이러한 판례들에 따라 적어도 환경법 분야에서는 취소소송 등의 원고적격이 현저히 확대되었다고 할 수 있다.

2. 환경영향평가에 대한 법원의 심사

(1) 환경영향평가의 실체상 하자와 사업계획승인처분의 효력

대법원은 환경영향평가의 부실을 "그 부실의 정도가 환경영향평가제도를 둔 입법취지를 달성할 수 없을 정도이어서 환경영향평가를 하지 아니한 것과 다를 바 없는 정도의 부실이 아닌 경우"에는 그 부실은 해당 승인 등 처분에 재량권 일탈·남용의 위법이 있는지 여부를 판단하는 하나의 요소로 됨에 그칠 뿐, 그 부실로 인하여 당연히 해당 승인 등 처분이 위법하게 되는 것이 아니라고 보고 있다.[7]

그런데 대법원은 어떠한 경우에 환경영향평가의 내용상 부실이 사업계획승인처분의 위법사유가 되는지를 구체적으로 제시하고 있지 않다. 환경영향평가의 내용이 환경영향평가제도의 취지에 비추어 충실하게 작성되었는지 여부를 기준으로 환경영향평가의 실체상 하자가 사업계획승인처분의 위법사유가 되는지 여부를 판단하여야 할 것이다.

(2) 환경영향평가의 절차상 하자와 사업계획승인처분의 효력

환경영향평가에 있어서의 절차상 하자는 엄밀하게 따지면 일반적인 절차상 하자와는 구조상 약간의 차이가 있다.

---

6 김용섭, "환경행정소송에서의 원고적격", 「고시연구」(99. 5), 133쪽.
7 대판 2001. 6. 29, 99두9902; 대판 2006. 3. 16, 2006두330 전원합의체.

예를 들면, 청문을 흠결한 행정처분에 있어서 거쳐야 하는 청문은 승인처분의 직접적인 절차이지만, 환경영향평가에 있어서의 주민의견수렴절차는 환경영향평가절차 안에서 거쳐야 하는 일련의 절차 가운데 하나이기 때문이다.

주민의견수렴절차나 환경부장관의 협의절차 등 환경영향평가절차가 전혀 행하여지지 않은 경우 사업계획승인처분은 절차상 위법한 처분이 될 것이다.

한편 주민의견수렴절차 등 환경영향평가절차가 행해졌지만 의견수렴절차에 하자가 있거나, 의견수렴이 부실하였던 경우에는 사업계획승인처분은 위법하게 되는지가 문제된다.

이 경우는 주민의견수렴절차와 같은 환경영향평가절차의 절차상 하자가 경미한 경우에는 해당 하자는 사업계획승인처분의 취소사유는 되지 않고, 그 절차상 하자가 중대한 경우에 한하여 사업계획승인처분의 독립된 취소사유가 된다고 보아야 할 것이다.

제 4 절 환경영향평가의 법적 문제

Ⅰ. 국책사업의 중요문제로서의 환경영향평가

「환경영향평가법」이 2011년 7월 21일 전부개정되었다(시행: 2012. 7. 22). 그 뒤 한 차례의 개정을 하였지만 이는 타법개정에 따른 것으로 내용상 변화가 없다. 그 동안 현재 환경에 영향을 미치는 행정계획과 소규모 개발사업에 대하여는 「환경정책기본법」에 따른 사전환경성검토를 실시하고, 대규모 개발사업에 대하여는 「환경영향평가법」에 따른 환경영향평가를 실시하고 있었으나, 같은 목적의 평가제도가 각각 다른 법률에 규정되어 있어 평가절차가 복잡하고 일부 절차의 중복으로 협의기간이 장기화되는 등의 문제점이 나타남에 따라, 이원화되어 있는 환경영향평가제도를 하나의 법률에 규정하여 평가절차를 합리적으로 개선하고, 환경영향평가제도의 체계성과 효율성을 높이려는 것이 개정이유이다.

국책사업의 개념적 징표 중 하나가 환경에 중대한 영향을 미친다는 것임은 앞에서 언급한 바 있다. 오늘날 환경오염의 발생과 그로 인한 피해가 심각해지면서 환경문제에 대한 관심은 과거 어느 때보다도 크게 증대하고 있다.

일반적으로 환경문제는 첫째, 상호 관련성이 강하게 나타난다는 점,[8] 둘째, 시차성(時差性)을 갖는다는 점, 셋째, 탄력성과 비가역성(非可逆性)을 갖는다는 점, 넷째, 광역성(廣域性)을 특징으로 한다는 점, 다섯째, 다양한 이해관계의 조정이 필요한 경우가 많다는 점, 여섯째, 환경문제의 해결을 위한 국가의 역할이 증대하고 있다는 점 등의 특성을 가지고 있다.[9]

국책사업의 경우에 주민, 지방자치단체 및 환경단체의 반대에 부딪히는 대부분의 경우가 환경문제 때문이다. 4대강정비사업의 갈등도 수질개선대책이 주된 이슈였다. 환경부는 4대강정비사업 착수 당시에 "물을 가두는 보(洑)를 설치하고 바닥을 긁어내면 수질이 바뀔 수 있다"며 "토사가 쌓이거나 고인 물이 썩지 않도록 수질관리대책을 마련해야 한다"고 당시 국토해양부에 주문한 바 있 있었으나 보의 안전성에 문제가 없다는 변명을 하는데 급급했다.[10]

환경문제의 특성에서 살펴보았지만, 수질오염은 단순히 수질오염으로 끝나지 않고 토양오염 등을 연쇄적으로 야기하는 동시에 수질 변화를 일으켜 궁극적으로는 국민의 생명에 직접 영향을 미치기 때문에 대단히 중요하다. 그럼에도 불구하고 정부는 환경오염문제를 매우 심각하게 인식하고 있다는 진정성 있는 태도를 보여주지 못함으로써 불신을 심화시켰다.

환경영향평가제도는 첫째, 정보제공 및 의사결정지원기능, 둘째, 합의형성기능, 셋째, 유도기능, 넷째, 환경관리기능 등의 기능을 가지고 있다. 그럼에도 불구하고 국책사업의 경우에 위의 기능을 제대로 충족하였는지 의문이 아닐 수 없다.

문제는 환경영향평가가 환경에 미치는 영향을 정확하게 평가할 수 있는

8 유럽연합의 통합환경관리지침은 지금까지 환경보호 관련 법규가 개별적 환경매체－대기·물·토양·폐기물 등－를 분리하여 규정하였던 것과는 달리 좀 더 고차원적인 환경보호를 위해 모든 환경매체에 대해 통합적으로 규율하고 있다(송동수, "환경법제의 통합과제", 「공법연구」 제37집 제1-1호(한국공법학회, 2008. 10), 256~257쪽). 이는 환경문제에 대한 패러다임의 전환을 보여 주고 있는 것으로 볼 수 있다.

9 박균성·함태성, 앞의 책, 3~4쪽.

10 중앙일보 2009. 10. 1, 38쪽 기사.

정보가 부족하고, 자연과 관련된 환경변수의 속성상 그 예측이 곤란하다는 점이다. 그렇기 때문에 국책사업의 시행에는 다른 시설보다는 환경영향평가를 구체적이고 실질적으로 할 필요성이 있는 것이다. 물론 국책사업의 시행에 환경문제만을 전면적으로 부각시킬 수는 없지만 환경파괴나 환경오염이 초래하는 재앙을 생각하면 매우 신중하고 정직한 법치행정적 접근이 요청되는 것이다.

Ⅱ. 환경영향평가서 등과 관련한 문제

「환경영향평가법」은 ① 전략환경영향평가서의 작성주체는 행정기관의 장이(법 제16조), ② 환경영향평가서의 작성주체는 사업자(법 제25조)가, ③ 소규모 환경영향평가서의 작성주체는 소규모 환경영향평가 대상사업을 하려는 사업자(법 제44조)로 규정하고 있다. 전부개정에 따라 환경영향평가서의 작성주체가 3원화된 것이다.

①의 경우에는 승인등을 받지 아니하여도 되는 전략환경영향평가 대상계획을 수립하려는 행정기관의 장이 해당 계획을 확정하기 전에 전략환경영향평가서를 작성하여 환경부장관에게 협의를 요청하여야 한다(법 제16조 제1항).

②의 경우에는 사업자가 환경영향평가항목등에 따라 환경영향평가서 초안을 작성하여 주민 등의 의견을 수렴하여야 한다(법 제25조 제1항).

③의 경우에는 소규모 환경영향평가 대상사업에 대한 승인등을 받기 전에 사업자가 소규모 환경영향평가서를 작성하여 승인기관의 장에게 제출하여야 한다(법 제44조 제1항).

사업자 자신이 평가서를 작성하는 것은 평가서의 공정성, 객관성과 관련해 볼 때 논란의 소지가 있다. 그리고 사업자에 의해 선정된 평가대행자가 작성하는 평가서도 객관성과 공정성에 대해서는 논란의 소지가 있다.

생각건대, 부실평가서가 작성되는 가장 큰 원인은 평가서 작성의 주체에 있다. 법이 평가서는 사업자가 작성하는 것을 원칙으로 하고 기술과 장비 등 현실적인 한계를 보완하기 위하여 대행업체가 대행할 수 있도록 하고 있으나, 현실적으로는 환경영향평가의 대부분이 대행자에 의하여 이루어지고 있는데, 문제는 대행업체의 선정에서부터 비용 산정에 이르기까지 전적으로 사업자의 의도대로 행해지도록 방치되고 있다는 점이다. 따라서 국책사업의 환경영향평가서 작성주체에 대한 법적 통제가 강화되어야 할 것이다.

그리고 국책사업의 경우에 정부공인의 평가기관이 공정하게 환경영향평가를 시행할 수 있을지, 환경영향평가사업을 독점함으로써 야기되는 문제들은 없는지, 환경영향평가를 받아야 하는 평가대상이 확대되는 경우 이를 감당할 여력이 있을지에 대한 문제도 있다.

또한 원칙적으로 사업승인권자가 환경의 중요성과 환경영향평가 결과에 대한 충분한 이해와 환경전문기관(환경부와의 환경영향평가서 협의)의 의견을 참조하여 사업의 필요성과 비교 형량하여야 한다.

그런데 현실적으로는 사업을 추진하고자 하는 자 또는 승인권자가 환경적 요인 외의 자본·기술·필요성 등을 중심으로 이미 확정, 추진 중인 사업을 행정절차상 가시화 과정에서 환경영향평가를 작성, 환경적 영향은 환경영향평가 협의기관(환경부)에서 고려하는 것으로 잘못 인식하고 있어 의사결정수단인 환경영향평가제도가 이미 결정된 사업계획의 환경상 악영향 저감방안 강구 및 이행확인을 위한 사후관리수단에 치중하는 결과를 낳기 때문에 환경영향평가서는 사업시행을 합리화하는 '합리화 문서' 또는 '사업의 면죄부'라는 비판을 받고 있다.

또한 주민 등에 대한 이의신청권의 불비문제가 있다. 현행법은 사업자나 승인기관의 장 등은 통보받은 협의 내용에 대하여 이의가 있으면 환경부장관에게 이의를 신청할 수 있다(법 제31조). 그런데 협의 내용에 대하여 불복하는 지역주민들에게는 이의신청권을 인정하지 않고 있다. 따라서 이의신청권을 인정할 필요가 있다.

제 7 장

국책사업과 주민참여

제1절 국책사업과 주민참여의 의의

오늘날 행정결정, 특히 환경에 중요한 영향을 미치는 행정결정에 주민참여의 필요성은 의심할 여지가 없을 정도로 그 의미를 증대시키고 있다. 아무리 국가적으로 중요한 사업이라 하더라도 시설이 설치될 주변지역에 사는 주민들이 강력히 반대하면 추진이 사실상 불가능하게 되는 사례가 점차 늘어 가고 있다. 즉 주민이 반대하는 국책사업의 시행은 법적인 허용에도 불구하고 사실상 실행되기 어려운 것이 현실이다.

이러한 문제를 해결하기 위해서는 국책사업의 계획 및 승인절차에 주민의 참여를 실질적으로 보장하는 방법만이 문제를 해결할 수 있는 열쇠가 된다.[1] 이는 국책사업 시행의 민주적 정당성을 보장하는 헌법적 요청이기도 하다.

국책사업을 둘러싸고 야기되는 문제의 해결은 그 필요성에도 불구하고 법

1 이종영, "환경갈등의 해소방안으로 법률집행시 민주성의 도입－방사성폐기물관리사업의촉진및시설주변지역의지원에관한법률의 내용을 중심으로", 「공법이론의 현대적 조명」(금촌 육종수 박사 화갑기념논문집, 형설출판사, 1997), 634쪽.

적으로 간단히 해결될 수 있는 문제가 아니며, 국책사업과 관련된 복잡한 문제의 해결과 다차원적인 이해관계를 조화시키기란 쉽지 않다.

따라서 주민참여는 국책사업을 위한 행정결정과정상 이해조정, 해당 결정 내용의 합리성, 타당성의 확정과 민주화를 도모할 수 있는 절차법리로 기능하고 있다.

국책사업에 대하여 주민의 반대가 심한 경우에 국책사업의 시행이 저지될 수 있고, 국책사업이 설치되었다고 하더라도 국책사업의 원활한 운영이 어렵게 된다.

주민참여를 통하여 국책사업의 수용성을 제고함으로써 주민의 반대에 의해 국책사업의 시행이나 계속적인 운영이 저지되는 것을 예방할 수 있다. 국책사업이 주변 주민에 의해 잘 수용되면서 운영될 때 다른 지역에서 추후 국책사업이 수월하게 진행된다.

원자력 관련시설(원자력발전소 및 방사성폐기물 관리시설)·폐기물처리시설, 공항, 4대강정비사업, 제주해군기지 등 국책사업은 그 본질상 다수의 이해관계인이 관련되고 그 범위가 광범위하여 이에 관계되는 다수 이해관계인의 이익조정 및 그에 대한 정보수집 등에 많은 어려움이 있다.

국책사업에 주민참가가 요청되는 것은 한편으로는 오늘날의 행정이 국민이나 주민의 생활에 광범위하고 다양하게 관여하고 있는 데에 기인하는 것이나, 다른 한편으로는 이들 행정활동에 대한 법에 의한 구체적 통제가 어렵고, 또한 사법적 구제도 반드시 실효적으로 작용하는 것은 아니라는 점에 그 이유가 있다. 예컨대, 4대강정비사업의 경우에 1심 판결은 사업공정률 70% 시점에, 2심 판결은 완공된 다음에 내려졌다. 사실상 법관이 22조원이 투입된 국책사업의 위법성을 판단하기란 어려우며 인정하더라도 행정소송법상 사정판결을 할 수밖에 없는 구조적 한계가 엄연히 존재하는 셈이다.

따라서 이러한 현실을 감안하여 복잡한 이해관계를 적절히 조정하고 공익과 사익의 조화를 도모하기 위하여 「환경영향평가법」과 국책사업에 관한 개별법들은 주민의 사전적 권리구제라는 차원에서 주민참여에 관한 근거규정을 두고 있다.

그리고 주민이 국책사업에 실효적으로 참여하기 위해서는 국책사업 관련

정보에 대한 접근이 필요한데, 국책사업에 대한 정보공개는 행정권이 보유하는 다양한 정보에 대한 주민의 자유로운 접근을 인정하여 이른바 알 권리를 보장함으로써 '열린 정부(open government)'에 의한 행정의 공정화·민주화를 실현하려는 데 그 기본이념이 있다.

기술적으로는 가능하나 사회적으로는 불가능할 수도 있는 국책사업과 관련해서는 모든 이해관계를 적절히 조정하는 것이 한층 더 곤란해지고 있으며, 지속적으로 갈등이 끊이질 않는 것은 이 문제가 구조적인 결함을 안고 있는 것에 기인한다.

이러한 상호불신에 기인하여 발생하는 분쟁을 합리적이고 이성적으로 해결하기 위한 수단으로는 정보공개제도 및 적극적 정보제공제도가 있다(특히 환경정보의 공개 및 제공).

왜냐하면, 주민들이 국책사업에 반대하는 것은 국책사업의 필요성을 이해하지 않은 데 있는 것이 아니라, 정부방침의 일관성 결여, 충분한 정보의 공개 및 제공이 없이 일방적으로 결정되고 추진되는 계획에 대한 불안과 불만에 있다고 할 수 있기 때문이다.

그리하여 오늘날 국가적 차원에서는 「정보공개법」, 지방자치단체 차원에서 「정보공개조례」가 제정되어 행정문서의 공개를 청구할 수 있게 되었으며, 국책사업과 관련한 정보를 주민이 활용하여 국책사업의 실체, 처리행정의 실태를 파악할 수 있는 길이 트이게 된 것은 다행한 일이라 아니할 수 없다.

그러나 현행 정보공개제도로는 국책사업과 관련해서는 한계가 나타나고 있다. 환경정보공개법의 제정 등 적극적인 대처가 필요하다.

환경정보공개에 대해서는 제9장 '국책사업과 환경정보공개'에서 구체적으로 검토하고 있다.

제2절 국책사업에 있어서의 주민참여

현행 국책사업에 관한 개별법들은 헌법상 민주적 정당성의 확보와 주민의 사전적 권리구제라는 차원에서 주민참여에 관한 근거규정을 두고 있다.

Ⅰ. 「행정절차법」상 주민참여

1. 「행정절차법」과 국책사업관계법의 관계

행정절차에 관하여 「행정절차법」은 일반법이 되고 국책사업관계법은 특별법이 된다. 따라서 「행정절차법」의 규정과 국책사업관계 법률의 규정이 충돌하는 경우에는 국책사업관계법의 규정이 우선 적용된다. 그러나 국책사업관계 법률이 아닌 시행령 및 시행규칙은 법률인 「행정절차법」에 위반할 수 없다. 따라서 국책사업관계 법령 중 행정절차에 관한 명령이나 시행규칙 중 「행정절차법」의 규정과 모순되는 규정은 법적 효력을 상실하며 즉시 「행정절차법」과 모순되지 않도록 개정되어야 할 것이다. 그리고 국책사업관계 법률에 특별한 규정이 없는 경우에는 「행정절차법」의 규정이 적용된다.

2. 「행정절차법」의 적용범위와 국책사업 설치행정

「행정절차법」은 처분 · 신고 · 행정상 입법예고 · 행정예고 및 행정지도의 절차에 한하여 적용된다(법 제3조). 행정계획의 확정, 행정입법에 관해서는 행정입법예고나 행정계획의 예고를 제외하고는 규율대상에서 제외하고 있다. 행정예고의 경우에도 행정청이 수립 · 시행하는 계획에 한하여 적용된다(법 제46조).

> 예를 들면, 원자력 관련시설의 계획을 수립하고 시행하는 자인 한국수력원자력㈜은 행정청이라고 할 수 없으므로 행정예고의무규정이 적용되지 않는다. 다만, 사업실시계획의 승인은 행정청의 처분에 해당하므로 「행정절차법」이 적용된다.

국책사업의 실시계획에 대한 승인이나 건설허가나 운영허가는 처분이므로 「행정절차법」이 당연히 적용된다. 국책사업의 설치행정을 위해서는 「행정절차법」에 계획확정절차를 도입하여 이해관계인의 '집중적 참여'에 의한 '국책사업 결정'과 그 결정에 대한 '집중적 효력'을 부여할 필요가 있다.

3. 「행정절차법」과 의견청취제도

「행정절차법」은 의견청취제도를 청문, 공청회, 의견제출로 구별하여 규율하고 있다. 「행정절차법」은 공청회와 청문에 대해서는 일반적으로 인정하지 않고 개별법에서 청문이나 공청회를 실시하도록 규정하고 있는 경우와 행정청이 필요하다고 인정하는 경우에 한하여 공청회와 청문을 인정하고 있다. 즉 의무적인 청문이나 공청회의 개최는 개별법에 맡기고 있다.

4. 「행정절차법」을 통한 국책사업행정에의 주민의 참여

(1) 「행정절차법」상 공청회 등에의 참여

「행정절차법」은 청문이나 공청회는 다른 법령 등에서 청문이나 공청회를 실시하도록 규정하고 있는 경우 또는 행정청이 필요하다고 인정하는 경우에 한하여 청문이나 공청회를 실시하도록 하고 있으므로 국책사업관계법에 청문이나 공청회를 실시한다는 규정이 없는 한 국책사업행정에서 청문이나 공청회가 의무적인 것이 되지는 않는다. 국책사업행정에 있어서는 엄격한 의미의 청문은 인정되지 않고 의견제출만이 인정되고 있다.

예컨대, 원자력 관련시설의 경우 방사선환경영향평가시의 공청회에 관하여 「원자력안전법」에서 규정하고 있고, 공항이나 폐기물처리시설의 경우 환경영향평가시의 공청회에 관하여 「환경영향평가법」이 규정하고 있다.

(2) 「행정절차법」상 이해관계인의 절차참여권

「행정절차법」은 이해관계인에 대하여 아무런 직접적인 개념규정을 하고 있지 않으며 이해관계인에 대한 행정절차에의 참여권을 직접 규정하고 있지도 아니하고 '당사자등'의 개념 안에 포함시키고 있을 뿐이다.

즉 '당사자등'이란 행정청의 처분당사자 등의 개념을 행정청의 처분[2]에 대

2 여기서 행정계획이 「행정절차법」상의 처분개념에 포함되는가가 문제된다. 「행정절차법」은 행정계획절차를 규정하고 있지 아니하므로 각각의 행정계획의 법적 성질에 따라 ① 행정입법적 성질을 갖는 행정계획, ② 처분적 성질을 갖는 행정계획, ③ 사실행위적 성질을 갖는 행정계획을 각각 나누어 그 성질에 따라 적용될 절차를 결정하여야 할 것이다. 모든 행정계획에 대하여 국민생활과의 연관성 여부를 판단하여 국민생활에 중요한 영향을 미치는 행정계획의 경우에는 그 법적 성격 여부에 불문하고 최소한 행정예고절차는 거쳐야 하는 것으로 판단하도록 하되, 특히 행정처분으로서의 법적 성질을 가지는 행정계획에 대해서는 행정처분절차의

하여 직접 그 상대가 되는 당사자와 행정청이 직권 또는 신청에 의하여 행정절차에 참여하게 한 이해관계인을 말한다(법 제2조 제4호).

「행정절차법」상 행정청이 직권 또는 신청에 따라 행정절차에 참여하게 한 이해관계인의 범주에는 이해관계인 중에서 행정청이 직권 또는 신청에 따라 행정절차에 참여하게 한 자만이 한정적으로 포함된다.

행정청이 직권에 따라 행정절차에 참여케 한 이해관계인에 대해서 보면 다음과 같다. 첫째, 해당 처분에 대하여 법률상 또는 사실상 이해관계에 영향을 받는 자를 행정청이 알고 있는 경우에는 직권으로 행정절차에 참여시켜야 한다. 행정청이 이해관계 있음을 사전에 알고 있음에도 불구하고 행정절차의 참여대상에서 배제하는 것은 행정절차의 목적에 어긋난다. 둘째, 해당 처분에 대하여 법률상 또는 사실상 이해관계에 영향을 받는 자를 행정청이 쉽게 알 수 있는 경우에는 직권으로 행정절차에 참여시켜야 한다.

이와 같이 이해관계인의 범위가 명확하고 처분의 성격상 이해관계인의 참여가 요청되는 처분을 함에 있어 행정청이 이해관계인을 사전에 명백히 알고 있거나, 쉽게 알 수 있었음에도 불구하고 처분절차에 있어 이를 배려하지 아니하였다면 절차상 흠이 있는 처분이 된다고 본다.

그리고 신청에 따라 행정절차에 참여케 한 이해관계인에 대해서 살펴보면 다음과 같다. 먼저 이해관계인의 신청은 일정한 행정절차에 참여하기 위한 신청이며 어떤 처분을 신청하는 것은 아니다. 따라서 「행정절차법」 제2조 제4호에 따른 신청은 일정한 처분을 신청하는 「행정절차법」 제17조 제3항에 따른 신청과 명백히 구분되는 별도의 개념으로 사용되어야 한다.

다음으로 이해관계인이 행정절차에 참여를 신청할 수 있는 경우는 「행정절차법」이 행정절차에 대한 참여를 규정함에 있어 '당사자등'이라 명문으로 규정한 경우이다.[3]

개별적 요소가 추가적으로 적용될 수 있다고 해석된다. 오준근, 「행정절차법」, 291쪽.

3 구체적인 예로는 다음과 같은 경우를 들 수 있다. ① 행정청이 처분의 사전통지를 행하는 경우 당사자에게 한 불이익처분을 이해관계인에게도 통지해 줄 것을 신청할 수 있다(제21조). ② 불이익처분에 대한 의견 제출에 있어 이해관계인도 당사자와 함께 처분에 대한 의견을 제출할 수 있다(제27조). ③ 불이익처분에 앞서 청문을 실시함에 있어서 이해관계인도 청문기회에 출석하여 의견을 진술하고 증거를 제출할 수 있으며, 참고인·감정인 등에 대하여 질문할 수 있다(제29조부터 제37조까지). ④ 청문과정에서 문서의 열람을 실시하는 경우 이

「행정절차법」이 이해관계인의 신청을 받아 결정으로서 이해관계인에게 '당사자등'의 지위를 부여하여 행정절차에 참여하게 하는 경우는 행정청으로부터 일정한 불이익처분이 이루어지는 경우이다. 행정청이 이해관계인으로부터 참여신청을 받은 때에는 지체 없이 참여 여부를 결정하여 신청인에게 통지하여야 할 의무를 진다. 여기서 이해관계인에 대한 결정이 행정청의 재량사항으로 인정되어서는 안 된다는 점이다.[4]

(3) 「행정절차법」상 사전통지의 유무

행정처분의 사전통지절차는 행정청이 국민에게 의무를 과하거나 권익을 제한하는 행정처분을 하기 전에 밟아야 하는 필수적인 절차이다. 이 절차는 행정절차의 기본이념인 투명성·공정성과 신뢰보호이념을 처분절차에 있어서 구체화된 것으로 생각할 수 있다.

「행정절차법」 제21조는 사전통지의 대상이 되는 처분을 당사자에게 의무를 과하거나 권익을 제한하는 처분, 즉 불이익처분으로 한정하고 있다. 그런데 행정청이 일방에는 수익적 효과를 미치고 타방에는 부담적 효과를 미치는 이중효과적 행정처분(복효적 행정행위)을 할 경우가 해석상 문제가 된다. 그 이유는 「행정절차법」 제21조는 불이익처분을 당사자에 대한 불이익처분에 한정하고 있으므로 이를 문자 그대로 해석할 경우 위험시설의 철거명령과 같이 당사자의 권익을 제한하지만 제3자에게는 이익을 주는 이중효과적(복효적) 처분은 당사자에 대한 불이익처분이므로 사전통지의 대상이 되지만, 위험시설의 설치허가와 같이 당사자에게 권리·이익을 주지만, 제3자에게는 불이익을 주는 이중효과적 처분은 당사자에 대한 불이익처분에 해당하지 않으므로 사전통지의 대상이 되지 아니한다고 해석되기 때문이다.

그리고 위와 같은 해석이 문제가 되는 이유는 대규모 위험시설의 설치와 같이 당사자에게 권리·이익을 주지만, 제3자에게는 불이익을 주는 이중효과적 처분에 대하여 알고 있거나, 알 수 있는 이해관계인에게 통지함으로써 의견진술의 기회를 주는 것이 「행정절차법」의 이념에 보다 부합될 것이기 때문이다.

해관계인도 청문기간 동안 처분과 관련된 문서의 열람 또는 복사를 요청할 수 있다(제37조). ⑤ 공청회를 실시하는 경우 이해관계인도 공청회의 통지를 받는다(제38조).

4 오준근, 「행정절차법」, 166쪽.

Ⅱ. 국책사업관계법상의 주민참여

1. 의　　의

국책사업에 대한 주민참여 요구는 일반적인 행정절차에의 국민 참여의 확대 경향에도 기인하는 것이기는 하지만 국책사업으로부터 파생되는 님비현상이 증가하면서 최근에 더욱 커지고 있다.

> 예를 들면, 구소련의 체르노빌원전사고, 일본의 후쿠시마원전사고의 참상이 알려지면서 원자력의 위험성에 대한 인식이 확산되어 원자력발전소나 고준위방사성폐기물 관리시설의 설치에 대한 주민의 우려가 커지고 있다. 우리나라에서도 비록 2등급 이하이긴 하지만 방사능누출사고를 비롯한 각종 사고가 일어나 원자력발전의 안전성에 대한 주민들의 우려가 커지고 있다.

따라서 주민의 생명과 건강에 치명적인 손상을 가져올 위험이 있는 국책사업의 건설에 해당 지역주민이 참여하는 것은 당연한 요청이다. 그동안 행정청이 주민의 실질적인 참여를 배제한 가운데 국책사업을 하여 왔고 시설의 문제점을 정확하게 공개하지 않음으로써 국책사업에 대한 주민의 불신은 상당히 크다. 그러므로 주민들의 행정청에 대한 불신을 해소하지 않고는 국책사업의 추진은 주민의 반대에 의해 저지될 가능성이 크다. 특히 고준위 방사성폐기물 관리시설의 공론화에 따른 극심한 입지예정지역의 주민들의 반대가 예상된다.

그리하여 국책사업행정에 대한 주민의 신뢰를 회복하고, 국책사업을 원활하게 하고 지속적으로 추진하기 위해서라도 국책사업에 대한 정확한 정보공개와 주민의 참여는 필수적이다. 공청회가 국책사업과 관련하여 시설설치를 저지하거나 보다 큰 경제적 이익을 얻어내기 위한 자리로 악용된다는 행정청이나 사업자 측의 불신이 있고 현실에 있어서 부분적으로는 그러한 점이 다소 없지 않지만 이것이 주민참여를 배제하는 근본적인 이유가 될 수는 없다. 또한 위험시설 또는 비선호시설을 유치하는 경우에 입법적으로 해당 지역에 대한 경제적 지원을 인정하는 것은 일반적인 현상으로 볼 수 있기 때문에 주민들의 지역지원요청을 필요 이상으로 과장하거나 왜곡하는 풍토는 불식되지 않으면 안

될 것이다. 외국의 경우에는 비선호시설인 국책사업 유치를 신청하였으나 경합 끝에 선정되지 아니한 지자체에 대해서도 상당한 경제적 지원을 하는 사례를 참고할 필요가 있다.

2. 현행 국책사업법상의 주민참여 현황

최근 사회적 갈등이 극심했던 국책사업법상의 주민참여를 살펴보고자 한다. 즉 원자력발전소, 동남권 신공항, 4대강정비사업, 제주해군기지 등이 그것이다.

(1) 「원자력안전법」상 주민참여

「원자력안전법」상 발전용 원자로의 건설은 방사선환경영향평가의 대상이 되고 제103조 제1항은 방사선환경영향평가서 초안을 공람하게 하거나 공청회를 통해 주민의견을 수렴하도록 규정하고 있다.

1) 방사선 환경영향평가서 초안의 공람과 주민의견 수렴

의견수렴의 주관자는 발전용 원자로의 설치자이다. 의견을 제출할 수 있는 자는 '위원회가 정하는 범위의 주민'이다(법 제103조 제1항). 현행법이 의견수렴의 주관자를 사업자로 하고 있는 것은 객관성과 공정성 측면에서 중대한 문제를 야기하므로 사업자가 아닌 제3자로 하여 객관성을 확보할 필요가 있다.

주민의 의견수렴신청자(사업자)는 주민의 의견을 수렴하고자 할 때에는 위원회규칙이 정하는 바에 따라 미리 방사선환경영향평가서 초안을 작성하여야 한다.

2) 공청회와 주민의견 수렴

원자력발전소의 의견수렴제도 중 하나인 공청회는 의무적 공청회와 임의적 공청회로 나뉜다.

가. 의무적 공청회

의무적 공청회는 ① 공청회 개최가 필요하다는 의견을 제출한 주민이 30명 이상인 경우와 ② 공청회 개최가 필요하다는 의견을 제출한 주민이 5명 이상 30명 미만인 경우로서 평가서초안에 대한 의견을 제출한 주민 총수의 100분의 50 이상인 경우이다(영 제145조 제1항). 주관시장 · 군수 · 구청장으로부터 제1항 각 호 중 어느 하나의 요건에 해당되어 공청회 개최 통지를 받은 사업자는 사업개요, 공청회의 일시 및 장소 등을 공청회 개최 예정일 14일 전까지 1

개 이상의 중앙일간신문 및 지방일간신문에 각각 1회 이상 공고하여야 한다. 이 경우 공청회 일시 및 장소 등에 관하여 미리 주관시장·군수·구청장과 협의하여야 한다(제2항). 공청회에 출석하여 의견을 진술하려는 주민은 공청회 개최 예정일 5일 전까지 진술신청서를 사업자 또는 주관시장·군수·구청장에게 제출하여야 한다. 이 경우 진술신청서를 접수한 주관시장·군수·구청장은 그 사실을 사업자에게 즉시 통지하여야 한다(제3항). 사업자는 주관시장·군수·구청장과 협의하여 제3항에 따라 제출된 신청서의 진술내용 중 비슷한 내용에 대해서는 일괄하여 공청회에서 진술하도록 대표자를 선정하여 의견을 진술하게 하거나 주민이 추천한 전문가로 하여금 의견을 진술하게 하여야 한다(제4항). 사업자는 제2항에 따라 공고한 공청회가 사업자가 책임질 수 없는 사유로 2회에 걸쳐 개최되지 못하거나 개최는 되었으나 정상적으로 진행되지 못한 경우에는 공청회를 생략할 수 있다. 이 경우 사업자는 공청회를 생략하게 된 사유와 공청회에서 의견을 제출하려는 자의 의견 제출 시기 및 방법 등에 관한 사항을 제2항을 준용하여 공고하고, 다른 방법으로 주민의 의견을 듣도록 노력하여야 한다(제5항). 사업자는 공청회가 끝난 후 7일 이내에 총리령으로 정하는 바에 따라 공청회 개최 결과를 주관시장·군수·구청장 또는 관계시장·군수·구청장에게 통지하여야 한다(제6항). 사업자는 제1항 각 호의 공청회 개최 요건에 해당되지 아니하는 경우에도 사업시행으로 인한 방사선환경영향에 관하여 전문가 및 주민의 의견을 수렴할 필요가 있는 경우에는 법 제103조제1항 전단에 따른 공청회를 제143조 제2항에 따른 공람기간이 끝난 후 주관시장·군수·구청장과 협의하여 개최할 수 있다. 이 경우 그 공청회는 법 제103조 제1항 후단에 따라 개최한 공청회로 보되, 개최방법 및 절차 등에 관하여는 제2항부터 제4항까지 및 제6항을 각각 준용한다(제7항).

나. 임의적 공청회

임의적 공청회는 사업시행으로 인한 방사선환경영향에 대하여 전문가 및 주민의 의견을 수렴할 필요가 있는 경우이다.

(2) 「방사성폐기물관리법」 상 주민참여

주민참여에 관한 아무런 규정이 없다.

(3) 「항공법」상 주민참여

「항공법시행령」 제23조는 "법 제89조 제3항에 따라 국토교통부장관으로부터 공항개발 중장기 종합계획안 또는 공항개발기본계획안을 받은 특별시장·광역시장·도지사 또는 특별자치도지사(이하 "시·도지사"라 한다)는 이를 1개월 이상 일반인이 공람할 수 있도록 하여야 한다"고 규정하여 공람에 대해 근거조항을 두고 있다. 하위법령이 아닌 법률에 주민의견 수렴의 근거조항을 두어야 할 것이다.

(4) 「하천법」상 주민참여

「하천법」상 수자원장기종합계획의 수립시에는 주민참여가 규정되어 있지 않다(제23조). 종합계획의 법적 성격이 내부적 효력을 가지는 것을 고려한 것이다. 그러나 보다 구체적인 유역종합치수계획의 수립시에는 "국토교통부장관은 제1항 및 제2항에 따라 유역종합치수계획을 수립하거나 변경하기 전에 지역주민 등의 의견을 반영하기 위하여 대통령령으로 정하는 바에 따라 유역관리협의회를 구성·운영할 수 있다"(제24조 제5항)고 규정하고 있다. 반면에 하천기본계획의 수립시에도 주민참여 규정은 없다(제25조).

(5) 「국방·군사시설 사업에 관한 법률」상 주민참여

「국방·군사시설 사업에 관한 법률」은 주민참여를 다음과 같이 규정하고 있다. 국방부장관은 토지등의 수용 또는 사용에 관한 내용을 포함하는 국방·군사시설사업계획을 승인하려는 경우에는 대통령령으로 정하는 바에 따라 사업계획을 공고하여 사업예정지역의 토지소유자 및 이해관계인의 의견을 듣고, 관계 중앙행정기관의 장 및 지방자치단체의 장과 협의하여야 한다(제4조 제3항). 국방부장관은 제1항에 따라 사업계획을 승인하였을 때에는 이를 관보에 고시하고, 관계 중앙행정기관의 장 및 관할 특별시장·광역시장·도지사·특별자치도지사에게 통보하여야 한다. 다만, 국방상 기밀에 관한 사항은 고시·통보하지 아니하거나 다른 적절한 표현으로 바꾸어 고시·통보할 수 있다(제4항). 제4항에 따른 통보를 받은 관할 특별시장·광역시장·도지사는 관할 시장·군수 또는 구청장(자치구의 구청장을 말한다)으로 하여금, 관할 특별자치도지사는 직접 14일 이상의 기간을 정하여 사업계획을 주민이 열람할 수 있도록 하여야 한다(제5항).

또한 국방부장관이 제1항 및 제2항에 따라 국방·군사시설사업 실시계획을 승인하였을 때에는 이를 관보에 고시하고, 관계 중앙행정기관의 장 및 관할 특별시장·광역시장·도지사·특별자치도지사에게 통보하여야 한다. 다만, 국방상 기밀에 관한 사항은 고시·통보하지 아니하거나 다른 적절한 표현으로 바꾸어 고시·통보할 수 있다(제6조 제4항). 제4항에 따른 통보를 받은 관할 특별시장·광역시장·도지사는 관할 시장·군수 또는 구청장으로 하여금, 관할 특별자치도지사는 직접 14일 이상의 기간을 정하여 실시계획을 주민이 열람할 수 있도록 하여야 한다(제5항).

(6) 「환경영향평가법」상 주민참여

「환경영향평가법」은 의견수렴제도를 규정하고 있다. 주민의견의 수렴방법으로 설명회 또는 공청회를, 동법시행령에서는 의견 제출, 설명회, 공청회를 규정하고 있다.

1) 전략환경영향평가서에 대한 주민의견 수렴

가. 평가서초안의 공고·공람과 주민의견 수렴

개발기본계획을 수립하려는 행정기관의 장은 개발기본계획에 대한 전략환경영향평가서 초안을 공고·공람하고 설명회를 개최하여 해당 평가 대상지역 주민의 의견을 들어야 한다. 다만, 대통령령으로 정하는 범위의 주민이 공청회의 개최를 요구하면 공청회를 개최하여야 한다(법 제13조 제1항).

개발기본계획을 수립하려는 행정기관의 장은 개발기본계획이 생태계의 보전가치가 큰 지역으로서 대통령령으로 정하는 지역을 포함하는 경우에는 관계 전문가 등 평가 대상지역의 주민이 아닌 자의 의견도 들어야 한다(제2항). 개발기본계획을 수립하려는 행정기관의 장이 책임질 수 없는 사유로 제1항에 따른 설명회나 공청회가 정상적으로 진행되지 못하는 등 대통령령으로 정하는 사유가 있는 경우에는 설명회나 공청회를 개최하지 아니할 수 있다. 이 경우 대통령령으로 정하는 바에 따라 설명회 또는 공청회에 준하는 방법으로 주민 등의 의견을 들어야 한다(제3항). 개발기본계획을 수립하려는 행정기관의 장은 제1항 및 제2항에 따른 주민등의 의견 수렴 결과와 반영 여부를 대통령령으로 정하는 방법에 따라 공개하여야 한다(제4항).

나. 설명회의 개최

개발기본계획을 수립하려는 행정기관의 장은 개발기본계획에 대한 전략환경영향평가서 초안을 공고·공람하고 설명회를 개최하여 해당 평가 대상지역 주민의 의견을 들어야 한다(법 제13조 제1항 본문).

다. 공청회의 개최

개발기본계획을 수립하려는 행정기관의 장은 개발기본계획에 대한 전략환경영향평가서 초안을 공고·공람하고 대통령령으로 정하는 범위의 주민이 공청회의 개최를 요구하면 공청회를 개최하여야 한다(법 제13조 제1항 단서).

라. 설명회 또는 공청회의 생략

개발기본계획을 수립하려는 행정기관의 장은 다른 법령에 따른 의견 수렴 절차에서 전략환경영향평가서 초안에 대한 의견을 수렴한 경우에는 제13조에 따른 의견 수렴 절차를 거치지 아니할 수 있다(법 제14조).

마. 사업계획의 변경 등에 따른 평가서초안의 재작성 및 의견의 재수렴

개발기본계획을 수립하려는 행정기관의 장은 제13조에 따라 의견 수렴 절차를 거친 후 제18조에 따라 협의 내용을 통보받기 전에 개발기본계획 대상지역 등 대통령령으로 정하는 중요한 사항을 변경하려는 경우에는 제11조부터 제14조까지의 규정에 따라 전략환경영향평가서 초안을 다시 작성하여 주민 등의 의견을 재수렴하여야 한다(법 제15조).

2) 환경영향평가서에 대한 주민의견 수렴

사업자는 제24조에 따라 결정된 환경영향평가항목등에 따라 환경영향평가서 초안을 작성하여 주민 등의 의견을 수렴하여야 한다(법 제25조 제1항). 제1항에 따른 환경영향평가서 초안의 작성 및 주민 등의 의견 수렴 절차에 관하여는 제12조부터 제14조까지의 규정을 준용한다. 다만, 주민에 대한 공고 및 공람은 환경영향평가 대상사업의 사업지역을 관할하는 시장(「제주특별자치도 설치 및 국제자유도시 조성을 위한 특별법」 제17조 제2항에 따른 행정시장을 포함한다)·군수·구청장(자치구의 구청장을 말한다)이 하여야 한다(제2항). 사업자는 제1항에 따른 주민 등의 의견 수렴 결과와 반영 여부를 대통령령으로 정하는 방법에 따라 공개하여야 한다(제3항). 사업자는 환경영향평가 대상사업에 대한 개발기본계획을 수립할 때에 제12조부터 제15조까지의 규정에 따른 전략환경영향평가서 초

안의 작성 및 의견 수렴 절차를 거친 경우(제14조에 따라 의견 수렴 절차를 생략한 경우는 제외한다)로서 다음 각 호(① 제18조에 따라 전략환경영향평가서의 협의 내용을 통보받은 날부터 3년이 지나지 아니한 경우, ② 제18조에 따른 협의 내용보다 사업규모가 30퍼센트 이상 증가되지 아니한 경우, ③ 제18조에 따른 협의 내용보다 사업규모가 제22조 제2항에 따라 대통령령으로 정하는 환경영향평가 대상사업의 최소 사업규모 이상 증가되지 아니한 경우, ④ 폐기물소각시설, 폐기물매립시설, 하수종말처리시설, 폐수종말처리시설 등 주민의 생활환경에 미치는 영향이 큰 시설의 입지가 추가되지 아니한 경우)의 요건에 모두 해당하는 경우 협의기관의 장과의 협의를 거쳐 제1항 및 제2항에 따른 환경영향평가서 초안의 작성 및 의견 수렴 절차를 거치지 아니할 수 있다(제4항). 제1항에 따른 환경영향평가서 초안의 작성방법과 제2항 단서에 따른 공고·공람의 방법 등 필요한 사항은 대통령령으로 정한다(제5항).

3) 주민 등의 의견 재수렴

사업자는 제25조에 따른 의견 수렴 절차를 거친 후 제29조에 따라 협의 내용을 통보받기 전까지 환경영향평가 대상사업의 변경 등 대통령령으로 정하는 중요한 사항을 변경하려는 경우에는 제24조 및 제25조에 따라 환경영향평가서 초안을 다시 작성하여 주민 등의 의견을 재수렴하여야 한다(법 제26조).

Ⅲ. 「주민투표법」상 주민참여

1. 주민투표의 의의

주민투표는 지방자치단체의 주요 결정사항 또는 국가정책 중 지방자치단체와 중대한 이해관계가 있는 사항의 결정에 주민의 의사를 물어 반영하려는 목적을 갖는 주민참여의 한 방식이다. 「지방자치법」 제13조의2 및 「주민투표법」에서 규율하고 있다.

주민투표권의 법적 성격에 대해서는 기속력있는 행위라는 견해와 기속력을 가지지 아니한 행위라는 견해로 나눠고 있다. 학계에서는 주민투표권의 법적 효력에 대하여 기속력을 가지고 있다고 보고 있으나,[5] 대법원은 이를 단순

5 김중권, "주민투표법안의 문제점에 관한 소고", 「공법연구」 제32권 제3호(한국공법학회, 2004), 120~130쪽.

히 주민의 의사를 묻는 것으로 법적 구속력이 있다고 보기는 어렵다고 보고 있다.[6] 즉 대법원은 지방자치법 제14조의 주민투표에 대하여 지방자치단체장의 투표결정에 대한 행정절차상의 한 방법으로 보았다. 이는 2004년에 제정된「주민투표법」이 제정되기 이전에 단순히「지방자치법」만을 가지고 이를 해석하여 내린 판결이다. 그 이후「주민투표법」이 제정되어 주민투표에 대하여 동법은 제1조에서 주민이 자치에 직접 참여할 수 있도록 하기 위하여 법률을 제정한다고 하고 있다. 또한 동조에서 "주요결정사항"이라는 규정을 두고 있어 주민이 직접 지방자치단체의 주요사항에 대하여 최종적인 결정권을 가지고 있다는 것을 천명하고 있다. 따라서 대법원의 판례는 주민투표법 제정에 따라 새롭게 해석될 필요가 있다는 견해도 제시되고 있다.

한편 헌법재판소는 주민투표권을 법률이 보장하는 참정권으로 이해하고 이를「헌법」이 보장하는 것으로 보고 있지 않다.[7]

2. 정보의 제공

지방자치단체의 장은 주민투표와 관련하여 주민이 정확하고 객관적인 판단과 합리적인 결정을 할 수 있도록 지방자치단체의 공보, 일간신문, 인터넷 등 다양한 수단을 통하여 주민투표에 관한 각종 정보와 자료를 제공하여야 한다. 관할 선거관리위원회는 주민투표에 관한 정보를 제공하기 위하여 설명회·토론회 등을 개최하여야 한다(법 제4조).

국책사업에 대한 반대가 주로 환경문제에 집중되어 있으므로「정보공개법」상 적극적 정보제공의 실질화,「환경기술 및 환경산업 지원법」상 환경정보공개의 실질화,「환경정보공개법」의 제정을 통한 정보제공이 이루어져야 한다.

3. 투표권자

19세 이상의 주민으로서 제6조 제1항의 규정에 따른 투표인명부 작성기준일 현재 그 지방자치단체의 관할구역에 주민등록이 되어 있는 자(「공직선거법」 제18조의 규정에 의하여 선거권이 없는 자를 제외한다) 또는「재외동포의 출입국과

6 대판 2002. 4. 26, 2002추23.
7 헌재 2005. 12. 22, 2004헌마530.

법적 지위에 관한 법률」 제6조에 따라 국내거소신고가 되어 있는 재외국민은 주민투표권이 있다. 19세 이상의 외국인으로서 출입국관리 관계 법령의 규정에 따라 대한민국에 계속 거주할 수 있는 자격(체류자격변경허가 또는 체류기간연장허가를 통하여 계속 거주할 수 있는 경우를 포함한다)을 갖춘 자로서 지방자치단체의 조례가 정하는 자는 주민투표권이 있다(법 제5조 제1항 및 제2항).

4. 주민투표의 대상과 대상제외

(1) 주민투표의 대상

주민에게 과도한 부담을 주거나 중대한 영향을 미치는 지방자치단체의 주요 결정사항으로서 그 지방자치단체의 조례로 정하는 사항은 주민투표에 부칠 수 있다(법 제7조 제1항).

(2) 주민투표의 대상제외

그러나 다음 사항은 주민투표에 부칠 수 없다(법 제7조 제2항). ① 법령에 위반되거나 재판 중인 사항, ② 국가 또는 다른 지방자치단체의 권한 또는 사무에 속하는 사항, ③ 지방자치단체의 예산·회계·계약 및 재산관리에 관한 사항과 지방세·사용료·수수료·분담금 등 각종 공과금의 부과 또는 감면에 관한 사항, ④ 행정기구의 설치·변경에 관한 사항과 공무원의 인사·정원 등 신분과 보수에 관한 사항, ⑤ 다른 법률에 의하여 주민대표가 직접 의사결정주체로서 참여할 수 있는 공공시설의 설치에 관한 사항. 다만, 제9조 제5항에 따라 지방의회가 주민투표의 실시를 청구하는 경우에는 그러하지 아니하다. ⑥ 동일한 사항(그 사항과 취지가 동일한 경우를 포함한다)에 대하여 주민투표가 실시된 후 2년이 경과되지 아니한 사항.

5. 국가정책에 대한 주민투표

중앙행정기관의 장은 주요 시설의 설치 등 국가정책의 수립에 관하여 주민의 의견을 듣기 위하여 필요하다고 인정하는 때에는 주민투표의 실시구역을 정하여 관계 지방자치단체의 장에게 주민투표의 실시를 요구할 수 있다. 이 경우 중앙행정기관의 장은 미리 안전행정부장관과 협의하여야 한다(법 제8조 제1항).

지방자치단체의 장은 제1항에 따라 주민투표의 실시를 요구받은 때에는 지체없이 이를 공표하여야 하며, 공표일부터 30일 이내에 그 지방의회의 의견을 들어야 한다(제2항). 제2항에 따라 지방의회의 의견을 들은 지방자치단체의 장은 그 결과를 관계 중앙행정기관의 장에게 통지하여야 한다(제3항). 제1항에 따른 주민투표에 관하여는 제7조, 제16조, 제24조제1항 · 제5항 · 제6항, 제25조 및 제26조의 규정을 적용하지 아니한다(제4항).

6. 주민투표의 실시요건

지방자치단체의 장은 주민 또는 지방의회의 청구에 의하거나 직권에 의하여 주민투표를 실시할 수 있다(법 제9조 제1항). 즉 지방자치단체의 관할구역 안에 주민등록이 되어 있는 19세 이상의 주민(공직선거법 제18조의 규정에 의하여 선거권이 없는 자를 제외한다) 및 제5조 제1항에 따라 그 지방자치단체의 조례가 정하는 외국인은, 주민투표청구권자 총수의 20분의 1 이상 5분의 1 이하의 범위 안에서 지방자치단체의 조례로 정하는 수 이상의 서명으로 그 지방자치단체의 장에게 주민투표의 실시를 청구할 수 있다(법 제9조 제1항 및 제2항). 지방의회는 재적의원 과반수의 출석과 출석의원 3분의 2 이상의 찬성으로 그 지방자치단체의 장에게 주민투표의 실시를 청구할 수 있다(제5항). 지방자치단체의 장은 직권에 의하여 주민투표를 실시하고자 하는 때에는 그 지방의회 재적의원 과반수의 출석과 출석의원 과반수의 동의를 얻어야 한다(제6항).

7. 주민투표결과의 확정

주민투표에 부쳐진 사항은 주민투표권자 총수의 3분의 1 이상의 투표와 유효투표수 과반수의 득표로 확정된다. 다만 ① 전체 투표수가 주민투표권자 총수의 3분의 1에 미달되는 경우, ② 주민투표에 부쳐진 사항에 관한 유효득표수가 동수인 경우(법 제24조 제1항)에는 찬성과 반대 양자를 모두 수용하지 아니하거나, 양자택일의 대상이 되는 사항 모두를 선택하지 아니하기로 확정된 것으로 본다.

8. 주민투표의 효력

지방자치단체의 장 및 지방의회는 주민투표결과 확정된 내용대로 행정 ·

재정상의 필요한 조치를 하여야 한다(법 제24조 제5항). 지방자치단체의 장 및 지방의회는 주민투표결과 확정된 사항에 대하여 2년 이내에는 이를 변경하거나 새로운 결정을 할 수 없다. 다만 제1항 단서에 따라 찬성과 반대 양자를 모두 수용하지 아니하거나 양자택일의 대상이 되는 사항 모두를 선택하지 아니하기로 확정된 때에는 그러하지 아니하다(제6항).

제 3 절 주민참여의 법적 문제

2011년 7월 21일 전부개정되어 2012년 7월 22일부터 시행되고 있는 「환경영향평가법」은 공청회의 주관자를 사업자로 규정하고 있다. 그리고 공청회 주재자에 대해서는 환경부령으로 정하도록 규정하고 있다(영 제16조 제5항).

행정절차법 제38조의3은 공청회의 주재자는 해당 공청회의 사안과 관련된 분야에 전문적 지식이 있거나 그 분야에 종사한 경험이 있는 사람 중에서 행정청이 지명 또는 위촉하는 사람으로 한다는 규정을 두고 있다. 공청회의 주재자는 해당 국책사업에 대한 깊은 이해를 가진 중립적인 전문가나 법관이 되는 것이 바람직하다. 궁극적으로는 법관으로 하는 것이 공청회의 공정성과 신뢰도를 한층 더 높여줄 수 있을 것이다.

그리고 「환경영향평가법」상 국책사업의 시행에 있어서 주민참여가 규정되어 있지만 해당 환경영향평가 대상지역의 주민으로 한정하고 있어 참여 주민의 범위가 지나치게 협소하다는 지적이 있다.

또한 참여대상에 대해서도 고민의 필요성이 있다. 즉 극단적인 찬성론자(개발론자)와 극단적인 반대론자의 주장은 그 지역 전체 주민들의 의사와 부합하지 않을 가능성이 크므로(무조건 반대를 위한 반대, 무조건 찬성을 위한 찬성) 양극단의 찬반론자들의 목소리를 줄이고 중도적인 찬반론자들의 합리적이고 이성적인 목소리를 높이는 방향으로 외국의 사례를 참고하여 법제도의 개선이 이루어져야 할 것이다.

국책사업의 설치절차에 참여하는 주민들은 비전문가들이기 때문에 종합적이고 장기적 안목이 다소 부족한 경우가 있을 것이다. 국책사업에 대한 전문지식이 부족하기 때문에 주민의견수렴 절차에서 감정적으로 대응할 가능성도 크다. 이러한 현실을 감안할 때 주민참여가 이성적이고 객관적으로 실질화될 수 있도록 주민들에게 충분한 정보제공(특히 환경정보)이 이루어져야 할 것이다. 그리고 국책사업에 대한 주민들에 대한 홍보도 주민들이 정확한 판단을 할 수 있도록 객관적이고 공정한 최신 정보를 토대로 하여 주민들의 신뢰와 합리적인 의사형성에 기여하여야 한다.

또한 공청회가 충분한 시간을 갖고 제대로 행하여지지 않는 경우에는 공청회 본래의 목적인 '국책사업에 대한 충분한 이해'를 도출해 내는 것이 아니라 상호 간의 반목과 불신 그리고 국책사업에 대한 불신을 증폭시키는 결과를 가져올 수 있으므로 필요하고도 충분한 토론과 이해를 위한 시간이 제공되어야 할 것이다.

제 8 장

국책사업과 절차참여권의 사법적 보호

제1절 절차참여권의 사법적 보호의 필요성

국책사업에 있어서 이해관계인의 절차에 대한 참여권의 보장은 특히 중요하다.

법률에 규정된 행정절차참여권이 행정기관에 의해 위법하게 무시되어 절차참여권이 침해된 경우, 절차참여권을 회복하기 위해서는 참여권을 침해한 행정기관의 결정에 대해 취소소송 등을 제기하는 것이 가장 적절한 수단이 되지만 현실적으로 그 실현은 매우 곤란하다.

행정행위가 법정(法定)의 실체적 요건을 충족시키지 못할 때는 무효 또는 취소해야 할 흠이 있는 것이 되는 것은, 법치행정원리의 당연한 귀결이다.

이에 반해 절차규제 위반의 경우는 문제가 조금 복잡하다. 즉 사인 측에 적정절차에 따라서만 처분을 받는다고 하는 의미에서의 절차적 권리가 있다고 한다면 절차위반은 당연히 사인의 권리침해로서 처분의 취소사유 또는 무효사유가 된다고 해석된다.

이에 대해 절차는 처분내용의 정당성을 담보하는 것이며, 그 자체 독립된 절차적 권리가 사인에게 생기는 것은 아니라고 한다면 절차위반은 당연히 처분의 효력에 영향을 미치지 않는 것이 된다.

더구나 이 문제는 행정행위에 대한 법원의 심사범위의 문제와도 관련된다. 원칙적으로 법원은 법률문제만이 아니라 사실문제에 대해서도 심리·판단한다. 그래서 법원에서의 심리과정에서 해당 행정행위에 대해서는 그 절차에 흠이 있지만 행정청의 실체적 판단은 정당하다고 하는 경우가 생긴다.

이러한 경우에 결과는 정당하지만 절차가 잘못되었다고 하여 처분을 취소해야 할 것인가라는 문제가 제기되는 것이다.

분명히 절차규제는 실체적으로 정당한 결정을 도출하기 위한 수단으로서의 의미를 가지고 있다. 또한 실체가 정당할 때 절차의 흠만으로 취소해도 행정청은 결국 동일한 처분을 똑같은 절차로 행하게 되어 행정경제(行政經濟)에 반하게 된다.

그러나 문제는 무엇이 정당한 결정인가이며 기본적으로는 정당한 절차에 따라서만 정당한 결정이 이루어진다고 하는 전제 위에 서게 되면 이 문제는 그리 복잡한 문제만은 아닌 것이다.

또 절차를 다시 밟은 경우에 행정청이 같은 처분을 할 것인가 하는 것도 물론 전제할 수는 없을 것이다. 더구나 실체에만 잘못이 없으면 된다고 한다면 절차상 규제 담보수단의 존재의의는 반감되는 것이다.[1]

국책사업 행정절차에 있어서 이들 행정절차가 그 심리대상 및 이해관계자가 매우 광범위하고 최종처분까지 오랜 시간을 요하기 때문에 최종처분에 대한 소송에서 절차 도중의 위법을 제대로 처리하는 것이 현실적으로 곤란하게 되기 때문에 상대방의 입장에서는 최종처분단계에서 절차참여권을 회복하기가 사실상 불가능하다는 문제가 발생한다.

따라서 절차상 행위에 대해서도 소송가능성이 인정될 필요가 있다. 행정청의 결정이 법적 타당성을 확보하게 되는 것은 행정결정의 내용적 기준 때문뿐만 아니라 그 행정결정이 내려지는 절차적 정당성 때문이라고 본다면 이 문제는 절실한 것이 아닐 수 없다.

---

1 塩野 宏, 「行政法 Ⅰ」(有斐閣, 1994), 266~267頁.

제2절 절차참여권에 대한 독일연방헌법재판소의 태도

독일 「연방행정절차법」은 계획확정절차에서 이의를 신청할 수 있는 범위에 대해 "해당 사업에 의해 이해에 영향을 받는 자"로 규정하고 있으나(법 제73조 제4항), 예컨대, 독일 「원자력법」상 허가절차[2]에는 이의신청을 할 수 있는 자의 범위에 제한이 없기 때문에 이해와 관계없이 누구라도 이의신청이 가능하다.

행정절차에서는 절차참여자로서의 이해관계인의 범위를 논하는 경우에 가능한 한 널리 누구라도 참가하는 것이 가능하다는 기본적인 입장에서 행정결정에 관한 이해관계, 목적, 효과 등의 주관적 측면과 다른 한편으로 해당 행정결정에 의해 개별적인 법익에 영향을 받는 자인지 여부 또는 국책사업의 설치에 대한 관심의 정도나 관심의 질을 기준으로 주장·입증할 수 있는 자인지 여부를 개별·구체적으로 판단할 필요가 있다.

어느 누구에게라도 이의신청권을 인정하면,[3] 잠재적인 원고의 범위가 무한정하게 확대되는 문제가 발생한다. 이것은 능률적인 행정절차의 진행에 기여하지 못할 것은 불을 보듯 뻔하다.

절차참여권을 인정받은 자가 그 권리가 침해된 경우에 그 절차의 결과로서 내려진 행정결정에 대해 실체법상 권리침해의 유무에 관계없이 당연히 원고적격이 인정되어 그 취소를 구하여 참여권을 회복할 수 있는지가 문제된다.

예를 들면, 뮐하임·케를리히결정[4]에서 독일 연방헌법재판소는 행정청이 해당 결

---

2 '해당 사업에 의해 이해(Belange)에 영향을 받는 자'는 '권리침해'보다 완화된 표현으로 볼 수 있어 사실상의 이해관계자 등도 포함된다(Kopp, a.a.O., S. 1387ff.). 그러나 실제 운용에 있어서는 허가절차 등과 마찬가지로 거의 무제한으로 이의신청이 인정될 우려가 있는 것도 사실이다.

3 독일의 경우에 명문의 제한이 없는 것은 누구에게라도 이의신청권을 인정한다고 보는 것이라는 데는 이론(異論)이 없는 것 같다. 「연방임밋시온방지법」에 따른 허가절차에 있어서 그 취지를 판시한 것으로서는 BVerwG, Urt. v. 24. 10. 1967, BVerwGE 28, S. 131ff.

4 1979년 12월 20일 독일 연방헌법재판소는 뮐하임·케를리히 원자력발전소의 설치를 둘러싼 헌법소원(Verfassungsbeschwerde)에 관한 결정을 내렸는데, 이 결정은 절차참가권과 관련하여 중요한 의미를 지닌다. 이 결정의 과정을 개관하면 다음과 같다. 헌법소원의 대상이 된 고등행정법원의 판결은 「원자력법」 소정의 공시·청문을 거쳐 이루어진 제1차 부분허가를

정을 함에 있어 다시 공시 · 청문절차를 행하지 아니한 것이 원고의 기본권을 침해한 것은 아니라는 판단을 하였지만, 행정절차의 불이행 또는 하자가 일정한 경우에 기본권 침해가 될 수 있다는 점은 인정하였다. 그런데 이 사건의 경우에도 소원신청인의 기본권을 침해한다고 보는 반대의견은 「원자력법」 분야에 있어 행정절차의 중요성과 법관의 사법심사의 범위에 대하여 강조하면서 "「원자력법」에서 불확정개념을 사용하는 것은 불가피하다. 규범 차원에 있어 규율이 흠결하고 있는 것을 행정청과 법원이 보충하지 않으면 안 된다. 또한 「원자력법」상의 위험판단은 경험적 보증이 있는 것이 아니기 때문에 각각의 입장과 이해에 영향을 받기 쉽다. 이러한 이유로 행정청과 모든 관계인 간의 커뮤니케이션이 중요하다. 따라서 행정절차에 기본권을 보장하는 기능이 인정된다. 또한 이러한 행정절차는 「원자력법」상의 제 결정이 국민에게 제공되는 것을 가능하게 하며 행정법원이 복잡한 과학기술상의 문제[5]에 개입하는 것을 피하고 결정주체의 행동과 절차를 통제하는 것으로 중점을 이동하는 것을 가능하게 한다. 그것에 따라 법원은 스스로 적합한 임무를 할 수 있게 되며, 그 임무를 신중하게 달성하면 국민에게 적정한 권리보호를 할 수 있게 된다"라는 입장을 표명하여 행정절차의 권리보호기능을 강조하였다.[6]

기본권의 보호는 절차의 정비에 따라 실현될 수 있으므로 실효성있는 기본권보호를 위해서는 절차규정이 경시되거나 무시되어서는 안 된다. 국가가 기본권을 보호할 의무를 지도록 제정된 절차규정을 행정청이 무시하는 것은 기본권침해라 할 수 있다.

그래서 국책사업의 설치를 위한 법소정의 절차상 제3자 참가규정은 이러한 「헌법」상의 기본권보호의 의의를 지니는 것으로 원고적격을 가지는 제3자

일부 변경하는 행정청 결정의 즉시집행 정지를 구하는 원고의 소송제기를 이유없다고 하여 기각한 것이다. 이에 대하여 원고는 법원의 결정이 생명 · 신체의 자유를 보장한 「기본법」(Grundgesetz) 제11조 제2항에 위반한다고 하여 헌법재판소에 헌법소원을 제기하였다. 헌법재판소의 심리과정에서의 주된 쟁점은 행정절차와 관련하여 소송의 대상인 행정청의 결정이 공시 · 청문을 거쳐 이루어진 것이 아니기 때문에 이것이 원고의 행정절차에의 참가권을 침해하고 나아가 원고의 기본권을 침해한 것은 아닌가 하는 점이었다.

5 가령 원자력발전소 설치허가의 적법성을 심사하는 경우 법관은 고도의 전문적인 과학기술상의 문제를 이해하여야 하지만 과학기술상의 문제를 법관이 정확히 이해하는 것은 상당히 어려운 문제이다. 이는 원자로압력용기에 대한 파열방지조치의 필요성 여부에 대하여 1977년 프라이부르크 행정법원은 Wyhl원전허가에 대하여 필요한 안전대책을 취하지 아니하였다는 이유로 원전의 허가취소를 명하는 판결을 하였으나, 거의 같은 시기 뷔르츠부르크 행정법원은 원자로파열방지대책에 관하여 프라이부르크 행정법원의 판결과 상반되는 입장을 취하여 원전허가가 적법하다고 판결한 상반된 두 실례를 보면 더욱 분명해진다. 이에 대해서는 강구철, 앞의 글, 131쪽 참조.

6 BVerfG, Beschl. v. 20. 12. 1979, BVerfGE 53, S. 30ff.

는 절차의 불이행에 의해 기본권이 침해된 것을 주장할 수 있는 근거가 되는 것이다.

독일 연방헌법재판소의 뮐하임·케를리히결정은 기본권이 절차를 통해서 실현되지 않으면 안 된다는 전제에서 출발하여 그것을 보호하기 위한 행정절차 등 절차규정의 정비와 이행은 기본권의 실현을 위해 불가결의 수단으로서 평가되어 그것의 침해는 기본권의 침해로 이해할 수 있는 틀을 제공한 것으로 평가할 수 있다.

제3절 국책사업설치절차상의 결정에 대한 구제

행정절차에의 참가권이 행정청에 의해 위법하게 무시됨으로써 절차참가권이 침해된 경우 이러한 참가권을 회복하기 위한 가장 쉬운 수단은 참가권을 침해한 행정청의 결정에 대해 취소소송 등의 소송을 제기하는 것이다.

> 예를 들면, 청문절차에의 참가를 거부당하여 서류 공람을 거부당한 경우에는 이러한 거부결정에 대한 취소소송을 제기할 수 있다면 절차참가권의 실현은 쉽게 될 수 있다.

그러나 이러한 행정절차 도중의 절차진행에 관한 결정에 대해 독립의 쟁송을 허용할 것인지 여부에 대해서는 논의가 분분하다. 물론 이것도 행정의 능률성과 국민의 권리보호문제 중에 어떤 것을 우선할 것인가의 문제로 귀결될 수 있다.[7]

Ⅰ. 행정절차상의 결정에 대한 소송의 인정 여부

1. 명문규정이 있는 경우

입법례에 따라서는 절차상 결정에 대한 소송가능성 여부에 대해 일반적인

7 이에 대해 자세한 것은 山田 洋,「大規模施設設置節次の法構造」, 269頁 이하 참조.

규정을 두기도 한다.

> 예를 들면, 독일「행정법원법」제44a조가 바로 그것이다. 동 조는 "행정청의 절차행위에 대한 법적 구제는 실체적 결정에 대한 법적 구제와 동시에만 그것을 구할 수 있다. 행정청의 절차행위가 집행력을 가지는 경우 또는 절차행위가 관계인 이외에 대해 내려진 경우에는 그것을 적용하지 않는다"는 일반적인 규정을 두고 있다.

법 해석상 제1문에 따르면, 가령 허가절차상 구두심리의 실시를 거부당한 관계인은 그 실시를 구하기 위해 출소하는 것이 불가능하게 된다. 결국 절차가 종료되어 허가결정이 내려진 후에 그에 대한 취소소송을 제기하여 그 중에서 결정의 위법사유로서 구두심리의 불이행을 주장할 수밖에 없게 된다.

제2문에 따르면, 절차행위 자체가 집행력을 가지는 경우로 통상 그 예로서는 행정절차에의 출석명령 등이 거론되는데 이러한 경우에는 절차행위에 의해 직접 상대방이 불이익을 받으므로 이 시점에서의 독립의 구제를 인정할 필요가 있게 되는 것이다. 절차행위가 관계인 이외의, 가령 증인 및 감정인 등에 대해 내려진 경우에는 독립의 구제를 인정할 필요가 있게 된다.

(1) 학설의 검토

1) 부 정 설

부정설은 절차만에 관한 처분에 대한 취소청구는 행정의 간소화를 저해하여 행정절차의 진행을 곤란하게 하고 소송절차를 증가시키기 때문에 인정하는 것은 불가능하고, 최종적인 실체적 결정에 대한 출소만을 인정하여도 상대방의 권리보호는 충분히 가능하다고 보고 있다. 독일 연방행정법원을 위시해서 판례의 대체적인 입장이기도 하다.

독일「행정법원법」제44a조에 따르면, 허가절차상 구두심리의 실시를 거부당한 관계인은 그 실시를 구하기 위해 출소하는 것은 불가능하다. 물론 절차가 종료해서 허가결정이 난 후에 이에 대해 취소소송을 제기하여 결정의 위법사유로서 구두심리의 불이행을 주장하는 것은 상관없게 되는 것이다.

2) 긍 정 설

긍정설은 행정절차의 기능과 절차참가권을 중시하는 입장이기 때문에 절차행위에 대한 독립의 소송을 부인하는 태도를 행정절차 또는 절차참가권에 대한 경시적 인식이 짙게 깔려 있다고 비판한다.

즉 절차행위에 의해서는 상대방의 권리이익이 침해되지 않고, 그것이 실제로 침해되었는지 여부는 최종처분에 의해 결정되기 때문에 최종처분에 대한 출소를 인정하여도 상대방의 권리보호에 충분하다는 부정설의 논지는 편견과 안이한 인식의 결과라는 것이다.

따라서 행정청의 절차행위에 대응한 상대방의 절차상 지위, 즉 절차참가권 자체는 재판에 의해 보호될 가치가 있으므로 당연히 보장되어야 한다고 주장하고 있다. 이러한 입장은 독일 연방헌법재판소의 입장과 상통한다고 볼 수 있다.

연방헌법재판소가 뮐하임·케를리히사건에서 기본권은 행정절차를 포함한 절차법의 정비와 이행에 의해 보호되지 않으면 아니 된다고 판시한 데서 그 단초를 찾을 수 있는 것이다.[8]

또한 뮌스트 고등행정법원 1980년 6월 13일 결정[9]도 舊폐기물처리법에 의해 폐기물처리시설 설치의 계획확정절차에 있어서 서류열람을 거부당한 관계인이 그것을 다투어 출소한 사건을 다룬 것인데, 同법원은 뮐하임·케를리히결정을 인용하여 서류열람청구권이 「기본법」에 의해 보장되는 것으로 제44a조는 한정해석되어야 한다고 함으로써 긍정적인 태도를 취한 것으로 보인다.[10]

(2) 제44a조에 따라 배제되는 절차행위에 대한 소송

그러면 어떠한 절차행위에 대한 소송이 제44a조에 따라 배제되는 것인가. 동 조의 적용대상은 「행정절차법」 소정의 행위에 한하지 않고 다른 특별법의 규정에 따른 행정절차상의 행위에도 미치기 때문에 그 예는 상당한 범위에 미치게 될 것이다.

독일의 경우 전형적인 예로서는 공정성이 의심되는 직원의 관여를 배제하는 것을

8 이 점을 특히 강조하는 학자로서는 Redeker, NJW 1980, S. 1597 등이 있다.

9 OVG Münster, Beschl. v. 13. 6. 1980, NJW 1981, S. 70.

10 이러한 학설 및 판례의 태도는 입법과정에도 영향을 미쳤다. 연방정부가 1982년에 의회에 「(통일)행정소송법안」을 제안하였는바, 그 제68조 제2문에 "관계인의 권리의 실현이 불가능 특히 매우 곤란해지는 경우"에는 본 조를 적용하지 않는다(본문은 기본적으로 제44a조와 동문언)는 취지를 규정하여 종래의 제2문 소정의 2가지 적용제외사유를 그 예시로 한 것이다. 이러한 정부안은 학계의 환영은 받았으나 연방하원이 그 남용에 의해 최종결정이 늦어지는 점을 우려하여 반대함으로써 결국 폐기되었다.

구하는 소송(「행정절차법」 제20조, 제21조), 관계 서류의 열람을 구하는 소송(법 제29조), 증거 및 증인 등의 채부를 다투는 소송(법 제22조), 계획확정절차 등에 있어서 구두심리의 실시를 구하는 소송(법 제67조) 등이 거론된다.[11] 현실적으로는 제44a조의 적용이 다투어진 예는 서류열람에 관한 것이 많다.[12]

(3) 한정해석의 방법

행정절차에 따른 기본권의 보호 또는 실현이라는 관점에서 「행정법원법」 제44a조를 한정해석하는 견해가 있다. 한정해석의 방법에 대해서는 제44a조에 따라 부적법하게 되는 소송형식을 한정하자는 견해와 제44a조의 적용대상이 되는 절차행위를 한정하자는 견해로 나누어지고 있다.

1) 제44a조에 따라 부적법하게 되는 소송형식을 한정하자는 견해

제44a조에 따라 부적법하게 되는 소송형식을 한정하자는 견해는 제44a조의 입법목적 등으로부터 상식적으로 접근하여, 동 조는 절차행위에 대한 독립의 쟁송으로서 그것이 취소소송이 되든, 의무소송 등의 급부소송으로 되든, 그것에 수반되는 가구제청구가 되든, 모두 배제된다는 견해[13]와 제44a조에 따라 부적법하게 되는 것은 취소소송과 집행정지명령뿐이고, 의무소송 등의 급부소송 및 가명령 등은 허용된다고 해석하는 견해로 나뉜다.[14]

2) 제44a조의 적용대상이 되는 절차행위를 한정하자는 견해

이 견해는 제44a조를 한정해석하는 경우에 동 조의 적용대상이 되는 절차행위를 한정(또는 제2문에 따른 예외를 확대)하자고 한다. 물론 학자들 간에도 그 기준과 범위에 대해서는 미묘한 차이가 있다.

이 견해는 연방헌법재판소의 뮐하임·케를리히결정에 입각하여 기본권의 요청으로서의 절차규정에 위반한 행위에 대해서는 독립의 소송을 허용하자고

11 그 적용범위에 관해서는 Kopp, Verwaltungsgerichtsordnung, S. 464f.

12 「행정절차법」 제29조에 따른 서류열람청구를 거부당한 관계인이 그 취소 등을 구하기 위해 출소할 수 있는가(계획확정절차에 있어서는 제71조에 따른 서류열람의 가부는 행정기관의 재량이므로 재량남용을 주장하는 출소는 가능하다). 판례는 일관해서 이를 부적법한 것으로 보고 있다. OVG Münster, Beschl. v. 23. 4. 1979, DÖV 1980, S. 222f.; v. 13. 6. 1980, NJW 1981, S. 70.; BVerwG, Urt. 27. 5. 1981, NJW 1982, S. 120.

13 Kopp, a.a.O., S. 462f.

14 Meyer · Borgs, a.a.O., S. 231.

한다.[15] 즉 실체적 권리의 실현을 방해하는 절차상의 위법에 대해서는 그것을 허용해야 한다는 것이다.

따라서 절차참가권 자체를 비롯하여 청문 및 서류열람, 불공정한 직원의 배제 등을 거부하는 행위 등 중대한 절차위반에 관해서는 제44a조의 적용이 부정된다고 본다.

계획확정절차에 있어서 제44a조를 적용하는 것이 불합리하다는 목소리가 높아지고 있음을 주목할 필요가 있다.[16] 즉 국책사업의 행정절차는 최종처분까지 장기간이 걸리기 때문에 상대방으로서는 절차참가권의 회복이 매우 곤란해지는 문제점이 있다는 것이다.

2. 명문규정이 없는 경우

우리나라의 경우 행정절차 도중의 절차상 결정의 소송가능성 여부에 대한 일반적인 명문규정은 존재하지 않는다. 따라서 이 문제는 학설과 판례에 맡겨져 있다고 할 수 있다.

Ⅱ. 소 결

행정절차를 통한 행정능률과 권리보호의 조화는 심판 및 통제의 집중을 통해서도 행해질 수 있다.

앞에서 살펴본 독일의 「행정법원법」 제44a조는 소송경제(Prozeßökonomie)의 견지에서 마련된 것으로, 이것은 절차행위에 대한 법적 구제를 거부하는 것이 아니라, 절차의 종결시까지 연기함으로써 행정능률과 권리보호를 조화시키기 위한 제도로서 평가되고 있다.

다만 국책사업의 경우에 설치에 장기간이 소요되는 관계로 절차행위에 대한 법적 구제를 전향적으로 검토할 필요가 있을 것이다.

---

15 v. Muttis, NJW 1982, S. 2169f.

16 R. Breur, “Verfahrens-und Formfeher der Planfeststellung für raum-und umweltrelevante Großvorhaben”, in: Bürger-Richter-Staat, Festschrift für Sendler(1991), S. 357(363f.).

제 9 장

국책사업과 환경정보공개*

제1절 서 언

세계적으로 유명한 원자력발전소사고로는 1979년의 미국의 스리마일 아일랜드원전사고(Three Mile Island disaster: TMI),[1] 1986년에 발생한 체르노빌원전사고(Chernobyl disaster)[2] 그리고 2011년 3월의 일본의 후쿠시마(福島)원전사

* 본 장의 원문은 졸고, "원전사고와 환경정보공개에 관한 고찰", 「행정법학」 제2호(한국행정법학회, 2012. 3) 참조.

1 미국 펜실베이니아주 해리스버그 미들타운에 위치한 스리마일아일랜드(TMI) 원자력발전소는 필라델피아에서 자동차로 2시간 반 떨어진 곳인데, 여기에서 1979년 세계 첫 원전사고(5등급)가 일어났다. 1979년 3월 28일 오전 4시께 가압형 경수로(PWR) 원전 2호기의 냉각수 공급시스템 비상램프가 깜빡거렸다. 원자로에 압력을 가하는 가압기가 고장나 압력완화용 밸브가 열렸고, 냉각수가 빠져나갔다. 냉각수 안에 잠겨 있어야 할 연료봉은 그대로 공기 중에 노출되었다. 고온의 핵연료가 절반 이상 녹아내리는 중대사고였다. 다행히 연료봉에서 녹아내린 방사성 물질이 8인치(약 20㎝) 두께의 원자로를 뚫지 못해 토양을 통해 유출되지는 않았다. 가동한 지 석 달째에 접어든 신형 원자로인 TMI 2호기는 바로 가동을 멈췄고, 먼저 가동을 시작한 1호기 역시 전력 생산을 중단했다.

2 체르노빌 원전사고는 1986년 4월 26일에 소련(현재 우크라이나)의 체르노빌 원자력 발전소에서 발생한 폭발에 의한 방사능 누출사고를 말한다. 이 사고로 발전소에서 누출된 방사성 강하물이 우크라이나, 벨라루스 등에 떨어져 심각한 방사능 오염을 초래했다. 사고 후 소련 정부의 대응 지연에 따라 피해가 광범위화되어 사상 최악의 원전사고(7등급) 가운데 하나가

고[3]를 들 수 있다.[4]

유럽 각국에 있어서 시민의 환경정보에 대한 관심이 고조된 것은 1986년에 발생한 체르노빌원전사고에 따른 방사능오염 및 1986년 11월의 바젤화학공장사고[5]에 따른 라인강오염에 기인한 것이었다. 특히 이들 사고가 국경을 넘어 심각한 환경파괴를 야기함에도 불구하고 이들 국민들에게는 많은 환경정보가 제공되지 않는 데 따른 국민들의 불안감이 매우 고조되었다.[6] 이것이 계기가 되어 환경정보에 대한 공개지침이 마련되고 회원국들에게 「환경정보공개법」의 입법화가 의무지워진 것이다. 물론 유럽연합 및 각국 정부에 의한 환경정책의 진전도 일조하였음은 두말할 나위가 없다.

되었다.

3 2011년 3월 13일, 일본 도호쿠 지방 태평양 앞바다 지진의 여파로 후쿠시마 제1원전에서 일어난 원자력사고이다. 이 원전사고는 자연재해로 인한 사고로서의 성격을 가짐으로써 1986년에 발생한 인적 재해로서의 체르노빌 원전사고와 비교되고 있다. 후쿠시마 제1원전은 6개의 원자로와 6,375개의 폐연료봉을 보유하고 있었는데 지진과 쓰나미로 냉각시스템이 고장나면서 문제가 야기되었다. 4월 12일, 일본 경제산업성 산하 원자력안전보안원은 후쿠시마 원전사고의 등급을 최고단계인 7등급으로 상향하였다. 다음은 세계일보 2012년 3월 8일자, 6~7쪽 기사내용이다. "2012년 3월 6일 현재 일본 경찰청 발표에 따르면, 사망자가 15,854명, 행방불명 3,272명, 건물피해 128,411호로 밝혀졌다. 사고원전에서는 지금도 매일 시간당 6,000만~7,000만Bq(베크렐)의 방사성 물질이 유출되고 있다. 일본 정부와 도쿄전력은 아직도 원자로 내부상황을 제대로 파악하지 못하고 있다. 경제산업성과 도쿄전력이 작성한 사고원전폐쇄로드맵에 따르면 사고원전에서 노심용융(멜트다운)으로 녹아내린 핵연료를 회수하고 원자로를 해체하는 데 최장 40년이 걸릴 것으로 보인다."

4 국제원자력사고등급(이하 "INES"라 한다)은 국제원자력기구(이하 "IAEA"라 한다)가 원자력 관련 사고의 심각성 정도를 일반에게 알리기 위해 도입한 등급 체계로, 최하 레벨인 0에서 최고 레벨 7까지 8등급으로 구분된다. 7등급은 사태의 심각성이 최악일 경우 매겨지는 등급이다. 사고등급은 다음과 같다. 7등급(대형사고. 대량의 방사성 물질 외부 유출. 생태계에 심각한 영향 초래). 6등급(심각한 사고. 상당량의 방사성 물질 외부 유출. 인근 지역에서 신속하게 대피하지 않으면 매우 위험). 5등급(시설 외부로의 위험사고. 원자로 용기에 중대한 손상. 시설 및 주변 지역에 대피 권고 발동). 4등급(시설 내부의 위험사고. 원자로 노심 상당한 손상. 시설 종사자들이 심각한 피폭으로 사망). 3등급(중대한 이상. 시설물 내의 심각한 방사능 오염. 시설 종사자들의 심각한 피폭). 2등급(이상. 시설물 내 상당한 방사능 오염. 시설 종사자들의 법정 연간 피폭한계치 내 노출). 1등급(이례적인 사건. 운전제한 범위에서의 이탈. 큰 문제는 아니지만 세계 뉴스에 오른다). 0등급(경미한 이상. 사건이 발생했으나 안전에 중요하지 않아 사건으로 간주하지 않는다). 한 등급씩 이전 등급과 비교해 10배씩 심각성이 배가되는 구조이다.

5 1986년 11월 스위스 바젤에 있는 의약품 대기업 회사공장에서 화재가 발생하여 창고에 있던 살충제, 유기인계 농약, 수은 화합물 등 약 30t이 라인 강에 흘러들었다. 이에 편승하여 몇몇 화학 회사가 유독 제초제 등을 무단 방류하여 라인강을 오염시킨 사건이다.

6 山田 洋, 「ドイツ環境法と歐洲」(信山社, 2008), 37頁 참조.

회원국들에게 「환경정보공개법」의 입법화가 요구되던 당시에는 일반적인 「정보공개법」이 없던 국가들도 독일을 비롯하여 적지 아니하였고 정보공개제도 자체에 대해서도 그 필요성이 강하게 요청되지는 아니하였다. 그러한 당시 상황을 뒤돌아보면 환경오염문제에 대한 유럽의 문제의식과 그에 따른 실천적 행동은 많은 시사점을 던져준다고 할 수 있다.

2011년 3월에 체르노빌원전사고에 버금가는 지진해일로 인한 후쿠시마원전사고가 일본에서 발생하였고 그 여파는 아직까지도 진행되고 있다. 당시 일본정부는 원전사고와 관련한 정보를 자국민뿐만 아니라 주변국들에게 정확한 정보를 공개하지 않아 적지 않은 비판을 받았다.

한국, 일본, 중국 및 대만은 국경을 맞대고 있는 유럽과 동일시할 수는 없지만 매우 인접한 국가들이기 때문에 원전사고로 인한 방사능오염으로부터 자유롭지 못한 상황이다. 그런 측면을 감안하면 일본이나 중국의 소극적인 원전사고 정보공개는 주변국 및 그 국민들을 매우 불안하게 만들고 있는 것이다.

만일 중국에서 원전사고가 나면 우리나라는 직접 피해국인 중국보다는 덜하지만 여러 분야에 걸쳐 심각한 타격을 받는다. 편서풍이 항상 한반도 쪽으로 분다는 점을 감안하면 일본의 원전사고보다 더 중대한 것이 중국의 원전사고이다. 중국은 2012년 8월 현재 동쪽 해안도시를 중심으로 14기의 원전을 가동하고 있다. 신규원전도 있지만 노후원전도 있다. 중국의 원전사고 은폐가능성은 전례에 비춰보면 아주 없다고 단정하기 어렵다. 실제로 2011년 5월과 10월 광둥성 다야완 원전에서 방사능 누출사고가 발생했다. 중국정부는 이를 한달여 동안 외부에 알리지 않았다. 다행히 당시 사고는 원전외부로 방사선이 누출되지 않은 경미한 것이었다. 과학기술정책연구원(STEPI)은 중국에서 원전사고가 발생할 경우 우리나라에서도 지하수·토양·대기·해양 등의 환경오염이 심각해질 것으로 보고 있다. 방사능 물질에 접촉하면서 사람과 동물의 면역체계가 약화되어 갑상샘 암류의 질병 발생이 증가하게 된다. 한반도가 방사능의 위험에 노출됨에 따라 해외기업 철수, 증시 급락, 외환 유출 등 경제 전반에도 위기가 올 수 있다.[7][8]

---

7 중앙일보 2012. 9. 22일자, "X-이벤트: 한국사회 위협하는 네 가지 재앙" 기사 참조.

8 따라서 우리나라도 예방적 차원의 안전성이 심각하게 문제되는 노후원전 폐쇄, 모든 원전에

이번 일본의 후쿠시마원전사고가 1980년대의 유럽과 마찬가지로 동북아시아에도 「환경정보공개법」의 제정 논의를 촉발시키는 계기가 되어야 함에도 불구하고 진전이 없는 상황이다. 체르노빌원전사고를 통해 「환경정보공개지침」을 만들어 회원국들로 하여금 「환경정보공개법」을 제정케 한 유럽연합과 같은 책임있는 글로벌 리더십을 동북아시아에서는 찾아볼 수 없다. 지금이라도 정부에서는 일본, 중국, 대만 등과 함께 「동북아 원전정보공개지침」을 제정하여 원전관련 정보(특히 원전사고정보)를 실시간으로 공유할 수 있도록 노력을 기울려야 할 것이다.

주지하다시피 우리나라의 경우 「정보공개법」이 운용되고 있다. 「정보공개법」은 비공개대상정보(법 제9조)를 광범위하게 인정함으로써 소극적인 정보공개가 이루어지고 있을 뿐이다. 그리고 「환경기술 및 환경산업 지원법」상 환경정보공개제도가 2011년 4월 28일 도입되어 「환경정보공개제도 운영규정」을 제정·고시함으로써 환경정보공개제도 정착을 위한 본격적인 준비를 하고 있으나 법체계 및 내용적으로 문제점이 적지 아니하다. 또한 환경정보공개 실태에 있어서도 행정기관이나 공공기관의 적극적 참여가 부족한 것이 여실히 드러나고 있다. 단순히 법제도를 만드는 것이 중요한 게 아니라 책임있는 실천궁행이 중요하다.

한편 환경정보공개문제는 위의 문제와는 별도로 국책사업의 시행에 있어서도 매우 필요하다. 왜냐하면, 국책사업의 시행에 있어서 주된 갈등요인이 바로 환경적인 문제이기 때문이다. 특히 위험시설의 경우에는 환경정보에 대한 구체적이고 정확한 정보를 요구하게 되는데, 현행 「정보공개법」에 따른 정보공개가 그러한 필요를 충족시켜주지 못하는 것이 법현실이기 때문이다.

대한 엄격한 스트레스 테스트 실시, 원전 관리의 투명성 확대, IAEA가 권고하는 대피소·의약품·비상식품 등의 대비가 필요하다.

제2절 유럽의 「환경정보공개법」의 제정

Ⅰ. 유럽연합

1. 입법경과

유럽연합은 1990년에 「환경에 관한 정보접근의 자유에 관한 지침」(Freedom of Access to Information on the Environment(이를 "EC1990년지침"이라 한다))[9]를 채택하였고, 1998년에는 「환경문제 관련 정보접근, 정책결정에서의 공공참여, 사법접근에 관한 협약」(Convention on Access to Information, Public Participation in Decision-making and Access to Justice in Environmental Matters)[10]을 채택하였고, 2003년에는 「환경정보에 대한 공공접근 지침」(Directive on Public Access to Environmental Information)(이하 "EC2003년지침"이라 한다)을 채택하여 환경정보접근 및 공개를 확대하였다.

2. 주요내용

「EC2003년지침」은 「EC1990년지침」에 비해 공개대상 환경정보의 개념을 명확히 하고 공개절차에 대하여도 구체적으로 규정하고 있다. 「EC2003년지침」은 총 13개 조항으로 구성되어 있는데, 목적조항을 통해 개인의 환경정보에 대한 접근권을 천명하고 공개제외대상, 공개절차 및 공개관련 결정에 대한 이의제기절차 등 환경정보공개에 대한 기본적인 골격을 규정하고 있다.

「EC2003년지침」 제2조는 환경정보를 첫째, 물리적인 요소로서 환경을 구성하는 요소들의 상태, 생물다양성과 그 구성요소, 그리고 상기의 요소 상호간의 작용에 대한 정보, 둘째, 이러한 환경 구성요소에 악영향을 미치는 물질들의 배출 및 유출행위에 대한 정보, 셋째, 환경 구성요소에 영향을 미치는 정부조치 및 활동에 관한 정보, 넷째, 상기의 정부의 조치나 활동에 사용된 분석방

9 총 10개의 조항으로 구성된 짧은 형식을 갖추고 있으나, 전 세계에서 최초로 일반정보와는 별도로 환경정보를 구분하여 이를 공개하도록 하는 국제문서로서의 의의를 가지고 있다.

10 덴마크 알후스에서 체결되어 알후스협약으로 약칭되기도 한다. 환경정보공개 관련 가장 종합적이고 획기적인 국제협약으로 평가받고 있다.

법에 관한 정보, 다섯째, 상기의 내용으로 인해 영향받는 인간의 보건상태에 대한 정보 등으로 정의하고 있다.

> 환경정보란 지침 제2조 제1항과 같은 의미를 가지는 것으로, 다음 사항에 대한 문서 또는 시각, 청각, 전자 등 그 밖에 실질적인 형태의 정보를 의미한다. (a) 공기와 대기, 물, 토양, 토지, 풍치 및 습지, 해안 그리고 해양 지역을 포함하는 자연지와 같은 환경 요소의 상태, 유전자변형체를 포함한 생물다양성과 그 구성요소, 그리고 이러한 구성요소들 사이의 상호작용; (b) (a)에 언급된 환경의 구성요소에 영향을 미치거나 미칠 수 있는 물질, 에너지, 소음, 방사선 또는 방사능 폐기물을 포함한 폐기물과 같은 요인의 환경으로의 배출, 방출, 및 유출; (c) (a)와 (b)에 언급된 구성요소와 요인에 영향을 미치거나 미칠 수 있는 정책, 입법, 계획, 프로그램, 환경협정과 같은 조치(행정조치 포함) 또는 활동 그리고 그러한 요소들을 보호하도록 계획된 조치 또는 활동; (d) 환경법의 집행에 관한 보고서; (e) (c)에서 언급된 조치와 활동의 틀 내에서 사용된 비용편익 및 그 밖의 경제적 분석과 가설, (f) (a)에서 언급된 환경요소의 상태에 의해, 그러한 요소를 통하여, 또는 (b)와 (c)에 언급된 요인이나 조치 활동 등에 의해, 영향을 받거나 영향을 받을 수 있는 한, 음식사슬(food chain)[11]의 오염을 포함한 인간의 건강과 안전상태 및 인간 생활 조건 그리고 문화지 및 건축구조물의 상태

「EC2003년지침」에서 사용한 환경정보개념은 최소한 수준이며 회원국은 이를 완화할 수 없다.[12]

「EC2003년지침」은 회원국에게 환경정보와의 이해관계(state an interest)의 유무에 상관없이 환경정보를 청구하는 자연인 또는 법인에게 해당 정보를 제공하도록 요구하고 있다.[13]

그리고 피신청인은 동 지침에 의해 공개되어야 하는 환경정보는 공공기관이 보유한 정보 및 공공기관을 위해 보유되고 있는 정보에 한하며 일반 시민이 자체적으로 보유한 정보는 공개대상에 해당하지 않는다. 따라서 피신청인은 공공기관에 한정된다.

신청대상정보는 환경정보로서 공공기관에 의해 만들어지고 취득되어 보유

11 예컨대, 제초제와 관련 농약 잔유물이 상추에 남아 있는 경우에 사용된 용어라서 먹이사슬이 아닌 음식사슬로 사용하고 있다.

12 Recital 24 to Directive 2003/4/EC.

13 Id. art. 제2절5 및 art. 제3절1.

되고 있는 정보 또는 공공기관을 위하여 자연인이나 법인이 물리적으로 보유하고 있는 환경정보를 의미한다.[14]

그리고 「EC2003년지침」은 환경정보공개대상에서 제외되는 상황 또는 대상을 규정하고 있다.

「EC2003년지침」은 제4조에서 요청대상의 환경정보를 공개에 대한 공익성 판단을 요구하는 경우와 공익성 판단 후 공개를 거부할 수 있는 경우를 나누어서 제시하고 있다.[15] 전자에 해당하는 것으로는 ① 신청을 받은 기관이 해당 공개요청대상의 환경정보를 미보유한 경우, ② 해당 정보가 아직 작성 중에 있는 자료이거나 완성되지 못한 문서 및 정보인 경우, ③ 요청 자체가 현저히 불합리하거나 지나치게 일반적인 방법으로 되어 있는 경우 등이다.

「EC2003년지침」은 환경정보의 신청절차에 대해서는 회원국의 일반법에 위임하고 있으나 신청이 접수된 후 1개월 이내에 원칙적으로 처리할 것을 요청하고 있다.[16]

3. 소 결

「EC2003년지침」은 환경정보공개제도의 확산 및 기존 지침의 문제점 개선이라는 배경을 바탕으로 2003년 「알후스협약」을 반영하였고, 기존의 지침(EC1990년지침)을 폐지하고 채택된 것으로 환경정보접근 및 공개를 확대하였다는 평가를 받고 있다.

Ⅱ. 영 국

1. 입법경과

「환경정보규정」(Environmental Information Regulations: EIR)이 1992년 제정되었다. 「환경정보규정」은 시민들에게 공공기관을 포함한 특정 기관이 보유한

14 Id. art. 제2절3 및 art. 제2절4.

15 공익성 판단없이 공개 거부를 할 수 있는 경우와 공익성 판단 후 공개를 거부할 수 있는 경우에 대해서는 소병천, “유럽과 영국의 환경정보접근에 관한 법체계”, 「기업정보공개 관리에 관한 지침 제정 연구 자료집」(한국법제연구원, 2011. 4. 8), 48~51쪽 참조.

16 Id. art. 제3절.

환경정보에 대한 접근권을 인정하고, 공공기관에게는 해당 규정이 정한 바대로 환경정보를 공개할 의무를 부과하고 있다. 이 규정은 1998년 영국이 「알후스협약」에 서명함에 따라 일부 개정되었으며, 2003년 유럽연합에서 기존 「EC1990년지침」이 「EC2003년지침」으로 대체됨에 따라 2004년에 개정되어 2005년 1월 1일부터 발효되고 있다.[17]

2. 주요내용

「환경정보규정」은 총 5부 21개 조항으로 구성되어 있다. 제1부는 본 규정의 명칭 및 개념 및 적용조항 등의 일반조항을, 제2부는 본 규정의 주된 내용인 공공기관이 보유하는 환경정보에의 접근과 관련한 공개대상정보의 범위, 형태, 기간 등 공개절차규정을, 제3부는 환경정보공개의무의 예외사항을, 제4부는 본 규정의 주무부서인 위원회의 기능 및 업무 관련조항을, 그리고 마지막 5부는 정보공개 관련 이의절차 및 위반시의 처벌조항등을 각각 규정하고 있다.

(1) 환경정보의 개념

「환경정보규정」은 제2조 제1항에서 환경정보에 대해 규정하고 있다. 「환경정보규정」상 환경정보는 앞의 「EC2003년지침」과 거의 동일하다. 즉 풍경, 공기, 토양과 같은 환경요소들의 상태와 관련된 정보를 말하며, 이에는 환경요소에 영향을 주는 물질, 에너지, 소음 방출, 배출, 정책, 법률 등이 포함된다.

「환경정보규정」을 집행하는 과정에서 실질적인 해석에 대한 문제가 발생할 수 있어 정보위원회는 이에 대한 해석지침[18]을 통해 실무 일선에 환경정보 개념에 대한 해석기준을 제공하고 있다.[19]

(2) 공개방식

공개대상이 되는 정보에 대해서는 대중이 정보공개에 대해 특정한 요청을 하지 않아도 쉽게 접근할 수 있는 전자적인 방식으로 공개하도록 하였으며, 정보를 제공하는 기관은 정보를 체계적으로 제공하기 위한 관련절차를 밟도록 하였다.

---

17 소병천, 앞의 글, 60~61쪽 참조.

18 ICO Guidance-Environmental Information Regulations, Version 3, 2009. 제3절16.

19 해석지침을 중심으로 환경정보에 대한 구체적인 내용에 대해서는 소병천, 앞의 글, 63쪽 이하 참조.

(3) 비공개대상

1) "부정적 영향"의 기준

「환경정보규정」은 환경정보공개의 예외와 관련하여 제3부 제12조 제4항 및 제5항 그리고 제13조에서 규정하고 있다. 제12조는 제4항과 제5항에 나열된 사항에 부정적인 영향을 미치는 경우 공개를 거부할 수 있다고 규정하고 있다. 여기서 "부정적 영향"의 이 기준은 「정보자유법」상 "악영향"(prejudice)의 기준과 유사하나 「정보자유법」상 "악영향"의 기준이 "악영향을 주거나 줄 수 있는" 것인데 반해, 「환경정보규정」에서의 부정적인 영향(adverse effect)은 그 피해가 단순히 할 것 같다는(likely) 예상보다는 최소한 개연성(probable)을 요구하고 있어 「정보자유법」보다는 엄격한 기준을 제시하고 있다.[20]

「환경정보규정」은 공개추정을 원칙으로 예외규정의 적용을 제한적으로 해석할 것을 요청하고 있다. 또한 예외규정들을 적용할지라도 예외가 아닌 정보가 분리되는 것이 합리적으로 가능하다면 그것을 추출하거나 요약하여야만 하고 해당 신청인에게 그것을 발급하여야만 한다.

2) 공공기관이 환경정보 공개를 거부할 수 있는 예외사유

제12조 제4항은 예외사유로 (a) 신청자의 요청을 받은 시점에 해당 정보를 보유하고 있지 못한 경우, (b) 해당 정보에 대한 요구가 명백히 비합리적인 경우, (c) 정보 요구가 지나치게 일반적인 방법으로 되어 있으며, 당국에서는 제9조를 준수한 경우, (d) 요구한 정보가 아직도 완성되지 않은 상태에 있거나 불완전한 자료인 경우, (e) 요구사항에 충족하기 위해서는 내부자료를 공개해야 하는 경우 등을 들고 있다.

제12조 제5항은 (a) 정보를 공개하면 국제관계, 국방, 국가안보 또는 공공의 안전에 부정적인 영향을 줄 경우, (b) 사법절차, 개인이 정당한 재판을 받을 권리 또는 당국이 형사상 또는 징계 차원의 심문을 할 권리에 부정적인 영향을 줄 경우, (c) 지적재산권에 부정적인 영향을 줄 경우, (d) 진행절차 또는 그 밖에 당국의 기밀정보에 부정적인 영향을 주며, 기밀정보보호가 법률로 보장된 경우, (e) 상업정보나 산업정보의 기밀성에 부정적인 영향을 주며, 이러한 기밀

20 소병천, 앞의 글, 69쪽 참조.

정보보호가 합법적인 경제권을 보호하기 위해 법률로 보장된 경우, (f) 해당 정보를 제공한 자의 이익에 부정적인 영향을 주며, 이러한 개인이 다음과 같은 상황일 경우(ⅰ. 해당 정보를 신청자나 그 밖의 당국에 제공할 법적 의무를 가지고 있지 않으며, 제공의무를 충족해야 할 의무가 없는 경우, ⅱ. 본규정에서 벗어나 당국에 이러한 정보를 제공하지 않았을 경우, ⅲ. 정보공개에 동의하지 않은 경우), (g) 본정보가 연계된 환경에 대해 보호할 것에 동의하지 않은 경우 등이다.

(4) 공익심사

「환경정보규정」은 환경정보를 공개시 예외가 적용되고 공공기관이 정보제공을 거부하려 한다 할지라도 그것을 공개하는 것이 공익에 부합하는지 여부를 고려해야만 한다. 「환경정보규정」에서의 공익심사는 정보관련 일반법인 「정보자유법」에서 공익심사의 기준 및 적용지침이 준용된다.

(5) 공개절차

「환경정보규정」은 공개청구가 있는 경우 신청 후 20일 이내에 정보를 제공하거나 또는 거부처분에 대한 이유와 함께 거부처분 통지를 하여야 한다. 만일 해당 정보가 복잡하거나 분량이 방대하여 이러한 요청을 20일 이내 해결하기 힘들다고 생각하는 경우 20일을 40일로 연장할 수 있다. 거부하는 경우 그 거부사유는 서면으로 제공되어야 한다(규정 제5조 제1항 및 제7조 제1항).

(6) 환경정보공개청구 수수료

공공기관은 환경정보 공개에 대한 실비 차원의 비용을 부과할 수 있다(규정 제8조 제1항). 그러나 당국이 보유한 공공등기부 또는 환경정보목록 자체 접근에 대한 비용 또는 요청한 정보를 당국이 제공한 바로 그 장소에서 열람하는 경우에는 비용을 청구해서는 안 된다(제2항).

(7) 구체적 적용

정보공개과정에서 실질적으로 발생하는 문제는 공개청구대상정보가 「환경정보규정」에 따라 처리되어야 하는 환경정보인지, 아니면 1998년 「정보보호법」의 적용대상인 개인적 자료인지 그리고 그 외의 자료로서 「정보자유법」에 따라 처리되어야 하는지에 대한 구분이다.[21]

---

21 소병천, 앞의 글, 88쪽.

3. 소 결

영국은 1998년 「개인정보보호법」(Data Protection Act)과 2000년 「정보자유법」(Freedom of Information Act)이 각각 정보의 보호와 정보의 공개에 관한 법률을 두고 있다. 「정보보호법」은 공공과 민간부문의 구분 없이 영국에서 이루어지는 모든 개인정보 처리에 적용되는 개인정보보호의 기본법의 역할을 하고 있다.[22] 그리고 「정보자유법」은 공공기관이 보유하고 있는 정보에 대한 일반 공공의 알권리(right to know)라는 차원에서 2000년 제정된 법률이다. 동법에서는 정보위원회(Information Commissioner)를 설립하였다. 동법을 관장하고 있는 정보위원회는 법무부 산하의 기구로서 매년 120,000건의 정보 요청을 처리하고 있다. 동법에 따라 공개되어야 하는 정부 보유 정보가 환경과 관련된 정보라면 동법이 아닌 「환경정보규정」이 적용된다는 점에서 「환경정보규정」이 특별법적 지위를 가지고 있다.

Ⅲ. 독 일

1. 입법경과

1990년 유럽공동체가 환경정보공개에 관한 지침을 발함에 따라 환경정보공개에 관한 법률의 전환의무를 지게 됨에 따라 1994년 최초로 「환경정보에의 자유로운 접근에 관한 이사회지침의 국내법화에 관한 법률」(이하 "환경정보공개법"이라 한다)(Gesetz Zur Umsetzung der Richtlinie 90/313/EWG des Rates v. 7. 6. 1990 über den freien Zugang zu Informationen über die Umwelt)을 제정하였다. 이 1994년 법률은 국제법 및 유럽법의 영향으로 2005년에 대폭 개정되었다. 주요 내용은 환경정보 공개의무를 지는 대상 기관을 확대하고, 환경정보공개의 원칙에 대한 예외조항의 내용을 개정한 것이다.[23]

---

22 1998년의 개인정보보호법에 대해서는 졸저, 「전자정부법」(한국법제연구원, 2010), 350쪽 이하 참조.

23 김태호, "독일의 환경정보 관련 법령 및 사례 분석", 「기업정보공개 관리에 관한 지침 제정 연구 자료집」(한국법제연구원, 2011. 4. 8), 157쪽 참조.

2. 주요내용

목적 및 적용범위(제1조), 정보공개의무부담기관(제2조), 환경정보개념(제2조 제3항), 환경정보공개청구(제3조), 정보공개청구신청 및 절차(제4조), 정보공개기피(제5조), 권리구제(제6조), 환경정보접근에 대한 정보공개의무를 부담하는 기관의 지원(제7조), 기피사유(공익보호(제8조), 그 밖의 권익보호(제9조)), 환경정보유통(제4절), 비용(제12조) 등으로 구성되어 있다.

(1) 목적과 적용범위

이 법은 정보공개의무를 부담하는 기관이 보유·관리하는 환경정보에 대해서 국민의 자유로운 접근성 보장을 비롯해서 해당 환경정보 유통에 관한 필요한 사항을 법으로 정함을 목적으로 한다(법 제1조 제1항).

이 법은 연방정부의 관할 하에 놓여있는 정보공개의무를 부담하는 기관 및 공권 수행기관인 연방직접행정기관에 해당하는 법인에게 적용된다(법 제1조 제2항).

(2) 정보공개의무부담기관

공공행정기능을 수행하는 행정기관의 정부 및 그 밖에 이에 준하는 행정기관 등이 해당된다. 해당 기관의 관할 아래 소속 위원을 임명할 수 있는 권한을 행사하는 위원회 또한 여기에 해당한다. 정보공개의무를 부담하지 않는 기관은 a) 최고연방기관(단, 법률입법 및 위임법규명령 공포에 관여하는 기관으로 제한), b) 연방 관할하에 있는 재판기관(단, 재판기관 내 행정업무를 수행하는 내부조직은 제한) 등이다(법 제2조 제1항 제1호).

공공사무, 특히 환경분야와 관련해 환경분야의 생존배려사무를 수행함과 동시에 민법상 권리의 주체로서 인정받고 있는 자연인 또는 법인 등이 해당된다. 이들 기관은 연방정부의 관할 아래 놓여 있거나 또는 연방정부 직속하에 두고 있는 공권수행을 목적으로 하는 법인의 통제 아래 놓여 있다(법 제2조 제1항 제1호).[24]

24 「민법」상 자연인 또는 법인은 제3자에 대한 공공사무를 인식하거나 공공서비스를 수행함과 동시에 직무상 행위에 대해서 사법 적용을 받으며, 강제계약의무 및 지자체의 배전망/하수망 연결 및 사용의무를 준수해야 한다(법 제2조 제2항 제1호). 제1항 제2호에 따라 하나 또는 다수의 자연인 또는 법인이 단독 또는 연합의 형태로 공권을 수행하는 것으로, 직접적

(3) 환경정보개념

환경정보에 대해서는 제2조 제3항에서 규정하고 있다. “환경정보는 정보 저장방식과 별개로 다음 각 호에 해당하는 정보를 말한다. 대기·수질·토질·습지·해안 및 연안지대 등의 환경평가를 비롯해 유전자변형생물체를 비롯해 다양한 생물종 사이의 상호작용 및 생물다양성에 대한 평가(제1호), 유해성 물질, 에너지, 소음, 방사선, 각종 폐기물 등의 각종 요소들을 비롯해 이들 요소들이 제1호에 따라 현재 자연환경에 어떤 영향을 미치고 있는지 또는 이들 요소가 향후 환경에 어떤 영향을 미칠지에 대한 평가(제2호), 환경 관련 시행조치 또는 활동프로그램으로 다음 각 목(a) 제1호에 근거하는 환경 또는 제2호에 근거하는 각종 주요 요소 평가에 영향을 미치게 될 시행조치 또는 활동을 말한다. b) 제1호에 근거하는 환경 보전을 목적으로 하는 시행조치 및 활동 프로그램을 말한다. 주요 시행조치에는 관련 정책안, 시행령 및 행정지침, 협정, 환경협약, 시행 계획 및 프로그램 등이 해당한다)에 해당하는 것(제3호), 환경법 집행에 관한 보고서(제4호), 비용편익분석 또는 그 밖에 이에 준하는 경제 분석 및 가설(제3호에 따라 환경관련 시행 조치 결정을 내리거나 또는 이를 집행함에 있어서 관련 근거를 제공)(제5호), 제1호에 근거하는 자연환경 또는 제2호와 제3호에 근거하는 환경에 영향을 미치는 주요 요소와 관련된 시행조치 또는 활동 프로그램은 국민건강 및 안전생활환경·문화재 및 건축물과 밀접한 관련이 있다는 전제하에 이들 간의 영향평가를 다룬 정보(예를 들어, 생태계의 음식사슬)(제6호).”

(4) 환경정보의 비치

정보공개의무를 부담하는 기관은 정보공개청구시 이에 신속하게 대처하기 위해 환경정보를 비치해 놓아야 한다. 설령 정보공개의무를 부담하지 않는 자연인 또는 법인이라 할지라도 해당 기관에 정보공개를 청구한 경우, 정보공개청구권자는 해당 기관에게 제1호에 근거하는 환경을 비롯해, 제2호에 근거하는 주요 평가요소, 제3호에 근거하는 환경 관련 시행조치 및 활동과 관련이 있는 정보를 보유·관리하는 기관으로서 제1항에 근거하여 해당 정보공개 청구를

또는 간접적으로 다음 각 목에 해당하는 요건을 충족하여야 한다. a) 기업자산의 과반을 점유해야 한다. b) 기업지배구조에 있어서 기업 보유지분에 대해 과반수의 투표권을 행사해야 한다. (c) 기업내 행정·경영지원·감사업무를 담당하는 임원의 과반수를 임명할 수 있어야 한다(법 제2조 제2항 제2호).

전달해 줄 것을 요청할 수 있다(법 제2조 제4항).

(5) 환경정보공개에 대한 자유로운 접근보장 요구

국민은 개개의 법적인 이해관계를 상세하게 설명하지 않아도 제2조 제1항에 해당하는 기관이 직무상 작성·보유·관리하는 환경정보에 대한 자유로운 접근보장을 요구할 수 있다. 그 밖의 정보의 접근에 대한 청구권들은 영향을 받지 않는다(법 제3조 제1항).

즉 제3조 제1항에 따르면 누구나 보유하고 있는 환경정보에 대하여 "정보의무가 있는 곳"에 대하여 환경정보의 자유로운 접근청구권이 있다. 누가 이곳에 속하는지는「환경정보공개법」제2조 제1항에서 자세하게 규정하고 있다(거의가 행정청). 어떤 특별한 법적 또는 여타의 이해관계를 주장할 필요는 없다. 접근은 정보제공을 통하여, 서류열람의 보장 또는 여타의 방식으로 행해진다. 행정청은 중대한 이유, 즉 명백하게 과다한 행정부담이 없는 한 신청인의 의사에 따라 접근의 방식에 응해야 한다. 이로써 또한 행정청의 선택재량에 대한 과거의 판례는 그 생명을 다하였다고 보는 견해도 있다.[25] 정보청구권 자체는 단지「환경정보공개법」제8조, 제9조에 자세하게 규정된 공공의 이익이나 개인의 이익을 통하여 제한된다.

그리고 환경정보에 대한 국민의 접근성 확보는 정보공개의무를 부담하는 기관이 정보공개청구권자에게 정보를 공개하거나, 또는 이들 청구권자에게 문서열람권을 부여하거나 또는 그 밖의 다른 방식으로 가능하다. 정보공개청구권자가 특정방식으로 정보공개의무를 이행해 줄 것을 신청하는 경우, 중대사유가 있을 경우에만 그러한 방법으로 정보를 공개해야 한다. 중대사유에는 특히 현저하게 높은 수준의 행정처리비용을 해당 기관이 부담해야 하는 경우가 해당된다. 제10조의 환경정보 유통에 따라 청구권자가 요청한 특정 환경정보의 공개방식 외에 청구권자의 접근성을 보장하는 다른 방법이 있다면, 정보공개 의무를 부담하는 다른 방식으로 청구권자에게 해당 정보를 공개할 수 있다(제2항).

제1항에 따라 정보공개청구가 있는 경우, 청구권자에게 공개될 환경정보는 환경정보별 공개기한이 산정되며, 공개기한 종결은 다음 제1호 또는 제2호에

25 Hartmut Maurer(박수혁 역),「독일행정법」, 389쪽 참조.

따른다. 공개기한은 직무상 해당 정보를 작성 및 관리하는 정보공개의무를 부담하는 기관에 청구권자의 신청서가 접수됨과 동시에 시작되고, 공개기한의 종결은 다음 각 호(① 공개기한 종결은 한 달로 한다. ② 환경정보가 제1호에 명시된 기한을 지키지 못할 정도로 포괄적이고 복잡한 경우 공개기한은 2개월로 한다)와 같다(제3항).

(6) 정보공개 청구신청 및 절차

정보공개의무를 부담하는 기관은 정보공개청구권자의 신청을 거쳐 정보공개청구권자의 환경정보접근을 허용한다(법 제4조 제1항). 어느 환경정보공개를 원하는지에 대해 정보공개청구권자의 신청이 명확해야 한다(제2항 본문).

(7) 정보공개기피

정보공개청구권자의 신청에 대해서 제8조와 제9조에 따라 정보공개의무를 부담하는 기관이 정보공개를 전체적 또는 부분적으로 기피할 경우, 제3조 제3항 제2문에 따라 정보공개청구권자에게 이 사실을 기한 내에 고지해야 한다(법 제5조 제1항).

(8) 권리구제

정보공개의무를 부담하는 기관과 정보공개청구권자 사이에서 분쟁이 발생했을 경우 행정소송을 제기할 수 있다(법 제6조 제1항). 정보공개의무를 부담하는 기관이 내린 결정에 대해서, 특히 최고연방기관이 내린 결정에 대해서 행정심판법 제69조에서 제73조까지에 따라 이의제기를 신청할 수 있다(제2항). 관련되어 있는 주정부 소관법률에 따르면 정보공개의무를 부담하는 민간기관을 상대로 한 분쟁의 경우 환경정보 접근에 대한 소관법률상의 규정으로도 행정소송이 가능하다(제5항).

(9) 환경정보접근에 대한 정보공개의무를 부담하는 기관의 지원

정보공개의무를 부담하는 기관은 직무상 작성·보유·관리하는 환경정보에 대해 국민의 접근성 확보를 원활하게 할 수 있는 조치를 취한다. 전자적 형태 또는 그 밖에 이에 준하는 데이터베이스형태로 환경정보를 보유 및 관리하고, 이를 국민으로 하여금 전자적 정보형태로 이용할 수 있게 해야 한다(법 제7조 제1항).

(10) 기피사유

「환경정보공개법」은 정보공개청구의 예외적 거부사유로서 공익의 보호를 이유로 하는 것(법 제8조)과 사적 이익의 보호를 이유로 하는 것(법 제9조)으로 규정하였다.

前者로서는 ① 국제관계, 국가안전보장 또는 국가안전보장에 관련된 중요 공공재 보호를 취급하는 경우, ② 제2조 제1항에 해당하는 정보공개의무를 부담하는 기관과의 협의에 있어서 해당 기관의 신의성실의무이행이 관련된 경우, ③ 진행중인 재판에 관련된 정보로 재판당사자의 공정한 재판 진행 요구 또는 형사관련·법규위반 및 직무규정상의 조사에 대한 사항의 경우, ④ 제2조 제3항 제1호에 해당하는 환경평가 또는 제2조 제3항 제6호에 해당하는 공공재 보호인 경우(법 제8조 제1항). 정보공개청구시 다음 각호(① 정보공개가 추후에 악용될 우려가 있다고 명확하게 판단되는 경우, ② 제2조 제1항에 근거하는 정보공개의무를 부담하는 기관의 내부문건과 관련있는 경우, ③ 환경정보를 다루지 않는 기관에 청구를 한 경우로 제4조 제3항에 따라 정보공개의무를 부담하는 기관에게 관련청구를 전달할 수 있는 권한마저 없는 기관에 해당, ④ 공개대상인 정보의 접근과 관련하여 문서처리가 종결되지 않았거나 정보공개 준비가 끝나지 않은 경우, ⑤ 정보공개의 사유가 명확하지 않고 이 법 제4조 제2항에 따라 정보공개의무를 부담하는 기관이 추후에 요청한 내용을 정해진 기한 내에 구체화시키지 못한 경우)의 경우에 해당하는 경우 공익우선을 원칙으로 하여 정보공개청구권자의 신청을 각하한다(제2항).

後者로서는 ① 정보공개를 통해 개인신상정보가 공개되고, 그로 인해 당사자의 이해관계를 현저하게 침해하는 경우, ② 정보공개를 통해 정신적 재산, 특히 지적재산권침해가 발생할 수 있다는 판단이 되는 경우, ③ 정보공개를 통해 경영·영업상 비밀에 관한 사항을 취급하는 정보, 조작의 가능성이 없거나 통계상 비밀보안을 요하는 정보에 접근이 가능하다고 판단되는 경우, 배출권에 대한 환경정보접근제한은 제1호 및 제3호에서 언급된 이유에 근거하여 거부될 수 없다. 제1문 제1호~제3호를 통해 보호되는 정보의 공개에 관한 결정 이전에 관계인은 의견을 진술할 기회를 가져야 한다. 정보제공의무기관은 그 전달받은 정보가 기업 또는 영업비밀로 표시되어 있는 경우 통상 그것이 제1문 제3호의 의미와 관련이 있다는 데에서 출발하여야 한다. 정보제공의무기관의 요구가 있으면 가능한 관계인은 기업 또는 영업비밀에 해당한다는 것을 개별적으로 설명하여야 한다(법 제9조 제1항).

이에 따르면 환경정보의 공개로 인한 지식재산권의 침해 외에도 환경정보의 공개가 경영(영업)비밀에 해당하면 정보공개 거부사유에 일반적으로 해당하게 되었고, 또 신고 등에 의해 행정기관이 보유하게 된 정보의 경우 법적인 의무를 지지 않는 한 정보공개로 인해 사업의 운영에 막대한 지장을 초래할 수 있는 경우 등에 해당하면 특별한 공익적 이유가 없는 한 정보공개거부를 인정할 가능성이 커지게 되었다. 후자의 규정은 기업정보를 제공하는 정보제공자 및 인·허가의 사전절차에서 기업과의 비공식적인 교섭과정에서의 정보를 얻게 되는 기업과의 신뢰관계를 보호하려는 취지로 「환경정보공개법」 개정이전부터 유사한 규정이 존재하였는데, 특히 기업이 임의로 제공한 정보를 공적 이익의 보호의 관점에서 공개한다면 그 정보제공자의 신뢰가 훼손되기 때문이라는 것이 제정이유였다. 그런 관점에서 보면 개별 환경규제 관련법령에서 정보제공의 의무가 있는 정보는 개정전 법에 의해서 보더라도 이 조항의 적용 예외에 해당하지 않는다고 본다.[26]

> 예를 들면, "사업자는 사람의 건강이나 환경에 관한 위험에 대하여 새로운 정보를 얻은 경우에는 소관행정청에게 지체없이 알려야 한다"고 하는 「유전자공학법」 제21조 제5항의 규정이 있다면 이에 대한 정보제공은 더 이상 임의정보에 해당하지 않는다고 한다.[27]

그리고 오염배출에 관한 정보공개청구는 그것이 오염물질에 해당하지 않는다는 판단 아래에 공개거부의 예외에 대한 예외로서 공개되어야 한다는 규정을 새롭게 추가한 것이다.

(11) 정보공개 고지

정보공개의무를 부담하는 기관은 적절한 범위 내에서 환경정보공개에 대한 내용을 적극적이고 체계적인 방식으로 공개한다. 해당 범위 내에서 해당 기관은 담당하고 있는 업무상 중요하다고 판단되고, 이러한 이유에서 해당 기관이 관리하는 환경정보를 유통시킨다(법 제10조 제1항).

이 조항은 환경정보의 유통에 관한 것이다.[28]

(12) 환경평가보고서

연방정부는 정기적으로 4년 안에 환경평가보고서를 제출한다. 환경평가보

26 김태호, 앞의 글, 157~158쪽.
27 경 건, "독일 환경정보법상의 정보공개청구제도", 「판례실무연구 Ⅶ」(2004) 참조.
28 공공정보의 유통에 대해서는 졸저, 「전자정부법」, 290쪽 이하 참조.

고서는 질적 차원에서의 환경평가를 비롯해 현재 인지되고 있는 환경오염에 관한 정보평가를 포함한다(법 제11조).

(13) 비 용

이 법에 따라 정보 교부시 발생하는 비용을 징수한다. 비용징수는 구두통지, 약술형 서면통지, 관련기관 방문을 통한 정보열람, 법 제7조 제1항 및 제2항에 근거하는 시행조치를 비롯해 법 제10조 및 법 제11조에 근거하는 정보공개 고지에는 적용이 되지 않는다(법 제12조 제1항).

3. 소 결

유럽연합 각 가맹국은 「EC1990년지침」 제9조 제1항에 따라 늦어도 1992년 말까지는 국내법으로 전환하도록 되어 있었지만, 독일정부는 정부초안 작성과정에서의 조정에 시간을 허비하였기 때문에 그 기한을 지킬 수 없었다. 이와 같이 조정을 오래 끌게 하였던 것은 이 지침이 목표로 하는 행정의 투명성이라는, 독일의 행정실무 및 행정법에서는 '미지의 개념'에 대한 망설임, 반발, 우려에 있었으며 따라서 「EC1990년지침」에 대한 정부, 의회의 반대는 한마디로 냉담한 것이었다. 이러한 사정으로 인하여 독일에서는 1992년 12월 31일이라는 「EC1990년지침」의 국내법으로의 전환기한까지 참사관초안이 존재하였을 뿐이었으며 그래서 문제가 되었던 것이 독일 국내에 있어서 「EC1990년지침」의 직접적용의 문제였다.[29] 이러한 사태 속에서 입법작업이 진척되어 정부초안이 연방상원에 송부되었던 것은 전환기한으로부터 거의 1년을 경과한 1993년 11월 5일의 일이었다. 이러한 점에서 본다면, 「EC1990년지침」의 구체화로서 제정되었던 독일 「환경정보공개법」은 유럽통합의 과정에서 있어서 유럽법에서의 독일법의 조화라는 이해를 넘어 독일에 있어서 시민의 권리를 강화하는 일반적인 법의 전개의 일부로 이해되고 있을 것이다.[30]

생각건대, 두 개의 정보접근법이 병존한다는 것은 분명 법정책적으로 만족

29 한귀현, 「독일환경법론」(한국법제연구원, 2002), 278쪽. EC지침은 가맹국을 구속하는 것이고 모든 가맹국에서 직접적용되는 규칙(Verordnung)과는 다른 성격의 것이지만, 유럽재판소는 일정한 요건하에 EC지침의 직접적용을 인정하는 판례법리를 발전시켜 왔을 뿐만 아니라 독일 연방헌법재판소도 이것을 승인하고 있었다고 한다.

30 한귀현, 「독일환경법론」, 282쪽.

할 수 없다. 공존의 이유는 무엇보다 「환경정보법」은 유럽공동체법 지침을 통하여 요구되고 결정되었지만, 「정보자유법」은 물론 국제적으로 요구되는 문맥을 내포하기는 하지만 순수한 독일법이라는 데 있다. 이 두 법률은 가능한 한 빨리 단일화되어야 할 것이라는 견해도 있다.[31]

제3절 우리나라의 환경정보공개법제

정보공개에 관한 일반법으로 「공공기관의 정보공개에 관한 법률」(이하 "정보공개법"이라 한다)이 제정되어 있다. 정보의 공개에 관하여는 다른 법률에 특별한 규정이 있는 경우를 제외하고는 정보공개법이 정하는 바에 의한다(법 제4조). 따라서 환경정보에 대한 청구도 「정보공개법」에 따른다.

아래 판례에서 보는 바와 같이 행정기관과 공공기관들은 정보공개에 대해 소극적인 입장을 취하고 있다. 최근 경제정의실천시민연합(경실련)이 4대강 사업 중 한강과 낙동강 살리기 사업의 공사 원가 정보공개소송에서 최종 승소했다. 경실련이 2013년 2월 익산지방국토관리청을 상대로 영산강 살리기 공사 원가 정보공개소송에서 최종 승소 판결을 받아 낸 것을 포함하면 정부는 4대강 사업 13개 공구의 공사비 예산(추정가격) 산출근거와 산출기준을 모두 공개해야 한다. 대법원 행정3부는 2013년 3월 14일 경실련이 "4대강 정비사업 중 한강 살리기 여주 1, 2지구 2개 공구와 관련한 공사비 추정금액 산출근거와 기준을 공개하라"며 서울지방국토관리청장을 상대로 낸 정보공개거부처분 취소소송 상고심(2011두6578)에서 원고승소 판결한 원심을 확정했다. 또한 재판부는 낙동강 살리기 3개 공구와 한강(남한강) 살리기 1개 공구 하천환경정비공사와 관련해 같은 취지로 한국수자원공사를 상대로 낸 정보공개거부처분 취소소송 상고심(2011두19109)에서도 원고승소 판결한 원심을 2013년 3월 14일 확정했다.

유럽과는 달리 우리나라는 환경정보공개에 관한 일반법이 제정되어 있지 않다. 다만 「환경기술 및 환경산업 지원법」 제16조의8에 따라, 국민의 알 권리

31 Hartmut Maurer(박수혁 역), 「독일행정법」, 391쪽 참조.

충족과 자발적인 친환경 경영 확산을 목적으로 공개대상 기관이 등록한 환경경영 현황 등의 환경정보를 일반에 공개하는 환경정보공개제도가 도입되어 있다. 정부·지자체·공공기관 570곳, 녹색기업 48곳, 온실가스 목표 관리업체 429곳(녹색기업 중복 포함) 등 모두 1047개 기관의 2011년도 환경정보를 공개하였다. 공개 정보는 모두 27개 항목으로 구성되어 있다. 이들은 업종에 따라 각각 6~13개의 의무항목과 11~14개의 자율항목으로 구분된다. ① 환경경영 현황, ② 자원·에너지 사용량 및 절감노력, ③ 환경오염물질 배출·사용량 및 저감노력, ④ 환경법규 위반현황 등이 주요내용이다. 특히 의무 항목으로 대기 및 수질오염물질 배출량·원단위나 에너지 사용량·원단위 등이 포함되어 있다. 환경정보를 공개 항목별로 분석한 결과, 100%인 의무항목에 비해 자율항목의 공개율은 16.4%로 낮았으며, 23.2%인 기업보다 정부·지자체·공공기관 등의 공개율은 9.6%로 낮게 나타났다. 이와 같이 정부 등 공공기관의 자율항목 공개율이 낮은 이유는 그간 상대적으로 환경경영이 제도화되어 있지 못해 환경경영 전략과 시스템 구축 등이 다소 미흡한 것이 원인으로 추정된다.

문제는 「환경기술 및 환경산업 지원법」은 환경정보공개에 대해 규정하고 있지만 환경정보공개의 일반법이 아니다. 위의 환경정보공개 실태에서 보듯이 국책사업과 관련한 환경정보공개와는 거리가 있다.

따라서 장기적으로는 「환경정보공개법」의 제정을 적극 검토하여야 하겠지만, 단기적으로는 현행 「정보공개법」에 따른 환경정보에 대한 국민들의 정보공개청구와 「환경기술 및 환경산업 지원법」에 따른 정부의 적극적이고 실질적인 환경정보공개의 조화를 통해 국책사업에서 가장 중요하게 논의되는 환경문제에 대한 해결책을 찾는 노력이 병행되어야 할 것이다.

제 10 장

국책사업 갈등사례: 4대강정비사업*

제1절 4대강정비사업의 의의

4대강정비사업은 2008년 하반기부터 이명박정부가 중점적으로 추진한 국책사업이다. 이 사업의 핵심은 한강, 낙동강, 금강, 영산강 등 4대강에 노후 제방 보강과 하천 생태계 복원, 중소 규모 댐 및 홍수 조절지 건설, 하천 주변 자전거길 조성, 친환경 보(洑) 설치 등을 추진한다는 것이다. 사업 전반에 걸쳐 예산 22조원이 투입된다는 점과 공사 추진으로 인해 자연환경이 파괴된다는 점 때문에 환경단체와 종교단체들의 비판도 지속적으로 제기되었으며 정치권에서도 여전히 논란의 중심에 있다.

그 동안 4대강정비사업을 취소해 달라는 취지로 4대강국민소송단이 제기한 한강·낙동강·금강·영산강 등 수계별 1심, 2심 취소소송은 모두 정부 승소로 종결되었다. 즉 "국가재정법·하천법·환경영향평가법·문화재보호법 등의 관련법령을 위반하였다는 원고들의 주장은 이유가 없고", "홍수예방 · 용수

* 본 장의 원문은 졸고, "4대강사업설치절차의 법적 문제", 「공법연구」 제39집 제3호(한국공법학회, 2011. 2)이다.

확보·수질개선·생태계 영향 등의 내용적 위법성 판단부분에 있어서도 원고들이 제기한 주장에 이유가 없다"는 것으로 압축할 수 있다.[1] 다만 낙동강사업과 관련한 부산고등법원 판결에서는 예비타당성조사절차의 흠결을 위법이라고 판시하였으나 공공복리에 반하는 사태를 방지하기 위해 사업을 취소할 수 없다며 사정판결을 내렸다. 반대로 광주고등법원 재판부는 "국가가 예비타당성조사를 하지 않았더라도 이는 원칙적으로 예산편성 자체의 절차상 하자일 뿐, 이같은 하자가 이 사건 처분에 승계된다거나 영향을 미쳐 위법하게 되는 것은 아니다"라고 판시하면서 "설사 예산편성의 절차상 하자 때문에 그 예산상의 재원으로 집행 예정이던 이 사건 처분마저 위법하게 된다는 원고들의 주장은 받아들인다 하더라도 보의 설치와 준설 등에 대해 예비타당성 조사를 거치지 않은 것이 국가재정법을 위반한다고 볼 수 없다"고 판시하였다.

제 2 절 4대강정비사업을 둘러싼 갈등

그 동안 4대강정비사업을 둘러싼 주요 논란으로는 대운하사업 논란·경기부양 효과·일자리 창출 논란·과다예산 지출논란·광역상수도 설비필요성 논란·문화재 지표조사 논란·타 예산 삭감 논란·재해방지효과 논란·수질악화 논란·환경오염 논란·유기농단지 하천점용허가취소 논란·4대강정비사업 효과 감사에 대한 논란 등이었다.

이명박 정부의 4대강정비사업이 대운하를 염두에 두고 진행된 것이라는 감사원의 최근 감사 결과 발표가 큰 논란을 부르고 있다. 박근혜 정부는 4대강정비사업을 '국민을 속인 것'으로 규정하면서 전 정권을 비판했고, 이명박 전 대통령 측은 감사 결과를 전면 부인하면서 '정치적 배경이 개입된 감사'라고 반발하고 나섰다. 야권과 시민단체는 4대강정비사업 국정조사는 물론, 이 전 대통령 등 책임자의 법적 책임까지 거론하고 있다. 이런 논란과 갈등의 원인은 세 차례 이뤄진 감사원의 4대강정비사업 감사 결과가 각기 다르기 때문이다.

---

1 예를 들면, 대전지방법원 2009구합4557 판결 및 전주지방법원 2009구합2785 판결 참조.

2011년 1월 처음 감사 결과를 발표할 때는 "4대강정비사업 추진 과정에서 특별한 문제점을 발견할 수 없다"는 결론이었다. 그러나 지난 2013년 1월에는 위에서 본 바와 같이 '4대강살리기사업 주요 시설물 품질과 수질 관리 실태'에 대한 감사 결과에서 설계 부실로 인한 보의 내구성 약화 등 안전성 문제와 수질악화 우려 등을 지적했다. 그리고 지난 2013년 7월 10일 발표한 세 번째 감사 결과에서는 "4대강정비사업은 대운하를 염두에 두고 설계되었고, 이로 인해 사실상 건설사 담합을 방조했다"고 지적했다. 감사원이 국민들을 더욱 혼란에 빠뜨리고 있는 셈이다.[2]

결국 4대강정비사업은 정책수립 과정의 불투명성과 일방성에 따른 갈등이 발생한 전형적인 사례라고 할 수 있다.

4대강정비사업은 완성되었지만 아직도 많은 갈등이 벌어지고 있다.[3] 4대강정비사업은 원칙적으로 행정절차를 통해 해결되어야 하는 사안이다. 그럼에도 불구하고 현행법령상 4대강정비사업을 행정절차에 온전히 담아내어 해결할 수 있는 법령체계가 미비되어 있다.

행정절차를 통해 4대강정비사업이 공론화되고 구체적으로 논의되지 못한 것은 법령체계의 미비 못지 않게 정부 차원에서 4대강정비사업의 필요성이라는 정책목표에 몰입한 나머지 이 사업이 심각한 사회갈등을 야기할 수 있는 전형적인 국책사업이라는 것을 도외시한 데에 기인한 것으로 본다.

생각건대, 4대강정비사업은 "국가사회적으로 중요한 의미가 있으며, 사업규모에 있어서 대규모이고, 환경적으로 국민(주민)생활에 중대한 영향을 미치며, 사회적 갈등을 초래하는 사업"으로 전형적인 사회갈등시설에 해당된다. 그렇기 때문에 행정절차에의 이해관계인의 집중적 참여와 그에 따른 결정 그리고 집중적인 효력 부여라고 하는 제도적 설계가 선결되어야 하는 것이다.

따라서 정부가 4대강정비사업을 처음부터 사회갈등이 심각하게 야기될 수 있는 국책사업으로 인식하고 접근하였더라면, 4대강정비사업에서 가장 쟁점이 되었던 예비타당성조사절차의 결여, 환경영향평가의 실시와 이해관계인의 참여의 내용이 본질적으로 달라졌을 것으로 본다. 비록 법원이 1심과 2심 판결에

2 영남일보 2013. 7. 17일자, "[사설] 4대강 감사 해명, 감사원 신뢰와 직결" 기사 참조.
3 반대운동과 찬성운동에 대해서는 위키백과 「4대강 정비사업」 참조.

서 「국가재정법」, 「하천법」, 「환경영향평가법」, 「문화재보호법」 등의 관련법령을 절차적으로 위반한 것은 아니라고 판시하였지만(예외적으로 부산고등법원은 「국가재정법」상 예비타당성조사절차의 위법성 인정), 법원의 판단이 그다지 구체적이지 아니하다는 점은 향후 중대한 문제점으로 부각되리라는 점을 저자가 일찍이 논문에서 경고한 바 있다.[4] 물론 국민의 절차적 권리를 크게 침해하지 않는 경미한 절차의 하자는 독립된 취소사유가 되지 않는다고 보더라도, 행정기관의 절차경시사고를 절차중시행정으로 유도하기 위해서는 절차적 하자에 대해서도 보다 엄격한 태도를 취하는 것이 타당하다.[5]

제 3 절 4대강정비사업의 법적 문제

Ⅰ. 의 의

4대강정비사업의 설치는 다단계 행정절차[6]를 통해 이루어지고 있다. 4대강정비사업의 설치절차는 첫째, 예비타당성조사절차, 둘째, 행정계획절차, 셋째, 인·허가절차, 넷째, 환경영향평가절차, 다섯째, 주민참여절차 등으로 이루어진다고 볼 수 있다. 여기서 예비타당성조사는 국가재정의 방만한 운영을 사전에 억제, 방지하는데 유효한 제도로 기능하고 있다. 행정계획절차, 인·허가 절차, 환경영향평가절차, 주민참여절차 등은 국책사업의 설치와 관련한 중요한 행정절차로 기능하고 있다. 4대강정비사업에 관한 재판에서는 예비타당성조사절차를 규정하고 있는 「국가재정법」, 하천공사시행계획절차 등을 규정하고 있는 「하천법」, 수질과 관련한 「환경영향평가법」 등의 관련법령에 대한 위반 여부가 중요 쟁점이었다.

4 졸고, "4대강사업설치절차의 법적 문제" 참조.

5 박균성, 「행정법강의(제10판)」, 436쪽 참조.

6 다단계 행정절차는 협의(단일한 허가절차의 분할)와 광의(특정한 행정목적을 달성하기 위하여 외부적·내부적 행정결정이 복수의 행정절차단계를 거쳐서 행해지는 행정과정)로 구분되는데, 여기서는 4대강정비사업의 설치절차는 광의로 파악될 수 있다.

Ⅱ. 예비타당성조사절차

1. 예비타당성조사제도의 의의

예비타당성조사제도는 총 사업비가 500억원이 넘는 국가사업이나 국가의 예산이 300억원 이상 필요한 사업에 대해 미리 사업의 타당성을 면밀히 검토함으로써 대형 신규사업의 신중한 착수 및 재정투자의 효율성을 제고하려는 목적에서 도입된 제도이다.

예비타당성조사제도는 국가재정의 방만한 운영을 사전에 억제, 방지하는 데 유효한 제도로 「국가재정법」을 구성하는 주요 제도라는 평가를 받고 있다.[7] 즉 불필요한 사업추진을 억제하는 데 상당한 성과가 있는 것으로 평가받고 있다.[8]

2. 대규모사업에 대한 예비타당성조사 실시사업과 제외사업

(1) 실시사업

「국가재정법」은 총 사업비가 500억원이 넘는 국가사업이나 국가의 예산이 300억원 이상 필요한 사업에 대해서는 예비타당성조사를 실시하도록 규정하고 있다(법 제38조 제1항).[9]

「국가재정법」 제38조가 대통령에게 대상사업의 범위를 정하는 권한을 백

7 이원영 · 박태현, "대의민주주의 원리로 본 '4대강사업'의 문제점", 「국토계획」 제44권 제7호(대한국토 · 도시계획학회지, 2009. 12), 36쪽.

8 심상달, "국가재정의 효율화를 위한 공공투자관리제도 개선 방안", 「국가재정 건전성 어떻게 확보할 것인가?-예비타당성조사 제도 개선을 중심으로」 발제문 참조.

9 기획재정부장관은 대통령령이 정하는 대규모사업에 대한 예산을 편성하기 위하여 미리 예비타당성조사를 실시하고, 그 결과를 요약하여 국회 소관 상임위원회와 예산결산특별위원회에 제출하여야 한다(국가재정법 제38조 제1항). 법 제38조 제1항에서 "대통령령이 정하는 대규모 사업"이란 총사업비가 500억원 이상이고 국가의 재정지원 규모가 300억원 이상인 신규사업으로서 다음 각 호(건설공사가 포함된 사업(제1호), 「국가정보화 기본법」 제15조 제1항에 따른 정보화 사업(제2호), 과학기술기본법 제11조에 따른 국가연구개발사업(제3호), 그 밖에 사회복지, 보건, 교육, 노동, 문화 및 관광, 환경 보호, 농림해양수산, 산업 · 중소기업 분야의 사업(제4호))의 어느 하나에 해당하는 사업을 말한다. 다만, 제4호의 사업은 법 제28조에 따라 제출된 중기사업계획서에 의한 재정지출이 500억원 이상 수반되는 신규 사업을 말한다(영 제13조 제1항).

지위임하고 있어 이는 포괄적 위임을 금지하고 있는 헌법 제75조에 위반된다고 볼 여지가 있다는 견해가 있다.[10]

(2) 제외사업

예비타당성조사 제외사업으로는 공공청사, 교정시설, 초·중등 교육시설의 신·증축 사업(제1호), 문화재 복원사업(제2호), 국가안보에 관계되거나 보안을 요하는 국방 관련 사업(제3호), 남북교류협력에 관계되거나 국가 간 협약·조약에 따라 추진하는 사업(제4호), 도로 유지보수, 노후 상수도 개량 등 기존 시설의 효용 증진을 위한 단순개량 및 유지보수사업(제5호), 재해예방·복구 지원, 시설 안전성 확보, 보건·식품 안전 문제 등으로 시급한 추진이 필요한 사업(제6호), 법령에 따라 설치하거나 추진하여야 하는 사업(제7호), 출연·보조기관의 인건비 및 경상비 지원, 융자 사업 등과 같이 예비타당성조사의 실익이 없는 사업(제9호), 지역 균형발전, 긴급한 경제·사회적 상황 대응 등을 위하여 국가 정책적으로 추진이 필요한 사업으로서 기획재정부장관이 정하는 사업(제10호) 등이 그것이다(영 제13조 제2항).

제6호의 재해예방·복구 지원규정은 2009년 3월 25일 국가재정법시행령 개정에 따라 추가된 것이다. 개정 전 규정은 다음과 같다.

[국가재정법 시행령(대통령령 제20923호, 2008. 7. 23, 일부개정)]

제13조 (예비타당성조사) ① 법 제38조 제1항에서 "대통령령이 정하는 대규모 사업"이란 총사업비가 500억원 이상이고 국가의 재정지원 규모가 300억원 이상인 신규 사업으로서 다음 각 호의 어느 하나에 해당하는 사업을 말한다. 다만, 제4호의 사업은 법 제28조에 따라 제출된 중기사업계획서에 의한 재정지출이 500억원 이상 수반되는 신규 사업을 말한다. 〈개정 2008. 2. 29, 2008. 7. 23〉

1. 건설공사가 포함된 사업
2. 「정보화촉진기본법」 제11조에 따른 정보화 사업
3. 과학기술기본법 제11조에 따른 국가연구개발사업
4. 그 밖에 사회복지, 보건, 교육, 노동, 문화 및 관광, 환경 보호, 농림해양수산, 산업·중소기업 분야의 사업

② 제1항에 불구하고 다음 각 호의 어느 하나에 해당하는 사업은 예비타당성조사 대상에서 제외한다.

10 이원영·박태현, 앞의 글, 36쪽 참조.

1. 공공청사의 신·증축 사업
2. 문화재 복원사업
3. 국가안보에 관계되거나 보안을 요하는 국방 관련 사업
4. 남북교류협력에 관계되는 사업
5. 그 밖에 재해복구 지원 등 사업추진이 시급하거나, 법령에 의해 설치가 의무화된 필수시설에 해당되는 경우 등과 같이 예비타당성조사의 실익이 없는 사업

3. 선정절차

예비타당성조사 대상사업은 기획재정부장관이 중앙관서의 장의 신청에 따라 또는 직권으로 선정할 수 있다(법 제38조 제2항). 그리고 기획재정부장관은 국회가 그 의결로 요구하는 사업에 대하여는 예비타당성조사를 실시하여야 한다(제3항). 기획재정부장관은 예비타당성조사 대상사업의 선정기준·조사수행기관·조사방법 및 절차 등에 관한 지침을 마련하여 중앙관서의 장에게 통보하여야 한다(제4항).

4. 대규모 개발사업예산의 단계별 편성

각 중앙관서의 장은 대통령령이 정하는 대규모 개발사업에 대하여는 타당성조사 및 기본설계비·실시설계비·보상비(댐수몰지역에 대하여 보상하는 경우와 공사완료 후 존속하는 어업권의 피해에 대하여 보상하는 경우를 제외한다)와 공사비의 순서에 따라 그 중 하나의 단계에 소요되는 경비의 전부 또는 일부를 해당 연도의 예산으로 요구하여야 한다. 다만, 부분완공 후 사용이 가능한 경우 등 사업의 효율적인 추진을 위하여 기획재정부장관이 불가피하다고 인정하는 사업에 대하여는 2단계 이상의 예산을 동시에 요구할 수 있다(법 제39조 제1항). 법 제39조 제1항 본문에서 "대통령령이 정하는 대규모 개발사업"이란 총사업비가 500억원 이상인 사업을 말한다. 다만, 건축사업의 경우에는 총사업비가 200억원 이상인 사업을 말한다(영 제14조).

5. 검 토

소송에서 쟁점이 된 것은 보의 설치·하상 준설에 대하여 국가재정법에 규

정된 예비타당성조사를 거치지 않아서 위법하다는 점이다.

이에 대해 1심 법원은 "예비타당성조사는 이 사건 처분과 별개인 예산 편성을 위한 절차로서 이 사건 사업에 대하여 예비타당성조사를 거쳤는지 여부가 이 사건 처분의 위법 여부를 좌우할 수는 없다"는 것과 "또한 이 사건 사업은 예비타당성조사를 면제하고 있는 국가재정법시행령 제13조 제1항 제6호(위 시행령은 위임입법의 한계를 벗어나지 않음) 소정의 '재해예방 지원등으로 시급한 추진이 필요한 사업'에 해당하여 예비타당성조사를 거치지 않았다고 하더라도 이 사건 처분은 적법하다"는 점을 분명히 하였다.[11]

낙동강사업과 관련한 2심 재판부인 부산고등법원 판결에서는 예비타당성조사절차의 흠결을 위법이라고 판시하여 다른 2심 법원 판결과 대조를 보이고 있다. 「국가재정법 시행령」 제13조 제2항의 예비타당성조사 제외사업 중 4대강 정비사업과 관련 있는 제6호(재해예방 · 복구 지원, 시설 안전성 확보, 보건 · 식품 안전 문제 등으로 시급한 추진이 필요한 사업)와 제10호(지역 균형발전, 긴급한 경제 · 사회적 상황 대응 등을 위하여 국가 정책적으로 추진이 필요한 사업으로서 기획재정부장관이 정하는 사업)에 대한 검토가 필요하다.

먼저 제10호에 대해서는 제외사업을 결정하는 기준이 지나치게 추상적이고 포괄적이라는 지적이 있다.[12] 이러한 지적에 대해서는 국회입법조사처도 제10호가 예비타당성조사의 면제범위를 지나치게 광범위하고 모호하게 규정하여 제도의 취지를 훼손할 소지가 있다는 검토의견을 밝힌 바 있다.[13] 그리고 제6호에 대해서는 정부 주장 자체에 의해서도 4대강정비사업을 순수 재해예방사업으로 분류할 수 없다는 지적이 있다.[14] 즉 원칙에 대한 예외는 엄격하게 해석되어야 한다는 것이다. 행정부에 광범위한 예비타당성조사제도의 시행재량을 주고 있는 현행 「국가재정법 시행령」은 모법인 「국가재정법」에 위반된 것이므로 개정되어야 한다는 주장도 제기되고 있다.[15]

---

11 예를 들면, 대전지방법원 2009구합4557 판결(금강살리기사업) 참조.

12 이원영 · 박태현, 앞의 글, 36쪽.

13 국회입법조사처(경제산업조사실 재정경제팀), 국책사업의 예비타당성조사에 관한 검토, 2009. 5 참조.

14 이원영 · 박태현, 앞의 글, 37쪽. 정부는 4대강사업의 목적을 단순한 토목사업이 아니라, 물 확보, 홍수예방, 수질개선, 친수공간 확보 및 지역경제 활성화 등에 두고 있다고 홍보하였다..

15 이상훈, "국가재정의 효율화를 위한 공공투자관리제도 개선 방안", 「국가재정 건전성 어떻

생각건대, 「국가재정법」상 예비타당성조사제도는 국민주권의 입장에서 효율적이고 건전한 국가재정에 기여하기 위한 것이다. 방만하고 비효율적인 대규모 사업을 효과적으로 제어하기 위하여 정치적 이해관계와 행정기관의 자의적 판단으로 예비타당성조사제도가 형해화되지 않도록 예비타당성조사 면제대상 사업의 범위를 명확하고 구체적으로 규정할 필요성은 다언을 요하지 않는다. 따라서 국가재정법령상 예비타당성조사 면제대상사업의 범위는 개정동기가 상당히 자의적이고 법적 통제를 벗어나기 위한 것으로 형식적 합법성을 충족시켰을 뿐이다. 그럼에도 불구하고 1심법원과 부산고등법원을 제외한 2심법원이 미리 사업의 타당성을 면밀히 검토함으로써 대형 신규사업의 신중한 착수 및 재정투자의 효율성을 제고하려는 목적에서 도입된 제도로서의 예비타당성조사 제도의 본질을 간과(看過)한 것은 문제가 아닐 수 없다.

Ⅲ. 행정계획절차

1. 하천공사시행계획절차

(1) 하천공사시행계획의 의의와 법적 성질

하천공사시행계획이란 하천관리청(국토교통부장관이 하천공사를 대행하는 경우 국토교통부장관을 포함)이 하천공사를 시행하려는 때에 대통령령으로 정하는 바에 따라 하천공사의 시행에 관한 계획을 수립하는 것을 말하며(하천법 제27조 제1항), 하천기본계획의 범위 안에서 수립되어야 한다(제2항).

하천공사시행계획은 기본계획을 시행(집행)하기 위한 구체적인 기준을 정하는 계획을 말한다. 시행계획(집행계획)은 행정기관이나 국민을 구속한다.

● **판례** 국토해양부장관으로부터 권한을 위임받은 부산지방국토관리청장이 '4대강 살리기 마스터플랜'에 따른 '낙동강 살리기' 사업을 위한 세부계획으로 하천법 제27조에 따라 하천공사 시행계획(변경)을 고시하는 한편, 국토해양부장관이 한국수자원공사의 위 사업 중 일부 공구 사업에 대한 실시계획 등을 승인·고시하자, 甲 등 1,800여 명이 각 처분이 위법하다며 그 취소를 청구한 사안에서, 일부 원고

게 확보할 것인가?-예비타당성조사 제도 개선을 중심으로」 토론문 참조.

들의 소는 부적법하여 각하하고, 나머지 원고들의 청구에 대하여는 위 처분이 하천법, 국가재정법, 건설기술관리법, 문화재관리법, 한국수자원공사법, 환경영향평가법 등 관련 법률의 절차에 관한 규정에 위배된다고 보기 어렵고, 행정청이 행정계획을 입안·결정할 때 비교적 광범위한 형성의 자유를 갖고 있고 행정계획에 재량권을 일탈·남용한 위법이 있다는 점은 원고들에게 증명책임이 있다는 것을 전제로, 위 사업은 홍수예방과 용수확보 및 수질개선이라는 사업목적의 정당성이 인정되고 사업목적을 달성하기에 부적절한 수단을 채택했다고 볼 수 없으며, 사업시행으로 예상되는 피해의 정도와 예상 피해에 대한 대책을 종합할 때, 위 처분에 재량권을 일탈·남용한 위법이 없다고 하여 기각한 사례(부산지방법원 2010. 12. 10, 2009구합5672 〈하천공사시행계획취소〉).

(2) 하천공사시행계획의 내용

하천관리청은 하천공사시행계획을 수립하거나 변경한 때에는 대통령령으로 정하는 바에 따라 이를 고시하여야 한다(법 제27조 제3항). 하천공사와 하천의 유지·보수는 이 법에 특별한 규정이 있는 경우를 제외하고는 하천관리청이 시행한다. 다만, 국가하천의 유지·보수는 시·도지사가 시행한다(제5항).

(3) 하천공사실시계획의 인가와 인·허가 의제

1) 「하천법」상 의제되는 인·허가

「하천법」은 하천관리청이 하천공사시행계획을 수립·고시한 경우, 하천관리청이 아닌 자가 하천공사실시계획의 인가를 받은 경우 또는 국토교통부장관이 제31조에 따라 수문조사시설설치계획을 수립·고시한 경우 다음 각 호의 허가·인가·면허·승인·결정·해제·심의·신고·협의 또는 처분 등에 관하여 국토교통부장관 또는 하천관리청이 관계 행정기관의 장과 협의한 사항에 대하여는 그 인·허가등을 받은 것으로 보며, 하천공사시행계획의 고시, 하천관리청이 아닌 자의 하천공사실시계획 인가의 고시 또는 수문조사시설설치계획의 고시를 한 때에는 관계 법률에 따른 인·허가등의 고시 또는 공고를 한 것으로 본다고 규정하여 인·허가의제를 인정하고 있다(법 제32조 제1항). 법률에 의제되는 인·허가의 범위를 명확하게 규정하는 것도 인·허가 의제제도의 투명화를 위해 필요하다. 의제되는 인·허가등은 「건축법」 제4조에 따른 건축위원회의 심의, 같은 법 제11조에 따른 건축허가, 같은 법 제14조에 따른 건축신고,

같은 법 제20조 제1항에 따른 가설건축물의 건축허가 및 같은 법 제29조에 따른 건축협의(제1호) 등 20개 법률의 각종 인 · 허가이다.

일반적으로 인 · 허가의제제도란 하나의 인 · 허가를 받으면 다른 허가, 인가, 특허, 신고 또는 등록(이하 "인 · 허가 등"이라 한다)을 받은 것으로 보는 것을 말한다고 정의되고 있다. 따라서 인 · 허가의제제도에 대해서는 다양한 정의가 행해지고 있으나, 인 · 허가의제제도에 대해서는 일반적인 견해에 따라 정의하는 것이 인 · 허가의제제도의 본질이나 입법취지에 부합한 해석이라 할 수 있다.

2) 인 · 허가 의제와 첨부서류

하천관리청이 아닌 자는 인 · 허가등의 의제를 받고자 하는 경우에는 하천공사실시계획의 인가를 신청하는 때에 그 법률이 정하는 관련 서류를 함께 제출하여야 한다(법 제32조 제2항).

인 · 허가 의제는 의제대상이 되는 인 · 허가사항에 관한 모든 서류를 일괄제출하여 일괄의제받을 수 있도록 함으로써 인 · 허가심사절차를 촉진시키려는 목적을 가진 것이지만, 이러한 관계법령의 취지가 반드시 신청인에게 유리하게 작용하는 것만은 아니기 때문에 인 · 허가사항에 필요한 모든 서류를 신청단계에서 현행법처럼 일괄준비하도록 하는 것은 신청인의 편의를 도모하는 취지에 역행되므로 사업진행단계에 맞추어 필요한 구비서류를 제출하도록 할 필요가 있다.[16]

3) 관계 행정기관의 장과의 사전협의

국토교통부장관 또는 하천관리청은 하천공사시행계획을 수립하려는 경우, 하천관리청이 아닌 자의 하천공사실시계획을 인가하려는 경우 또는 수문조사시설설치계획을 수립하려는 경우 법 제32조 제1항 각 호의 사항이 포함되어 있는 때에는 미리 관계 행정기관의 장과 협의하여야 한다(법 제32조 제3항).

그리고 국토교통부장관 또는 하천관리청은 준공 또는 준공인가를 함에 있어서 그 내용에 제1항에 따라 의제되는 인 · 허가등에 따른 준공검사 · 준공인가 등에 해당하는 사항이 있는 때에는 미리 관계 행정기관의 장과 협의하여야 한다(제32조 제6항).

---

16 박균성 · 김재광, "인 · 허가의제제도의 문제점과 개선방안", 「행정법연구」 제26호(행정법이론실무학회, 2010. 2), 48쪽 참조.

인·허가 의제제도하에서 주된 인·허가를 하는 때에는 의제대상 인·허가의 실체적 요건이 적용되므로 의제대상 인·허가의 실체적 요건을 갖추었는지 여부를 검토하기 위한 제도적 장치가 필요한데, 그 절차가 관계 인·허가기관의 장과의 협의이다.

한편 의제되는 인·허가기관의 협의가 실질상 동의인지 아니면 강학상 자문(협의)인지 논란이 있다. 동의로 보지 않는 것이 다수견해이다. 이 견해가 타당하다. 실무상으로도 동의로 보지는 않지만 관계기관의 협의의견은 최대한 존중되고 있다. 한편 하급심판례는 인·허가 의제조항에서 요구되는 관계기관의 협의는 인·허가 행정기관의 동의를 구하는 것이어서 사실상 합의를 뜻한다고 보고 있다. 이러한 판례태도에 대해 과연 어떤 기준에 의하여 다른 행정기관과의 합의를 거쳐야 한다는 규정의 의미가 합의로 새겨야 할 경우와 단순히 의견을 듣는 것으로 족한 경우 등을 나눌 수 있는지 의문이 남는다는 비판적인 견해가 있다.[17] 아울러 인·허가심사의 촉진이라는 관점에서는 합의로 새겨서는 곤란하다고 볼 수 있지만, 모든 협의규정이 어느 한쪽에 속한다고 일률적으로 판단해서는 곤란하며 그의 위반이 취소사유인가와 같은 보호법익의 차이, 그리고 심사업무의 전문성 등을 고려하여 유형화하고, 합의로 새겨야 할 경우, 단순히 의견을 듣는 것으로 족한 경우, 그리고 단순한 통보로 족한 경우 등으로 나누는 것이 적절하다는 대안을 제시하고 있다.

의제대상 인·허가관청과의 협의가 지연되어 주된 인·허가를 제때에 하지 못하는 사례가 있을 수 있는바, 이를 막기 위하여 현행 법률에서는 일정기간 내에 협의에 응하도록 규정함으로써 가급적 협의가 지연되는 것을 방지하도록 하고 있는 경우가 많다. 법령에 협의기간을 명시하는 경우에도 이는 훈시규정에 불과하여 협의기간이 도과한 후에 한 협의도 일반적으로 유효한 것으로 보고 있다. 따라서 협의기간을 지키지 아니하는 사례를 막기 위하여 아예 협의기간이 경과되면 이견이 없는 것으로 보는 규정을 두어 협의성립을 강제하기도 한다.[18]

17 선정원, 앞의 글, 142쪽.

18 그러한 입법례로는 「제주특별자치도 설치 및 국제자유도시 조성을 위한 특별법」 제230조 제3항(제2항에 따라 도지사로부터 협의를 요청받은 관계 행정기관의 장은 협의요청을 받은 날부터 30일 이내에 구체적인 사유가 명시된 의견을 제출하여야 하며, 그 기간 이내에 의견제

그러나 「하천법」은 협의기간을 규정하고 있지 아니하다. 일정기간 내에 협의에 응하도록 규정함으로써 가급적 협의가 지연되는 것을 방지할 필요가 있다.

2. 하천기본계획절차

(1) 하천기본계획의 의의와 법적 성질

하천기본계획은 하천관리청이 그가 관리하는 하천에 대하여 대통령령으로 정하는 바에 따라 하천의 이용 및 자연친화적 관리에 필요한 기본적인 사항 등을 내용으로 하는 10년 단위로 수립하는 계획을 말하며 하천에 관한 기본방침을 확정하는 계획이다(하천법 제25조 제1항).

법 제25조 제1항에 따른 하천기본계획을 수립할 때에는 하천유역의 국토계획 및 도시계획 등에 대한 변동상황을 고려하여 공통유역도(국토교통부장관이 이수·치수·환경을 고려하여 전국을 권역별로 구분한 유역도를 말한다)를 기본으로 권역별로 수립하여야 한다(영 제24조 제1항).

하천법령은 하천기본계획이 국토계획 및 도시계획과 부합하여야 한다는 것을 분명히 하고 있다. 즉 4대강정비사업에 따른 하천시설의 설치는 일정한 지역적 공간에 설치되는 특정한 시설을 의미한다. 그렇다고 해서 4대강정비사업의 설치계획과 국토 전체의 공간 또는 일정한 도시공간에 대한 계획과의 연관성이 부인될 수 없다. 전국차원의 종합계획은 사전적으로 4대강정비사업의 입지를 개괄적으로 정하는 기능을 갖게 되기 때문에 중요한 의미가 있다.

「하천법」 제25조가 규정하고 있는 하천기본계획은 하천관리청이 수립하는 것으로 구체적 사업을 확정짓는 것은 아니므로 대국민적 관계에서는 구속력이 없는 행정구속적인 계획이다. 즉 구체적 사업을 확정짓는 것은 아니므로 행정처분으로서의 법적 성질은 부여되지 아니하고, 행정청 내부의 지침을 정한다는 점에서 행정규칙으로서의 법적 성질을 가진다.

(2) 하천기본계획의 내용

하천관리청은 하천기본계획이 수립된 날부터 5년마다 그 타당성 여부를 검토하고 필요한 경우에는 그 계획을 변경한다(법 제25조 제3항). 하천기본계획에

출이 없는 때에는 협의한 것으로 본다)을 들 수 있다.

포함되어야 하는 사항은 대통령령으로 정한다(제4항). 그리고 국토교통부장관 또는 하천관리청은 하천기본계획을 수립하거나 변경하려는 때에는 미리 관계 행정기관의 장과 협의한 후 하천관리위원회의 심의를 거쳐야 한다. 다만, 대통령령으로 정하는 경미한 사항을 변경하려는 때에는 그러하지 아니하다(제5항).

3. 유역종합치수계획절차

(1) 유역종합치수계획의 의의와 법적 성질

유역종합치수계획이란 국토교통부장관이 대통령령으로 정하는 바에 따라 하천유역의 수자원 개발·이용의 적정화, 하천환경의 개선, 홍수예방 및 홍수 발생시 피해의 최소화 등을 위하여 필요한 사항 등을 내용으로 하여 수립하는 10년 단위의 계획을 말한다(법 제24조 제1항).

유역종합치수계획은 수자원장기종합계획의 범위 안에서 수립되어야 하며, 제25조에 따른 하천기본계획의 기본이 된다(제7항).

하천법 제24조가 규정하고 있는 유역종합치수계획은 국토교통부장관이 수립하는 것으로 구체적 사업을 확정짓는 것은 아니므로 대국민적 관계에서는 구속력이 없는 행정구속적인 계획이다.

(2) 유역종합치수계획의 내용

국토교통부장관은 유역종합치수계획이 수립된 날부터 5년마다 그 타당성 여부를 검토하여 필요한 경우에는 그 계획을 변경하여야 하는데(법 제24조 제2항), 유역종합치수계획에 포함되어야 하는 사항, 유역종합치수계획을 수립하는 수계(본류 하천의 종점을 기준으로 동일 유역에 속하는 하천 전체를 말한다. 이하 같다), 주요 지점별로 할당된 홍수량의 지정, 그 밖에 유역종합치수계획에 필요한 사항은 대통령령으로 정한다(제3항). 그리고 국토교통부장관은 유역종합치수계획을 수립하거나 변경하려는 때에는 방재업무 관련 기관 등 관계 행정기관의 장과 협의한 후 지방하천관리위원회(유역이 2 이상의 시·도에 걸치는 경우에는 각각 해당 지방하천관리위원회를 말한다)의 자문 및 중앙하천관리위원회의 심의를 거쳐야 한다(제4항). 국토교통부장관은 유역종합치수계획을 수립하거나 변경하기 전에 지역주민 등의 의견을 반영하기 위하여 대통령령으로 정하는 바에 따라 유역관리협의회를 구성·운영할 수 있다(제5항).

4. 수자원장기종합계획절차

(1) 수자원장기종합계획의 의의와 법적 성질

수자원장기종합계획이란 국토교통부장관이 대통령령으로 정하는 바에 따라 수자원의 안정적인 확보와 하천의 효율적인 이용·개발 및 보전을 위해 20년 단위로 수립하는 계획을 말한다(법 제23조 제1항).

「하천법」 제23조가 규정하고 있는 수자원장기종합계획은 국토교통부장관이 수립하는 것으로 구체적 사업을 확정짓는 것은 아니므로 대국민적 관계에서는 구속력이 없는 행정구속적인 계획이다. 즉 구체적 사업을 확정짓는 것은 아니므로 행정처분으로서의 법적 성질은 부여되지 아니하고, 행정청 내부의 지침을 정한다는 점에서 행정규칙으로서의 법적 성질을 가진다.

(2) 수자원장기종합계획의 내용

국토해양부장관은 수자원장기종합계획이 수립된 날부터 5년마다 그 타당성 여부를 검토하여 필요한 경우에는 그 계획을 변경하여야 한다(법 제23조 제2항). 수자원장기종합계획에 포함되어야 할 사항은 대통령령으로 정한다(제3항). 국토교통부장관은 수자원장기종합계획을 수립하거나 변경하려는 때에는 관계 중앙행정기관의 장과 협의한 후 중앙하천관리위원회의 심의를 거쳐야 하며, 수자원장기종합계획이 수립 또는 변경된 경우에는 이를 관계 중앙행정기관의 장에게 통지하여야 한다(제4항).

5. 수문조사시설설치계획절차

(1) 수문조사시설설치계획의 내용

국토교통부장관은 이 법 또는 다른 법률에 특별한 규정이 있는 경우를 제외하고는 수문조사시설을 설치한다(법 제31조 제1항). 국토교통부장관은 제1항에 따라 수문조사시설을 설치하려는 경우에는 대통령령으로 정하는 바에 따라 수문조사시설설치계획을 수립하여야 하며, 이 경우 미리 관계 행정기관의 장과 협의하여야 한다. 다만, 대통령령으로 정하는 경미한 수문조사시설을 설치하는 때에는 그러하지 아니하다(제2항). 국토교통부장관은 제2항에 따라 수문조사시설설치계획을 수립한 때에는 대통령령으로 정하는 바에 따라 이를 고시하여야 한다(제3항). 제2항 단서 및 제3항은 수문조사시설설치계획의 변경에 관하여 준용한다(제4항). 국토교통부장관이 수문조사시설설치계획에 따라 수문조사시설설치공사를 준공한 때에는 대통령령으로 정하는 바에 따라 그 내용을 고시하여야 한다(제5항).

(2) 관계 행정기관의 장과의 사전협의

국토교통부장관이 수문조사시설설치계획을 수립하려는 경우에는 제32조 제1항 각 호에서 규정하고 있는 의제되는 인·허가가 포함되어 있는 때에는 미리 관계 행정기관의 장과 협의하여야 한다(법 제32조 제3항).

6. 검 토

행정계획의 특질상 행정계획의 내용에 대한 법적 통제나 사법적 통제가 어렵다. 그리하여 행정계획에 있어서는 특히 절차적 통제가 중요한 의미를 갖는다. 행정계획의 절차적 통제의 중점은 크게 보아 행정계획의 적정성의 확보·행정계획의 민주적 통제 및 행정계획에 대한 이해관계인의 절차적 참가에 있다.

행정계획의 민주적 통제를 위해서는 국민 또는 주민의 행정계획의 수립에의 참가가 필요하다. 행정계획에의 이해관계인의 참가는 행정계획에 있어서의 이해관계인의 권리의 사전적 구제제도로서의 성격도 아울러 갖는다.

행정계획절차와 관련하여 가장 큰 문제점은 이해관계인의 집중적 참여가 결여된 하천공사시행계획을 수립·고시한 경우 등에 인·허가의제를 부여한다는 점이다. 독일의 행정계획확정결정에 집중효(Konzentrationswirkung)[19]가 부여되는 것은 이해관계인의 집중적 참여가 전제되었다는 것을 감안하면 그다지 보기 좋은 모습은 아니라고 할 것이나 인·허가의제제도가 가지는 절차촉진이라는 장점 또한 폭넓게 받아들여지고 있는 것이 또한 사실이다. 그러나 인·허가의제제도를 채택하더라도 그 제도본래적 정신을 망각해서는 안될 것이다.

19 집중효제도는 행정계획이 승인·확정된 경우에 타 법규에 규정되어 있는 일정한 승인 또는 허가 등을 받은 것으로 간주하는 효력을 말한다. 집중효제도는 하나의 정식절차를 통해 모든 관련 행정청과 이해관계인들의 참여하에 계획확정결정이 이루어지고 이러한 결정에 인정되는 효력으로, 관련 행정청과 이해관계인 등의 참여가 보장되고 여기서 내려진 결정에 집중적 효력이 부여된다는 점에 특색이 있다.

한편 4대강정비사업 소송에서 피고가 주장한 하천법 위반은 "이 사건 처분은 하천법상 상위계획에 어긋나거나 하천법이 정하고 있는 각종 절차를 거치지 않아 위법"이라는 것이 핵심이다.[20] 즉 상위계획에 보 건설 및 물확보를 위한 대규모 준설 등의 내용이 전혀 없다는 것이다. 여기서 하천법 제27조의 하천공사시행계획의 상위계획으로는 하천법 제25조의 하천기본계획, 하천법 제24조의 유역종합치수계획, 하천법 제23조의 수자원장기종합계획 등이 있다. 하천법 제27조 제2항은 "하천공사시행계획은 하천기본계획의 범위 안에서 수립되어야 한다"고 규정하고 있으며 제24조 제7항은 "유역종합치수계획은 수자원장기종합계획의 범위 안에서 수립되어야 하며, 제25조에 따른 하천기본계획의 기본이 된다"고 규정하고 있다. 그리고 제23조 제1항은 국토교통부장관은 대통령령으로 정하는 바에 따라 수자원의 안정적인 확보와 하천의 효율적인 이용·개발 및 보전을 위한 20년 단위의 수자원장기종합계획을 수립하여야 한다고 규정하고 있다.

이에 대해 1심판결은 "원고들이 주장하는 이 사건 처분의 상위 하천계획인 수자원장기종합계획, 금강유역종합치수계획, 금강수계하천기본계획은 하천의 장기적인 관리·이용 방향을 제시하는 지침적 성격의 행정계획으로서 행정청에 대한 직접적인 구속력이 없고, 각 계획 상호간에 시간적 선후를 갖는다고 볼 필요가 없으며" "따라서 이 사건 처분이 상위 계획의 내용과 일부 다르더라도, 그와 같은 사정만으로는 이 사건 처분이 위법하게 되는 것은 아니며" "또한 이 사건 처분은 중앙 및 지방 하천관리위원회의 심의, 시·도 지사와의 협의 등 하천법상 규정된 제반절차를 이행함으로써 절차상 하자가 없다"고 판시하였다.[21]

생각건대, 계획대상이 종합적인 분야인 계획을 종합계획이라 하는데, 「하천법」 제24조의 유역종합치수계획, 제23조의 수자원장기종합계획 등이 그 예라 할 수 있다. 이들은 국민에 대하여는 구속력이 없으나 행정기관에 대해서는 구속력을 갖는다고 보아야 한다. 다만, 계획의 기본원칙이나 기본방향을 정하는 지침적 성격의 계획인 기본계획은 행정기관이나 국민을 구체적으로 구속하

20 예를 들면, 대전지방법원 2009구합4557 판결(금강살리기사업) 참조.
21 예를 들면, 대전지방법원 2009구합4557 판결(금강살리기사업) 참조.

지 않는다고 보는 것이 일반적이다. 따라서 1심 판결이나 2심 판결이 수자원장기종합계획, 금강유역종합치수계획, 금강수계하천기본계획이 하천의 장기적인 관리·이용 방향을 제시하는 지침적 성격의 행정계획으로서 행정청에 대한 직접적인 구속력이 없다고 본 것은 타당하지 않다고 본다.

Ⅳ. 인·허가 절차

1. 하천관리청의 허가와 사전협의

하천관리청이 아닌 자는 제6조·제9조 및 제28조에 따른 경우를 제외하고는 대통령령으로 정하는 바에 따라 하천관리청의 허가를 받아 하천공사나 하천의 유지·보수를 할 수 있다. 다만, 대통령령으로 정하는 경미한 사항에 대하여는 허가를 요하지 아니한다(하천법 제30조 제1항). 하천관리청은 허가를 하려는 때에는 그 허가사항이 하천기본계획에 적합한지 여부를 검토하여야 한다. 이 경우 하천관리청은 미리 관계 행정기관의 장과 협의하여야 한다(법 제30조 제2항). 국토교통부장관은 허가를 한 때에는 지체 없이 그 지역을 관할하는 시·도지사에게 통지하여야 한다(제3항).

2. 하천공사실시계획의 작성과 인가 및 고시

허가를 받은 자는 대통령령으로 정하는 바에 따라 하천공사실시계획을 작성하여 하천관리청의 인가를 받아야 한다. 인가받은 내용 중 대통령령으로 정하는 사항을 변경하는 때에도 또한 같다(법 제30조 제5항).

제30조 제5항에 따라 하천관리청이 아닌 자의 하천공사실시계획을 인가하려는 경우 제32조 제1항 각 호의 사항(의제되는 인·허가)이 포함되어 있는 때에는 미리 관계 행정기관의 장과 협의하여야 한다(법 제32조 제3항).

하천관리청은 인가를 한 때에는 국토교통부령으로 정하는 바에 따라 그 내용을 고시하여야 한다(법 제30조 제6항).

3. 준공인가

하천관리청이 아닌 자는 하천에 관한 공사를 완료한 때에는 지체 없이 하천관리청에 공사준공보고서를 제출하고 준공인가를 받아야 한다. 이 경우 준공인가 신청을 받은 하천관리청은 관계 중앙행정기관, 지방자치단체 또는 대통령령으로 정하는 정부투자기관의 장에게 준공인가에 필요한 검사를 의뢰할 수 있다(법 제30조 제7항). 하천관리청은 제7항에 따른 준공인가의 신청을 받은 경우 그 공사가 제5항에 따라 인가받은 하천공사실시계획의 내용대로 시행되었다고 인정되는 때에는 준공인가를 하여야 한다(제8항). 제8항에 따라 준공인가된 하천시설에 대하여는 준공인가 다음날부터 제27조 제5항에 따라 이를 유지·보수하여야 한다(제9항).

4. 검 토

인·허가절차는 하천관리청이 아닌 자가 일정한 경우에 하천관리청의 허가를 받아 하천공사나 하천의 유지·보수를 하기 위한 절차를 규율한 것이다.

V. 환경영향평가절차

1. 환경영향평가의 의의

환경영향평가제도(Environmental Impact Assessment)는 사업자가 공사 시행계획 수립 단계에서 환경영향을 예측·평가하고 저감방안을 수립하는 제도이다(환경영향평가법 제2조 제2호).

4대강정비사업의 경우 국토해양부 산하 각 지방국토관리청이 환경영향평가서 초안을 만들어 주민의견을 수렴한 뒤 평가서 본안을 작성해 환경부 산하 지방환경청과 협의하는 과정을 거쳤다.

4대강정비사업에 따른 하천시설의 설치는 환경에 심대한 영향을 미친다. 따라서 4대강정비사업에 따른 하천시설의 설치는 입법적으로 환경영향에 대한 고려를 하도록 되어 있다. 환경이익에 대한 고려는 4대강정비사업에 따른 하천시설의 설치와 관련하여 가장 중요한 과제이기도 하다. 이러한 환경이익에 대한 고려를 위해 우리나라를 비롯한 선진제국은 중요사업에는 환경영향평가를 받도록 하는 것이 일반적이다. 특히 4대강정비사업에 따른 하천시설의 설치가 주민 및 지방자치단체로부터 반대를 받는 것은 4대강정비사업에 따른 하천시설의 설치에 대한 필요성의 공감부족 때문이 아니라 4대강정비사업에 따른 하천시설이 설치됨으로 인해 파생되는 또는 파생될지도 모르는 각종 환경에 대한 부정적 영향에 대한 우려에 기인하므로 국가적으로 반드시 필요한 4대강정비사업의 추진에 있어서 적정한 환경영향평가는 매우 중요한 일이 아닐 수 없다.

2. 4대강정비사업의 환경영향평가대상

4대강정비사업의 환경영향평가대상은 「하천법」 제2조 제2호에 따른 하천구역이나 제12조에 따른 홍수관리구역에서 하는 「하천법」 제2조 제5호에 따른 하천공사 중 그 공사구간이 하천중심길이로 10킬로미터 이상인 사업이다.

3. 4대강정비사업의 평가서제출시기 및 협의요청시기

「환경영향평가법 시행령」 별표 1은 4대강정비사업의 평가서제출시기 및 협의요청시기를 다음과 같이 나누어 규정하고 있다. 첫째, 「하천법」 제8조에 따른 하천관리청이 시행하는 경우에는 법 제27조에 따른 하천공사시행계획의 수립 전에 하여야 한다. 둘째, 하천법 제8조에 따른 하천관리청이 아닌 자가 시행하는 경우에는 ① 국가 또는 지방자치단체인 경우에는 하천법 제6조에 따른 협의 또는 승인전이고, ② 국가 또는 지방자치단체인 자가 아닌 자의 경우에는 하천법 제30조 제2항에 따른 관계기관의 장과의 협의전이다. ③ 하천법 제87조에 따른 하천관리위원회의 심의를 받는 경우에는 하천관리위원회의 심의전이다.

4. 사업계획의 승인과 환경부장관의 협의 내용의 반영

승인기관의 장은 사업계획 등에 대하여 승인을 하고자 하는 때에는 협의 내용이 사업계획 등에 반영되었는지의 여부를 확인하고, 협의 내용이 반영되지 아니한 때에는 이를 반영하도록 하여야 한다(법 제19조 제1항). 협의 내용이 사업계획 등에 반영되지 않은 경우에 승인기관의 장이 이를 반영하도록 하는 방법으로는 사업계획을 변경하도록 하거나 사업계획을 승인함에 있어 조건(부관)을 붙이는 것 등이 있다. 문제는 환경부장관의 협의의견이 승인기관의 장을 구속하는가 하는 점이다. 대법원은 승인기관의 장이 환경부장관의 협의를 거친 이상 그 처분이 위법하다고 할 수는 없다고 보고 있다.[22] 즉 환경부장관의 협의의견은 승인기관장에 대하여 구속력이 없다고 보고 있다. 그러나 현행「환경영향평가법」의 관련규정을 고려한다면 사업승인기관의 장은 환경부장관의 협의의견이 부정적인 경우에 있어서 환경부장관의 의견과 다른 입장을 취하여 사업계획승인처분을 함에 있어서는 환경부장관과 다시 협의를 거친 후 신중하게 사업계획승인처분을 내려야 하며 그렇지 않은 경우에는 사업승인기관의 장은 환경부장관과 환경영향평가에 관하여 충분한 협의를 거친 것이라고 할 수 없고 협의절차상 중대한 하자가 있다고 보아야 한다. 왜냐하면, 협의라는 용어를 사용하고 있지만「환경영향평가법」은 환경영향평가상의 협의에 관하여 통상의 협의와는 다른 특별한 규율을 하고 있기 때문이다.[23]

4대강정비사업의 경우, 환경부는 2009년 8월 말에 국토해양부에 보낸 4대강 살리기사업 관련 환경영향평가서 초안에 대한 검토 의견을 통해 “물을 가두는 보를 설치하고 바닥을 긁어내면 수질이 바뀔 수 있으니 그 결과를 제대로 예측해 달라”고 요구했다. 환경부의 요구에 따라 국립환경과학원은 새로 4대강 사업에 따른 수질변화 예측 작업에 착수하였다. 이는 국립환경과학원이 지난 2009년 5월 4대강 사업과 관련해 수질예측을 했을 때 보에 대한 구체적인 설계가 이뤄지지 않아 4대강 보를 ‘고정보’로 간주했지만 이후 마스터플랜 등에는 수문을 열고 닫을 수 있는 ‘가동보’로 바뀌면서 수질 영향평가를 다시 할 필요가 있었기 때문이다. 환경부는 또 토사가 쌓이거나 고인 물이 썩지 않도록 하는 물관리 대책 수립 방안을 비롯해 준설에 따른 하천 생태계 교란 여부 조사 및 멸종 위기종 보호방안, 준설토 야적에 따른 하천 오염 방지대책 등을 수립해 본안에 반영토록 요청했다.

5. 검 토

4대강정비사업에서 가장 쟁점이 된 것은 환경영향평가였다. 4대강소송에서도 원고들은 “이 사건 처분에 앞서 한 환경영향평가는 사업시행자인 한국수자원공사가 한 것이 아니고, 평가의 기초가 된 근거자료가 부실하며, 지하수위,

22 대판 2001. 7. 27, 99두2970 참조.
23 박균성,「행정법강의(제10판)」, 1274쪽.

생태계에 미칠 영향 등을 제대로 평가하지 않았다"고 주장하였다.[24]

즉 원고들은 4대강정비사업의 환경영향평가서가 3개월이라는 단시간에 작성, 제출되었으므로 「환경영향평가법」 위반이고 정부의 환경영향평가서가 환경현황조사에 있어 '현지조사의무' 및 '최신자료사용의무'를 위반했고, 과학적 예측 결과를 근거로 한 환경영향평가 실시의무를 위반하는 등 「환경영향평가법」 제6조 및 제13조 규정을 위반했다고 주장하였다.

이에 대해 법원은 "「환경영향평가법」의 취지는 사업시행자가 환경영향평가시 모든 부분을 조사하여야 하는 것이 아니므로 일부 분야에서 환경부 산하 국립환경과학원의 조사, 연구자료를 인용하였다고 하여서 작성주체에 위법이 있다고 보기는 어렵고", "환경영향평가는 그 내용이 다소 부실하더라도 그 부실의 정도가 환경영향평가제도를 둔 입법취지를 달성할 수 없을 정도이어서 환경영향평가를 하지 아니한 것과 다를 바 없을 정도의 것이 아닌 이상, 바로 해당 처분이 위법하게 되는 것은 아니며", "이 사건 환경영향평가서는 대기환경, 수질, 토양, 생활환경 등의 측면에서 이 사건 사업이 환경에 미치는 영향을 구체적으로 기술하고 있고, 특히 보 건설 및 하상 준설에 대한 내용을 포함하여 이 사건 사업으로 인한 환경영향에 대한 세부적인 저감대책 및 대안을 마련하고 있는 점 등에 비추어보면, 환경영향평가를 하지 않은 것과 같은 정도의 부실이 있다고 볼 수 없다"고 판시하였다.[25]

한편 법원은 한강살리기사업판결에서도 '한강 살리기 1·6공구'의 환경영향평가가 다소 부실하게 진행되었지만 한강유역환경청과 지방자치단체, 주민들의 검토 의견을 수렴했고 대기, 물, 토지 등 환경에 미치는 영향에 대한 대책을 마련한 만큼 승인 처분을 위법하다고 볼 수는 없다고 판단했다.

환경영향평가의 하자는 절차상, 실체상으로 구분할 수 있는데, 먼저 절차상 하자를 살펴보면, 주민의 의견수렴절차나 환경부장관과의 협의절차 등이 전혀 행하여지지 않은 경우에는 당연히 사업계획승인처분은 절차상 위법이 있는 처분이 될 것이나,[26] 절차에 경미한 하자가 있는 경우에는 절차상 위법은 문제

24 예를 들면, 대전지방법원 2009구합4557 판결(금강살리기사업) 참조.
25 예를 들면, 대전지방법원 2009구합4557 판결(금강살리기사업) 참조.
26 홍정선, 「행정법특강(제11판)」(박영사, 2012), 1208쪽.

되지 않겠지만 중대한 하자가 있는 경우에는 절차상 위법이 인정되어 사업계획승인처분은 독립된 취소사유가 된다는 견해가 타당하다.[27]

4대강정비사업에서 절차상 하자는 발견되지 않는다. 문제가 되는 것은 실체상의 하자가 환경영향평가대상사업의 실시계획에 대한 승인처분의 효력에 어떠한 영향을 미치는가 하는 것이다.

환경영향평가가 내용상 부실하다는 것은 환경에 대한 영향을 조사·평가하여야 할 사항을 누락하였거나 조사·평가하기는 하였으나 그 내용이 부실한 것을 말한다. 문제는 환경영향평가의 부실이 어느 정도인 경우에 사업계획승인처분의 위법사유가 되는가 하는 점이다.

대법원은 환경영향평가의 부실을 ① "그 부실의 정도가 환경영향평가제도를 둔 입법취지를 달성할 수 없을 정도이어서 환경영향평가를 하지 아니한 것과 다를 바 없는 정도의 것인 경우"에는 그것만으로 사업계획승인처분의 위법사유가 된다고 보고, ② "그 부실의 정도가 환경영향평가를 둔 입법취지를 달성할 수 없을 정도이어서 환경영향평가를 하지 아니한 것과 다를 바 없는 정도의 부실이 아닌 경우"에는 그 부실은 승인 등 처분에 재량권 일탈·남용의 위법이 있는지 여부를 판단하는 하나의 요소로 됨에 그칠 뿐, 그 부실로 인하여 당연히 해당 승인 등 처분이 위법하게 되는 것이 아니라고 보고 있다.[28]

1심과 2심 판결도 대법원판결을 따르고 있다. 사실 대법원 판례의 입장은 환경영향평가의 실체상 하자로 인한 사업계획승인처분의 하자의 인정에 있어서 너무 엄격한 입장을 취하고 있어 환경영향평가의 제도적 본질을 간과한 것이 아닌가 하는 의문을 제기한다. 따라서 환경영향평가의 부실이 경미하지 않고, 그 부실의 정도가 중대한 경우 환경영향평가의 하자가 있다고 보아야 한다.[29]

문제는 4대강정비사업에서처럼 환경영향평가의 하자가 매우 중대하지도 않지만 그렇다고 매우 경미하지도 않는 경우에는 어떻게 보아야 할 것인가. 헌법은 환경권의 기본권성, 국가와 국민의 환경보존의무, 환경권법률주의, 쾌적

27 박균성, 「행정법강의(제10판)」, 1277쪽.
28 대판 2001. 6. 29, 99두9902.
29 박균성, 「행정법강의(제10판)」, 1276쪽.

한 주거생활에 대한 국가의 의무를 규정하고 있다.

생각건대, 4대강정비사업에 있어 가장 중요한 환경상의 쟁점은 수질개선문제이다. 수질개선문제가 민감하게 쟁점으로 떠오른 것은 과거 시화호 등의 사례에서 보듯이 수질문제가 생각보다는 개선이 어렵고 결국 문제는 현재세대만이 아니라 후세대에게까지 직접적인 영향을 미치기 때문이다.[30] 그럼에도 불구하고 법원이 환경영향평가를 거쳤다면 내용이 다소 부실하더라도 승인 등 처분이 위법하게 되는 것은 아니라고 판시한 것은 환경영향평가의 본질에 대한 근본적인 이해부족이 아닌가 하는 의문이 들게 한다. 왜냐하면, 4대강정비사업에서의 환경부장관의 입지의 한계가 낳은 환경평가 부실을 법원에서는 보다 엄격하게 판단하여 바로 잡을 필요가 있었기 때문이다.

그리고 1심과 2심 판결 중 "환경영향평가는 그 내용이 다소 부실하더라도 그 부실의 정도가 환경영향평가제도를 둔 입법취지를 달성할 수 없을 정도이어서 환경영향평가를 하지 아니한 것과 다를 바 없을 정도의 것이 아닌 이상, 바로 해당 처분이 위법하게 되는 것은 아니며"라는 의미도 매우 모호하기 짝이 없다. 이러한 환경영향평가가 정당화된다면 환경에 대하여 중대한 영향을 미칠 가능성이 있는 사업을 실시하기 전에 환경에 대한 영향을 조사하여 환경에 대한 영향을 최소화하는 방안으로 사업을 실시하도록 하고, 환경에 대한 영향이 심히 중대한 경우에는 환경의 보호를 위하여 사업을 실시하지 않도록 하는 것을 취지로 하는 환경영향평가제도는 그 존재의의가 반감되고 말 것이다.

그리고 환경부의 존재이유에 대한 성찰도 심각하게 되새겨봐야 할 것이다. 4대강정비사업에서 당시 개발주체인 국토해양부와 '앙숙'이어야 할 환경부가 부적절한 '연애'를 했다는 적절한 지적이 있다. 즉 멸종위기식물이 뽑혀나가도, 오수(汚水)를 멋대로 방류해도, 준설토를 방치해도 눈을 감고 국토해양부의 속도전에 눈을 감아버렸다는 것이다.[31] 환경부의 존재감이 이러하다면 굳이 독자

30 독일은 1994년에 「기본법」 개정을 통해 환경보호에 관한 명시적 규정을 두었다. 동법 제20a조는 "국가는 미래세대에 대한 책임을 부담하면서 헌법적 질서의 범위 내에서 입법을 통해 그리고 법률과 권리의 기준에 따른 집행권과 사법권을 통해 자연적인 생활기반을 보호한다"고 규정하고 있다. 동규정은 환경보호에 관한 일반적인 기본권을 규정하고 있는 것이 아니라, 국가의 목표를 정한 규정으로 이해되고 있다. 홍정선, 「행정법특강(제11판)」, 1205쪽.

31 양영유, "환경부의 존재이유", 중앙일보 2011. 2. 14, 38쪽 기사 참조.

적인 정부부처로서 존립필요성이 있는지 의문이 아닐 수 없다.

Ⅵ. 주민참여절차

1. 주민참여절차의 의의

오늘날 행정결정, 특히 환경에 중요한 영향을 미치는 행정결정에 주민참여의 필요성은 의심할 여지가 없을 정도로 그 의미를 증대시키고 있다. 아무리 국가적으로 중요한 사업이라 하더라도 시설이 설치될 주변지역에 사는 주민들이 강력히 반대하면 추진이 사실상 불가능하게 되는 사례가 점차 늘어가고 있다. 즉 주민이 반대하는 시설의 설치는 법적인 허용에도 불구하고 사실상 실행되기 어려운 것이 현실이다. 이러한 문제를 해결하기 위해서는 시설물의 계획 및 허가절차에 주민의 참여를 적정하게 보장하는 방법만이 문제를 해결할 수 있는 열쇠가 된다.[32]

4대강정비사업을 둘러싸고 야기되는 문제의 해결은 그 필요성에도 불구하고 법적으로 간단히 해결될 수 있는 문제가 아니며, 4대강정비사업과 관련된 복잡한 문제의 해결과 다차원적인 이해관계를 조화시키기란 쉽지 않기 때문이다. 따라서 주민참여는 4대강정비사업을 위한 행정결정과정상 이해조정, 해당 결정내용의 합리성, 타당성의 확정과 민주화를 도모할 수 있는 절차법리로 기능하고 있다.

2. 「하천법」상 주민참여

「하천법」상 주민참여를 규정하고 있는 것은 유역종합치수계획을 수립하거나 변경하기 전에 유역관리위원회의 참여가 유일하다. 즉 국토교통부장관은 유역종합치수계획을 수립하거나 변경하기 전에 지역주민 등의 의견을 반영하기 위하여 대통령령으로 정하는 바에 따라 유역관리협의회를 구성·운영할 수 있다(법 제24조 제5항).

32 이종영, "환경갈등의 해소방안으로 법률집행시 민주성의 도입-방사성폐기물관리사업의촉진및시설주변지역의지원에관한법률의 내용을 중심으로", 634쪽.

3. 「환경영향평가법」상 주민참여

(1) 의 의

환경영향평가법 의견수렴제도를 규정하고 있다. 주민의견의 수렴방법으로 설명회 또는 공청회를, 동법시행령에서는 의견 제출, 설명회, 공청회를 규정하고 있다.

(2) 설명회의 실태

공청회는 행정청이 공개적인 토론을 통하여 어떠한 행정작용에 대하여 당사자 등, 전문지식과 경험을 가진 자가 그 밖의 일반인으로부터 의견을 널리 수렴하는 절차를 말한다(행정절차법 제2조 제6호).

4대강정비사업의 경우, 4대강살리기추진본부는 2009년 5월 5일~19일에 걸쳐 4대강 인근 12개 시도를 대상으로 한 지역설명회를 개최하였다. 설명회는 4대강살리기 마스터플랜에 대한 각계의 다양한 의견을 수렴하는 것이 핵심 목적이었다. 정부의 4대강 살리기 마스터플랜 지역설명회는 의견수렴이 아닌 밀어붙이기식 선전장이자 요식행위라는 비판이 제기되는 등 지역설명회는 반대하는 지역주민 및 단체들에 의해 적지 않은 파행을 겪는 등 우여곡절이 있었다. 지역설명회에서 제기된 것은 4대강살리기사업은 대운하사업이라는 것, 대규모 강 토목공사가 진행된 후에 바로 하천의 수질이 획기적으로 개선된다는 정부의 주장은 상식적으로 가능하지 않다는 점, 환경영향평가는 사계절에 걸쳐 실시하는 것이 일반적인데 20일만에 사전환경성검토를 마치고 40일만에 환경영향평가를 끝낸다는 정부의 방침은 관련 법률과 절차를 무시하는 행태라는 점 등이다.

4. 검 토

4대강살리기추진본부는 2009년 4월 27일 정부합동보고회에서 중간성과를 보고한 이후 4대강 인근 12개 시도를 대상으로 한 지역설명회(5월 7일~19일), 관계부처와 학회 등의 추천을 받은 전문가 그룹의 자문(5월 14일~15일), 물환경·수자원학회 등 관련학회 토론(3월 21일~22일), 전문가와 시민이 참여한 공청회(5월 25일) 등을 통해 각계의 다양한 의견을 수렴하였다.

「하천법」상 주민참여는 수자원장기종합계획이나 하천기본계획에는 흠결되어 있고 유역종합치수계획에만 존재하는데, 그것은 유역종합치수계획이 하천유역의 수자원 개발·이용의 적정화, 하천환경의 개선, 홍수예방 및 홍수발생시 피해의 최소화 등을 위하여 필요한 사항 등을 내용으로 하기 때문에 보다 주민들과의 긴밀성이 있다는 측면에서 주민참여를 규정한 것으로 보인다.

제4절 소 결

4대강정비사업의 설치절차를 보면 다단계 행정절차를 통해 이루어지고 있음을 알 수 있다. ① 예비타당성조사절차, ② 행정계획절차(하천공사시행계획절차 — 하천기본계획절차 — 유역종합치수계획절차 — 수자원장기종합계획절차 — 수문조사시설설치계획절차), ③ 인·허가 절차, ④ 환경영향평가절차, ⑤ 주민참여절차 등으로 이루어진다고 볼 수 있다. 여기서 예비타당성조사는 국가재정의 방만한 운영을 사전에 억제, 방지하는 데 유효한 제도로 기능하고 있고, 행정계획절차, 인·허가 절차, 환경영향평가절차, 주민참여절차 등은 국책사업의 설치와 관련한 중요한 행정절차로 기능하고 있는데, 재판에서는 예비타당성조사절차를 규정하고 있는 국가재정법, 하천공사시행계획절차 등을 규정하고 있는 하천법, 수질과 관련한 환경영향평가법 등의 관련법령에 대한 위반여부가 중요쟁점이었다.

4대강정비사업을 취소해 달라는 취지로 4대강국민소송단이 제기한 한강(2010. 12. 3. 선고)·낙동강(2010. 12. 10. 선고)·금강(2011. 1. 12. 선고)·영산강(2011. 1. 18. 선고) 등 수계별 취소소송은 모두 정부 승소(원고 기각판결)로 종결되었다. 원고들이 1심 판결에 불복하여 제기한 2심에서도 정부 승소로 마무리되었다. 그러나 원고들은 2심 판결에 승복하지 아니하고 대법원을 상대로 한 법정투쟁을 계속하고 있어 갈등이 지속되고 있다. 4대강정비사업이 완공된 지 1년이 지났지만 2013년 8월 2일 현재까지 대법원의 최종 판결은 나오지 않고 있다.

4대강정비사업은 사실 행정절차단계에서 정리될 사안이나 현행법령상 이를 담을 수 있는 행정절차의 미비로 사법절차단계에서 치열한 법정공방이 벌어지고 있는 것이다. 따라서 4대강정비사업과 같은 국책사업을 담을 수 있는 행정절차의 도입이 필요하다. 이미 많은 학자들이 제시한 방안이긴 하지만, 행정절차법의 개정을 통해 계획확정절차(planfeststellungsverfahren)를 도입하여 이해관계인의 집중참여와 결정 그리고 그에 대한 집중적 효력을 부여하는 절차 설계가 필요하다. 계획확정절차의 근본적인 목적은 비교적 큰 공간을 점유하는 특정사업의 실시계획에 있어서 사업자의 이익과 이에 대립하는 다양한 공·사익의 조절과 형량을 통하여 그 사업의 허용성을 검토하고 최종적으로 법적 구속력이 있는 행정결정을 자연스럽게 이끌어 낸다는 데에 있다.[33]

4대강정비사업이 국가적으로 중요한 사업이라는 것은 객관적인 견지에서 볼 때 부인하기 어렵다. 그러나 국가적으로 필요한 사업일수록 법적인 절차와 실체 양 측면에서 법의 정신에 전적으로 합치되어야 한다. 4대강정비사업과 관련한 1심 판결과 2심 판결 그리고 앞으로 있을 대법원 판결이 갈등과 논쟁의 종결이 아니라는 점을 간과해서는 안 될 것이다.

33 김성수, “행정절차법의 제정－해묵은 숙제와 새로운 도전”, 「법학연구」 제6권, 268쪽.

제 11 장

국책사업갈등관리의 법적 개선방안

제1절 서 언

국책사업의 갈등관리를 위한 법적 개선방안으로 첫째, 이해관계인의 집중적 참여시스템의 도입을 통한 갈등관리방안, 둘째, 절차간소화법제의 개선을 통한 갈등관리방안, 셋째, 환경보호 및 환경정보관리시스템의 정비를 통한 갈등관리방안, 넷째, 갈등관리의 멘토: 사회적 합의기구의 설치를 통한 갈등관리방안, 다섯째, 주변지역지원의 실질화를 통한 갈등관리방안, 여섯째, 직접민주주의를 활용한 갈등관리방안 등을 제시하고자 한다.

제2절 이해관계인의 집중적 참여시스템의 도입을 통한 갈등관리방안

Ⅰ. 「행정절차법」상 이해관계인의 절차참여권

「행정절차법」은 이해관계인에 대하여 아무런 직접적인 개념규정을 하고 있지 않으며 이해관계인에 대한 행정절차에의 참여권을 직접 규정하고 있지도 아니하고 당사자 등의 개념 안에 포함시키고 있다(법 제2조).

「행정절차법」상 행정청이 직권 또는 신청에 의하여 행정절차에 참여하게 한 이해관계인의 범주에는 이해관계인 중에서 행정청이 직권 또는 신청에 의하여 행정절차에 참여하게 한 자만이 한정적으로 포함된다.

「행정절차법」이 이해관계인을 '당사자 등'의 개념에 포함시켜 정의규정을 두고 있기는 하나, 정작 이해관계인의 행정절차 참여요건 자체에 대한 법적 근거규정을 두지 않은 것은 중대한 입법적 불비라고 아니할 수 없다.

이해관계인의 개념이 정의되지 않아 행정절차에 참여할 수 있는 이해관계인의 범위 자체가 불분명하다. '이해관계인'이란 누구를 의미하는지 또 이해관계인이 직권에 의한 경우를 제외하고 행정절차에 참여할 권리 또는 절차참여를 신청할 권리를 가지는지 여부는 여전히 미해결로 남아 있다. 법이 이렇게 정의규정의 차원에서 이해관계인의 절차참여 가능성을 단순히 시사하는 데 그친 것은 행정절차에 참여할 수 있는 이해관계인의 범위, 행정절차에 대한 이해관계인의 권리의 인정 여하를 둘러싼 논란을 우회하려 한 것이 아닌가 추측되며,[1] 이는 바로 입법권자인 국회가 「행정절차법」을 제대로 심의했는지를 의심케 하는 대목이다.[2]

그리고 행정처분의 사전통지절차는 행정청이 국민에게 의무를 과하거나 권익을 제한하는 행정처분을 하기 전에 밟아야 하는 필수적인 절차이다. 이 절

1 「행정절차법」 제정의 모범이 되었던 1987년 입법예고안의 이해관계인의 개념을 따로 규정하였는데, 이 규정을 채택할 것인가를 놓고 「행정절차법」 제정심의위원회에서 많은 논란이 있었다. 이 논의에서 이해관계인, 이해관계를 가진 자, 법률상 이해관계, 사실상 이해관계, 영향을 받는 자 등 다양한 개념이 시안의 입법대상으로 검토되었고, 이들 개념을 어떻게 확정할 것인가가 매우 어렵다는 점도 언급되었다. 이러한 점에 결부하여 이해관계인의 개념을 「행정절차법」에 확정하는 것에 대하여 특히 총무처를 중심으로 ① 사실상의 이해관계인의 범위가 명확하지 않고, 행정청이 모르는 사실상의 이해관계인이 있을 수 있어 이들을 모두 조사하여 행정절차에 참가시킨다는 것은 현실적으로 불가능하고, 행정절차가 상당히 지연될 우려가 있다는 점, ② 행정절차가 종료된 후에도 사실상의 이해관계인임을 주장하여 행정절차의 하자를 이유로 법적 효력문제를 제기하는 등 또 다른 분쟁을 야기할 소지가 있다는 점, ③ 행정절차의 원활한 진행과 조속한 법률관계의 확정을 위하여 행정청의 직권 또는 신청에 의해 이해관계인의 범위를 정하는 것이 보다 타당할 것 등의 다각적인 의견과 우려가 표시되었다. 오준근, 「행정절차법」, 163쪽.

2 홍준형, "행정절차법의 문제점", 「고시연구」(97. 2), 48쪽.

차는 행정절차의 기본이념인 투명성·공정성과 신뢰보호이념을 처분절차에 있어서 구체화된 것으로 생각할 수 있다.

「행정절차법」 제21조는 사전통지의 대상이 되는 처분을 당사자에게 의무를 과하거나 권익을 제한하는 처분, 즉 불이익처분으로 한정하고 있다.

그런데 사전통지의 대상에 대한 「행정절차법」 제21조의 규정은 국책사업의 시행허가와 관련해서 다음과 같은 문제점을 내포하고 있다. 즉 행정청이 일방에는 수익적 효과를 미치고 타방에는 부과적 효과를 미치는 이중효과적 행정처분(복효적 행정행위)을 할 경우 해석상 문제가 된다.

그 이유는 「행정절차법」 제21조는 불이익처분을 당사자에 대한 불이익처분에 한정하고 있으므로 이를 문자 그대로 해석할 경우 위험시설의 철거명령과 같이 당사자의 권익을 제한하지만 제3자에게는 이익을 주는 이중효과적(복효적) 처분은 당사자에 대한 불이익처분이므로 사전통지의 대상이 되지만, 국책사업의 시행허가와 같이 당사자에게 권리·이익을 주지만, 제3자에게는 불이익을 주는 이중효과적 처분은 당사자에 대한 불이익처분에 해당하지 않으므로 사전통지의 대상이 되지 아니한다고 해석되기 때문이다.[3]

생각건대, 「행정절차법」은 이해관계인에 대하여 아무런 직접적인 개념규정을 하고 있지 않으며 이해관계인에 대한 행정절차에의 참여권을 직접 규정하고 있지도 아니하고 '당사자등'의 개념 안에 포함시키고 있는 것은 중대한 입법적 불비이므로, 이해관계인을 "행정청의 행위에 따라 법률상 또는 사실상 이해관계에 영향을 받는 자를 말한다"고 정의하고 이를 포함한 '당사자 등'의 행정절차참가권을 인정한 1987년의 법안의 진취적인 입법태도로 되돌아가는 것이 법적 불명확성을 해소하는 길이다.[4]

「행정절차법」 제21조는 사전통지의 대상이 되는 처분을 당사자에게 의무를 과하거나 권익을 제한하는 처분, 즉 불이익처분으로 한정하고 있는 점은 문제이다. 왜냐하면, 국책사업의 시행허가와 같이 당사자에게 권리·이익을 주지만, 제3자에게는 불이익을 주는 이중효과적 처분은 당사자에 대한 불이익처분에 해당하지 않으므로 사전통지의 대상이 되지 아니한다고 해석되기 때문이다.

---

3 오준근, 「행정절차법」, 338쪽.
4 홍준형, 앞의 글, 48쪽.

그리고 위와 같은 해석이 문제가 되는 이유는 국책사업의 시행과 같이 당사자에게 권리 · 이익을 주지만, 제3자에게는 불이익을 주는 이중효과적 처분에 대하여 알고 있거나, 알 수 있는 이해관계인에게 통지함으로써 의견진술의 기회를 주는 것이 「행정절차법」의 이념에 보다 부합될 것이기 때문이다.

위와 같은 문제점을 해소하기 위해서는 「행정절차법」을 개정하여 당사자 등에게 의무를 과하거나 권익을 제한하는 처분으로 사전통지의 범위를 확대하는 것이 바람직하다. 「행정절차법」이 개정되기 전이라도 행정절차의 운용실무상 사전통지의 범위를 확대하여 실시하는 것도 권장될 수 있다.[5]

Ⅱ. 주민참여

국책사업 관련법령은 대체로 주민참여제도(주민의견수렴제도)를 규정하고 있다. 그리고 국책사업은 환경영향평가를 거쳐야 하므로 「환경영향평가법」에 따른 주민의견수렴이 필수적이므로 실질화되고 있는 것으로 볼 수 있다. 그런데 규정상의 문제점도 없지 않다.

주민의 의견수렴제도를 신설하였으나 주민의견수렴을 사업자가 주도하고 그 절차와 방식이 포괄적으로 규정되어 있는 점은 문제이며, 방법, 절차 등을 일체 대통령령에 위임하고 있는데, 이는 포괄적 위임으로 문제가 있다. 따라서 최소한 주민의견수렴의 방법에 대한 기본적인 사항은 법률로 정하여야 할 것이다. 그리고 방사선환경영향평가서초안을 공람하게 하는 것은 주민의견수렴의 사전요건에 불과함에도 이를 주민의견수렴의 방법으로 정하고 있는 것은 잘못이다.

「원자력안전법」상 의견수렴은 원자력발전소 및 방사성폐기물관리시설의 건설허가나 부지사전승인시에 제출되는 방사선환경영향평가서의 작성 전에 행하여진다. 의견수렴의 주관자는 발전용 원자로 및 방사성폐기물관리시설의 설치자이다. 이해관계인인 사업자를 의견수렴주관자로 하는 것은 인근 주민으로 하여금 의견수렴절차의 공정성에 의심을 가지도록 하는 부작용을 가져올 것이

5 오준근, 「행정절차법」, 338쪽.

므로 타당하지 않다.

그리고 「환경영향평가법」은 공청회의 주관자를 사업자로, 주재자에 대해서는 규정이 없으나 「행정절차법」 제39조가 공청회의 주재자는 해당 공청회의 사안과 관련된 분야에 전문적 지식이 있거나 그 분야에 종사한 경험이 있는 사람 중에서 행정청이 지명하거나 위촉하는 사람으로 한다고 규정하고 있다(제1항). 공청회의 발표자는 발표를 신청한 사람 중에서 행정청이 선정한다. 다만, 발표를 신청한 사람이 없거나 공청회의 공정성을 확보하기 위하여 필요하다고 인정하는 경우에는 다음 각 호(1. 해당 공청회의 사안과 관련된 당사자등, 2. 해당 공청회의 사안과 관련된 분야에 전문적 지식이 있는 사람, 3. 해당 공청회의 사안과 관련된 분야에 종사한 경험이 있는 사람)의 사람 중에서 지명하거나 위촉할 수 있다(제2항). 행정청은 공청회의 주재자 및 발표자를 지명 또는 위촉하거나 선정할 때 공정성이 확보될 수 있도록 하여야 한다(제3항).

「원자력안전법」상 의견수렴의 주관자는 발전용 원자로 및 관계시설과 방사성폐기물관리시설의 설치자이다. 이해관계인인 사업자를 의견수렴주관자로 하는 것은 타당하지 않다. 의견수렴의 주관자를 행정청으로 하여야 할 것이다.

「환경영향평가법」상 공청회의 주재자에 대해서는 언급하지 않고 있는 것은 문제이므로 공청회의 공정성을 확보한다는 차원에서 공청회의 주재자를 독립적인 법관이나 행정위원회로 할 필요가 있다.

Ⅲ. 의견수렴대상의 범위의 협소와 대표성

「환경영향평가법」상 국책사업에 있어서 주민참여가 규정되어 있지만 환경영향평가대상지역의 주민으로 한정하고 있어 의견수렴대상의 범위가 협소하다는 지적이 있었다.

그런데 전략환경영향평가의 경우에 개발기본계획을 수립하려는 행정기관의 장은 개발기본계획이 생태계의 보전가치가 큰 지역으로서 대통령령으로 정하는 지역을 포함하는 경우에는 관계 전문가 등 평가 대상지역의 주민이 아닌 자의 의견도 들어야 한다(법 제13조 제2항)고 규정하여 평가 대상지역의 주민이 아닌 자의 전문가의 의견도 수렴하도록 함으로써 대상범위를 확대한 것은 타당하다고 볼 수 있다.

궁극적으로는 공중참가를 인정하고 있는 선진국의 입법례에 따라 범위를 넓히는 것이 타당하다.

> 예를 들면, 프랑스는 공인된 환경단체는 말할 것도 없고 공인되지 않은 환경단체에 대해서도 공청회절차에 참여하여 의견을 진술할 수 있고, 일반 「정보공개법」에 따라 환경영향평가서와 같은 공개문서를 청구할 수 있다. 그리고 사업대상과 관계가 있는 이익의 침해에 대하여 행정소송을 제기할 수 있는 자격이 부여되고 있다. 실제에 있어서 환경에 관한 소송의 대부분은 환경단체에 의하여 제기되고 있다.

Ⅳ. 현행법상 행정계획절차의 검토

1. 철저한 행정계획사업성의 미비

원자력 관련시설이나 폐기물처리시설, 공항 등의 국책사업의 시행은 부지의 선정 및 시설의 설치 등에 있어서 지방자치단체와 인근 주민에게 종합적인 영향을 미치는 사업이기 때문에 신중한 계획하에 추진될 필요가 있으나 현행법은 철저한 계획사업으로 규정하지 않고 허가절차 또는 허가절차와 계획절차로 혼용하고 있어, 입지 및 설치와 관련한 지방자치단체와 주민들의 반대가 극심한 현실을 수용하기에는 한계가 있다.

특히 종래의 계획절차로 설치되던 방사성폐기물관리시설의 설치를 법개정을 통해 허가절차에 따르도록 함으로써 부지확보문제를 더욱 어렵게 하게 됨으로써 결국 특별법에 의해 해결한 것은 많은 교훈을 던져 주고 있다.

한편 폐기물처리시설에 대해서는 상대적으로 계획성을 강화하고 있다. 즉 국가 또는 각 지방자치단체의 폐기물처리에 관한 기본방침을 정하도록 「폐기물관리법」상 폐기물처리기본계획을 두고 있다든가, 「폐촉법」상 폐기물의 처리시설의 설치를 위한 입지선정계획, 폐기물처리시설설치계획의 결정절차를 규정한 것도 이를 철저한 계획사업으로 시행하고자 한 것으로 볼 수 있다.

국책사업은 지역주민의 반발로 사실상 어려운 상황에 있으므로 철저한 계획사업으로 이들 시설을 규정하고 있지 않는 현행법을 개정하여 철저한 계획사업으로 전환시킬 필요가 있다. 구체적인 방안으로는 첫째, 입지선정계획절차와 사업실시계획승인절차 등의 계획절차를 거치도록 하고, 실시계획승인의 사전요건으로 이해관계인의 참여와 시설설치관련 행정청협의회의 협의를 규정한 뒤, 이 승인에 대해서는 집중효를 통해 절차촉진을 도모하는 방안과 둘째, 특수한 행정처분절차인 계획확정절차를 도입하는 것이다.

국책사업과 관련된 문제를 해결하기 위해서는 관계 행정청과 인근 주민의 참여 및 영향력 행사가능성이 상대적으로 높은 계획확정절차를 도입하는 것이 필요하고, 행정갈등 소지가 크지 않거나 신속한 시설설치가 필요한 경우 등 일정한 경우에는 절차촉진의 일환으로 일정한 조건하에 계획확정절차 대신에 이해관계인의 참여 없이 진행되는 약식의 계획허가절차를 도입할 필요도 있다.

계획확정절차에 대해서는 뒤에 별도로 자세하게 다루고자 한다.

2. 이해조절의 장으로서의 심의회의 운영

현행법은 국책사업에 있어서 행정청의 행정결정을 통제하기 위해 심의회제도를 통해 절차적 통제를 도모하고 있으나, 현행 심의회방식은 위원 인선을 행정기관이 임의로 하게 하는 등 구성상의 문제가 있을 뿐 아니라, 이 방식은 관계국민의 이해관계조절적 기능을 수행하기에는 적정하지 않다. 따라서 이 방식을 통하여 이해관계인의 권익보호나 계획내용의 민주적 통제를 기하기는 어렵다고 하겠다.

그러므로 국책사업과 관련하여 심의회제도가 이해의 조절과 이해관계인의 의견의 반영이라는 본래의 기능에 충실하기 위해서는 이익을 대변할 수 있는 자를 심의회의 구성원으로 참여시키는 방안과 이익단체나 이익집단이 있는 경우에 그 대표를 참가시키도록 하여야 할 것이다.

V. 계획확정절차 도입을 통한 이해관계인의 집중적 참여시스템의 확보

1. 도입필요성

원자력 관련시설 및 폐기물처리시설과 같은 국책사업에 관한 행정결정을 위해 일반행정처분과 다른 효력과 더 강화된 절차내용을 요건으로 하는 정식적 행정절차가 필요하다. 넓은 지역의 발전과 환경상 영향이 큰 국책사업에 관한 행정결정을 위해서는 관련 행정관청들과 이해관계인 그리고 사업자의 참여가 필수적으로 보장되고 구두변론절차를 요건으로 하는 일반행정절차와는 다른 더 강화된 행정절차가 필요하다.[6]

이러한 절차를 거침으로써 오늘날 심각한 문제가 되고 있는 지역이기주의를 극복하고 주민의 참여가 보장되어 사전적 권리구제의 확보 이외에도 행정결정의 민주적 정당성을 제고시킴으로써 국책사업의 추진에 만전을 기할 필요가 있다. 이러한 절차를 거치지 아니하고 행정청이 일방적으로 내린 결정이 정작 주민들의 반대에 부딪혀 사업의 수행에 차질을 빚게 되는 교훈을 우리는 방사성폐기물관리시설의 건설계획추진과정에서 경험하였다.

뿐만 아니라 관계 행정청들의 공동참여가 이루어지는 특별히 강화된 절차요건을 거치는 행정결정에 대하여 집중효나 형성효를 인정함으로써 대규모 사업추진을 위해 수없이 요구되는 행정청마다 개별적 처분을 거치는 비능률적 요소도 극복할 필요도 있다.

결론적으로 계획확정절차의 도입의 필요성[7]으로서는 ① 국민의 권리·이익에 영향을 주는 계획이나 국민의 일상생활에 밀접한 관계가 있는 계획, 특히 구속적 계획에 대하여 국민이 사전에 계획안의 내용을 알고 그에 대한 의견 제출권한의 부여가 필요하다는 점, ② 민원소지의 원천적 제거, 공·사 이해의 합리적 조정을 통하여 정부에 대한 국민의 신뢰도 향상 및 국가적 주요 사업의 강력한 집행을 위해 계획확정절차 도입이 필요하다는 점, ③ 행정계획은 그 자체의 성질상 행정청의 광범위한 재량이 인정되는 경우가 많아 행정청의 재량권 독점을 배제하고 국민의 의견수렴을 위한 취지에서 「행정절차법」상 도입이 필요하다.[8]

---

6 그동안 개별법 수준이기는 하지만 이미 여러 법률에서 행정계획절차를 시행해 온 경험이 있음을 고려할 때, 이의 도입을 고려하는 것이 그리 어려운 일은 아니라고 할 수 있다.

7 그런데 계획확정절차를 도입하지 않은 것에 대해서는 적지 않은 비판이 있었다. 특히 ① 행정계획을 사후에 통제하는 것이 현실적으로 매우 곤란할 뿐만 아니라 사후적 통제가 이루어진다 해도 그로 인하여 엄청난 사회적 비용과 혼란이 초래될 수 있기 때문에 사전에 절차적으로 규율되지 않으면 아니 됨에도 불구하고 사전절차로서의 행정절차를 도입하지 아니하였다는 점, ② 행정계획을 행정예고제도의 범위 내에서 고려한다고 해도 그것만으로는 불충분하다는 점 등이 주로 제시되었다. 홍준형, 앞의 글, 42쪽 이하.

8 반면 도입시 예상되는 문제점으로서는 ① 행정계획의 확정절차 적용대상이 되는 행정계획의 목적, 내용, 성질 등이 매우 다양하고 다층적이어서 모든 행정계획에 대하여 통일적인 행정

그리고 절차의 간소화 및 절차의 신속화를 위해 일정한 조건하에 계획확정절차 대신에 공중의 참여 없이 진행되는 약식의 계획허가절차(Plangenehmigungs-verfahren)에 의할 수 있음을 규정할 수 있다.

일반적으로 계획확정절차는 많은 이해관계인을 참여시키기 때문에 이들의 의견수렴과정에서 상당한 시간이 소요되고, 특히 환경침해요인이 큰 사업은 NIMBY현상까지 발생하기 때문에 공익상 반드시 필요한 시설의 설치사업이 지지부진해지고 있는 현실이다.

그렇기 때문에 특정시설의 설치를 용이하게 하기 위하여 복잡한 계획확정절차를 거치지 아니하고 계획에 대한 승인이나 허가로 대신하거나 사업대상의 토지수용결정이 이루어지기 이전에 타인의 토지에 대한 사실상의 지배권 및 해당 사업의 실질적인 추진권한을 부여할 필요가 있다.[9]

2. 도입시 계획확정절차의 입법방향

국책사업절차로서 계획확정절차를 마련할 경우 그 기본적 내용에는 다음과 같은 사항을 고려하여야 할 것이다.

첫째, 계획확정절차의 적용범위를 어디까지로 할 것인가가 미리 확정되어야 한다. 계획확정절차가 필요한 부분은 구속적 행정계획의 경우이다.[10] 구속적 행정계획 중 국토이용계획, 도시계획과 같은 종합계획의 수립절차는 지역지구의 지정을 그 원칙으로 하므로 사실상 법령으로서의 성격을 띤다. 따라서 이들 종합계획의 수립절차에 대하여 「행정절차법」 속에 규정할 필요는 없을 것이다.

절차제도를 도입하는 것은 사실상 불가능하므로 판례 및 학설상의 불일치에 대한 문제해결이 우선되어야 한다는 점, ② 개별법령상에 규정되어 있는 각각의 행정계획에 대한 행정절차의 통일화는 단순정보적 계획이나 유도적 계획 같은 경우, 오히려 계획 자체를 더욱 번거롭게 하여 처리가 지연되는 등, 국민의 불편을 초래할 수 있다는 점, ③ 성숙되지 않은 주민의식 등으로 집단이기주의가 대두되어 공청회 등의 결과에 승복하지 않는 경향이 잔존하고 있어, 핵폐기물시설, 쓰레기 소각장 등 국가 중요 사업의 추진 자체가 곤란하거나 지연될 우려가 크다는 점 등을 들 수 있다. 오준근, 「행정절차법」, 278쪽 참조.

9 참고로 독일 「연방행정절차법」은 다음과 같이 규정하고 있다. 계획확정결정을 대신하여 계획허가가 부여될 수 있는 경우는 다음과 같다(제74조 제6항). ① 타인의 권리가 침해되지 아니하거나 또는 이해관계인이 소유권 또는 다른 권리가 침해됨에 관하여 서면으로 동의한다고 하는 경우, ② 그 업무영역이 저촉되는 공적 이익의 담당자와 합의가 성립되는 경우이다.

10 행정계획은 다양하므로 모든 행정계획에 통일적인 계획확정절차의 도입이 필요한 것은 아니다. 그러므로 단순정보제공적 계획에 대해서는 계획확정절차의 도입이 불필요하다.

반면에 다수의 국민에게 구속적 영향을 미치는 국책사업에 관한 전문계획의 수립절차는 엄정한 계획확정절차에 따라 이루어질 것이 요청된다. 특히 집단민원이 생길 수 있는 원자력 관련시설, 폐기물처리장 등의 설치계획 등은 계획확정절차의 도입으로 행정청이 다수의 의지를 확정하여 행정계획의 집행에 있어 힘을 얻을 수 있으므로 계획확정절차의 도입은 더욱 필수적이라 할 수 있다. 그리고 유도적 계획은 그 유도적 성격의 강도에 따라 계획확정절차의 도입 여부를 달리할 필요가 있다. 유도적 계획 중 계획이 특히 기본계획의 성격을 띠고 있으며 그 유도적 영향력이 광범위하며 중요할 경우 구속적 계획과 마찬가지로 계획확정절차가 도입되어야 할 것이다.

둘째, 계획확정절차를 어떠한 법형식을 가지는 계획에 적용할 것인가이다. 계획이 법령의 형식으로 결정되는 경우에는 해당 계획의 확정절차에 관하여 법령안 입법예고의 절차와 같은 행정절차의 도입이 가능할 것이다. 계획이 행정처분의 형식으로 결정되는 경우에는 행정처분절차의 도입이 가능할 것이다. 계획이 행정규칙 또는 사실행위의 형식으로 반포되는 경우에는 일정한 절차의 도입 자체가 불필요하거나 또는 행정지도절차 정도의 절차를 밟을 것이 요구될 수 있을 것이다.

독일의 계획확정절차도 행정행위의 성격을 띠는 전문적 시설설치계획의 확정절차일 뿐이므로 행정계획 중 법령이 예정하는 지극히 일부의 행정계획에만 적용될 뿐이다.

계획은 각각의 계획마다 특성이 있고, 그 계획의 엄정성, 적정성, 집중효 등 계획확정결정에 대한 구속력 부여의 정도, 그 계획을 신뢰한 투자자 보호의 필요성 및 그 내용 등에 관해서는 각각의 계획관련법령 속에서 필요에 따라 정함이 일반적이다.

셋째, 계획확정절차의 도입에 있어 국민 다수에게 영향을 미치는 국책사업의 시행과 관련된 이해관계인의 이익의 조절을 위한 절차적 장치를 정교히 도입하여야 한다.

다만, 이러한 절차는 필연적으로 복잡성을 띠게 되고, 어느 정도의 시간을 요하므로 이 절차를 촉진할 수 있는 장치도 함께 도입할 것이 요구된다.

넷째, 계획확정결정처분에 대하여 집중효, 결정효, 형성효, 배제효 등 각종

효력을 부여하여 힘을 실어 주는 법적 장치가 요구된다.[11]

국책사업에 있어서 계획확정절차를 도입하는 경우에는 두 가지의 경우를 들 수 있다. 하나는 별도의 법률을 제정하여 이 법률 속에서 계획확정절차를 정하는 방법이고, 다른 하나는 「행정절차법」을 개정하여 그 일부로 '계획확정절차'를 규정하는 방법이다.[12] 행정절차의 통일성을 기한다는 측면에서 「행정절차법」의 일부로 포함시키는 것이 타당하다.

3. 계획확정절차의 내용

(1) 행정계획의 확정절차의 적용대상

계획확정절차의 적용대상을 독일과 같이 개별법령에 맡기는 방식보다는 입법적으로 열거하는 것이 적용대상의 불명료성을 극복한다는 점에서 바람직하다고 생각한다.

1987년 「행정절차법안」은 동 절차의 적용대상을 '행정청이 수립하는 국민생활과 밀접한 공공사업계획 기타 대통령령으로 정하는 행정계획'으로 하였기 때문에 불분명하다는 비판을 받았다.

왜냐하면, '행정청이 수립하는 국민생활과 밀접한 공공사업계획'의 경우, 가령 민영화된 한국전력이 원자력발전소 등을 설치하기 위한 허가절차를 밟고자 할 경우, 이 절차가 국책사업으로서 국민생활에 중대한 영향을 끼치므로 계획확정절차가 필요함에도 불구하고 처음부터 그 대상에서 배제되는 것은 문제이다.

그리고 '국민생활과 밀접한 공공사업계획'의 경우 '국민생활과 밀접한'은 불확정개념으로 어떤 사업계획이 행정계획의 확정절차의 대상이 되는가가 분명하지 아니하다.

'대통령령으로 정하는 행정계획'의 경우 이 규정을 구체화하기 위한 최소한의 범위도 정하지 아니한 채, 대통령령으로 이 절차의 적용대상을 정하도록 한 것은 위임입법의 한계를 벗어난 것이 아닌가 하는 지적을 받았다.[13]

---

11 오준근, 「행정절차법」, 282쪽.

12 오준근, 「행정절차법」, 159쪽.

13 참고로 1987년 「행정절차법안」은 다음과 같이 규정하고 있다. 제50조(행정계획의 입안과 협의) ① 행정계획에 관한 사무를 주관하는 행정청이 국민생활과 밀접한 관련이 있는 공공사업계획 기타 행정청이 국민생활과 밀접한 관련이 있는 공공사업계획 기타 대통령령으로 정

따라서 계획확정절차의 적용대상으로는 고속도로, 고속전철, 공항 등과 같은 대규모 시설들과 사회간접시설들과 원자력발전소, 방사성폐기물관리시설 등과 같은 위험시설 및 대규모 폐기물처리시설과 같은 비선호시설 등을 열거할 수 있다. 적용대상을 확정함으로써 초래하는 문제를 제거하기 위해서 법령에서 계획확정절차를 거칠 것을 규정하면 될 것이다.

(2) 기본계획의 수립과 종합계획의 조화

국책사업을 위해서는 제원이나 입지 등의 사전결정을 위해 기본계획의 수립이 요구된다. 특히 국책사업을 위한 입지난은 주지한 바와 같이 매우 심각하므로 기본계획단계에서의 치밀한 준비와 행정정보의 공개가 아울러 요청된다.

국책사업은 전문계획으로 특정지역을 요하는 경우가 대부분이므로 종합계획과의 조화가 필요하다. 따라서 계획확정행정청은 기본계획의 제출시 동 계획의 종합계획에의 부합성을 심사하여야 할 것이다.[14]

즉 국책사업을 입안하는 계획의 담당자는 시설의 규모, 시설의 입지 등에 관한 기본계획을 수립하여 계획의 확정을 주관하는 계획확정행정청의 승인을 받아야 하고, 계획확정행정청은 기본계획을 승인함에 있어 국책사업의 입지가 국토이용계획, 수도권정비계획, 도시계획 등 지역의 종합적 이용에 관한 계획(이하 "종합계획"이라 한다)과 부합하는가의 여부도 아울러 심사하여야 할 것이다.

하는 행정계획(이하 '행정계획'이라 한다)을 입안할 때에는 관계 행정청과의 협의를 거쳐야 한다. ② 관계 행정청은 제1항의 규정에 의하여 협의를 거친 행정계획안이 확정될 경우에는 그 소관에 속하는 행정계획시행에 필요한 조치를 하여야 한다. 그리고 오준근案은 그 적용범위로 "고속국도, 국도, 철도, 고속전철, 지하철, 항만, 공항 등 대규모 사회간접자본시설, 원자력발전소, 대규모화력발전소, 핵폐기물처리장 그 밖에 대규모 폐기물처리장 등과 같이 다수의 국민, 지방자치단체, 관련 행정기관에 영향을 미치는 시설(이하 '다중영향시설'이라 한다)을 설치 또는 변경함을 승인 또는 허가하는 등의 처분(이하 '계획확정처분'이라 한다)을 함에 있어서는 이 장이 정한 절차를 거쳐야 한다. 법령이 이 장이 정한 절차를 거칠 것을 규정하고 있는 경우에는 또한 같다"고 규정하고 있다.

14 참고로 오준근案은 다음과 같이 규정하고 있다. 제2조(기본계획의 수립) ① 다중영향시설의 설치를 입안하는 계획의 담당자는 시설의 규모, 시설의 입지 등에 관한 기본계획을 수립하여 계획의 확정을 주관하는 행정청(이하 '계획확정행정청'이라 한다)의 승인을 받아야 한다. ② 계획확정행정청은 제1항에 따른 기본계획을 승인함에 있어 다중영향시설의 입지가 국토이용계획, 수도권정비계획, 도시계획 등 지역의 종합적 이용에 관한 계획(이하 '종합계획'이라 한다)과 부합하는가의 여부를 심사하여야 한다. ③ 종합계획의 변경을 요청받은 행정청은 즉시 종합계획의 변경절차를 개시하여야 한다. 종합계획의 변경절차에 있어 종합계획의 주관행정청은 계획확정행정청과 협의하여 그 요청된 내용을 합리적인 범위 안에서 종합계획에 반영하여야 한다.

그리고 종합계획의 변경을 요청받은 행정청은 즉시 종합계획의 변경절차를 개시하여야 하는데, 종합계획의 변경절차에 있어 종합계획의 주관행정청은 계획확정행정청과 협의하여 그 요청된 내용을 합리적인 범위 안에서 종합계획에 반영하여야 한다.

(3) 청문행정청

청문절차는 관할 행정청이 계획확정에 따라 발생함이 예상되는 각종 효과 또는 영향력을 조사함에 있어 특히 이해관계인의 어떠한 이익과 연관되는지를 확인하는 기능을 한다. 계획의 확정으로 인하여 자신의 권리에 근본적인 영향을 입게 되는 이해관계인의 권리를 청문절차를 통하여 최대한 배려함으로써 계획확정과 관련된 이익을 상호간에 사전에 조절하도록 함으로써 국민들의 권리와 이익을 보호하고 행정의 효율성을 제고하며 계획을 모두가 수용할 수 있도록 견인하는 역할이 기대된다.[15]

따라서 국책사업을 위한 계획확정절차의 경우 청문절차는 반드시 실시되어야 할 것이나, 절차의 촉진 및 실시배제사유에 해당하는 경우에는 청문절차를 거치지 않아도 될 것이다.

그리고 절차의 공정과 원활한 실시를 담보할 것이 요구되므로 규정시 청문절차를 실시하는 행정기관(Anhörungsbehörde)과 계획확정결정을 내리는 행정기관(Planfeststellungsbehörde)을 구별할 필요가 있다.[16][17]

---

15 1987년의 「행정절차법안」상의 청문절차는 정식절차로서 매우 엄격한 것이기는 하나 개시요건상 행정청의 재량으로 되어 있어 이해관계인의 절차참가권이 인정될 여지가 없었다는 평가를 받았다.

16 참고로 1987년 「행정절차법안」은 다음과 같이 규정하고 있다. 제53조(청문) ① 행정계획안의 청문은 다음 각 호의 경우에 실시한다. 1. 법령에서 청문의 실시를 요구하고 있는 경우, 2. 행정청이 청문의 실시를 필요하다고 인정하는 경우, ② 제1항의 규정에 의하여 청문을 실시하는 경우에는 제36조 내지 제46조의 규정을 준용한다.

17 참고로 독일 「연방행정절차법」은 다음과 같이 규정하고 있다. 제73조 ⑥ 청문관청은 이의신청기간이 지나면 적시에 제기된 해당 계획과 그 계획을 위한 관청의 방침에 대한 이의신청을 해당 계획의 담당자, 관청, 관계인 및 이의신청을 제기한 자와 함께 토론하여야 한다. 또한 청문관청은 기간이 경과하여 제기된 이의신청도 검토할 수 있다. 토론신청은 적어도 토론기일 1주일 전에 공고하여야 한다. 관청과 계획의 주체 및 이의신청을 제기한 자에게는 토론기일을 통지하여야 한다. 관청과 관계담당자에게 통지하는 외에 50인 이상에게 통지를 하여야 할 경우에는 공고로 갈음할 수 있다. 공고는 제3단의 규정에도 불구하고 관보에 고시하는 외에 지역일간신문에도 고시하여야 한다. 관보에 따른 고시는 제1단에 따른 기간을 기준으로 한다. 토론에 있어서는 정식행정절차의 구두심리에 관한 규정(제67조 제1항 제3

(4) 행정계획안의 공고와 열람

계획확정에 관한 핵심절차는 이해관계인에게 계획의 내용을 알리고 계획에 대한 이해관계인의 종합적인 정보제공 및 이의신청을 받아 이를 조절하는 절차이다. 그 첫 단계로서 행정계획안의 공고와 열람절차가 요청된다.

즉 계획확정절차의 대상이 되는 행정계획은 다수 국민의 이해관계가 대립될 수 있기 때문에 행정계획의 내용을 해당 국민이 숙지할 수 있도록 가능한 모든 방법을 동원하여 알리는 것이 필요하다. 또한 행정계획안의 열람과 공고절차는 그 자체로서의 의미보다는 뒤에 이어지는 청문이나 의견 제출 등의 절차를 보다 용이하게 한다는 사전절차로서의 의미를 갖는다고 보아야 할 것이다.[18]

따라서 계획담당자는 계획안을 계획확정행정청에 제출해야 하는 의무가 부과되고, 계획안에는 계획의 동기 및 계획과 관련된 토지와 시설을 인식할 수 있는 도면과 설명을 포함하여야 할 것이다. 계획안을 제출받은 계획확정행정청

단, 제2항 제1호 및 제4호와 제3항, 제68조)을 준용한다.

⑦ 제5항 제2단의 규정에 따른 공고에서는 제6항 제2단부터 제5단까지의 규정에도 불구하고 토론기일을 미리 정할 수 있다.

⑧ 공람을 위하여 전시된 계획이 변경되어야 하는 경우에 이로 말미암아 관청의 사무범위나 제삼자의 이해에 영향을 주게 되는 때에는 이들에게 변경의 사실을 통지하여야 하며 또한 이들에게 2주일 이내에 이의신청을 할 수 있는 기회를 부여하여야 한다. 다른 시읍면지역에서 변경이 있는 경우에는 그 시읍면에서 전시되어야 하며 이 경우에는 제3항부터 제6항까지의 규정을 준용한다.

⑨ 청문관청은 청문절차의 결과에 대한 의견을 결정하고 결정된 이의신청과 함께 늦어도 토론종결 후 2주일 이내에 계획관청에 송부하여야 한다.

18 참고로 1987년 「행정절차법」안은 제51조(행정계획안의 공고 · 열람)에서 다음과 같이 규정하고 있다. "① 행정청은 행정계획을 수립하고자 하는 경우에는 행정계획안의 주요내용(행정계획의 실시기간을 포함한다. 이하 같다), 행정계획안의 열람장소, 열람기간과 의견을 제출할 기관 및 기간 등을 관보와 일간신문에 공고하고, 그 밖의 가능한 방법을 활용하여 널리 알려야 한다. 다만 행정계획안의 확정이 긴급을 요하거나 국민경제질서 등 공익상 이유로 공고열람이 곤란하다고 인정되는 경우에는 공고 · 열람을 안 할 수 있다. ② 제1항의 규정에 의하여 공고된 행정계획안의 열람기간은 30일 이상으로 하여야 한다." 한편 독일 「연방행정절차법」은 제73조에서 다음과 같이 규정하고 있다. "① 계획담당자는 해당 계획서를 청문절차의 시행을 위하여 제출하여야 한다. 계획서는 세부계획, 계획의 동기 및 계획에 관련된 토지와 시설이 명시된 도면과 설명을 내용으로 한다. ③ 계획은 청문관청의 권고에 따라 그 계획으로 효과가 미칠 것이 예측되는 시읍면에서 열람을 위하여 1개월간 전시되어야 한다. 당사자의 범위가 인식되고 그들에게 적당한 기간 내에 계획을 열람할 기회가 부여되는 경우에는 전시하지 아니할 수 있다."

은 청문주재자를 선정하고 계획안을 이송하여야 한다. 계획안이 제출된 경우 청문행정청은 계획안의 접수 후 빠른 시간 내에 기간을 정하여 행정계획안의 주요내용, 행정계획안의 열람장소, 열람기간과 의견을 제출할 기관 및 기간 등을 관보와 일간신문에 공고하고, 그 밖의 가능한 방법을 활용하여 널리 알려야 할 것이다.

(5) 의견청취

계획안에 대한 이해관계의 조절을 위하여 계획안에 대하여 이해관계를 가지는 행정청을 포함한 모든 이해관계인들의 의견을 청취하고, 어떠한 행정계획이 계획확정절차를 거쳐 확정될 경우에는 관련 행정청의 동의 여부와는 관계없이 관계 행정청을 포함한 모든 이해관계인을 구속하는 효력을 인정할 필요가 있다.[19] 그리고 계획으로 인하여 자신의 이익에 영향을 받는 사람은 게시기간이 끝난 후 적정한 기간 내에 이의신청을 할 수 있도록 하여야 한다.

이의신청권을 독일 「연방행정절차법」 제73조 제4항의 규정처럼 계획대상 사업으로 인하여 이해관계를 가지게 되는 모든 자에게 개방할 필요가 있다. 이해관계인의 개념은 공·사법상의 주관적 권리뿐만 아니라 단순한 사실상의 이익도 포함되는 것으로 이해되어야 할 것이다.[20]

그리고 이의신청기간이 경과한 후에는 특별한 사법상의 권리를 침해하지 아니하는 모든 이의신청은 배제되도록 하고 이에 대해서는 게시되는 사실을 공표하거나 또는 이의신청기간을 공시함에 있어 명시적으로 지적할 필요가 있다.[21]

---

19 김해룡, "계획확정절차제도에 관한 소고", 405쪽. 참고로 1987년 「행정절차법안」은 다음과 같이 규정하고 있다. 제50조(행정계획의 입안과 협의) ① 행정계획에 관한 사무를 주관하는 행정청이 국민생활과 밀접한 관련이 있는 공공사업계획 기타 행정청이 국민생활과 밀접한 관련이 있는 공공사업계획 기타 대통령령으로 정하는 행정계획(이하 '행정계획'이라 한다)을 입안할 때에는 관계 행정청과의 협의를 거쳐야 한다. ② 관계 행정청은 제1항의 규정에 의하여 협의를 거친 행정계획안이 확정될 경우에는 그 소관에 속하는 행정계획시행에 필요한 조치를 하여야 한다. 한편 독일 「연방행정절차법」은 제73조 제2항에서 다음과 같이 규정하고 있다. "청문관청은 계획으로 말미암아 사무범위에 영향을 받게 되는 관청으로부터 의견을 들어야 한다."

20 홍준형·김성수·김유환, 「행정절차법 제정연구」, 340쪽 참조.

21 참고로 1987년 법안은 다음과 같이 규정하고 있다. 제52조(의견 제출) ① 행정계획안에 대하여 의견이 있는 자는 주관행정청에 그 의견이나 자료를 제출할 수 있다. ② 행정계획안에 대하여 의견을 제출한 자에게는 그 의견의 처리결과를 개별 또는 일괄 통지하여야 한다. 독

(6) 청문의 통지

청문행정청은 의견 제출이 완료된 후 청문을 실시하여야 한다. 청문행정청은 청문이 실시되는 날의 2주일 전까지 청문기일을 공고하여야 하고, 이의신청기간이 경과한 후 1개월 이내에 청문을 실시하여야 한다.

행정청과 계획의 담당자 및 이의신청을 제기한 자에게는 청문기일을 개별적으로 통지하되, 이의신청자가 20인 이상이면 공고로 갈음할 수 있다.

(7) 청문의 종결

청문이 완료된 경우 청문행정청은 청문의 내용을 기록한 청문조서를 작성하여야 한다. 조서의 내용에는 청문한 계획안의 제목, 청문주재자의 소속·성명 등 인적사항, 계획안에 의하여 영향을 받는 행정기관의 명칭, 이해관계인의 범위와 이해관계인의 특정이 가능한 경우 그 주소·성명 또는 명칭, 청문의 일시 및 장소, 제출된 행정기관의 의견과 의견제출이 없더라도 고려되어야 할 알려진 공적 이해관계가 있는 경우 그 내용, 이해관계인이 제출하거나 진술한 의견의 요지 및 제출된 증거, 증거조사를 한 경우에는 그 요지 및 첨부된 증거, 청문행정청의 의견 등이 기록되어야 하며 청문주재자가 필요하다고 인정하는 그 밖의 사항이 있으면 이 사항도 기록할 수 있을 것이다.

청문조서의 작성이 있은 후 계획에 의하여 영향을 받는 행정청, 이해관계인은 조서의 기재내용을 열람·확인할 수 있으며, 이의가 있을 때에는 그 정정을 요구할 수 있다.

청문행정청은 해당 사안에 대하여 당사자 등의 의견진술·증거조사가 충분히 이루어졌다고 인정되는 경우에는 청문을 마칠 수 있다.

청문행정청은 당사자 등의 전부 또는 일부가 정당한 사유없이 청문기일에 출석하지 아니하거나 아무런 의견서를 제출하지 아니한 경우에는 별도의 기회를 주지 아니하고 청문을 마칠 수 있다.

청문행정청은 청문을 마친 때에는 지체 없이 청문조서 그 밖의 관계서류 등을 행정청에 제출하여야 한다.

일 「연방행정절차법」은 다음과 같이 규정하고 있다. 제73조 ④ 계획으로 말미암아 이해를 가지게 되는 자는 전시기간 만료 후 2주일 이내에 서면 또는 조서로 청문관청이나 시읍면에 해당 계획에 대하여 이의신청을 할 수 있다. 제3항 2단의 경우에는 청문관청이 이의신청을 결정한다.

(8) 계획확정처분

계획확정절차를 주관하는 행정청은 행정계획의 수립과정에서 발생할 수 있는 다양한 이해관계의 대립을 적절히 조절하기 위한 절차규정을 준수하고 이를 최종적으로 결정하는 과정이 계획의 확정이다.

그러므로 계획확정행정청은 제기된 의견을 계획결정에 성실히 반영하여야 한다. 계획의 확정으로 계획확정절차는 종료된다.

행정계획의 확정결정은 국책사업의 계획수립에 있어서 절차의 완성으로서의 의의를 지녀야 한다. 이해관계 있는 집단 상호간의 면밀한 조정절차를 거친 후에 계획확정결정이 내려지는 이상, 계획확정결정은 구속력, 존속력, 집행력 등의 일반적인 행정행위가 갖는 효력 이외에도 형성효, 집중효, 배제효 등의 효력이 인정되어야 제도적 의의가 달성될 수 있다. 이러한 효력의 부여가 전제되지 아니하면 복잡한 계획확정절차를 거칠 의의를 찾기가 어려울 것이다. 행정계획의 확정결정이 필요한 이유는 다수의 이해관계 당사자 간의 이해관계를 조절하기 위해서이다. 이를 위해서는 모든 가능한 이해관계를 발굴하고, 행정계획으로 인하여 침해되는 이해관계를 서로 조절하여야 할 필요가 있다.

그러나 이와 같은 이해관계를 사전에 조절한 후에 행정계획을 확정하는 경우에는 이 결정에 힘을 실어 주어야 할 것이다. 그것은 장기간의 많은 비용의 투자를 요하는 국책사업이 이로써 확정되는 것이기 때문이다.

이와 같은 효력의 부여가 전제되지 아니한 이상 현재와 같은 단편적인 허가절차에 비하여 그 효력이 다를 바가 없기 때문이며, 이러한 효력을 부여하지 아니한 채, 계획의 확정절차를 거치도록 하는 것은 행정청에 중복된 절차를 요구하여 절차의 지연을 가져오는 요소로만 작용할 수 있을 것이기 때문이다.[22]

22 오준근, 「행정절차법」, 151쪽. 참고로 1987년 법안에는 해당 규정이 없다. 독일 「연방행정절차법」은 다음과 같이 규정하고 있다. 제75조(계획확정의 법적 효과) ① 계획확정으로서 계획의 허용성과 다른 시설에 대한 불가피한 처분의 허용성이 계획으로 인하여 영향을 받는 모든 공익의 측면에서 확정된다. 계획확정 외에 다른 행정청의 결정, 특히 공법상의 인가, 특허, 허가, 승인, 동의 및 계획확정은 필요하지 아니하다. 계획확정으로서 계획담당자와 계획에 관련된 당사자 간의 모든 공법상의 관계는 권리설정적으로 규율된다. ② 계획확정재결이 불가쟁력이 생긴 경우에는 계획의 중지, 시설의 제거나 변경, 시설사용의 중지 등에 대한 청구는 배제된다. 계획의 예측 불가능한 영향력 또는 확정된 계획에 따른 시설이 타인의 권리를 침해함이 계획확정재결이 불가쟁력이 발생한 후에 비로소 나타난 경우, 이해관계인은 불이익한 효과를 배제할 수 있는 조치를 취해 주거나 시설의 설치 및 유지를 청구할 수 있

(9) 행정계획의 변경 · 폐지

행정계획이 확정된다 하더라도 경우에 따라서는 행정계획의 수립단계에서는 예상하지 못했지만 계획확정절차를 거치면서 변화된 법적 · 사실적 관계에 의해서 행정계획을 폐지 또는 변경할 필요성이 생긴다.

그러나 그러한 경우에도 행정계획의 존속을 신뢰한 다수의 국민이 있기 때문에 그의 변경에도 원칙적으로 계획확정절차를 거쳐야 하며 폐지시에는 그 사항을 고시하여야 한다.[23]

다. 계획확정행정청은 결정으로서 계획담당자에게 위와 같은 조치를 명한다. 이러한 대책이나 시설의 설치가 불가능하거나 계획과 합치되지 아니하는 경우에는 당사자는 적절한 금전보상청구권을 가진다. 계획확정절차가 종료한 후에 인접한 토지에 변경이 가해짐을 이유로 하여 제2문에서 의미하는 대책이나 시설이 불가피해진 경우, 이로 말미암아 발생된 비용은 인접한 토지의 소유자가 부담하여야 한다. 다만 자연적인 사태나 고권적 권력에 의하여 변동이 초래된 경우에는 그러하지 아니한다. 이 경우에는 제4문의 규정을 적용하지 아니한다. ③ 제2항 제2문 및 제4문에 따른 시설의 설치 또는 보상청구권의 행사를 목적으로 하는 신청은 서면으로 계획확정행정청에 제출하여야 한다. 위의 신청은 이해관계인이 불가쟁력이 발생되어 확정된 계획에 상응한 계획 또는 시설의 불이익한 영향력을 인식한 날로부터 3년 이내에만 허용된다. 계획에 따른 상태가 형성된 후 30년이 경과한 후에는 청구권은 배제된다. ④ 계획의 실행이 불가쟁력이 생긴 후 5년 이내에 시작되지 아니한 경우에는 그 계획은 무효로 한다.

23 참고로 1987년 법안은 다음과 같이 규정하고 있다. 제56조(행정계획의 변경 · 폐지) ① 확정된 행정계획을 변경할 때에는 새로운 행정계획확정절차를 거쳐야 한다. 다만 실질적 내용에 변동이 없는 경우에는 그러하지 아니하다. ② 확정된 행정계획을 폐지할 때에는 그 폐지사항을 공고하여야 한다. 독일 「연방행정절차법」은 다음과 같이 규정하고 있다. 제76조(계획완성 이전의 계획변경) ① 계획이 완성되기 전에 확정된 계획을 변경하여야 할 경우에는 새로운 계획확정절차를 거쳐야 한다. ② 중요성이 없는 계획변경의 경우에 타인의 이해관계에 영향이 없거나 참가인이 변경에 동의한 때에는 계획확정행정청은 새로운 계획확정절차를 생략할 수 있다. ③ 계획확정행정청이 제2항의 경우 또는 그 밖의 중요한 의미가 없는 계획변경에 대한 계획확정절차를 실행할 경우에는 청문절차 및 계획확정결정 공고를 요하지 아니한다. 제77조(계획확정결정의 폐지) 시행이 개시된 계획이 최종적으로 폐지된 경우에는 계획확정행정청은 계획확정재결을 폐지하여야 한다. 폐지재결을 함에 있어서 공공복리 또는 타인의 권리에 대한 불이익을 방지하기 위하여 필요한 경우에는 계획담당자에게 원상회복이나 적당한 다른 조치를 명하여야 한다. 계획확정절차가 종료된 후 인접한 토지에 변동이 가해짐을 이유로 이러한 조치가 필요한 경우에는 계획확정행정청은 결정으로 계획담당자에게 적당한 대책을 세울 의무를 부과할 수 있다. 이로써 발생하는 비용은 인접한 토지의 소유자가 부담하여야 한다. 다만 변경이 자연적인 사태나 고권적 권력에 야기된 경우에는 그러하지 아니한다.

4. 계획허가절차의 인정 여부

(1) 계획허가의 사유

타인의 권리가 침해되지 아니하거나 이해관계인이 소유권 또는 다른 권리가 침해됨에 대하여 서면으로 동의한다고 선언하는 경우 및 업무영역이 저촉되는 공적 이익의 담당자와 합의가 성립되는 경우 그리고 국가안전보장 또는 공공복리에 대한 위해를 방지하기 위하여 계획을 긴급히 확정하여야 하는 경우 그리고 계획의 성질상 공개적인 계획확정절차를 거칠 경우 국민경제질서에 위해가 될 중대한 우려가 있는 경우 등은 계획허가를 부여할 수 있다.

(2) 청문절차의 생략

계획허가가 내려지는 경우에는 계획확정을 위한 청문절차는 실시되지 아니한다. 그러므로 절차의 촉진을 기대할 수 있는 것이다. 계획허가에는 계획확정결정과 달리 집중효가 없기 때문에 사업계획의 실현을 위해서는 다른 법률에 의하여 필요한 행정청의 결정이 있어야 할 것이다.

(3) 환경영향평가절차의 생략

그리고 계획허가시에는 환경영향평가절차를 거칠 필요가 없다. 계획확정절차 대신에 계획허가절차를 진행할 수 있는 첫 번째 요인 중 하나인 '중요하지 않은 시설'에 해당하는지 여부는 환경영향평가제도의 목적을 고려하여 개별적으로 판단하여야 할 것이다.

즉 효과적인 환경보호를 위하여 환경에 대한 영향을 가능한 한 빨리 그리고 완벽하게 조사하고 그 결과를 사업계획에 대한 허가결정을 함에 있어서 참작하기 위한 환경영향평가의 목적에 따라 시설로부터 중대한 환경오염 또는 환경침해의 발생이 우려되는 경우에는 환경영향평가가 실시되지 않는 계획허가절차에 따라 허가결정이 내려져서는 안 될 것이다.

다만 이러한 절차상의 차이점 이외에 계획확정절차 대신에 계획허가절차를 채택함으로써 계획상의 형량결정의 구조 및 사업계획에 대한 실체법적인 허가요건이 변경되는 것은 아니라는 것을 유의할 필요가 있다. 아울러 계획허가절차에는 사업계획에 의하여 법률상 이익이 관련되는 자만이 참여할 수 있도록 하여야 할 것이다.

생각건대, 국책사업의 경우에 성질상 계획허가절차를 인정하기는 어려울 것이다.

제 3 절 절차간소화법제의 개선을 통한 갈등관리방안

Ⅰ. 인 · 허가 의제제도의 도입원칙의 정립

절차촉진을 위한 수단인 인 · 허가 의제제도가 남용되고 있다. 따라서 인 · 허가 의제제도를 도입할 때에는 일정한 원칙이 있어야 할 것이다.[24] 다음과 같이 일곱 가지 원칙을 제시할 수 있을 것이다.[25] 첫째, 상호 관련성의 원칙이다. 즉 의제되는 인 · 허가들은 함께 고려되어 인 · 허가 절차를 촉진시킬 수 있도록 상호 관련성이 있어야 한다. 둘째, 심사촉진효과성의 원칙이다. 즉 서로 결합하여 심사했을 때 심사촉진의 효과가 날 수 있어야 한다. 셋째, 이용금지의 원칙이다. 즉 두 업무가 결합되면 부정적인 영향이 미칠 우려가 있으면 상호 결합시켜 심사해서는 안 된다. 넷째, 절차지연방지의 원칙이다. 인 · 허가 의제로 심사의 복잡성이 지나치게 심화되어 절차가 지연될 우려가 있는 인 · 허가들을 의제로 결합시키는 것은 신중을 기하여야 한다. 다섯째, 유형화의 원칙이다. 즉 인 · 허가 의제의 대상과 범위를 정함에 있어 획일적일 수는 없고 민원인의 사업유형에 따라 그의 대상과 범위를 달리하여 유형화하는 것이 필요하다. 여섯째, 민원인 부담경감의 원칙이다. 인 · 허가 의제가 활성화되기 위해서는 첨부서류 제출에 따른 과중한 비용부담을 최소화시킬 필요가 있다. 일곱째, 최소성의 원칙이다. 인 · 허가 의제의 대상과 범위는 필요 이상으로 확대하는 것은 법치행정의 원칙을 훼손할 우려가 있으므로 명백하고도 필요성이 있는 경우에 한정하여 의제대상으로 삼아야 할 것이다.

---

24 인 · 허가의제제도의 개선을 위한 방안에 대해서는 박균성 · 김재광, "인 · 허가의제제도의 문제점과 개선방안", 49쪽 이하 참조

25 인 · 허가 의제제도의 도입원칙 중 첫째~다섯째 원칙은 선정원 교수의 "인허가의제와 심사촉진", 147~148쪽을 바탕으로 구성하였으며 여섯째와 일곱째 원칙은 저자가 추가적으로 정립한 것이다.

Ⅱ. 인 · 허가 의제에 있어 투명성의 제고

1. 인 · 허가 의제 고지제도 도입

민원인의 편의를 위하여 주무기관이 사업별로 받아야 하는 인 · 허가 등과 인 · 허가 신청시 제출하여야 하는 신청서, 첨부서류 등을 직권 또는 신청에 의해 고지하는 제도를 둘 필요가 있다. 이에 관한 사항을 「민원사무처리에 관한 법률」에 둘 필요가 있다.

직권에 의한 고지의 경우에는 민원편람을 통하여 고지하여야 하며 신청에 의한 고지의 경우에는 사업에 관한 기본계획서 제출과 함께 고지를 신청할 수 있다는 규정을 두어야 할 것이다.

2. 인 · 허가 의제시 인 · 허가 요건의 명시

인 · 허가 의제시 의제되는 인 · 허가의 요건도 충족하여야 한다는 것을 법령에 명시하도록 한다. 다만, 제한적 실체집중을 인정하는 경우에는 그러하지 않을 것이다.

Ⅲ. 민원인의 편의 도모

1. 부분 인 · 허가 의제제도 도입

인 · 허가 의제제도는 민원인이 선택할 수 있는 것으로 하고, 민원인의 사정에 따라 일부의 인 · 허가 의제만을 우선 신청할 수 있도록 함으로써 인 · 허가 서류 일괄 제출에 따른 부담을 경감해 줄 필요가 있다. 이것이 부분 인 · 허가 의제제도이다.

부분 인 · 허가 의제제도는 현행법상 선승인 후협의제의 형태로 규정되어 있으며 절차촉진의 관점에서 인 · 허가 의제를 규정하고 있는 전 법령으로 확대하는 것도 신중히 고려할 필요가 있다.

2. 사전결정제도의 도입

사전결정제도를 인·허가 의제시에도 도입하여 인·허가의 예측가능성을 높이고 이를 통하여 투자위험을 감소시킬 수 있다.

즉 정책적인 사항, 해석의 여지가 있는 사항, 재량사항을 미리 결정받고, 재정투입은 인·허가 가능성이 높을 때 할 수 있도록 할 필요가 있다.

3. 구비서류의 사업진행단계별 제출

인·허가사항에 필요한 모든 서류를 신청단계에서 일괄 준비하도록 하는 것은 신청인의 편의를 도모하는 취지에 역행되므로 사업진행단계에 맞추어 필요한 구비서류를 제출하도록 할 필요가 있다.

4. 민원인에게 처분기준 설정청구권 및 처분기준설명권 부여 등

민원인에게 인·허가 의제와 관련한 처분기준 설정청구권 및 처분기준설명권을 부여하여 편의를 도모할 필요가 있다.

5. 주된 인·허가 단계에 이해관계 있는 민원인의 참가

주된 인·허가 단계에 이해관계 있는 민원인의 참가를 보장하는 규정을 둠으로써 인·허가 의제제도가 가지는 민주적 정당성 문제를 해소하여야 할 것이다.

Ⅳ. 인·허가의 신속성 강화

주무기관 및 관계기관으로 구성되는 인·허가협의체(예: 건축복합민원 일괄협의회제(「건축법」 제12조) 등)를 구성하여 인·허가에 관한 협의를 신속히 할 필요가 있다.

협의요청시 의견제출기간과 의견을 미제시하는 경우 협의간주규정을 인·허가 의제 법률에 명시할 필요가 있다.

Ⅴ. 인 · 허가 기준의 완화

일정한 경우 제한적 실체집중을 인정하여 주된 인 · 허가 기준과 의제되는 인 · 허가 기준을 총체적으로 판단하여 중요한 인 · 허가 기준을 충족하고 있는 경우에는 일부 경미한 인 · 허가 기준이 충족되지 않는 경우에도 인 · 허가를 해 주도록 할 필요가 있다.

다만, 제한적 실체집중이 남용되지 않도록 엄격한 기준하에서 제한적 실체집중을 인정하고[26] 이를 법령에 명시할 필요가 있다.

또한 제한적 실체집중에 따른 인 · 허가 기준에의 적합판단을 위한 위원회를 구성하여 이 위원회의 심의의결을 거쳐 적합 여부를 판단하도록 할 것이다.

Ⅵ. 인 · 허가 사무에 대한 업무처리방식의 개선

다수의 중앙행정기관들과 지방행정기관들이 관련되는 복합민원에 대해 인 · 허가 의제를 인정하고자 할 경우에는 공통의 직근(直近)상급기관과 같이 총괄적으로 협력을 유도할 수 있는 행정기관을 주된 담당기관으로 정하는 것이 행정기관 간 업무처리에 있어 신속한 협력을 유도하는 데 유리하므로 입법자는 주된 행정기관의 선정에 있어 고려하여야 할 것이다.[27]

Ⅶ. 단순 허가절차에의 인 · 허가 의제의 자제

우리나라의 실정법을 보면 주무기관과 관계기관 간 협의를 전제로 단순한 허가절차에 인 · 허가 의제를 부여하고 있다.

이해관계인의 집중적 참여 없이 행해지는 단순허가절차의 경우에 수많은 법률상의 인 · 허가 등을 받은 것으로 의제하는 입법태도는 지나친 행정편의주의적인 발상이라고 생각된다.

---

26 중요한 국가정책사업이면서 시급한 사업의 경우(예: 경제위기시 창업 인 · 허가, 외자유치 인 · 허가) 공정한 위원회의 심의를 거쳐 '제한적 실체집중'을 인정한다.

27 선정원, 앞의 글, 149쪽.

따라서 계획확정절차의 도입을 통해 그 결정에 대해서만 집중효를 부여하는 것이 타당하다.

Ⅷ. 이해관계인의 참가보장

독일의 경우에 계획확정결정에 집중효를 인정하는 이유는 결정과정에 이해관계있는 행정청이나 지방자치단체, 지역주민들의 집중적인 참여가 보장되기 때문이다.

다시 말해서, 계획확정결정에 주어지는 특별한 효력은 계획확정결정이라는 행정행위가 일반 행정행위와는 다른 특별한 청문절차(관계인에 대한 철저한 조사, 해당 사업계획에 관계되는 이해관계인의 권리·이익의 조정, 모든 이해관계인에 대한 법적 청문, 상위계획이나 그 밖의 개별계획과의 정합성 도모, 관련되는 다른 공익과의 비교형량, 관련 다른 행정주체나 행정청의 협력 등)를 거쳐 행하여진 결과이다.[28]

사실 국책사업의 경우 본질상 다수의 이해관계인이 관련되고 그 범위가 광범위함에 기인하여 이에 관계되는 다수 이해관계인의 이익조정 및 그에 대한 정보수집 등에 많은 어려움이 있다.

그리고 국책사업에 주민참가가 요청되는 것은 한편으로는 오늘날의 행정이 국민이나 주민의 생활에 광범위하고 다양하게 관여하고 있는 데에 기인하는 것이나, 다른 한편으로는 이들 행정활동에 대한 법률에 의한 구체적 통제가 어렵고 또한 사법적 구제도 반드시 실효적으로 작용하는 것은 아니라는 점에 그 이유가 있다. 4대강정비사업에 관한 판결이 전형적인 예이다.

따라서 이러한 현실을 감안하여 복잡한 이해관계를 적절히 조정하고 공익과 사익의 조화를 도모하기 위하여 국책사업에 개별 법률은 주민의 사전적 권리구제라는 차원에서 주민참여에 관한 근거규정을 두고 있기는 하나, 이해관계인의 집중적 참여없이 행정결정에 집중적 효과만을 인정하는 형식을 취함으로써 결정의 민주적 정당성에 심각한 문제점을 드러내고 있다.

28 김철용, 앞의 글, 5쪽.

그리고 이러한 현상은 그동안 행정절차상의 각종 권리를 통하여 국가적 결정에 참여하여 왔던 국민의 입장에서는 참여와 행정통제를 통한 기본권 형성의 가능성이 사라지거나 대폭적인 축소를 결과하는 것이다.

행정결정에 주민참여의 필요성은 점차 증가하고 있다. 아무리 중요한 사업이라 하더라도 주민의 반대는 국가의 중요 사업을 원천적으로 봉쇄할 수도 있다.

이러한 문제를 해결하기 위해서는 시설물의 계획 및 허가절차에 주민참여를 적정하게 보장하는 방법만이 문제를 해결할 수 있는 열쇠가 된다.[29]

주민참여는 국책사업을 위한 행정결정과정상 이해조정, 해당 결정내용의 합리성, 타당성의 확정과 민주화를 도모할 수 있는 절차법리로 기능하기 때문이다.

또한 인·허가 의제로 인하여 해당 시설물의 설치와 관련되는 지방자치단체의 각종 인·허가권을 사실상 박탈하는 결과가 되어 헌법상 보장된 자치권을 위헌적으로 침해할 가능성이 크다.

특히 국책사업은 지역의 개발, 환경, 지역주민의 안전 및 복지와 무관하지 않다는 점에서 그 한도 내에서 지방자치단체의 참여가 요청된다.

더욱이 지방자치단체가 지역적 이익을 대변하면서도 그의 공적 지위로 인하여 보다 이성적으로 접근할 수 있고 국가적 이익도 고려하는 지위에 설 수 있다는 점을 감안하면 더욱 그러하다.

따라서 행정결정과정에 지방자치단체 및 지역주민들의 집중적인 참여를 보장하는 방안이 마련되어야 할 것이다. 「행정절차법」상 계획확정절차의 도입은 이러한 측면에서도 절실히 요구되는 것이다.

29 이종영, 앞의 글, 634쪽.

제 4 절 환경보호 및 환경정보관리시스템의 정비를 통한 갈등관리방안

Ⅰ. 환경부의 반성을 통한 갈등관리

정부부처 중 환경보전을 책임지고 있는 곳은 환경부이다. 그런데 환경부가 제 역할을 하지 못하고 있다. 환경부가 여전히 무소신, 눈치보기로 일관하고 있다는 지적을 받고 있다. 예를 들어, 환경부는 그간 4대강정비사업이 환경개선에 긍정적 영향을 가져올 수 있다면서 4대강정비사업을 뒷받침하는 모습을 보여 환경법전문가와 환경단체 등으로부터 많은 비판을 받았다. 사전환경성검토와 환경영향평가를 둘러싸고도 큰 불신을 샀다. 감시기능을 담당하는 부서로 개발사업을 맡은 부처와 다를 게 없는 태도를 취해 책임을 방기하고 있다는 비판을 받았다. 그래서 '개발주체인 부처와 부적절한 연애를 했다'는 지적[30]까지 받을 정도로 환경부의 존재이유에 눈감아버린 것이다.

따라서 환경부가 환경보호라고 하는 본연의 기능을 회복하여 개발부처의 개발에 맞추어 적절한 견제를 통해 균형을 찾아야 할 것이다.

Ⅱ. 갈등조절수단으로서의 환경영향평가의 실질화를 통한 갈등관리

1. 일반환경영향평가의 검토

(1) 환경영향평가서의 작성주체

「환경영향평가법」은 환경영향평가서의 작성주체를 사업자로 규정하고 있다. 사업자가 평가서를 작성하는 것은 일반적인 경향이긴 하나, 국책사업의 경우 사업자 자신이 평가서를 작성하는 것은 평가서의 공정성과 관련해 볼 때 논란의 소지가 있다. 그리고 사업자에 의해 선정된 평가대행자가 작성하는 평가서도 객관성과 공정성에 대해서는 논란의 소지가 있다.

생각건대, 부실평가서가 작성되는 가장 큰 원인은 평가서작성의 주체에 있

30 양영유, "환경부의 존재이유", 중앙일보 2011. 2. 14, 38쪽 기사 참조.

다. 법이 환경영향평가서는 사업자가 작성하는 것을 원칙으로 하고 기술과 장비 등 현실적인 한계를 보완하기 위하여 대행업체가 대행할 수 있도록 하고 있으나, 현실적으로는 환경영향평가의 대부분이 대행자에 의하여 이루어지고 있는데, 문제는 대행업체의 선정에서부터 비용산정에 이르기까지 전적으로 사업자의 의도대로 행해지도록 방치되고 있다는 점이다.[31] 따라서 실질적으로 환경영향평가서를 작성하고 있는 평가대행업체에 대한 관리감독을 철저하게 할 필요가 있다.

그리고 원칙적으로 승인권자가 환경의 중요성과 환경영향평가 결과에 대한 충분한 이해와 환경전문부처(환경부와의 환경영향평가서 협의[32])의 의견을 참조하여 사업의 필요성과 비교 형량하여야 한다.

(2) 환경영향평가의 평가항목

평가항목을 일률적으로 평가함에 따른 평가서 분량의 과다, 형식적인 기술 등의 문제를 해소하기 위하여 대상사업의 유형 및 특성, 입지여건 등으로 고려하여 환경에 미치는 영향이 클 것으로 예상되어 미리 설정하는 주요 평가항목을 비롯하여 평가서초안에 대한 의견수렴시 요구된 항목과 사업의 특성, 입지여건 및 환경요소 등을 고려하여 도출된 항목에 대하여 중점적으로 평가하고 그 밖의 항목에 대해서는 다른 항목의 예측·분석 등을 위하여 현황조사만을 실시하는 중점평가제도를 활용할 필요가 있다.

(3) 이의신청권의 불비

승인 등을 얻어야 하는 사업자 또는 승인기관의 장 등은 협의 내용에 대하여 이의가 있을 때에는 사업자 또는 승인기관의 장 등은 환경부장관에게 이의를 신청할 수 있다. 그런데 협의 내용에 대하여 불복하는 지역주민들에게는 이의신청권을 인정하지 않고 있다.

승인 등을 얻어야 하는 사업자 또는 승인기관의 장 등은 협의 내용에 대하여 이의가 있을 때에는 사업자 또는 승인기관의 장 등은 환경부장관에게 이의를 신청할 수 있지만, 지역주민에게는 이의신청권을 인정하지 않고 있음은 형

31 허남오, 앞의 책, 215쪽.

32 환경영향평가협의 내용을 무시한 주요 사업장의 예시로는 정준현, “현행 환경영향평가법의 제 문제”, 309쪽 참조.

평에 어긋나므로 인정하여야 할 것이다.

2. 방사선환경영향평가의 검토

우리나라의 「원자력안전법」은 방사선환경영향평가서는 사업자가 작성하도록 규정하고 있다. 「원자력안전법」은 방사선환경영향평가서 작성에 있어 설명회 또는 공청회를 개최하여 방사선환경영향평가대상지역 안의 주민의견을 수렴하고 이를 평가서의 내용에 포함시켜야 하며, 일정한 범위의 주민의 요구가 있는 때에는 공청회를 개최하도록 하였다.

방사선환경영향평가서 작성에 주민이 참여한다는 것은 해당 사업에 대한 주민의 의견을 수렴한다는 목적 외에 주민을 사업자에 대한 견제의 주체 중 하나로 인정한 것으로 볼 수 있다. 해당 사업에 대한 견제를 누구에게 맡기느냐 하는 것은 나라의 사정에 따라 다르지만, 일반적으로 주민과 환경보호단체, 행정기관과 사법부 등에 인정된다.

주민이나 환경보호단체에 견제의 자격을 줄 경우에도 그러한 자격이 인정되는 주민이나 단체의 범위와 의사표현방법, 의견반영 정도 등에 대하여 많은 차이가 있다.

미국의 경우, 주민과 단체의 참여를 광범위하게 인정하는 한편, 그들의 이의절차와 불복방법도 넓게 인정함으로써 공청회와 공청회 관련 소송 등으로 원자력발전사업이 사실상 진행불능의 상태에 빠져 있는 원인 중의 하나가 되고 있다.

우리 법은 이러한 점을 고려하여 방사선환경영향평가서 작성에 의견을 제시할 수 있는 범위를 '방사선환경영향평가대상지역의 주민'으로 한정하였다. 그러나 방사선환경영향평가대상지역을 규정한 법령의 취지로 미루어 보면 위 대상지역의 설정은 사업자가 하는 것처럼 보이는 반면, 그러한 판단의 기준에 대한 규정이 없어 주민의 범위가 사업자에 의하여 임의로 증감될 수 있는 불합리한 점이 있다. 그리고 행정절차에 있어서의 이해관계인은 그 행정행위로 인하여 피해를 입거나 입을 가능성이 있는 모든 사람이 되어야 할 것이므로 방사선환경영향평가서 작성에 의견을 제시할 수 있는 범위를 '방사선환경영향평가대상지역의 주민'으로 한정한 것은 문제가 없지 않다.

그리고 사실상 환경 관련 지식이 없고 조직화되지도 않을 것이 확실시되는 대상지역의 주민에게만 의견제시자격을 부여함으로써 사업자가 수렴해야 할 의견제시의 의미는 없고 주민설득이나 피해보상측면에서 당사자 간의 접촉수준에 머물 가능성이 많다.

따라서 환경단체 등에 일정한 요건을 부여하여 의견제시의 기회를 부여함으로써 사업확정 후의 대규모 집단반발이나 소송사태 등을 예방할 수 있는 구체적 방안을 검토하지 않고 있는 것은 문제이다.

한편 주민참여를 통한 행정의 실효성은 이해관계 있는 주민이 충분한 정보를 갖고 사안을 이해하고 있는 경우에만 가능하다는 현실론에 비추어 볼 때 공고·공람에 제공되는 방사선환경영향평가서초안에는 통상의 지식을 갖춘 자라면 용이하게 알 수 있을 정도의 개요서 또는 설명문이 첨부되어 있어야 할 뿐만 아니라 관련 정보에 대한 접근권이 개방되어 있어야 이 조항의 입법취지를 제대로 살릴 수 있을 것이다.

예를 들면, 독일의 「환경영향평가법」은 「비밀유지 및 데이터보호에 관한 법률」의 적용을 배제하여 이해관계인의 정보접근권을 보장하고 있는 것(제10조)은 좋은 시사가 될 것이다.

사업자에게는 환경부장관의 사업계획의 조정·보완 등 협의 내용에 대하여 이의를 할 수 있도록 규정하면서 그 사업에 의하여 직접적 영향을 받는 주민들은 그 이의내용에 불만이 있을 경우 이의할 수 있는 방법에 대해서는 침묵한다면 이것은 문제이다. 따라서 주민도 사업자와 마찬가지로 협의결과에 대하여 이의할 수 있도록 하고 그 이의절차도 법에 명시하여야 할 것이다.

3. 갈등영향분석의 의무화

「공공기관의 갈등 예방과 해결에 관한 규정」은 국민생활에 중대하고 광범위한 영향을 주거나 국민의 이해 상충으로 인하여 과도한 사회적 비용이 발생할 우려가 있다고 판단되는 경우에는 해당 공공정책을 결정하기 전에 갈등영향분석을 실시할 수 있도록 규정하고 있다(규정 제10조 제1항). 그리고 중앙행정기관의 장이 「환경영향평가법」에 따른 전략환경영향평가, 환경영향평가 또는 「도시교통정비 촉진법」에 따른 교통영향분석 · 개선대책 등을 실시하면서 이 영이 정한 갈등영향분석 기법을 활용한 경우에는 제1항에 따른 갈등영향분석을 실시한 것으로 본다(제4항)고 규정하고 있다. 따라서 「환경영향평가법」에 따른 전략환경영향평가, 환경영향평가 또는 「도시교통정비 촉진법」에 따른 교통영향분석 · 개선대책 등을 실시하는 경우에는 반드시 갈등영향분석을 하도록 의무화하는 것이 국책사업의 특질에 비추어 볼 때 타당하다.

Ⅲ. 적극적 정보공개와 「환경정보공개법」의 제정을 통한 갈등관리

1. 「정보공개법」상 정보공개

(1) 적극적 정보제공

행정기관과 국책사업 시행자는 소극적으로 정보를 공개하는 데 그치지 않고 적극적인 정보제공을 통하여 국책사업에 대한 주민의 이해와 수용을 높이도록 하여야 할 것이다.

국책사업 관련 정보 중에 기술적인 성격의 정보에 대해서는 일반 주민이 이해할 수 있는 용어와 문구로 정보를 공개하여야 할 것이다.

「방사성폐기물 관리법」은 "방사성폐기물 관리사업자는 방사성폐기물 관리시설에의 방사성폐기물 반입 현황 및 전망과 그 관리에 관한 정보를 산업통상자원부령으로 정하는 바에 따라 국민에게 알려야 한다"고 규정하고 있다(법 제12조).

참고로 프랑스의 「지정시설에 관한 1977년 9월 21일 명령」은 환경영향평가서에 포함된 정보에 대한 공중의 이해를 촉진하기 위하여 환경영향평가서에 대해서는 기술적이 아닌 용어와 내용으로 된 요약서를 별도로 작성하도록 규정하고 있다. 방사능과 다이옥신 등 주민의 생명과 건강에 영향을 미치는 정보에 대해서는 그 위험성의 정도를 일반국민이 알 수 있도록 하는 방법을 개발하여야 할 것이다. 예를 들면, 프랑스에서는 원자력발전소의 사고의 심각성을 일반국민이 쉽게 이해할 수 있도록 하기 위하여 지진의 진도에 준한 사고단계를 개발하여 원자력사고를 공개하고 있다.

그런 측면에서 「환경영향평가법」이 환경영향평가서 등의 공개를 규정한 것은 바람직하다고 본다. 즉 환경부장관은 다른 법령에 따라 공개가 제한되는 경우를 제외하고는 정보지원시스템 등을 이용하여 환경영향평가서등을 공개할 수 있으며(법 제66조 제1항), 환경부장관은 환경영향평가서등을 제출한 자가 ① 군사상의 기밀보호 등 국가안보를 위하여 필요한 경우, ② 환경영향평가서 등에 해당 사업의 영업비밀 등이 포함되어 있는 경우, ③ 해당 계획 또는 사업의 추진에 현저한 지장을 줄 것으로 판단되어 공개의 범위·시기 등을 정하여 요청한 경우에 해당하는 사유로 환경영향평가서등의 전부 또는 일부를 공개하지 아니하도록 요청한 경우에는 이를 공개하지 아니하거나 공개의 범위를 제한하거나 다른 시기에 공개할 수 있다(제2항). 이러한 입법례가 확대도입되어야 할 것이다.

(2) 정보공개기관의 확대

「정보공개법」상 정보공개의무자에는 공공기관에 한하지 않고 민간기업도 포함되는 것으로 할 필요가 있다. 따라서 민간기업도 국책사업 관련 정보를 공개하도록 하는 법제의 마련도 고려하여야 할 것이다.[33]

유럽연합의 「EC2003년지침」은 공공기관 이외에도 각 회원국으로 하여금 환경에 대하여 공적인 책임을 지고 공공기관의 통제하에 있는 단체가 보유하고 있는 환경에 대한 정보가 공공기관이 보유하는 정보에서와 같은 조건하에 권한 있는 공공기관을 경유하거나 해당 단체 자신에 의해 공개되도록 필요한 조치를 취하여야 한다고 규정하고 있다.[34]

2. 국책사업 관련 정보의 공개와 홍보

(1) 국책사업에 대한 정보의 공개

지역주민에게 국책사업정보를 감추고 있다는 인상을 주고 있는 것은 커다란 문제이다. 국책사업에 대한 지역주민의 불신이 큰 상황하에서 국책사업에 관한 정보에 대한 접근을 차단하는 것은 지역주민의 불신을 증폭시킬 수 있다.

---

33 김성수, 「일반행정법」, 406쪽.

34 Council Directive of June 1990, 90 / 313 / EEC, O.J. No. L 158, 23 June 1990, p. 56 제6조.

예를 들면, 원자력발전시설에 있어 경미하기는 하지만 방사능누출사건이 전혀 없을 수는 없는 것인데, 정보가 감추어지는 상황하에서 방사능누출사건이 아무리 경미하다고 하더라도 일어났다는 것이 사후에 폭로되는 경우에 이는 국민이나 지역주민의 불신을 크게 증폭시키게 된다. 정부나 사업자가 그러한 방사능사건이 매우 경미한 것으로 어떠한 피해도 주는 것이 아니라고 설명하여도 지역주민은 그것을 믿지 않게 될 것이다.

따라서 국책사업 관련 정보를 적극적으로 공개하는 정책과 국책사업 설치행정의 투명성을 확보하는 정책을 채택하여야 할 것이다.

(2) 국책사업의 홍보

국책사업의 안전성을 주민에게 홍보하고 주민이 신뢰할 수 있도록 하는 효과적인 제도 중의 하나로 주민의 국책사업방문제도가 있다.

프랑스의 경우에 원자력발전소 및 방사성폐기물 관리시설마다 정보소를 두고 주민의 전화문의에 응하고 있고, 방문을 원하는 자는 누구든지 시설을 방문할 수 있도록 하고 있는 것은 참고할 만하다.

우리나라의 경우에도 원자력발전소는 오래전부터 이 방식을 채택하여 시행함으로써 적지 않은 효과를 거두고 있으나 보다 적극적인 자세가 필요하다.

따라서 주민이 원하면 언제든지 국책사업 현장을 방문하여 국책사업의 구조 및 운영에 관한 설명을 듣고 볼 수 있도록 하여야 할 것이다. 특히 비선호시설이나 위험시설로 갈등이 심화되고 있는 방사성폐기물 관리시설이나 폐기물처리시설의 경우에 긴요한 제도로 볼 수 있다.

국책사업에 대한 이해의 증진을 위해 행해지는 여론을 이끌어 나가는 지방의회 의원이나 환경단체, 교사, 기자와 학생들을 대상으로 하는 것이 효과적이라는 외국 사례를 참고할 필요가 있다.

3. 「환경정보공개법」의 제정 검토

주권자인 국민이 행정비밀주의를 타파하고 국민주권의 실질을 기하는 제도적 장치로서의 정보공개제도의 본질에 비추어 국가의 모든 정보는 공개함이 원칙이다. 그러나 일정한 범위의 정보에 대해서는 예외적으로 비공개할 수 있도록 하는 것이 정보공개제도를 두고 있는 국가의 일반적 현상이다. 비공개정보의 범위를 어떻게 설정할 것인가는 정보공개의 핵심적 논쟁사항의 하나이다. 비공개정보의 범위를 지나치게 확대할 경우 그것은 자칫 정보공개법이 아니라 비밀보호법으로 전락할 수도 있기 때문이다.[35] 문제는 현행 「정보공개법」에 대해서는 그러한 비판이 제기되고 있다는 점이다. 헌법상의 알권리를 충족시키지 못하고 있는 것이 사실이다. 더욱이 일반 정보와 달리 환경정보는 폭넓게 공개될 필요가 있는데 현행 「정보공개법」으로는 충분하지 않다고 본다.

환경법의 기본원칙 중의 하나가 정보공개 및 참여의 원칙이다. 환경정보의 공개와 환경행정에 대한 국민 또는 지역주민의 수용을 제고시키고 국민 또는 주민의 협력을 증대시키기 위하여 요청되고 있다. 그 밖에도 국민의 권리의 보호와 민주주의의 원리로부터도 요청된다. 환경상 조치는 인근주민의 건강이나 재산에 중대한 영향을 미칠 수 있으므로 인근주민의 권익의 보호를 위해서도 환경행정에 대한 주민의 참여 및 환경정보에 대한 국민의 접근이 필요하다. 환경정보공개 및 주민참여의 원칙은 환경상 조치에 대한 정보의 공개, 환경오염시설의 설치에 대한 의견진술이나 협의, 환경오염시설의 감시, 환경계획의 수립에 대한 주민의 참여를 내용으로 한다.[36]

일반 정보와 달리 환경정보는 폭넓게 공개될 필요가 있는데, 현행 「정보공개법」으로는 충분하게 규율하기에는 적절하지 않다고 본다. 그리고 우리의 소극적인 환경정보공개 실무를 감안하면 더욱 그러하다. 한편 「환경기술 및 환경산업 지원법」상 환경정보공개제도는 공공기관 및 기업들이 자신들의 환경정보를 공개함으로써 녹색경영을 확산하고 사회적 책임을 다하도록 하는 취지를 담고 있는 환경정보제공에 중점을 두고 있는 법으로서, 입법체계 및 내용상의 적지 않은 문제점들을 내포하고 있다. 따라서 현행 「정보공개법」의 특별법으로서의 「환경정보공개법」을 제정하여 환경상의 위험에 대한 국민들의 알권리를 최대한 보장할 필요가 있다고 본다.

---

35 김재광 · 곽관훈, 「정책유형별 정보공개기준 개발」, 11쪽.
36 박균성, 「행정법강의(제10판)」, 1271쪽 참조.

제 5 절 갈등관리의 멘토: 사회적 합의기구의 설치를 통한 갈등관리방안

Ⅰ. 사회적 공론화의 기본적 형식

사회적 공론화의 기본적 형식으로서는 대표적으로 공론조사, 합의회의, 시민배심원제, 시나리오 워크숍, 포커스그룹, 라운드테이블, 시민자문회의, 플래닝 셀 등이 제시되고 있다.[37]

공론조사(deliberative poll)는 공공여론에 대한 심층적 조사방법을 말하며 선정된 표본집단에 다양한 정보를 제공하고 심도 있는 토론을 할 수 있는 여건을 만들어 냄으로써 이들로 하여금 충분히 고민하고 판단한 후 제시한 의견을 수렴한다는 점이 일반적인 여론조사와 차이점이라고 할 수 있다.

합의회의(consensus conference)는 과학에 대한 일반 시민 참여형태로서 사회문화적 요소를 함유하고 있는 과학기술 이슈에 대해 공개토론을 통해 일반시민과 전문가가 질의, 응답할 수 있는 장을 마련하는 것을 말한다. 이해관계가 복잡하고 갈등적 요소를 지니고 있는 과학기술 이슈에 대해 매우 유용하다.

「방사성폐기물 관리법」에서 규정하고 있는 공론화위원회도 합의회의의 일종으로 볼 수 있다. 법에서는 사용후핵연료 관리 등 사회적 갈등이 예상되는 사항에 대하여 이해관계인 · 일반시민 또는 전문가 등으로부터 광범위한 의견수렴을 공론화위원회의 기본적인 임무로 설정한 것으로 보인다. 공론화위원회는 독립성, 즉 권한과 책임을 동시에 부여해 주어야 한다. 그렇게 해야 공론화 추진과정에서 이해관계인 · 일반시민 또는 전문가로부터 광범위한 의견수렴이 가능하게 될 것이다. 그리고 운영에 있어서의 공정성과 투명성 그리고 참여성을 최대한 보장하여야 할 것이다. 위원회의 위원은 사용후핵연료 관리 및 사회소통에 관한 학식과 경험이 있는 사람 중에서 산업통상자원부장관이 위촉하도록 규정하고 있다. 위원의 위촉조건을 '사용후핵연료 관리 및 사회소통에 관한 학식과 경험이 있는 사람'으로 한정한 것이 타당한 것인지는 고민해 볼 문제라

37 사회적 공론화의 방법론에 대해서는 지식경제부, 「원전의 사회적 수용성 제고를 위한 공론화 방안」(2008. 4), 91쪽 이하 참조.

고 본다. 위원회 운영에 있어서의 공정성과 투명성 그리고 참여성을 최대한 보장하는 것이 관건이라는 점을 감안하면 법상의 위원 위촉조건의 활용도 이러한 맥락에서 이루어져야 할 것이다. 프랑스의 국가공공토론위원회(CNDP)도 합의회의의 일종으로 볼 수 있다.

시민배심원(citizen juries)제도는 이해관계자가 아닌 일반 시민의 의견을 공공정책에 반영하고 사회적으로 중요한 이슈에 대해 공론을 형성하는 것을 목표로 하는 것을 말한다.

시나리오 워크숍(scenario workshop)은 특정 이슈를 중심으로 미래에 발생 가능한 시나리오를 사회문화적, 과학기술적, 정치외교적 차원 등 각각의 분야에서 기술하고 이에 관한 해결방안을 제시하는 것을 의미한다.

포커스그룹(focus group)은 보다 심층적인 여론을 확인하기 위하여 특정 이슈에 대해 소그룹 형태로 진행되는 토론을 말한다.

라운드테이블(Round Table)은 특정 이슈에 대해 이해관계자, 전문가, 공공기관이 원탁에 함께 모여 토론을 통해 합의를 도출하는 방법을 말한다.

시민자문회의(citizen's advisory committee)는 지역적 이슈에 관하여 논의하기 위해 이해관계자와 일반 시민이 정기적으로 개최하는 토론모임을 말한다.

플래닝 셀(planning cell)이란 약 25명의 일반시민이 주어진 이슈에 대해 토론과 논쟁을 통한 숙의과정을 통해 해결안을 제시하는 방법을 말한다.

Ⅱ. 사회적 합의기구 설치와 관련한 입법 동향

사회적 합의기구의 설치와 관련한 법률안으로는 「국가공론위원회법안」과 「국책사업국민토론위원회의 설립 및 운영에 관한 법률안」 등이 있다.

공론화기구를 설치하고자 하는 배경에서는 중도적 입장에서 정부와 합의를 할 수 있는 제도적 장치가 없다는 데 착안하고 있는 듯하다.

공론화기구는 프랑스의 국가공공토론위원회(CNDP)를 모델로 하고 있다. 2002년 12월 당시 프랑스에서는 샤를 드골 국제공항에 고속철도를 건설한다는 계획이 전해지자 주민들과 환경단체들이 강하게 반발하고 나섰다. 문화재 훼손, 소음피해, 환경문제 등을 염려한 이들의 강한 반발로 합의점을 찾지 못한 채 시간만 계속 흘렀다. 이 때 큰 역할을 한 것이 CNDP이다. CNDP는 고속철도 건설 계획 발표 한 달 후부터 개입을 결정하고 총 23번의 공공토론회를 진행했다. 이 과정에서 첨예한 감정싸움 대신 다양한 대안이 쏟아져 나왔다. 결국 완전히 새로 노선을 짓는 대신 기존 철로를 활용하는 등 계획을 수정해 등 당초 예산의 1/3 수준에서 철도를 건설하는 것으로 합의를 봤다. 실제로 CNDP의 공공토론을 통해 당초 대규모 국책사업안의 70% 이상이 수정되거나 취소되었다.

현재 국책사업의 갈등당사자는 다층적이긴 하나 주로 정부와 주민, 정부와 시민단체라고 할 수 있다. 상호간의 불신은 해소되지 않고 있다. 상호 존중은 더더욱 존재하지 않는다. 갈등과정에서 이런 시스템을 가지고 갈등해결을 하는 것은 매우 어려운 일이다. 그리하여 공론화를 위한 방법론이 필요하고 그것을 실천할 중립적인 공론화기구가 필요하다는 사실은 부인될 수 없다. 국회와 정부 차원에서 이러한 공론화 노력이 구체화되고 있는 것은 바람직한 일이라 할 수 있다.

그러나 공론화기구의 설치만으로 국책사업을 둘러싼 사회갈등을 모두 해결할 수 있을 것이라고 낙관하는 것은 이르다. 관건은 공론화기구의 결정의 구속력문제이다. 구속력이 없다면 결정은 무의미하고, 구속력이 있어도 현재처럼 결정을 무시하면 그것 또한 무의미할 것이다.

공론화기구는 국책사업 추진과정에서 사회갈등이 증가함에 따라 상시적인 사회갈등 예방 및 해결 장치를 마련하여 국민적 합의 형성을 도모할 수 있다는 긍정적인 측면이 있으나 국책사업 지연가능성과 기존의 의견수렴절차와의 중복 등의 문제점도 고려하여 설계하여야 한다.

그리고 선결되어야 할 것은 '사회적 신뢰'와 '합의의 조직적 기반'이 제도적으로 마련될 필요가 있다. 일례로 프랑스의 CNDP가 효과를 발휘할 수 있는 것은 제도적으로 '사회적 신뢰'와 '합의의 조직적 기반'이 마련되어 있기 때문으로 분석하고 있다. 국민의 삶의 질 증가와 국가경쟁력 강화를 위해 서로 다른 이해관계를 지닌 사회계층 간 조정이 필수적이었고, 과거로부터 이 사회적 합의에 기초해 국가발전을 추진해왔기에 자연스럽게 사회 속에 이 가치들이 형성되어 있다는 것이다. 반면 우리 사회에는 이 가치들이 제대로 형성되지 않고 있다.

제 6 절 주변지역지원의 실질화를 통한 갈등관리방안

국책사업 주변지역 또는 유치지역지원법제의 역할에 대해서도 깊이 있는 성찰이 필요하다. 그동안 큰 숙제였던 방사성폐기물 관리시설이 경주에 부지를 확보하였다. 일등공신은 유치지역에 대한 정부의 지원금이었다. 저자는 국책사업과 관련해서는 유치지역 또는 설치 주변지역에 대한 주민들의 요구를 단순한 사익으로 이해해서는 안 된다는 지론을 가지고 있다. 즉 '객관적 사익'으로 보아야 한다는 것이다. 그런 측면에서 유치지역 또는 주변지역에 대한 정부의 지원금은 '객관적 사익'의 충족을 통해 공공목적을 실현하는 좋은 사례로 평가될 것이다.

우리나라의 대다수 열악한 재정자립도에 허덕이는 지방자치단체로서는 정부가 약속하는 지원금은 지역개발을 위해 절대적으로 필요한 재원이라 할 것이다. 그런 측면에서 지원금은 사회갈등을 완화하며 시설설치를 유인하는 '당근'으로 기능하는 것은 틀림이 없다. 따라서 정부와 지방자치단체 그리고 주민이 엄중한 도덕적·객관적 시각을 가지고 윈(win)-윈(win)하는 방향으로 국책사업의 해결이 뿌리를 내리도록 할 필요가 있다.

그러나 유치지역에 엄청난 액수의 지원금을 투입하는 접근방법이 지금까지의 강력한 저항을 감안하면 불가피한 측면이 없지 않지만 근본적인 문제점을 안고 있다고 생각한다. 즉 국책사업 유치에 대한 반대자들의 우려가 단순히 다액의 지원금을 제공함으로써 완화될 수 있다고 보는 것은 너무 성급한 생각이다. 그것은 다수의 국책사업 반대자들 시각에서는 자신들의 동의에 대한 보상으로 주어지는 지원금 제공이 신념의 순수함을 해치는 것으로 비칠 수 있기 때문이다. 정부에서 자신들의 감정의 깊이를 과소평가하고 있다고 생각하고, 정부에 신념의 순수함을 확신시키기 위해 더한층 반대의 노력을 하도록 만들 수도 있다는 점을 잊어서는 안 될 것이다.[38]

따라서 주변지역 또는 유치지역 지원금은 과유불급(過猶不及)이 되지 않도

38 이러한 견해를 펴는 학자로는 임만성, "방사성폐기물관리시설 부지 선정에 대한 소고", 「원자력산업」 제243호 참조.

록 할 것이고 지원금의 용도 또한 지역 발전과 주민복지와 직결되도록 지원되어야 할 것이다.

제 7 절 직접민주주의를 활용한 갈등관리방안

Ⅰ. 국민투표를 활용한 갈등관리

국책사업을 둘러싼 극심한 사회갈등을 해결할 수 있는 방안으로 생각할 수 있는 것이 헌법상의 국민투표(제72조)이다. 헌법 제72조는 "대통령은 필요하다고 인정할 때에는 외교·국방·통일 기타 국가안위에 관한 중요 정책을 국민투표에 부칠 수 있다"고 규정하고 있다. 헌법 제72조에서 대통령에게 외교·국방·통일 기타 국가안위에 관한 중요 정책을 국민투표에 부칠 수 있게 한 것은 외교·국방·통일 기타 국가안위에 관한 사항을 결정함에 있어서 국민의 대표자가 이에 관하여 국가의사를 결정하기 이전 단계에서 사전에 국민의 경험적인 의사를 먼저 알아보는 데 의의가 있다. 이 제도에서는 국민의 대표자인 대통령이 국민투표의 부의 여부를 재량으로 결정한다는 점에서 대의원리가 유지되고 있어 순수한 직접민주주의의 형태라고 할 수 없으나, 일단 이러한 사안이 국민투표에 부의된 이후에는 부의된 사안에 대한 국가의사의 결정은 사실상 국민투표의 결과에 강한 영향을 받는다는 점에서 대의원리에 일정한 변화를 가져온다. 이는 대의민주주의원리와 직접민주주의원리가 결합되어 있는 형태이다.[39]

헌법상 대통령이 국민투표에 부의할 수 있는 대상은 '외교·국방·통일 기타 국가안위에 관한 중요 정책'이다. 즉 대통령이 중요한 '정책사항'을 결정하기 위해 국민의 의사를 묻고자 국민투표에 회부하는 것이다.[40] 그런데 이 문구의 의미가 외교에 관한 중요 정책, 국방에 관한 중요 정책, 통일에 관한 중요 정책, 기타 국가안위에 관한 중요 정책을 의미하는가, 아니면 국민투표에 부의할

39 정종섭, 「헌법학원론」(박영사, 2008), 1097쪽.
40 윤명선, 「인터넷시대의 헌법학」(대명출판사, 2010), 929쪽.

수 있는 대상은 '국가안위에 관한 중요 정책'에만 한정되는가 하는 해석상의 문제가 제기된다. 헌법학자들은 외교 · 국방 · 통일은 예시적인 것이고, 이들 분야를 포함한 국가운영상 모든 영역에서 있을 수 있는 '국가안위에 관한 중요 정책'이 국민투표에 부의할 수 있는 대상이 된다고 보고 있다.[41] 즉 국민투표제도는 대의제원리를 보완하기 위한 제도적 장치라는 점에서 외교 · 국방 · 통일은 예시적 사항이고, 국회에서 다루기 힘들고 국민의 의견을 묻는 것이 필요한 '중요한 국가안위에 관한 사항'으로 해석하는 것이 타당하다고 한다. 여기서 국가안위의 정도를 국가 또는 헌법의 존립과 수호에 직접적으로 영향을 줄 수 있는 정도이어야 할 것이라고 보는 견해가 있다.[42]

이렇게 볼 때 '중요한 국가안위에 관한 사항'을 완화적으로 해석할 때는 국책사업문제도 국민투표의 대상이 될 수가 있을 것으로 보이나, 엄격하게 해석할 때에는 해당될 수 없는 것으로 보인다.

그런데 여기서 대통령은 '국가안위에 관한 중요 정책'에 관한 법률의 제정이나 개폐를 국민투표에 부의할 수 있는가 하는 문제가 제기될 수 있다. 법률의 제 · 개정으로 추진되는 국책사업의 문제를 국민투표에 부의할 수 있는가 하는 것이 쟁점이 되는 셈이다. 생각건대, 대통령은 법률안제안권을 보유하고 있으므로 국가안위에 관한 중요 정책에 관한 법률의 제정이나 개폐가 필요하다면 법률안 제안권을 행사하면 족하고, 국민투표가 국회를 대신하여 법률을 제정하거나 개폐할 수는 없는 것이므로 이는 인정되지 않는다고 보는 것이 타당하다. 따라서 현행 헌법상 국민투표 부의의 방법으로 법률을 제정하거나 개폐하는 것은 불가능하다고 보아야 한다.[43] 국가안위에 관한 중요 사항에 관하여 법률의 제정이나 개정 또는 폐지가 필요한 경우에는 언제나 국회가 입법권을 행사하여 이를 실행하여야 한다는 것이 일반적 견해로 보인다.[44]

---

41 권영성, 「헌법학원론」(법문사, 2006), 976쪽; 성낙인, 「헌법학」(법문사, 2005), 909쪽; 정종섭, 앞의 책, 1100쪽.

42 윤명선, 앞의 책, 929쪽.

43 김철수, 「헌법학개론」(박영사, 2010), 1367쪽; 성낙인, 앞의 책, 910쪽; 정종섭, 앞의 책, 1100쪽.

44 "국민들은 세종시 문제에 직접 목소리를 내고 싶어 했다. 조사결과 '세종시 갈등을 어떤 방식으로 해결해야 하는가'라는 질문에 '국민투표'로 결정하자는 응답이 48.4%로 나왔다. 다음이 '여론조사(33.2%)'이고, '국회의 논의와 표결'을 통해 해결해야 한다는 응답은 16.2%에 그

한편 국책사업의 정치사회적 함의를 생각해 볼 때, 과연 국민투표를 실시한다고 해서 완전히 해결될 수 있는가에 대한 회의가 있을 수 있다. 이는 한스 요나스가 피해야 할 것으로 진단한 '극적인 결단을 통한 문제해결방안'으로서, 사회갈등 해소를 위한 대안으로는 적절하지 않은 것으로 보아야 할 것이다. 국가안위에 관한 중요 사항에 관하여 법률의 제정이나 개정 또는 폐지가 필요한 경우에는 국회의 논의와 표결을 통해 해결하는 것이 타당하다고 본다. 여기에는 국회가 문제해결을 위한 진지한 노력을 해야 한다는 당위가 전제되어야 한다는 것은 너무나 당연하다. 국회에 '국책사업갈등관리를 위한 특별위원회'를 설치할 필요가 있다.

Ⅱ. 주민투표를 활용한 갈등관리

주민투표법은 지방자치단체의 주요결정사항에 관한 주민의 직접참여를 보장하기 위하여 「지방자치법」 제14조에 따른 주민투표의 대상·발의자·발의요건·투표절차 등에 관한 사항을 규정함으로써 지방자치행정의 민주성과 책임성을 제고하고 주민복리를 증진함을 목적으로 한다(제1조).

주민에게 과도한 부담을 주거나 중대한 영향을 미치는 지방자치단체의 주요결정사항으로서 그 지방자치단체의 조례로 정하는 사항은 주민투표에 부칠 수 있다(법 제7조 제1항). 제1항의 규정에 불구하고 다음 각호(1. 법령에 위반되거나 재판중인 사항, 2. 국가 또는 다른 지방자치단체의 권한 또는 사무에 속하는 사항, 3. 지방자치단체의 예산·회계·계약 및 재산관리에 관한 사항과 지방세·사용료·수수료·분담금 등 각종 공과금의 부과 또는 감면에 관한 사항, 4. 행정기구의 설치·변경에 관한 사항과 공무원의 인사·정원 등 신분과 보수에 관한 사항, 5. 다른 법률에 의하여 주민대표가 직접 의사결정주체로서 참여할 수 있는 공공시설의 설치에 관한 사항. 다만, 제9조 제5항(지방의회는 재적의원 과반수의 출석과 출석의원 3분의 2 이상의 찬성으로 그 지방자치단체의 장에게 주민투표의 실시를 청구할 수 있다)의 규정에 의하여 지방의회가 주민투표의 실시를 청구하는 경우에는 그러하지 아니하다. 6. 동일한 사항(그 사항

쳤다. 국민의 8할이 국회에 맡기는 대신 직접 결정권을 행사하고 싶어 하는 것이다." 신창운 전문기자의 여론조사 이야기 http://blog.joins.com/scw1309.

과 취지가 동일한 경우를 포함한다)에 대하여 주민투표가 실시된 후 2년이 경과되지 아니한 사항)의 사항은 이를 주민투표에 부칠 수 없다(제2항).

중앙행정기관의 장은 지방자치단체의 폐치(廢置)·분합(分合) 또는 구역변경, 주요시설의 설치 등 국가정책의 수립에 관하여 주민의 의견을 듣기 위하여 필요하다고 인정하는 때에는 주민투표의 실시구역을 정하여 관계 지방자치단체의 장에게 주민투표의 실시를 요구할 수 있다. 이 경우 중앙행정기관의 장은 미리 안전행정부장관과 협의하여야 한다(법 제8조 제1항). 지방자치단체의 장은 제1항의 규정에 의하여 주민투표의 실시를 요구받은 때에는 지체없이 이를 공표하여야 하며, 공표일부터 30일 이내에 그 지방의회의 의견을 들어야 한다(제2항). 제2항의 규정에 의하여 지방의회의 의견을 들은 지방자치단체의 장은 그 결과를 관계 중앙행정기관의 장에게 통지하여야 한다(제3항).

주민투표권의 법적 성격에 대해 대법원은 이를 단순히 주민의 의사를 묻는 것으로 법적 구속력이 있다고 보기는 어렵다고 보고 있다.[45] 즉 대법원은 「지방자치법」 제14조의 주민투표에 대하여 지방자치단체장의 투표결정에 대한 행정절차상의 한 방법으로 보았다. 그러나 대법원의 판례는 「주민투표법」 정신에 따라 새롭게 해석될 필요가 있다는 견해도 제시되고 있다.

한편 헌법재판소는 주민투표권을 법률이 보장하는 참정권으로 이해하고 이를 「헌법」이 보장하는 것으로 보고 있지 않다.[46]

중·저준위방사성폐기물 관리시설의 부지확정에 「주민투표법」상의 주민투표가 활용되어 국책사업의 설치를 주민참여와 주민동의하에 확정한 것은 커다란 의미를 갖는다고 할 수 있다. 간과해서는 안 될 점은 유치지역에 대한 막대한 금전적 지원이 결부되었다는 점이다.

그러한 점을 무시하고서는 국책사업과 관련한 주민투표는 성사되기 어렵고 오히려 갈등을 더욱더 부채질할 수 있다는 점을 유념할 필요가 있다.

그리고 보다 중요한 것은 국가정책에 대한 무거운 짐을 주민들에게 부담시키는 것이 「헌법」이나 「주민투표법」의 기본정신이 아니라는 점과 정부가 「행정절차법」을 개정하여 이해관계인의 집중참여가 보장된 행정절차의 場에서 국책

45 대판 2002. 4. 26, 2002추23.
46 헌재 2005. 12. 22, 2004헌마530.

사업과 관련한 모든 문제를 해결하기 위한 노력을 경주하는 데 문제해결의 답이 있는 것이다.

Ⅲ. 온라인을 활용한 갈등관리

1. 의　　의

대규모 국책사업이나 정부정책을 추진하는 과정에서 빚어지는 사회갈등을 해결하기 위해 국가적 차원의 공론화 방안이 추진되고 있다. 안전행정부는 최근 '정부 3.0 비전 선포식'에서 민-관 협치를 위해 대형 국책사업이나 주요 국정과제에 대해 온라인 여론수렴을 활성화하겠다고 밝혔다. 특히 5,000억원 이상 국책사업을 시행할 경우 이해관계자는 물론 전문가, 일반국민이 참여하는 온라인 전자토론을 실시하겠다는 것이다. 이를 위해 국민신문고 사이트를 통해 온라인 공청회나 설문조사, 전자투표 등을 실시해 직접민주주의를 구현하는 방안을 제시하고 있다.

지금까지 대규모 국책사업이 경제적 효율성이나 사회적 합의와 무관하게 정치적 논리에 따라 대통령의 선거공약이나 일부 관료 및 전문가들에 의해 일방적으로 결정되어 추진된 것이 사실이다. 4대강정비사업이나 경인운하 건설, 새만금간척사업, 제주해군기지건설 등에서 불거진 공공갈등은 대부분 사업추진에 대한 사회적 합의가 부족한 상태에서 정부가 절차적 정당성을 확보하지 못한 채 일방적으로 밀어붙이는 과정에서 빚어졌다.[47]

온라인을 활용한 갈등관리방법으로는 온라인 공청회, 전자투표 등을 들 수 있다.

2. 온라인 공청회

'공청회'란 행정청이 공개적인 토론을 통하여 어떠한 행정작용에 대하여 당사자등, 전문지식과 경험을 가진 사람, 그 밖의 일반인으로부터 의견을 널리 수렴하는 절차를 말한다(「행정절차법」 제2조 제6호). '전자문서'란 컴퓨터 등 정보

47 정정화, 서울경제신문 2013. 6. 26일자, "시론: 국가공론기구 운영의 선결 과제" 기사 참조.

처리능력을 가진 장치에 의하여 전자적인 형태로 작성되어 송신·수신 또는 저장된 정보를 말한다(제8호). '정보통신망'이란 전기통신설비를 활용하거나 전기통신설비와 컴퓨터 및 컴퓨터 이용기술을 활용하여 정보를 수집·가공·저장·검색·송신 또는 수신하는 정보통신체제를 말한다(제9호).

행정청은 공청회와 병행하여서만 정보통신망을 이용한 공청회(이하 "전자공청회"라 한다)를 실시할 수 있다(제38조의2 제1항). 행정청은 전자공청회를 실시하는 경우 의견제출 및 토론 참여가 가능하도록 적절한 전자적 처리능력을 갖춘 정보통신망을 구축·운영하여야 한다(제2항). 전자공청회를 실시하는 경우에는 누구든지 정보통신망을 이용하여 의견을 제출하거나 제출된 의견 등에 대한 토론에 참여할 수 있다(제3항).

행정청은 전자공청회를 개최하려는 때에는 전자공청회 개최 전까지 다음 각 호(1. 제목, 2. 실시기간 및 전자공청회를 개최하는 인터넷 주소(이하 "전자공청회주소"라 한다), 3. 주요내용, 4. 그 밖에 전자공청회 개최와 관련하여 필요한 사항)의 사항을 당사자등에게 통지하고, 관보·공보·일간신문 또는 인터넷 홈페이지 등에 공고하는 등의 방법으로 널리 알려야 한다(행정절차법 시행령 제20조의2). 전자공청회를 개최하는 행정청은 전자공청회를 실시하는 기간 동안 해당 전자공청회주소에 제20조의2 각 호의 사항을 게시하여야 한다(제20조의3 제1항). 행정청은 전자공청회를 실시하는 기간 동안 서면으로 제출된 의견이 있는 경우에는 그 의견을 해당 전자공청회주소에 게시할 수 있다(제2항). 행정청은 전자공청회에서 제출된 의견의 반영결과를 해당 전자공청회주소에 게시하여야 한다(제22조). 안전행정부장관은 전자공청회의 효율적 운영을 위하여 통합 전자공청회주소를 마련하여 행정청에 제공하는 등 필요한 지원을 할 수 있다(제22조의2).

3. 전자투표

오늘날 인터넷 등 정보기술의 발전과 이용이 활성화함에 따라 새로운 사회의 새로운 정치방식으로 전자민주주의(online democracy)가 요청되면서 전자민주주의 실현을 위한 선거영역에서의 전자투표 또는 인터넷투표(electric or internet voting)와 관련한 문제들이 활발히 논의되고 있다.

전자투표는 20세기 후반에 정보기술의 급속한 발전으로 인해 투표에 전자적 방식을 도입하면서 생성되고 발전되기 시작한 새로운 투표제도라고 할 수 있다. 물론 전자투표라 하여 유권자들이 곧바로 안방에서 인터넷을 통해 투표하는 것을 의미하는 것은 아니다. 궁극적으로는 유권자들이 거소(居所)에서 투표하는 인터넷투표로 진행되어야 하지만 아직은 법적 · 제도적 · 기술적 측면을 고려해볼 때 가장 초보적인 형태의 전자투표방식으로 실시할 수밖에 없을 것이다. 이 단계에서도 많은 문제점들이 제기되고 있음을 부인할 수 없다.

그러나 고도의 정보통신기술이 사회 전반에 걸쳐 막대한 영향을 끼치고 있는 요즈음 전자적으로 투표하는 새로운 선거시스템으로의 전환이 미국 · 영국 · 프랑스 · 일본 등 선진국을 필두로 하여 세계 각국에서 다각도로 연구 및 부분적으로 실시되고 있으며 그것은 우리나라의 경우에도 예외는 아니다.

우리나라는 1994년 「국회법」 개정 때 전자투표를 도입하였고, 2000년 2월의 「국회법」 개정 때 우리 국회의 일반적인 투표방식을 기립표결에서 전자투표에 의한 기록표결로 변경하여 투표방식의 전환 못지않게 책임정치, 성실한 의정활동을 담보하는 획기적인 조치로 환영받았다.

공직선거에서 시행할 전자투표로 '인터넷을 통한 투표'가 아닌, '투표소에서의 전자투표방식'을 고려하고 있다. 그것은 인터넷을 통한 투표가 아직 기술적인 문제와 사회적 인식의 문제(인터넷의 미보급으로 인한 불평등, 시스템에 대한 불신 등의 부작용, 투표자의 신원확인, 해킹의 위험성, 공정성 시비 등) 등 법적 과제가 남아있기 때문이다.

국책사업과 관련한 전자투표에는 원칙적으로 '인터넷을 통한 투표'를 활용하고 예외적으로 '투표소에서의 전자투표방식'을 이용하는 병행적 방법이 가능할 것이다.[48]

제8절 소 결

현행법에는 국책사업의 갈등관리를 위한 다양한 법적 수단들이 존재한다. 그러나 그 법적 수단들은 국책사업의 갈등관리라는 목적을 위해 유기적으로

48 전자투표에 대해서는 졸저, 「전자정부법」, 422쪽 이하 참조.

협력하고 견제한다. 이른바 '견제와 균형'이 국책사업의 갈등관리에도 적용되는 셈이다. '견제와 균형'이 적절하게 작동하지 못할 때 국책사업으로 인한 사회갈등이 발생한다. 달리 말하면 국책사업의 갈등관리를 위한 다양한 법적 수단들은 국책사업으로 인한 사회갈등을 사전에 예방하기 위한 장치로 기능한다.

국책사업은 국가안위뿐만 아니라 국가경쟁력과 직결되어 있고 국민복리에 연관되어 있다. 그렇기 때문에 국책사업의 필요성에 대한 인식은 국민적 공감대를 필요로 한다. 국민적 공감대가 결여된 국책사업의 추진은 민심이반을 가져오게 된다. 그렇다면 국민적 공감대를 형성하기 위해서는 어떻게 해야 할 것인가? 현행법상 국책사업의 갈등관리를 위한 법적 수단들을 '법의 정신'에 맞게 활용하여야 한다. 국책사업의 추진에도 절대적으로 필요한 것이 '신뢰와 원칙'이다. '신뢰와 원칙'은 소통과 협력에서 생겨난다.

각종 국책사업법령은 원칙적으로 소통과 협력의 정신을 구현하고 있다. 특히 국책사업의 경우에는 한층 더 강한 소통과 협력의 정신이 요청된다. 「행정절차법」에 이해관계인의 '집중적 참여'와 그에 따른 '결정' 그리고 '집중적 효력'을 부여하는 독일 「연방행정절차법」상 계획확정절차의 도입의 필요성을 강조하는 것도 이와 같은 인식에 따른 것이다. 그리고 중립적인 전문가들로 구성되는 국가공론화기구의 설치필요성이나 「환경정보공개법」을 제정하자는 주장도 소통과 협력의 정신의 요청인 것이다. 소통과 협력의 정신을 구현하기에 부족한 각종 국책사업법령은 과감히 정비되어야 한다.

한 가지 유념할 것은 현행법상 국책사업의 갈등관리를 위한 다양한 법적 수단들은 상호 유기적으로 결합되어 상호 견제하면서 균형을 맞추고 있다는 점이다. '도깨비 방망이' 같은 것이 있어서 국책사업에 따른 사회갈등을 한방에 해결하면 더할 나위없이 좋겠지만 그것은 꿈같은 얘기이다. 독일에서 국책사업 추진에 계획확정절차를 운용하면서도 절차지연의 문제를 해결하기 위해서 절차촉진법제를 통해 보완하는 것은 그러한 까닭이다.

국책사업의 추진주체는 국책사업의 갈등관리를 위한 다양한 법적 수단들이 본래적 기능을 다할 수 있도록 신중하게 운용하여야 한다. 국책사업추진부처와 환경보전부처 간 '견제와 균형'의 원리와 행정주체와 이해관계인 간 소통과 협력의 정신에 입각한 법제도 운영을 하여야 한다. 과거 국책사업을 둘러싼 사회갈등은 이러한 '법의 정신'을 망각한 데에 그 원인이 있다. 마찬가지로 이해관계인들은 국책사업 행정절차에의 합리적이고 협력적 참여와 함께 참여를 통해 도출된 행정결정을 존중하는 자세를 가져야 한다. 가장 경계하여야 할 것은 '무조건 반대를 위한 반대'와 '무조건 찬성을 위한 찬성'의 태도이다. 이러한 태도는 민주시민으로서의 자격이 없는 것이다. 물론 여기에는 국책사업에 대한 행정결정이 민주적 정당성을 갖췄다는 것을 전제로 하지만 말이다. 외국의 갈등조정사례에서 극단적인 찬반론자들을 모두 배제하고 중도적 찬반론자들로 하여금 상호 토론을 통해 합리적인 결정을 도출하는 것은 이러한 우려를 감안한 조치라고 할 수 있다.

앞으로도 동남권 신공항 건설사업, 고준위방사성폐기물 관리시설의 공론화 등 산적한 국책사업들이 줄지어 기다리고 있다. '견제와 균형'의 원리와 소통과 협력의 정신에 입각하여 지혜롭게 우리 앞에 놓여있는 문제들을 해결해 나가야 할 것이다.

저자는 국책사업에 따른 사회갈등을 생각하면서 늘 신라시대 원효대사(617~686)의 화쟁사상(和諍思想)을 생각해 보곤 한다. "원효대사는 그 어느 교설이나 학설을 고집하지도 버리지도 않았다. 그는 언제나 분석하고 비판하고 긍정과 부정의 두 가지 논리를 융합하여 보다 높은 차원에서 새로운 가치를 찾았다. 모순과 대립을 한 체계 속에 하나로 묶어 담은 이 기본구조를 가리켜 그는 '화쟁'이라 하였다. 화쟁은 화(和)와 쟁(諍)을 정(正)과 반(反)에 두고 그 사이에서 타협함으로써 이루어지는 합(合)이 아니라, 정과 반이 대립할 때 오히려 정(正)과 반(反)이 가지고 있는 근원을 꿰뚫어보아 이 둘이 불이(不二)라는 것을 체득함으로써 쟁(諍)도 화(和)로 동화시켜 나간다. 천차만별의 현상적인 쟁(諍)의 상태도 그 근원에서 보면 하나로 화(和)하는 상태에 있을 뿐임을 체득한 것이다. 마치 바람 때문에 고요한 바다에 파도가 일어나지만 그 파도와 바닷물이 따로 둘이 아닌 것처럼, 중생의 일심(一心)에도 깨달음의 경지인 진여(眞如)와 그렇지 못한 무명(無明)이 둘로 분열되고는 있으나, 그 진여와 무명이 따로 둘이 아닌 것이다."[49]

49 한국민족문화대백과, 한국학중앙연구원 참조.

참고문헌

Ⅰ. 국내문헌

1. 단 행 본

국회입법조사처(경제산업조사실 재정경제팀), 「국책사업의 예비타당성조사에 관한 검토」, 2009. 5

권영성, 「헌법학원론」, 법문사, 2006

김남진, 「행정법의 기본문제」, 법문사, 1998

김동희, 「행정법Ⅰ(제15판)」, 박영사, 2009

김성수, 「일반행정법」, 법문사, 2004

김재광, 「대규모시설의 설치절차에 관한 연구」, 경희대학교 대학원 박사학위논문, 1999. 8

김재광, 「미국의 방사성폐기물정책 관련법제 연구」, 한국법제연구원, 2003

김재광, 「전자정부법」, 한국법제연구원, 2010

김재광 · 곽관훈, 「정책유형별 정보공개기준 개발」, 한국행정연구원, 2005

김철수, 「헌법학개론」, 박영사, 2010

김철용, 「행정법Ⅰ(제11판)」, 박영사, 2008

류지태 · 박종수, 「행정법신론(제15판)」, 박영사, 2012

박균성, 「행정법강의(제10판)」, 박영사, 2013

박균성, 「행정법론(상)(하)」, 박영사, 2013

박균성 · 김민호 · 김재광 · 김태호, 「인허가기준 투명화 방안 연구」, 법제처 · 한국공법학회, 2009. 6

박균성 · 김영조 · 김재광 · 김도협, 「방사성폐기물 관리체제 연구」, 에너지경제연구원 · 산업자원부, 2006. 12

박균성 · 박윤흔, 「원자력관계법령에 관한 연구」, 과학기술정책관리연구소, 1996

박균성 · 함태성, 「환경법(제5판)」, 박영사, 2012

박윤흔, 「최신행정법강의(상)(하)(제28판)」, 박영사, 2004

박윤흔 · 정형근, 「최신행정법강의(상)(제29판)」, 박영사, 2009

박정훈, 「행정법의 체계와 방법론」, 박영사, 2005

서원우, 「전환기의 행정법이론」, 박영사, 1997

석인선, 「미국의 원자력정책과 판례연구」, 이화여자대학교 법학연구소, 1999

성낙인, 「헌법학」, 법문사, 2005

오준근, 「다중영향시설 설치계획의 확정절차에 관한 법제정비방안」, 한국법제연구원, 1997
오준근, 「독일연방행정절차법의 변혁」, 한국법제연구원, 1997
오준근, 「지방자치와 계획관계법체계의 정비에 관한 연구」, 한국법제연구원, 1996
오준근, 「행정절차법」, 삼지사, 1998
오준근 · 김명연, 「지방자치와 계획관계법체계의 정비에 관한 연구」, 한국법제연구원, 1996
윤명선, 「인터넷시대의 헌법학」, 대명출판사, 2010
이원우, 「경제규제법론」, 홍문사, 2012
정종섭, 「헌법학원론」, 박영사, 2010
정하중, 「행정법개론(제7판)」, 법문사, 2013
정하중, 「행정법의 이론과 실제」, 법문사, 2012
지식경제부, 「원전의 사회적 수용성 제고를 위한 공론화 방안」, 2008. 4
최정일, 「행정법의 정석Ⅰ」, 박영사, 2009
한국법제연구원, 「환경문제와 관련된 갈등해소방안」, 1996
한국전력공사, 「원자력발전 인 · 허가체계 및 안전규제기술동향」, 1996
한상욱, 「환경영향평가제도」, 동화기술, 1998
함태성, 「사전환경성검토제도의 법적 과제」, 한국법제연구원, 2004
허 영, 「한국헌법론」, 박영사, 2010
허 영 편역, 「법치국가의 기초이론. Peter Lerche 논문선집」, 박영사, 1996
홍정선, 「행정법원론(상)(하)」, 박영사, 2013
홍정선, 「행정법특강(제11판)」, 박영사, 2013
홍준형, 「행정법총론」, 한울아카데미, 2001
홍준형 · 김성수 · 김유환, 「행정절차법 제정연구」, 법문사, 1996
Hartmut Maurer(박수혁 역), 「독일행정법」, 사법발전재단, 2010
Ronald E. Bass · Albert I. Herson(성현찬 · 한상욱 공역), 「미국의 환경영향평가」, 동화기술, 1995
Terence Price(박정택 역), 「원자력의 정치경제학」, 겸지사, 1997

2. 논 문

강구철, "원자력안전규제에 대한 사법통제와 다단계적 행정절차", 「법학논총」(국민대학교 법학연구소) 제8집
강현호, "도시계획과 환경보호", 「현대공법의 연구」(米峯 김운용 교수화갑기념논문집), 1997
강희원, "환경위기시대에 있어서 위험에 대한 법학적 계몽을 위하여", 「경희법학」(경희법학연구소), 1995. 12

경　건, “독일 환경정보법상의 정보공개청구제도”, 「판례실무연구 Ⅶ」, 2004

김길수, “핵폐기물처리시설의 입지선정에 있어서 주민저항의 원인－경북 청하지역사례를 중심으로”, 「한국정책학회보」, 1997. 6

김남진, “국책사업과 집중효 · 구속효 · 배제효－참여와 능률이 조화되어야 한다”, 「법정고시」, 1996. 7

김남진, “법치행정원리에 관한 재검토”, 「경희법학」(경희법학연구소) 제33권 제1호

김남진, “행정절차간소화법제의 내용과 문제점”, 「공법연구」 제25집 제4호

김남진, “행정절차법의 제정－해묵은 숙제와 새로운 도전”, 「법학연구」(연세대 법학연구소) 제6권

김남진, “행정행위의 하자승계론의 재검토(상)(하)”, 판례월보 제330호－제331호

김남진, “환경행정소송에 있어서의 원고적격”, 「고시연구」, 1999. 5

김동완, “원자력발전소 허가절차에 관한 연구”, 「석사학위논문」(고려대학교 대학원), 1993. 12

김명년, “다단계 허가절차에 관한 연구”, 「법제연구」(한국법제연구원) 통권 제11호, 1996.

김민호, “인허가 기준의 법적 문제와 개선방안”, 「공법연구」 제38집 제2호, 한국공법학회, 2009. 1

김성수, “사회기반시설의 공공성에 대한 법리분석”, 「공법연구」 제37집 제2호, 한국공법학회, 2008. 12

김성수, “환경침해시설설치절차와 주민참여－한국과 독일에 있어서 폐기물처리시설설치절차를 중심으로”, 「고시계」, 1992. 9

김신종, “방사성폐기물처리시설 건설계획－관리대책 수립배경과 그 내용－”, 「원자력산업」, 제188호, 1998. 10

김연태, “독일에서의 폐기물매립시설설치에 대한 계획확정”, 「환경법연구」 제17권

김용섭, “다른 행정청의 협력을 결한 행정행위의 효력”, 「판례월보」 제316호

김재광 “행정법상 집중효제도의 검토”, 「토지공법연구」 제9집, 한국토지공법학회

김재광, “4대강사업설치절차의 법적 문제”, 「공법연구」 제39집 제2호, 한국공법학회, 2011. 2

김재광, “방사성폐기물관리시설 설치에 관한 법적 고찰”, 「공법연구」 제29집 제2호, 한국공법학회

김재광, “사회갈등시설의 설치상의 문제점과 갈등완화방안”, 「공법연구」 제38집 제3호, 한국공법학회, 2010. 2

김재광, “원자력발전소 허가절차의 문제점과 개선방안”, 「과학기술법연구」 제8집, 한남대학교 과학기술법연구소, 2002. 12

김재광, “원자력발전소의 설치와 법적 과제”, 「법제연구」 제22호, 한국법제연구원, 2002. 6

김재광, “원전사고와 환경정보공개에 관한 고찰”, 「행정법학」 제2호, 한국행정법학회, 2012. 3

김중권, “의제적 행정행위에 관한 소고”, 「법제」, 2001. 4
김철용, “계획확정절차의 도입문제”, 「행정법연구」 제4호, 행정법이론실무연구회
김태호, “독일의 환경정보 관련 법령 및 사례 분석”, 「기업정보공개 관리에 관한 지침 제정 연구 자료집」, 한국법제연구원, 2011. 4. 8
김해룡, “계획확정절차에 관한 소고”, 「현대공법의 제 문제」(여산 한창규 박사 화갑기념논문집), 1993
김해룡, “단계적 행정결정의 법리”, 「고시계」, 1993. 4
김해룡, “행정계획의 확정절차”, 「고시계」, 1995. 10
김해룡, “환경영향이 심대한 거대국가건설계획의 결정절차－독일과 한국의 공항건설계획을 중심으로”, 「월례발표회 발표논문」(한국공법학회 제12회), 1990. 11
김형남, “미국 행정법상의 행정적 재량통제”, 「공법연구」 제26집 제2호
박균성, “미국 법에서의 국가안전보장과 정보공개”, 「공법연구」 제22집 제2호, 한국공법학회
박균성, “원고적격, 다단계 행정결정”, 「고시계」, 1999. 5
박균성, “원자력행정에 대한 지방자치단체와 주민의 참여”, 「경희법학」(경희대 법학연구소) 제31권 제1호
박균성, “폐기물관리의 원칙과 체계”, 「한국환경법학회 발표논문」, 1998. 11
박균성, “프랑스에서의 원자력발전소 및 방사성폐기물관리시설의 건설에 있어서의 주민의 수용실태에 관한 연구”, 「토지공법연구」 제7권
박균성 · 김재광, “인 · 허가 의제제도의 문제점과 개선방안”, 「행정법연구」 제26호, 행정법이론실무학회, 2010. 4
박수혁, “행정계획에 대한 법적 고찰”, 「고시계」, 1995. 6
박종국, “행정계획에 대한 취소소송에 관한 고찰”, 「공법연구」 제26권 제3호, 한국공법학회
박형서, “국책사업 사회갈등의 원인과 특징”, 「국토연구」 제283호, 국토연구원, 2005. 5
서원우, “과학기술문제에 대한 재판적 통제”, 「현대법학의 이론과 과제」(오세탁 박사 화갑기념논문집), 1990
서원우, “사회갈등시설계획확정절차의 집중효－독일에서의 논의를 중심으로”, 「이명구 교수 화갑기념논문집」, 1996
서원우, “행정상의 절차적 하자의 법적 효과”, 「법학」(서울대 법학연구소) 제27권 2 · 3호
선정원, “인허가의제와 심사촉진”, 「공법연구」 제38집 제2호, 한국공법학회, 2009. 12
소병천, “유럽과 영국의 환경정보접근에 관한 법체계”, 「기업정보공개 관리에 관한 지침 제정 연구 자료집」, 한국법제연구원, 2011. 4. 8
손현경, “원자력발전소의 이용과 규제에 관한 법적 고찰”, 「경성법학」(경성대 법학연구소) 제7호
송동수, “환경법제의 통합과제”, 「공법연구」 제37집 제1-1호, 한국공법학회, 2008. 10

송명재, “미국의 고준위방사성폐기물 처분장과 우리의 현안”, 「원자력산업」 제234호, 2002. 8

신보성, “다단계 행정과정의 법적 고찰”, 「고시연구」, 1992. 5

신영호, “방사성폐기물 처리기술 제고”, 「원자력산업」 제195호, 1999. 5

신치재, “원자력관련시설 건설허가절차에 있어서의 주민참여문제”, 「과학기술법연구」 제2집, 한남대 과학기술법연구소

양기용, 김창수, “정책갈등의 구조와 사회적 합의의 조건: 국책사업을 둘러싼 갈등에 대한 지역주민의 인식을 중심으로”, 「한국행정논집」 제21권 제3호, 2009. 9

오준근, “독일 허가절차촉진법 제정에 따른 독일연방행정절차법의 변혁”, 「법제」, 법제처, 1997. 10

육종수, “주민참가의 활성화를 위한 정보공개제도”, 「공법연구」(한국공법학회) 제26집 제3호

이달곤, “노원구 쓰레기소각장 건설”, 「고시계」, 1999. 5

이상팔, “지역주민의 위험정책 수용에서 절차적 · 분배적 형평성의 역할 – 방사성폐기물처분장의 부지선정과정을 중심으로”, 「환경법연구」(한국환경법학회) 제17권

이상희, “인허가제도 및 인허가의제제도의 현황과 실무상의 쟁점”, 「경제질서, 경제적 기본권 그리고 국가의 규제와 조정」, 한국공법학회 · 법제처 · 국가경쟁력강화위원회 2009년 공동학술대회 발표논문, 2009. 10. 23

이원영 · 박태현, “대의민주주의 원리로 본 ‘4대강사업’의 문제점”, 「국토계획」 제44권 제7호, 대한국토 · 도시계획학회, 2009. 12

이종열, “핵폐기물처리시설 입지선정과 주민갈등: 울진사례를 중심으로”, 「한국행정학회보」 제27권 2호

이종영, “원자력발전소의 안전성과 잔여위험가능성”, 「과학기술법연구」 제2집, 한남대 과학기술법연구소

이종영, “원자력발전소의 허가를 둘러싼 독일연방과 주의 갈등”, 「한국원자력법학회 1996년도 춘계세미나 자료집」, 1996. 2

이종영, “환경갈등의 해소방안으로 법률집행 시 민주성의 도입 – 방사성폐기물관리사업의 촉진 및 시설주변지역의 지원에 관한 법률의 내용을 중심으로”, 「공법이론의 현대적 조명」(금촌 육종수 박사 화갑기념논문집), 1997

이창환, “미국의 원자력법령체계”, 「법학논문집」 제25집 제2호, 중앙대학교 법학연구소

임만성, “방사성폐기물관리시설 부지 선정에 대한 소고”, 「원자력산업」 제243호, 2003. 5

정재길, “서독의 임밋시온보호법”, 「법학」(서울대 법학연구소) 제22권 제1호, 1981

정준현, “행정작용의 법형식에 관한 연구”, 「박사학위논문」, 고려대학교 대학원, 1990. 12

정준현, “현행 환경영향평가법의 검토”, 「공법이론의 현대적 조명」(금촌 육종수 박사화갑

기념논문집), 1997
정태용, "인허가의제제도에 관한 고찰", 「법제」, 2002. 2
정하중, "다단계 행정절차에 있어서 사전결정과 부분허가의 의미", 「법제」, 1999. 4
진효근, "환경영향평가제도의 기본적 이해", 「환경강연집」(대한변호사협회) 제2집, 1993
차철순, "원자력발전소와 환경", 「환경문제연구총서 Ⅴ」, 대한변호사협회, 1995
차철순, "핵에너지의 법적 규제에 관한 연구", 「박사학위논문」, 중앙대학교 대학원, 1994. 6
최광식, "미국의 원자력현황 및 정책동향", 「원자력산업」 192호, 1999. 2
최연홍, "핵폐기물처리시설 입지선정과정의 갈등과 해결", 「환경법연구」 제20집, 1999
최정일, "4대강 유역개발사업의 법적 문제－손실보상문제를 중심으로－", 「토지공법연구」 제45집, 한국토지공법학회, 2009
함철훈, "원자력법과 환경규제", 「과학기술법연구」, 한남대 과학기술연구소, 1995
홍준형, "행정절차법의 문제점", 「고시연구」, 1997. 2
황규범, "환경영향평가의 적정성보장을 위한 사법심사", 「환경문제연구총서(Ⅵ)」, 대한변호사협회, 1996

Ⅱ. 일본문헌

1. 단 행 본

山田 洋, 「大規模施設設置手續の法構造」, 信山社, 1995
山田 洋, 「ドイツ環境法と歐洲」, 信山社, 2008
見上崇洋, 「行政計劃の法的統制」, 信山社, 1996
大橋洋一, 「現代行政の行爲形式論」, 弘文堂, 1996
宮田三郎, 「行政裁量とその統制密度」, 信山社, 1994
高橋 滋, 「現代型訴訟と行政裁量」, 弘文堂, 1990
松村弓彦, 「環境法學」, 成文堂, 1995
野村好弘・作本直行, 「發展途上國の環境政策の展開と法」, アジア經濟研究所, 1997
富井利安・伊藤護也・片阿直樹, 「環境法の新たな展開」, 法律文化社, 1994
談路剛久・阿部泰隆, 「環境法」, 有斐閣, 1996
談路剛久・寺西俊一, 「公害環境法理論の新たる展開」, 日本評論社, 1997
塩野 宏, 「行政法Ⅰ」, 有斐閣, 1994
高木 光, 「技術基準と行政手續」, 弘文堂, 1994
宇賀克也, 「行政手續法の理論」, 東京大學出版會, 1995
南博方, 「行政手續と行政處分」, 弘文堂, 1980
熊本信夫, 「行政節次の課題」, 北海道大學圖書刊行會, 1975
遠藤博也, 「計劃行政法」, 學陽書房, 1975

佐藤英善,「行政手續法」, 三省堂, 1994
佐藤英善,「經濟行政法」, 成文堂, 1989
卯辰昇, 現代原子力法の展開と法理論」, 日本評論社, 2002

2. 논 문

黑川陽一郎, "環境影響評價法",「法律のひろば」, 1998. 1
大橋洋一, "ドイシ行政節次法の現代的課題",「自治研究」第68卷 第9號
堀田牧太郎, "放射性廢棄物と原子力發電所",「早法」60卷 2號, 1984
山田 洋, "計劃確定決定의 集中效",「行政法の諸問題(中)」(熊川一郎先生獻呈論集), 1990
山田 洋, "共事業と環境保護",「法律時報」第69卷 第11號
礒野弥生, "廢棄物行政と分權の論點",「法律時報」第69卷 第11號
大橋洋一, "計劃間調整の法理",「自治研究」第68卷 第10, 11號, 第69卷 第1, 2, 3號
黑須孝朗, "西ドイツにおける行政上の計劃の理論的展開",「早稻田大學法學會誌」第33號
小林直樹, "憲法と原子力",「法律時報」第50卷 第7號
保木本一郎, "原子力行政と法體制問題",「法律時報」第50卷 第1號
ペータ バドゥーラ(高田 敏 譯), "ドイツ共和國の憲法行政法における技術的大規模プロジェクト(四)",「自治研究」第64卷 第5號
中島篤之助, "原子力三原則の今日的意義",「法律時報」第50卷 第7號
若本浩史, "文書閱覽の法的性格と機能(1)",「法學論叢」(京都大學法學會), 1998
阿部泰隆, "改正廢棄物處理法の全體的評價",「ジュリスト」第1120號
阿部泰隆, "廢棄物處理法の改正と殘された法的課題(1-7)",「自治研究」第69卷 第6, 7, 8, 9, 10, 11號, 第70卷 第1, 2號
阿部泰隆, "廢棄物法制の課題(中)",「ジュリスト」第945號
山田洋, "大規模施設設置と行政節次",「公法研究」第53號
交告尙史, "大規模施設と司法審查",「公法研究」第53號
高木光, "西ドイツ行政節次法(二)",「自治研究」第64卷 第3號
原科幸彦, "環境影響評價法の評價",「ジュリスト」第1115號
北村喜宣, "最終處分場設置許可處分と原告適格",「判例タイムス」第982號
北村喜宣, "最終處分場立地をめぐる事前節次のゆくえ",「判例タイムス」第964號
北村喜宣, "自社處理の現象と法的規制のあり方",「ジュリスト」第1120號(1997. 10. 1)
鈴木勇吉, "法改正と今後の産業廢棄物處理",「ジュリスト」第1120號(1997. 10. 1)
細田衛士, "廢棄物の發生抑制とリサイクルの制度的課題",「ジュリスト」第1120號(1997. 10. 1)
須藤陽子, "産業廢棄物行政と條例・要綱",「ジュリスト」第1120號(1997. 10. 1)
曾和俊文, "産業廢棄物處理行政と情報公開",「ジュリスト」第1120號(1997. 10. 1)

早川 寛, "産業廢棄物事犯の動向", 「ジュリスト」 第1120號(1997. 10. 1)

大塚 直, "産業廢棄物の事業者責任に關する法的問題", 「ジュリスト」 第1120號(1997. 10. 1)

山下龍一, "西ドイツ原發設置許可の多段階的構造(一)(二)", 「法學論集」(京都大學法學會) 第125卷 2號, 126卷 第1號

福士 明, "處分施設立地節次", 「ジュリスト」 第1120號(1997. 10. 1)

芝池義一, "大規模プロジエクトと計劃法", 「公法研究」(日本公法學會) 第53號

錦貫芳源, "アメリカにおける原子力發電所建設等の許可と司法審査", 「ジュリスト」 第668號(1978. 7. 1)

富田善範, "空港の設置・管理の瑕疵", 「國家補償法大系 3」(日本評論社), 1988

三宅 弘, "情報公開條例訴訟の分析", 「法律時報」 第71卷 第6號

右崎正博, "自治體における情報公開の新動向", 「法律時報」 第71卷 第6號

井出嘉憲, "情報公開法制のあり方を考える", 「法律時報」 第71卷 第6號

Ⅲ. 구미문헌

1. 단 행 본

Bernd Bender · Reinhard Sparwasser, Umweltrecht, 2. Aufl., C. F. Müller, 1990

Christopher Wood, Environmental Impact Assessment, Lonman Scientific & Technical, 1995

David P. O'Very · Christoper E. Paine / Dan W. Peicher, Controlling the Atom in the 21st Century, Westview Press, 1994

Ferdinand. O. Kopp, Verwaltungsgerichtsordnung, 10. Aufl., C. H. Beck, 1994

Ferdinand. O. Kopp, Verwaltungsverfahrensgesetz, 6. Aufl., C. H. Beck, 1996

Hans-Uwe Erichsen / Wolfgang Martens, Allgemeines Verwaltungsrecht, 8. Aufl., Walter de Gruyter, 1988

Justine Thornton · Silas Beckwith, Environmental Law, Sweet & Maxwell, 1997

Michael Kloepfer, Umweltrecht, C. H. Beck, 1989

Neil Hawke, Environmental Health Law, Sweet & Maxwell, 1995

Peters · Schenk · Schlabach, Umweltverwaltungsrecht, C. F. Müller, 1990

Richard L. Revesz, Foundations of Environmental Law and Policy, Oxford Univ. Press, 1997

Steiner(Hrsg), Besonders Verwaltungsrecht, C. F. Müller, 1995

Stelkens · Bonk · Sachs, Verwaltungsverfahrensgesetz Kommentar, 4. Aufl., C. H. Beck, 1993

Stelkens · Bonks · Leonhardt, Verwaltungsverfahrensgesetz, 3. Aufl., C. H. Beck, 1990

2. 논 문

A. Hatze, "Die Heilung formell rechtswidriger Verwaltungsakte im Prozeß als Mittel der Verfahrensbeschleunigung", DÖV 1997

A. Roßnagel, "Der Nachweis von Sicherheit im Anlagenrecht", DÖV 1997

A. Roßnagel, "Der Nachweis von Sicherheit im Anlagerecht－Am Beispiel von deterministischen und probalistischen Sicherheitsnachweisen im Atomrecht－", DÖV 1997

A. Roßnagel, "Teilgenehmigung und vorläufiges positives Gesamturteil", DÖV 1995

A. Roßnagel, "Wesentliche Änderungen durch Vorabzustimmungen－ein neues Instrument des Atomrechts?", DVBl 1987

A. von Mutius · F. Schoch, "Die atomrechtliche Konzeptgenehmigung", DVBl 1983

A. Weber, "Vorbescheid und Teilgenehmigung im Atomrecht", DÖV 1980

B. Bender, "Abschied vom Atomstrom?", DÖV 1988

Bäumler, "Rechtsschutz gegen Flughafenplannungen", DÖV 1981

Bäumler · Kopf · Schönefelder, "Die Zuständigkeit des Bundes zur luftrechtlichen Planfeststellung", NJW 1980

Beckmann, "Umweltverträglichkeitsprüfung", DVBl 1993

Beyerlin, "Schutzpflicht der Verwaltung gegenüber dem Bürger außerhalb des formallen Verwaltungsverfahrens", NJW 1987

Blümel, "Keine Zuständigkeit des Bundes zur luftrechtlichen Planfeststellung", NJW 1980

Blümel, "Vorüberlegungen zur Bereinigung des luftrechtlichen Verfahrensrechts", DVBl 1984

Bracher, "Nachhollung der Anhörung bis yum Abschluß des verwaltungsgerichtlichen erfahrens?", DVBl 1997

Brohm, "Gemeinliche Selbstverwaltung und staatliche Raumplanung", DÖV 1989

Broß, "Beschleunigung von Planungsverfahren", DVBl 1991

C. Degenhart, "Technischer Fortschritt und Grundgesetz: Friedliche Nutzung der Kernenergie", DVBl 1983

C. Greipl, "Schaenvorsorge und Restrisiko im Atomrecht", DVBl 1992

C. Koenig, "Der Begründungsywang in mehrpoligen Verwaltungsrechtsverhältnissen am Beispiel umweltrelevanter Entscheidungen", AöR 1992

D. Mumm · H. Schattke, "Mehr Rechtssicherheit für Bürger, Betrieber und Behörden", DVBl 1982

D. Sellner, "Nachträgliche Auflagen und Widerruf der Genehmigung bei Kernenergieanlagen", in: Bürger-Richter-Staat, Festschrift für Sender(1991)

E. Kutscheidt, "Das gestufte Genehmigungsverfahren-Glanz und Elend eines Rechtsinstituts", in: Bürger-Richter-Staat, Festschrift für Sender(1991)

Erbguth, "Das UVP-Gesetz des Bubdes: Regelungsgehalt und Rechtsfragen", DV 1991

G. Roelleke, "Ein rechtsbegriff der Planung", DÖV 1994

Gaentzsch, "Konkurrenz paralleler Anlagengenehmigungen", NJW 1986

H. Bismark, "Atomwaffenfreie Bundesländer?", DVBl 1983

H. D. Jarass, "Die Abgrezung parallel erforderlicher Anlagengenehmigung", DÖV 1978.

H. D. Jarass, "Neue (und alte) Probleme bei der Änderung immissionsschutyrechtlicher Anlagen", NJW 1998

H. Kremser, "Verfassungsrechtliche Zulässigkeit technischer Regelwerke bei der Genehmigung von Atomanlagen", DÖV 1995

H. W. Rengeling, "Anlagenbegriff, Schadensvorsorge und Verfahrensstufung im Atomrecht", DVBl 1986

H. Wagner, "Fragen zur Entsorgungsregelung nach dem Atomgesetz", DVBl 1983

H. Wagner, "Gesetzgeberische Vorhaben zur nuklearen Entsorgung", DVBl 1992

Hans-Christian Knüppel, "Zur Zulässigkeit der Einrichtung von Kompaktlagern in Kernkraftwerken", DÖV 1981

Hans-Joachim Koch, "Das Abwägungsgebot im Planungsrecht", DVBl 1983

Hatje, "Die Heilung formell rechtswidriger Verwaltungsakte im Prozeß als Mittel der Verfahrensbeschleunigung", DÖV 1997

Hoffmann, "Die staatliche Mittelinstanz in den neuen Bundesländem", DÖV 1992

Hoffmann, "Investitionsförderung durch Genehmigungsverfahren: zum Bereich einer Expertenkommission der Bundesregierung", DÖV 1995

J. Ipsen, "Die Genehmigung technischer Großanlagen Rechtliche Regelung und neuere Judikatur", AöR 1982

J. Ipsen, "Einwenungsbefugnis und Einwendungsausschluß im atomrechtlichen Genehmigngsverfahren", DVBl 1980

J. R. Tourtellotte, "Nuclear Licensing Litigation: Come On In, The Quagmire is fine", Administrative Law, Review Vol. 33. 1981

J. Schwarze, "Rechtsfragen bei der Errichtung von Kernkrftwerken", DÖV 1973

J. Wagner, "Umweltverträglichkeitsprüfung in der Bauleitplanung und im Raumordnungsverfahren", DVBl 1993

J. Wagner, "Verfahrensbeschleunigung durch Raumordnungsverfahren", DVBl 1991

Kahl-Peter Winters, "Zur Entwicklung des Atom- und Strahlenschutzrechts", DÖV 1978
Krumsick, "Beschleunigung von Planungs-Genehmigungsverfahren", DÖV 1995
Laubinger, "Der Umfang der Konzentrationswirkung der Planfeststellung", VerwArch, 1986, S. 77ff.
M. Rebentisch, "Überlegungen zu atomrechtlichen Nachsorgepflichten", DVBl 1992
M. Ronellenfitsch, "Bereinigung des luftrechtlichen Verfahrenrechts", DVBl 1984
M. Schmidt-Preuß, "Der verfahrensrechtliche Charakter der Umweltverträglichkeitsprüfung", DVBl 1995
Ossenbühl, "Die gerichtliche Überprüfung der Beurteilung technischer und wirtschaftlicher Fragen in Genehmigungen des Baus von Kraftwerken", DVBl 1978
Ossenbühl, "Kernenergie im Spiegel des Verwaltungsrechts", DÖV 1981
Ossenbühl, "Regelungsgehalt und Bindungswirkung der 1. Teilgenehmigung im Atomrecht", NJW 1980
P. Axer, "Die Konzentrazionswirkung der Plangenehmigung", DÖV 1995
P. Henseler, "Kompetenzkonflikte paralleler Gestattungsverfahren am Beispiel der Genehmigung von Atomanlagen", DVBl 1982
P. Hentschel, "Die Entwicklung des Straßenverkehrsrechts im Jahre 1997", NJW 1998
P. Jacop, "Die ungeliebte Öffentlichkeit", DÖV 1986
R. Büllesbach, "Möglichkeiten der Beschleunigung von parallelen Genehmigungsverfahren", DÖV 1995
R. Kratzenberg, "Zum Entwurf über die Novellirung des Raumordnungsgesetzes", DVBl 1988
R. Krumsiek · K. P. Frenzen, "Beschleunigung von Planungs-und Genehmigungsverfahren", DÖV 1995
R. Lukes · J. Backherms, "Die Berücksichtigung von Kriegseinwirkungen im atomrechtlichen Genehmigungsverfahren", AöR 1978
R. Steinberg, "Chancen Zur Effektuierung der Umweltverträglichkeitsprüfung durch die Gerichte?", DÖV 1996
R. Stober, "Zur Bedeutung des Einwendungsausschlusses im atom- und immissionsrechtlichen Genehmigungsverfahren", AöR 1981
R. Wahl, "Das Raumordnungsverfahren am Scheideweg", in: Bürger-Richter-Staat, Festschrift für Sender(1991)
R. Wahl, "Genehmigung und Planungsentscheidung", DVBl 1982
Stür, "Die Beschleunigungsnovellen 1996", DVBl 1997

Tettinger, "Rechtliche Grundlageb einer "Verwaltung des Mangels", in den neuen Bundesländem", DÖV 1993

Tettinger, "Verfahrensbeschleunigung durch Raumordnungsverfahren", DVBl 1991

Ulrich Battis, "Das Planfeststellungsverfahren nach dem Verwaltungsverfahrensgesetz", DÖV 1988

Ulrich Battis, "Grenzen der Einschränkung gerichtlicher Plannungskontrolle", DÖV 1981

W. Hoppe · B. Bunse, "Vrefahrensrechtliche Probleme bei der Errichtung von Anlagen zur Endlagerung radioaktiver Stoffe", DVBl 1984

W. Hoppe · W. Appold · W. Haneklaus, "Rechtspflicht zur Standortalternativenprüfung im Raumordnungsverfahren?", DVBl 1992

W. Hoppe · W. Haneklaus, "Raumordnungsverfahren in den fünf neuen Bundesländern-Rechtslage, Durchführungshindernisse und Lösungsansätze", DVBl 1991

W. P. Pauly · C. Lützeler, "Fachbehördlicher Prüfungsumfang und parallele Genehmigungsverfahren im Umwelt- und Gefahrenabwehrrecht", DÖV 1995

판례색인

대판 1970. 2. 10, 69다2121 ··· 51
대판 1985. 7. 23, 83누727 ··· 57
대판 1992. 6. 23, 92추17 ··· 52
대판 1992. 11. 10, 92누1162 ··· 122
대판 1996. 11. 29, 96누8567 ··· 58
대판 1997. 6. 24, 96누1313 ··· 73
대판 1997. 9. 26, 96누10096 ··· 73
대판 1998. 4. 24, 97누3286 ··· 177
대판 1998. 9. 4, 97누19588 ··· 136
대판 1998. 9. 22, 97누19571 ··· 177
대판 2001. 1. 16, 99두10988 ··· 125
대판 2001. 6. 29, 99두9902 ··· 178, 255
대판 2001. 7. 27, 99두2970 ··· 253
대판 2002. 4. 26, 2002추23 ··· 197, 301
대판 2002. 10. 11, 2001두151 ··· 123
대판 2006. 3. 16, 2006두330 전원합의체 ··· 178
대판 2007. 4. 12, 2005두1893 ··· 73
대판 2013. 3. 14, 2011두6578 ··· 231
대판 2013. 3. 14, 2011두19109 ··· 231

서울행정법원 2009. 10. 9, 2009구합3316 판결 ··· 166
서울행정법원 2010. 4. 23, 2008구합29038 판결 ··· 166

의정부지원 제11행정부 2008. 12. 9, 2008구합2069 판결 ··· 120
대전지방법원 2011. 1. 12, 2009구합4557 판결 ··· 34, 234, 240, 249, 254
전주지방법원 2011. 1. 18, 2009구합2785 판결 ··· 34, 234

헌재 2005. 12. 22, 2004헌마530 결정 ··· 197, 301

사항색인

ㄱ

가치 38
갈등관리의 멘토 294
갈등관리체계 40
갈등영향분석 43
계획심의회 67
계획의 철학 54
계획재량 66
계획허가절차 279
계획확정절차 74
계획확정처분 277
계획확정행정청 78
고준위 방사성폐기물 19
공공갈등 1
공공사업실시계획확정절차 2
공공정책 1
공론조사 27, 294
공론화 27
공론화위원회 13
공해배제청구권 4
관할집중설 91
광의의 다단계 행정절차 136
구두변론절차 81
구속적 계획 60
국가공공토론위원회 41, 295
국가기간시설 6
국민투표 298
국책사업 1
국책사업갈등 1
국책사업갈등관리를 위한 특별위원회 300
국토종합계획 63
규범조화의 원칙 7
기피사유 228

ㄴ

님비(NIMBY) 11
님비갈등 11
님비사례 12

ㄷ

다단계 행정절차 8, 42, 134
다단계 행정절차론 141
다중영향시설 2
다층적 행정행위 139
단계적 행정결정 137
단순정보제공적 계획 60
독립판단설(실체집중부인설) 123
동남권 신공항 30

ㄹ

라운드테이블 28, 295
로카쇼무라 26

ㅁ

뮐하임·케를리히결정 156

ㅂ

바젤화학공장사고 214
반감기 19
발전의 개방성 154
방사성폐기물 16
방사성폐기물관리국 29
방사성폐기물관리위원회 29
방사성폐기물정책법 22
배제제도 150
배제효 84
베버 142
뵐 144
부대사업 89
부문별계획 62
부분 인·허가 의제제도 281
부분집중효 115
부분허가 141, 147
부진정(不眞正) 다단계 행정절차 135
분리추진사례 16
분업의 원칙 22
브뤼멜 143
블루리본 위원회 23
비제한적 실체집중설 91

ㅅ

4대강국민소송단 34
4대강정비사업 34, 233
사전결정제도 141, 156, 282
사전환경성검토제도 94, 98
사회적 공론화 294
사회적 합의기구 294
사회협약 모델 48
사회협약위원회 48
사후환경영향조사 171
생명권 3
생활환경조성청구권 4
선승인 후협의제도 125
설명회 258
소규모 환경영향평가 160
수도권정비계획 64
수문조사시설설치계획절차 247
수자원장기종합계획 247
슈미트-아스만 142
스리마일 아일랜드원전사고 213
스웨덴 21
시나리오 워크숍 28, 295
시민단체 49
시민배심원 295
시민배심원제 27
시민사회단체 49
시민자문회의 28, 295
CLAB 21
실체적 배제효 152
실체집중설 123
실효(失效)제도 85

ㅇ

에스포 암반 연구소 22
영국 27
예비타당성조사 제외사업 238
예비타당성조사제도 237
오스카샴 22
원고적격 176
원자력발전소사고 213
월성원자력환경관리센터 17
유도적 계획 60
유리고화 19

유역종합치수계획 246
Yucca Mountain 프로젝트 23
의견수렴 165
의견진술 81
의무적 공청회 191
EC1990년지침 217
EC2003년지침 217
이의신청 81
이해관계인의 집중적 참여시스템 261
인·허가 의제 고지제도 281
인·허가 의제제도 42, 114
인·허가 절차 250
일본 26
일본의 후쿠시마(福島)원전사고 213
임시저장 20
임의적 공청회 191, 192

ㅈ

자연환경보전기본계획 63
잠정적·긍정적 전체판단 150
재처리 방식 20
저준위방사성폐기물정책법 22
적극적 정보제공 9, 290
전략환경영향평가 94, 160
전략환경영향평가서 100
전문계획 62
전부집중효 115
절차간소화법제 280
절차의 집중 121
절차적 배제효 151
절차집중설 91
절차참여권 261
정당한 형량의 원리 70
정보공개 9, 44
정책계획 98
정책선택관계 47
정책추진단계 47
정책형성단계 47
제한적 실체집중설 92, 123
종합계획 61
주민참가 8
주민참여 5, 46, 183, 264
주민참여절차 257
주민투표 196, 300
주민투표권 196
중립적 갈등조정기구 41
중·저준위방사성폐기물 16
지역적 종합계획 62
직접민주주의 298
진정(眞正) 다단계 행정절차 135
집중효 79, 85
집중효의 대상 90
집중효의 범위 87

ㅊ

1987년의「NWP수정법」 23
청문절차 78
청문행정청 78
체르노빌원전사고 213
초지역적 종합계획 62
최종처분 방식 20
최협의의 다단계 행정절차 134

ㅋ

캐나다 25

ㅌ
통합 방사성폐기물 관리시설 14

ㅍ
평가항목 173
포커스그룹 28, 295
프랑스 26
플래닝 셀 28, 295
핀란드 22
핌피(PIMFY) 11
핌피갈등 11
핌피사례 30

ㅎ
하천공사시행계획 241
하천기본계획 245
하천기본계획절차 245
한정해석 210
합리적 협상토론 48
합의회의 27, 294
행정계획 58
행정계획사업 8
행정계획절차 241
행정수속법요강안 2
허가절차촉진법 88
협력행위 140
협의 118
협의기간 130
협의의 다단계 행정절차 135
형량명령 70
형성효 83
화쟁사상 306
환경갈등 12
환경갈등사례 34
환경관련 거대건설사업 2
환경기술 및 환경산업 지원법 232
환경보호 및 환경정보관리시스템 286
환경영향평가 8, 43, 159
환경영향평가업자 172
환경영향평가의 기본원칙 161
환경영향평가절차 251
환경정보 218
환경정보공개법 215
환경정보규정 219

저자약력

· 경북 울진 출생
· 경희대학교 및 同 대학원 졸업(법학박사-행정법)
· 서울대학교 행정대학원 특별과정 수료
· 일본 나고야대학 Visiting Scholar
· 경희대학교 법과대학 · 법과대학원, 숙명여대 법과대학, 한양대 지방자치대학원 강사 및 청와대 비서실, 사법연수원, 경찰청 경찰수사연수원, 서울시 공무원교육원, 중앙소방학교, 충청소방학교 특강강사 역임
· 국무총리 산하 한국법제연구원 수석연구원, 부연구위원, 연구위원 역임
· 각종 국가시험 위원 역임
· 한국공법학회 신진학술상 수상(2010. 6)
· 교육과학기술부장관 표창장 수상(2012. 12, 과학기술진흥)

현) 한국공법학회 기획이사(출판이사 · 홍보이사 역임)
한국행정법학회 재무이사, 입법이론실무학회 기획이사
한국비교공법학회 부회장, 한국토지공법학회 기획이사
한국토지보상법연구회 상임이사, 한국원자력법학회 총무이사
한국사이버안보법정책학회 부회장 겸 총무이사
한국지방자치법학회 상임이사, 개인정보보호법학회 총무이사
한국조세연구포럼 상임이사(총무이사 · 학술이사 역임) 등

현) 안전행정부 자문위원

현) 경찰청 성과평가위원회 위원

현) 국민권익위원회 규제개선위원회 위원

현) 선문대학교 경찰행정법학과 학과장 / 법학과 교수(법학과 학과장 역임)

주요 저서

『법학』, 2004
『경찰법각론』, 2007
『전자정부법』, 2010
『현대법학의 이해(제2판)』(공저), 2011
『경찰행정법(제2판)』(공저), 2011
『관광법규론』(공저), 2012
『경찰관직무집행법』, 2012
『민간경비업법론』, 2013
『사회갈등시설법론(제3판)』, 2013
『법학이야기-법에게 길을 묻다』, 2013

국책사업갈등관리법론

초판인쇄 2013년 8월 25일
초판발행 2013년 8월 30일

지은이 김재광
펴낸이 안종만

편 집 김선민·이승현
기획/마케팅 안상준
표지디자인 김지은
제 작 우인도·고철민

펴낸곳 (주) 박영사
서울특별시 종로구 평동 13-31번지
등록 1959. 3. 11. 제300-1959-1호(倫)
전 화 02)733-6771
f a x 02)736-4818
e-mail pys@pybook.co.kr
homepage www.pybook.co.kr
ISBN 978-89-6454-965-0 93360

정 가 24,000원